Ann-Kristin Achleitner/Oliver Everling/Stefan Klemm (Hrsg.)

Nachfolgerating

Ann-Kristin Achleitner/Oliver Everling/
Stefan Klemm (Hrsg.)

Nachfolgerating

Rating als Chance für die Unternehmensnachfolge

GABLER

Bibliografische Information Der Deutschen Bibliothek
Die Deutsche Bibliothek verzeichnet diese Publikation in der Deutschen Nationalbibliografie; detaillierte bibliografische Daten sind im Internet über <http://dnb.ddb.de> abrufbar.

1. Auflage Januar 2006

Lektorat: Karin Janssen

Der Gabler Verlag ist ein Unternehmen von Springer Science+Business Media.
www.gabler.de

Umschlaggestaltung: Nina Faber de.sign, Wiesbaden
Druck und buchbinderische Verarbeitung: Krips bv, Meppel
Gedruckt auf säurefreiem und chlorfrei gebleichtem Papier
Printed in the Netherlands

ISBN 3-409-14327-0

Vorwort

Die Themen „mittelständische Unternehmensnachfolge“ und „Rating“ sind eng verwoben. Spätestens dann, wenn die Bank die Kreditkonditionen mit dem Verweis auf das Alter und die ungelöste Nachfolgefrage des Unternehmers dem aus ihrer Sicht gestiegenen Kreditausfallrisiko anpasst, lohnt es sich, die zu Grunde liegenden Zusammenhänge zu analysieren.

Basel II motiviert Banken, die Kreditkonditionen der jeweiligen Risikoeinschätzung des Kreditnehmers anzupassen. Dabei bleibt die Bankenaufsicht nicht bei einer qualitativen Richtungsweisung. Vielmehr ist genau vorgeschrieben, mit wie viel Eigenkapital die Bank Kredite unterschiedlicher Risikoklassen jeweils hinterlegen muss. Darüber hinaus gibt Basel II Richtlinien zur Gestaltung bankinterner Ratingsysteme vor. Die systematische Erfassung und Auswertung von Faktoren wie etwa eine „vorhandene Notfallplanung“ oder „vorhandene Nachfolgeplanung“ sind die Konsequenz.

Eine fehlende Nachfolgeplanung führt häufiger als vor Basel II zu deutlich schlechteren Kreditkonditionen bis hin zur Verweigerung von Krediten. Auch das gute persönliche Verhältnis zum Firmenkundenbetreuer kann hier nicht helfen. Mit Konkretisierung der Basel II-Richtlinien durch die Banken und damit Systematisierung der Bewertung des Kreditrisikos, schwinden die Spielräume der Kundenbetreuer.

Hier sehen wir einen Schwerpunkt des Herausgeberbandes – mit aktuellem Bezug und direkter Hilfestellung für den betroffenen Unternehmer. Das vorliegende Buch zeigt Innensichten zum bankinternen Rating. Die zu Grunde liegenden Vorschriften werden detailliert dargestellt und erklärt. Es wird aufgezeigt, wo sich Gestaltungsspielräume eröffnen und wie einzelne Kreditinstitute die Vorgaben umsetzen. An diese erklärenden Informationen schließen sich konkrete Hilfestellungen für den Unternehmer an. Dabei wird stets der Bezug zum Thema Nachfolge hergestellt und die Bedeutung der geregelten Nachfolgeplanung als Eingangsgröße des Ratings reflektiert.

Der Titel des Buchs „Nachfolgerating“ ist bewusst in der Art gewählt, dass er darüber hinaus die Eröffnung eines neuen Themenfeldes ermöglicht. Die Inhalte der Beiträge sind so gestaltet, dass der Band die Basis einer weiterführenden, konstruktiven und innovativen Diskussion bilden kann. Ziel ist zunächst die möglichst vollständige Darstellung der gesamten thematischen Schnittstelle zwischen Unternehmensnachfolge und Rating – intern (durch Banken) sowie extern (durch Ratingagenturen). Dies geschieht durch die Betrachtung maßgeblicher Mechanismen und insbesondere Sichtweisen der beteiligten „Spieler“ aus ihren jeweiligen Blickwinkeln. Bei der Ansprache der Autoren wurde darauf geachtet, eine breite Abdeckung des Themas zu erreichen. Wir können uns daher über Beiträge aus dem akademischen Umfeld mit fundierter theoretisch-abstrakter Ausrichtung freuen, aber auch aus Sicht von betroffenen Unternehmern mit praktisch-konkretem

Charakter, von kommentierenden Beobachtern und von spezialisierten Dienstleistern mit langjährigen Erfahrungswerten aus der Praxis.

Aus diesem reichen Fundus ergeben sich teils visionäre, teils direkt anwendbare Möglichkeiten, die Zusammenhänge zwischen Unternehmensnachfolge und Rating nicht nur zu verstehen, sondern die sich jetzt und zukünftig bietenden Chancen zu erkennen. Es wird aufgezeigt, wie ein externes Rating dem Mittelständler helfen kann, erstens das interne Rating bei der Hausbank positiv zu flankieren, und zweitens damit die alternative oder ergänzende Gewinnung von Eigenkapitalgebern zu erleichtern. Es wird diskutiert, wie ein Nachfolgerating als Ratingsystem zur Beurteilung einer spezifischen Nachfolgesituation aussehen könnte. Ein solches Nachfolgerating wiederum wäre geeignet, die momentan schwierige, weil ineffiziente und intransparente „Matching-Situation“ von Unternehmern, Nachfolgern und Geldgebern bei konkreten Nachfolgesituationen zu verbessern. Ein Nachfolgerrating wäre für den Unternehmer, der einen Nachfolger sucht, ein Anhaltspunkt und Beurteilungsgrundlage z.B. der Managementqualität – denkbar auch als Eingangsgröße des Bankenratings. Dabei wird immer der Bezug zur Praxis gesucht und Operationalisierbarkeit angestrebt, Beispiele runden die Argumentationen ab. Gleichzeitig sollte das Werk derart umfassend und zugleich detailliert sein, dass es auch als Grundlage der wissenschaftlichen Weiterentwicklung des Themenfeldes dienen kann.

Unser Dank gilt den Autoren, die dieses Buch möglich gemacht haben. Für die Projektbetreuung sind wir den Mitarbeitern des Gabler-Verlags, namentlich dem Lektorat von Frau Karin Janssen, sehr verbunden. Kommentare und Anregungen unserer Leser greifen wir gerne auf: Bitte zögern Sie nicht, die Herausgeber per E-Mail an info@everling.de zu kontaktieren!

München, Oktober 2005

PROF. DR. DR. ANN-KRISTIN ACHLEITNER
DR. OLIVER EVERLING
STEFAN KLEMM

Inhalt

Teil II
Analyse „geregelte Unternehmensnachfolge“ und Rating

Teil III
Nachfolgerating und Nachfolge<u>r</u>rating

Einleitung – mittelständische Unternehmensnachfolge in Deutschland

Stefan Klemm

Fehlende Nachfolgeregelungen im deutschen Mittelstand haben für betroffene Unternehmen zum Teil schwerwiegende negative Folgen und lösen aufgrund der hohen Zahl auch in der volkswirtschaftlichen Betrachtung Bedenken aus. Es sind innovative und kreative Ansätze gefragt, diesem Problem entgegenzutreten. Eine Hauptschwierigkeit solcher Nachfolgen liegt in der Darstellung der Finanzierung. Nachfolgerating könnte eine Chance sein, dieser zu begegnen.

Einleitend sollen wichtige Begriffe definiert und die momentane Situation der ungelösten Unternehmensnachfolgen in Deutschland beschrieben werden. Es folgen einige Anmerkungen zum Aufbau des Sammelbandes.

Die Ausführungen basieren auf eigener wissenschaftlicher Arbeit, mehrjähriger einschlägiger Beratung, der persönlichen Betreuung von Management-Buy-in-Kandidaten und Unternehmensnachfolgern sowie zahlreichen Gesprächen mit betroffenen Unternehmern und anerkannten Experten.

1. Begriffsdefinitionen

1.1 Unternehmensnachfolge

Der Begriff „Unternehmensnachfolge" wird in diesem Band verstanden als der gleichzeitige Übergang von Eigentum an einem Unternehmen und operativer Führung eines Unternehmens von einer Person auf eine andere. Dies kann geschehen, indem angestellte Mitarbeiter eines Unternehmens dieses vom Eigentümer erwerben und gleichzeitig die Geschäftsführung übernehmen (Management-Buy-out). Eine weitere Möglichkeit kann eine externe Nachfolge sein, also die Veräußerung an einen Nachfolger oder ein Management-Team außerhalb des Unternehmens (Management-Buy-in). Die dritte Möglichkeit liegt in der Weitergabe typischerweise an ein oder mehrere Kinder des oder der Eigentümer im Sinne einer Erbfolge (Familiennachfolge). Im Fokus betrachten wir hier speziell Unternehmen, die gemeinhin dem „Mittelstand" zugerechnet werden. Die Abgrenzung basiert auf der allgemein anerkannten Definition des Instituts für Mittelstandsforschung in Bonn (neu):[1]

Quantitativ:
- Kleinunternehmen: < 10 Mitarbeiter, < 1 Mio. € Umsatz p.a.
- Mittelunternehmen: 10 – 500 Mitarbeiter, 1 – 50 Mio. € Umsatz p.a.
- Großunternehmen: > 500 Mitarbeiter, > 50 Mio. € Umsatz p.a.

Qualitativ:
- Einheit von Eigentum, Leitung, Haftung und Risiko,
- verantwortliche Mitwirkung der Leitung an allen unternehmenspolitisch relevanten Entscheidungen.

1 Vgl. IFM Bonn (2003).

Dabei müssen nicht alle Funktionen vollständig auf eine Person entfallen, sondern können sich auf mehrere, in jedem Fall aber wenige, Personen aufteilen (z.B. zwei Brüder sind die beiden Eigentümer und Geschäftsführer).

Bedingt übertragbar sind die Erkenntnisse in diesem Band auf Nachfolgefälle in großen Publikumsgesellschaften, Konzernbeteiligungen und ähnlichen Organisationseinheiten.

1.2 Rating

„Rating“ an sich steht für „Klassifizieren“ bzw. „Einstufen“. Unter einem Rating kann sowohl das Verfahren zur Generierung des Ratingurteils (*Ratingsystem*), als auch das Ergebnis dieses Verfahrens verstanden werden. Kerngedanke des Ratings ist die Vergabe einer Note in der Art einer Schulzensur. Gegenstand des Ratings können im Finanzbereich Finanztitel aller Art, aber auch Emittenten bzw. generell jedes Wirtschaftssubjekt sein. Im Bankwesen wird häufig vom *Credit Rating* unabhängiger Agenturen (*externes Rating*) oder dem bankinternen Rating (*internes Rating, Bankenrating*) zur Einstufung vergebener Kredite und/oder Unternehmen gesprochen.

Der Begriff *Ratingbericht* meint den Bericht, der von dem Analysten unabhängiger Agenturen oder dem Rating Advisor erstellt wird.

Typisch ist die Verwendung von *Ratingsymbolen*, die für eine bestimmte Güteklasse stehen. Innerhalb dieses Systems wird ein Wirtschaftssubjekt durch die Beschreibung mit Buchstabenkombinationen einer Bonitäts- bzw. Ratingkategorie zugeteilt. Typischerweise reicht die Bandbreite vom so genannten „Triple A“ (AAA oder Aaa) für die höchste Bonitätsstufe bis hin zur Zahlungsunfähigkeit, die mit C oder D bezeichnet wird.[2]

1.3 Nachfolgerating

Der Begriff „Nachfolgerating“ als Kombination der Begriffe „Unternehmensnachfolge“ und „Rating“ ist im Wesentlichen aus zweierlei Sicht zu verstehen.

Zum einen ist damit ein Ratingsystem, also Verfahren gemeint, das eine bestimmte, komplexe Nachfolgesituation als Wirtschaftssubjekt in einer konzisen Symbolik auf den Punkt bringt. Durchgeführt werden könnte ein solches Nachfolgerating von einem Rating Advisor im Auftrag eines betroffenen Unternehmers oder einer Bank. Nutzbar wäre es z.B. zur Kommunikation gegenüber potenziellen Nachfolgern und Kapitalinvestoren. Derzeit gibt es am Markt kein solches eingeführtes umfassendes System. Überschneidungen von Teilsystemen sind mit internen und externen etablierten Ratingsystemen bereits vorhanden.

Zum anderen dient der Begriff als weiter gefasste Bezeichnung eines Themenfeldes, das sich an der Schnittstelle der Begriffe „Unternehmensnachfolge“ und „Rating“ abspielt.

2 Vgl. Everling/Schneck (2004), S. 87ff.

Konkret sind darunter folgende Zusammenhänge subsumiert, die auch im Folgenden behandelt werden:

- Faktor „geregelte Unternehmensnachfolge“ als Eingangsgröße im internen Rating,
- Faktor „geregelte Unternehmensnachfolge“ als Eingangsgröße im externen Rating,
- Chancen durch die Nutzung externer Ratings als strategisches Management-Tool (Ratingbericht als To-Do-Liste zur strategischen Unternehmensführung),
- Nachfolgerrating als Ratingsystem, um die Qualität eines potenziellen Nachfolgers zu beurteilen.

2. Unternehmensnachfolge in Deutschland

2.1 Status Quo

In Deutschland sind derzeit rund 3 Mio. Unternehmen mit einem Jahresumsatz ab 16.617 Euro[3] bzw. 2,1 Mio. Unternehmen mit einem Jahresumsatz über 50.000 Euro registriert. In den kommenden zehn Jahren stehen bei etwa 700.000 der 2,1 Mio. Unternehmensnachfolgen an, allein für das Jahr 2005 also rund 71.000.[4] Nur 30 Prozent davon werden systematisch geplant und durchgeführt, bei rund 20 Prozent endet die ungeregelte Nachfolge in Notlösungen mit teils dramatischem Ausgang.[5] Diese können Verkauf unter Wert, Liquidation oder Insolvenz heißen.

Um Ansätze zu finden, diesem für die damit konfrontierten Unternehmen und deren Mitarbeiter sehr negativen Szenario entgegenzutreten, muss das Problem differenziert gesehen werden. Die zitierte absolute Zahl betroffener Unternehmen scheint sehr hoch zu sein. Betrachtet man die Größe der jeweiligen Unternehmen, relativieren sich die Zahlen in gewisser Weise. So bilden das Segment mit der höchsten Anzahl Unternehmen die kleinen unter zehn Mitarbeitern und entsprechend geringen Umsätzen. Das volkswirtschaftliche Problem „ungeregelte Nachfolgen“ verteilt sich entsprechend und folgt je nach Größe der Unternehmen gewissen Regelmäßigkeiten (siehe Abbildung 1).

Zunächst betrachtet wird die in puncto absoluter Anzahl prozentual kleine Gruppe der großen inhabergeführten, mittelständischen Unternehmen. Diese Unternehmen sind am Markt meist stabil positioniert und fest verwurzelt. Qualität von Management und Anwendung moderner Managementmethoden sind regelmäßig gut etabliert. Sie sind zum Teil börsennotiert und verfügen über gut funktionierende Controlling- und oft auch Corporate Governance-Systeme. Aufbau- und Ablauforganisation weisen einen hohen Optimierungsgrad auf. Diese Unternehmen stehen meist als die „Perlen“ auf der „Watchlist“ großer Private Equity-Unternehmen. Zeichnet sich eine bevorstehende Nachfolge ab,

3 Vgl. IFM Universität Mannheim (2004).
4 Vgl. IFM Bonn (2004).
5 Vgl. Kerkhoff/Ballarini (2003).

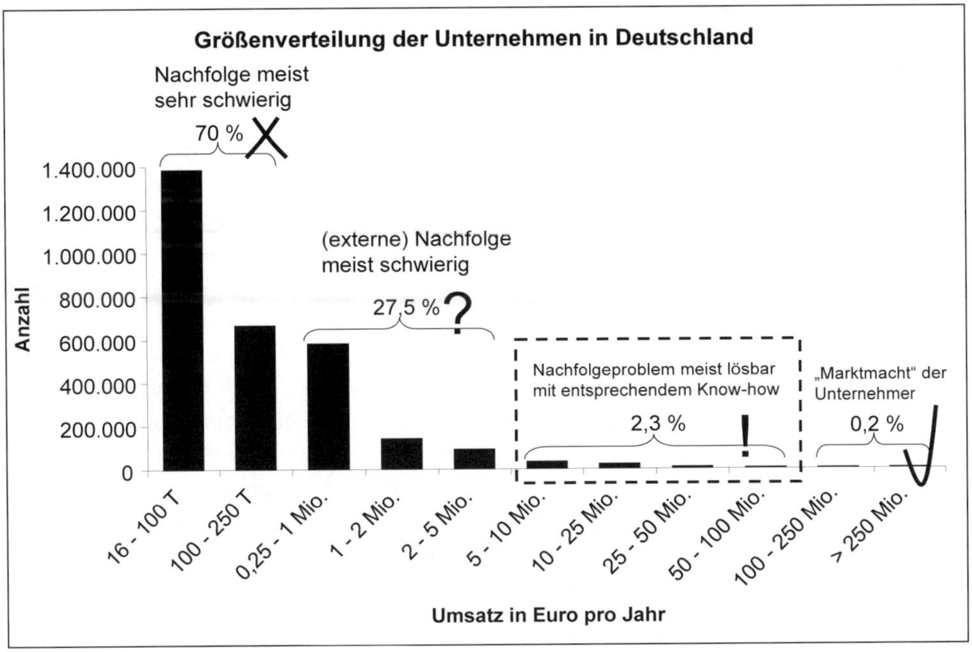

Abbildung 1: Schwierigkeit bei der Unternehmensnachfolge in Abhängigkeit von der Unternehmensgröße
Quelle (Zahlen): IfM Universität Mannheim 2004

gehen diese meist aktiv auf die Unternehmer zu und versuchen mit ihnen „ins Geschäft zu kommen“. Nicht selten werden solche Unternehmen in der Folge „meistbietend“ versteigert. Der jeweilige Unternehmer verfügt dann über eine Marktmacht und kommt in die für ihn komfortable Situation, einen hohen Erlös zu erzielen. Die Veräußerungsprozesse werden regelmäßig von spezialisierten Beratern begleitet. Zu ergänzendes Management stammt meist aus den Industriespezialisten-Pools der Private Equity-Geber, die enge Beziehungen zu anerkannten und nachgewiesenen Branchenexperten mit sehr fundierter Managementerfahrung über Jahre aufbauen. Fast immer agiert nach dem Erwerb des Unternehmens ein vom Private Equity-Haus eingesetzter Finanzvorstand und/oder CEO während der Haltedauer im Unternehmen. Man entwickelt gemeinsame, klar definierte Strategien und Fahrpläne zur Wertsteigerung mit klarem Exit-Szenario für den oder die Kapitalgeber. Oft wird für solche Beteiligungen zusätzlich Fremdkapital akquiriert, um den so genannten. „Leverage-Effekt“, also die überproportionale Wertsteigerung des eingesetzten Eigenkapitals durch Hinzunahme von (kostengünstigerem) Fremdkapital, zu nutzen. Nach einer Haltezeit von rund drei bis fünf Jahren und entsprechender Steigerung des Firmenwerts werden die Unternehmen dann weiterveräußert, der Eigenkapitalgeber realisiert typischerweise einen Gewinn. Geschehen kann dies zum Beispiel durch Verkauf an Wettbewerber, andere Private Equity-Häuser, institutionelle Anleger oder im Zuge eines Börsengangs.

Am anderen Ende des Feldes stehen die sehr zahlreichen kleinen Unternehmen. Diese Unternehmen operieren meist in winzigen Nischen, sind oft von wenigen oder nur einem Auftraggeber abhängig. Große Teile der strategischen und operativen Arbeiten fallen auf eine oder wenige Personen. In der Person des Unternehmers konzentrieren sich die persönlichen Beziehungen zu Kunden und Banken. Er verfügt über große Teile des Produkt- und Erfahrungswissens des gesamten Unternehmens. Die Art und Qualität der zum Einsatz kommenden Managementmethoden hängen stark von der Person des Unternehmers ab, sind in der Regel aus Gründen der notwendigen Konzentration auf Vertrieb und Tagesgeschäft meist pragmatischer, nicht immer systematischer Natur. Ein funktionierendes Controlling ist meist nicht vorhanden, Aufbauorganisation und Abläufe sind gewachsen, ohne regelmäßig auf noch gute „Passgenauigkeit" überprüft zu werden. Diese Unternehmen haben meist nur eine Chance auf Nachfolge, wenn sie innerhalb der Familie weitergegeben werden können. Berechtigte Kaufpreis- und/oder Rentenforderungen des Gründers und Übergebers sind schlichtweg aus der Unternehmenssubstanz nicht finanzierbar. Externe Nachfolger, die eigenes Kapital mitbringen, orientieren sich eher an den mittleren und bereits etablierten Unternehmen. Für sie ist der Einstieg in ein sehr kleines Unternehmen nicht weit genug von der Neugründung „entfernt". Manchmal gelingt die Veräußerung an einen größeren Wettbewerber oder einen strategischen Investor, dann sollte aber wenigstens eine einzigartige Technologie, ein Patent oder ein anderer von der Person des Inhabers losgelöster Wert vorhanden sein.

Zwischen diesen beiden Extremen liegt ein solides Feld an attraktiven Unternehmen mittlerer Größe. Auf diese Unternehmen bezieht sich im Fokus der vorliegende Sammelband. Es sind die Unternehmen, die zwischen etwa 50 bis 1.000 Mitarbeiter beschäftigen und einen Jahresumsatz von rund 5 bis 100 Mio. Euro erzielen (also tendenziell etwas größer sind, als die Mittelunternehmen nach der Definition des Instituts für Mittelstandsforschung in Bonn). Diese Unternehmen sind am Markt nicht selten stabil positioniert. Die Qualität des Managements und die angewandten Methoden sind oft gut etabliert, lassen jedoch noch „Luft" für Optimierung. Controllingsysteme sind meist nur teilweise vorhanden. Diese Unternehmen sind in der Regel zu groß, um von einer Person oder einem Managementteam gekauft werden zu können. Eine externe Eigenkapitalbeteiligung ist zur Finanzierung der Nachfolge notwendig, zumal die Eigenkapitalquote häufiger gering ist und somit keine Nachfolgefinanzierung durch Fremdkapital zulässt. Diese Gruppe der Unternehmen sieht sich durchweg zwei großen Herausforderungen in der Vorbereitungsphase einer Nachfolge gegenüber:

- Nachfolgersuche,
- Finanzierung der Nachfolge.

Für diese Unternehmen besteht aber eine große Chance und gute Hoffnung, diese Herausforderungen mit geeigneten Instrumenten zu lösen.

Die drei folgenden Abschnitte beschäftigen sich mit diesen beiden Herausforderungen in der Anbahnung und Vorbereitung der Nachfolge und stellen gleichzeitig Anknüpfungspunkte zum Nachfolgerating her. Dabei wird die Nachfolgersuche von zwei Seiten betrachtet – aus Sicht des suchenden Unternehmers und aus Sicht des potenziellen Nachfolgers, der ein für sich passendes Unternehmen sucht.

2.2 Nachfolgersuche aus Sicht des Unternehmers

Für den Unternehmer beginnt die Auseinandersetzung mit dem Thema „Unternehmensnachfolge“ manchmal aus Vernunftsüberlegungen, wenn er langsam in ein Alter kommt, in dem es sich aus Gründen der Verantwortung und Sicherheit für die Kontinuität des Unternehmens „gehören würde“, für eine Regelung der Nachfolge zu sorgen. Öfter jedoch gibt den Ausschlag „sanfter Druck“ der Bank(en) – eben wenn verstärkt durch die neuen Basel II-Richtlinien Kreditausfallrisiken neu bemessen werden. Die fehlende Nachfolgeplanung führt dann regelmäßig zu Abschlägen im internen Rating und als Folge zu schlechten Kreditkonditionen bis hin zur Verweigerung von Krediten. Dies gilt übrigens gleichermaßen für die „ordentliche“ Nachfolgeplanung sowie für die „Notfallplanung“, die auch bei jüngeren Unternehmern vorliegen sollte.

Was nun folgt, ist eine mehr oder minder im Verborgenen ablaufende Suche des Unternehmers nach geeigneten Nachfolgekandidaten. Der erste Blick fällt dabei in der Regel auf die eigenen Kinder, manchmal auch andere, jüngere Familienmitglieder – so vorhanden. So können immerhin rund 60 Prozent der Unternehmen in der Größe von 5 bis 25 Mio. Euro Umsatz und knapp 50 Prozent der Unternehmen in der Größe ab 25 Mio. Euro Umsatz innerhalb der Familie weitergegeben werden.[6]

Scheidet diese Möglichkeit aus, richtet sich der Blick zunächst nach innen. Sind im Unternehmen fähige Manager mit Unternehmerformat vorhanden? Wurden gezielt solche Personen über die Jahre aufgebaut? In immerhin 15 von 100 Fällen stammt der Nachfolger bei den Unternehmen der genannten Größenordnungen aus dem eigenen Hause.

Für die verbleibenden 25 Prozent bzw. rund 35 Prozent der Nachfolgefälle muss nun die Suche außerhalb des Unternehmens beginnen. Absolut betrifft dieser Fall also allein in 2006 rund 1.000 Unternehmen dieser Größenklasse in Deutschland.

Abbildung 2 zeigt, wie diskret und vorsichtig die Suche nach einem externen Nachfolger von Seiten des Unternehmers meist abläuft. Ungern (und zum Teil mit gutem Grund) möchte er die Übergabeabsicht „an die große Glocke hängen“. Erster Ansprechpartner sind die Personen, mit denen er langjährige Vertrauensverhältnisse aufgebaut hat. Dies ist in erster Linie der Steuerberater oder Wirtschaftsprüfer (zumal dieser ohnehin an der steuerlichen Gestaltung der Nachfolge mitwirken muss), in zweiter Linie der Rechtsanwalt. Oft versprechen diese Dienstleister in Erwartung ordentlicher Saläre gleich die ganze Abwicklung der Nachfolge, ohne darauf in der Gesamtheit spezialisiert zu sein. Nicht unbedingt in voller Absicht, meist aufgrund fehlenden Bewusstseins, versetzt man den Unternehmer in den Glauben, dass die gesamte Nachfolgethematik für ihn erledigt wird. Dies führt nicht selten dazu, dass der Unternehmer in einem falschen Gefühl der

6 Vgl. IfM Universität Mannheim (2004).

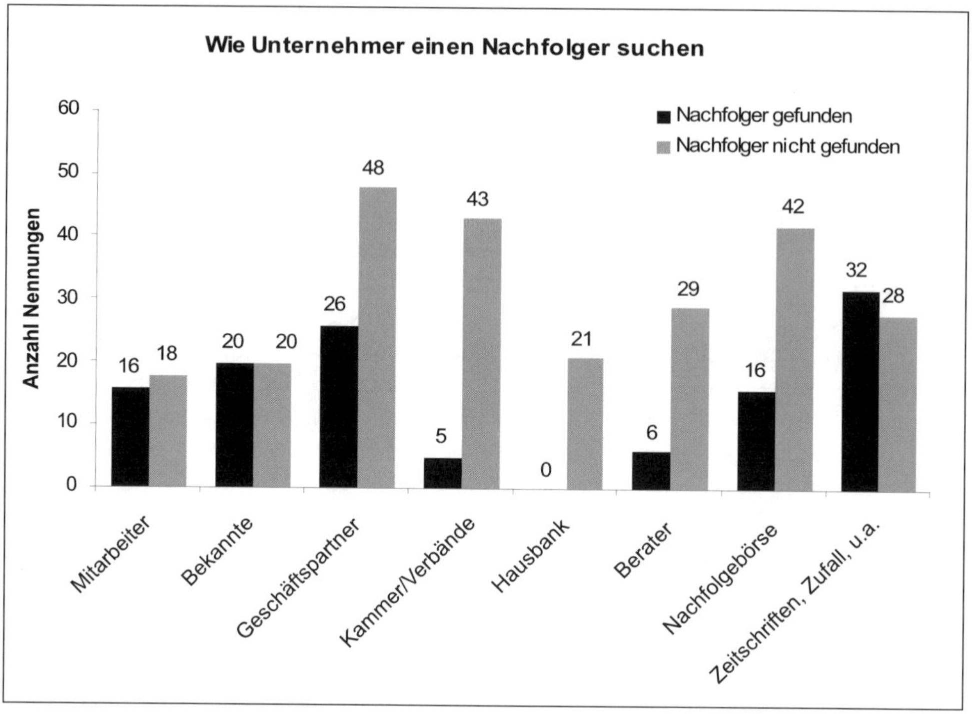

Abbildung 2: Nachfolgersuche durch Unternehmer
Quelle: IfM Universität Mannheim 2004

Sicherheit und im guten Glauben auf die gesamthafte Abwicklung, sich in der Vorbereitung und vor allem in der späteren Durchführung der Nachfolge unerwarteten Schwierigkeiten gegenüber sieht, vor denen er von seinen Beratern nicht gewarnt wurde. Zu nennen sind hier insbesondere die Punkte der systematischen Weitergabe des Wissens und des Beziehungsnetzwerks der Person des Unternehmers auf den Nachfolger.[7] In der Rangfolge der Ansprachehäufigkeit folgen nun Hausbank, Kammern, Verbände, seltener auch befreundete Unternehmer.

In jedem Fall ist die Suche jedoch geprägt von Zufall und läuft in der Regel unsystematisch ab – von einer Optimierung, wie sie in anderen unternehmerischen Verantwortungen etwa der Produktion oder des Vertriebs üblich ist, kann auf keinen Fall gesprochen werden. Auch die mittlerweile in gewisser Zahl vorhandenen Nachfolgebörsen im Internet (exemplarisch Change online, nexxt-Initiative des Bundesministeriums für Wirtschaft und Arbeit) funktionieren in der Praxis mehr „schlecht als recht". Das Thema „Unternehmensnachfolge" ist in der Tat viel zu komplex und vom persönlichen „Fitting" der handelnden Personen abhängig, als dass eine anonyme Online-Börse die erforderlichen Rahmenbedingungen für eine erfolgreiche Kontaktanbahnung darstellen würde. Dazu kommen die Ressentiments, diese sehr sensiblen und diskret zu handhabenden Absichten

7 Vgl. Klemm (2004).

über ein Medium wie das Internet weiterzugeben – zu groß ist die Unsicherheit über das, was genau mit den Daten passieren wird. Auch das „händische Einpflegen“ des eigenen Unternehmensprofils in komplizierte Eingabemasken ist sicher nicht jedermanns Sache. Eine gewisse Chance jedoch bieten diese Börsen durchaus für die Kleinunternehmen, die auch mehrheitlich über solche Instrumente angeboten werden.

Speziell für die Unternehmen, die auch im Fokus dieses Bandes stehen und aus den gegebenen Erfordernissen heraus, hat die Münchner Firma Fuchs & Klemm den „Entrepreneurs-Club“ aus der Taufe gehoben. Im „Entrepreneurs-Club“ sind Unternehmer und Unternehmer-Talente organisiert, die kurz- bis mittelfristig eine mittelständische Nachfolge antreten möchten und können. Während die Mitglieder noch in Anstellungsverhältnissen oder eigenen Unternehmen arbeiten, durchlaufen sie nach strenger Vorauswahl parallel eine Art „Kaderschmiede“. Dort erwerben sie einschlägiges Wissen zur Unternehmensnachfolge sowie verwandten Themen und knüpfen persönliche Kontakte zu Unternehmern sowie Finanzinvestoren. Zur Sammlung wichtiger Praxiserfahrung bzw. letztendlich zur Platzierung im Wunschunternehmen werden die Mitglieder in konkrete Managementaufgaben im Mittelstand bis hin zur „echten“ Nachfolge im Rahmen eines Management-Buy-in vermittelt. Finanziert wird die Nachfolge nicht selten durch (signifikante) Eigenmittel der Kandidaten oder unter Zuhilfenahme eines Eigenkapitalgebers. Weitere Informationen sind zu finden auf *www.fuchsklemm.de.*

Ein Nachfolgerating in Form eines Ratingsystems könnte Nutzen für den betroffenen Unternehmer stiften. Dieses wäre in der Lage, seine spezifische, komplexe Nachfolgesituation in eine einfache Symbolik zu verdichten. Würde das entsprechende Rating von einer anerkannten Institution durchgeführt, könnte der Unternehmer mit dem entsprechenden Ratingbericht auf potenzielle Nachfolger zugehen und sich gegebenenfalls im Wettbewerb mit anderen Unternehmern entsprechend schneller und nachhaltiger positionieren. Aufwendige Pre-Due-Diligence-Prozesse könnten signifikant abgekürzt werden bzw. entfallen.

2.3 Unternehmenssuche aus Sicht des potenziellen Nachfolgers

Aus Sicht des Nachfolgers stellt sich die umgekehrte Situation, also die der Unternehmenssuche, nicht minder herausfordernd dar. „Geeignete Unternehmen zu finden, scheint extrem schwierig zu sein trotz eines breiten Spektrums an Fähigkeiten“ oder „eine Vielzahl öffentlich zugänglicher Initiativen ist reine Show“ sind nur zwei Originalzitate von Mitgliedern in unserem „Entrepreneurs-Club“, die beispielhaft sind für die schwierige Situation, in der sich potenzielle Nachfolger auf der Suche nach einem passenden Unternehmen befinden.

In der Tat durchläuft bisher (fast) jeder Management-Buy-in-Kandidat einen sehr „steinigen“, sich bei jedem einzelnen wiederholenden Weg, bis er schließlich und hoffentlich an sein Ziel der Nachfolge gelangt. Ausgehend von einer meist attraktiven Anstellung inklusive Top Management-Karrierepfad reift bei mancher unternehmerisch ausgerichteten Führungspersönlichkeit der Wunsch, unabhängig und auf eigene Rechnung zu arbeiten. Die Schranken des „Angestelltendaseins", mögen sie in der Entfaltung der persönlichen Visionen oder auch in der Limitiertheit des erzielbaren Einkommens liegen, lassen einen solchen Entschluss fassen. Ein anderer potenzieller Unternehmensnachfolger hat vielleicht schon ein Unternehmen gegründet und durchaus erfolgreich aufgebaut, sucht nun aber die Herausforderung, ein größeres, sprich mit mehr „Reichweite" und mächtigeren „Hebeln" ausgestattetes Unternehmen zu lenken. Oder aber der (leider) gar nicht seltene Fall des Familienunternehmers, der aufgrund von Familienstreitigkeiten aus dem zum Teil eigenen Unternehmen gedrängt wird und sich nun neue unternehmerische Betätigungsfelder sucht. Alle jedenfalls stehen vor dem Problem: Wie finde ich ein passendes Unternehmen?

Zuerst gelangt der potenzielle Nachfolger zur Erkenntnis, dass eine (ernsthafte) Suche neben dem bisherigen, anspruchsvollen Full-Time-Job nicht zu bewerkstelligen ist. Die erste große Hemmschwelle ist zu überwinden: Den sicheren Hafen verlassen und mit hohem Risiko und mäßigen Chancen einer Fall-Back-Position kündigen. Meist ist der MBI-Kandidat in einem Alter, in dem er bereits Familie hat. Keine leichte Aufgabe, diesen Schritt des „gewollt Arbeitslosen" gegenüber Frau, Kindern und Freunden zu kommunizieren. Ganz natürlich von dem finanziellen Polster abgesehen, das für zwei Jahre – und so lange dauert erfahrungsgemäß mindestens der Suchprozess – Lebenshaltung und Suchkosten, vorhanden sein muss – dann sollte immer noch hinreichend Kapital vorhanden sein, Unternehmensanteile zu erwerben! Was sich nun anschließt, ist eine Phase des „Lernen lernens". In einer Art „trial and error"- Manier versucht der Kandidat, möglichst viele Opportunitäten zu generieren, sprich Kontakte zu Unternehmern, die einen Nachfolger suchen. Nach vielen frustrierenden Kaltakquise-Versuchen bedient er sich dann allmählich Intermediäre, die ihrerseits über solche Kontakte zu den interessanten Target-Unternehmen verfügen. Dies sind typischerweise M&A-Berater, Private Equity-Manager, Steuerberater, so genannte Wealth Manager (ein neuerdings so bezeichneter Dienstleistungszweig an Finanz- und Anlageberatern, der sich auf das „Management" großer Vermögen spezialisiert hat), Berater, Rechtsanwälte, einschlägige Kammern und Industrieverbände sowie einschlägige Datenbanken. Nachdem diese zweite Runde „Klinkenputzen" mit hohem Zeit- und Kostenaufwand abgeschlossen ist, bleibt meistens die Ernüchterung, dass diese Intermediäre schließlich doch in der Vielzahl „grey hair" suchen, also sehr seniore Manager, die über ausgesprochene Branchenkenntnisse, Kontakte und vor allem Managementerfahrung auch in schwierigen Unternehmenssituationen verfügen.

Abbildung 3 illustriert das mit hoher Wahrscheinlichkeit auftretende psychische Problem, das sich während der zähen Suche manifestiert. Das anfänglich hohe Vertrauen der eigenen Familie sinkt mit Dauer der Suche zunehmend. Das eigene Selbstvertrauen steigt mit anfänglichen Erfolgen zwar an, fällt nach unvermeidlichen Ernüchterungen (z.B. durch in späten Stadien gescheiterte Verhandlungen „kurz bevor die Tinte auf dem Vertrag trocken

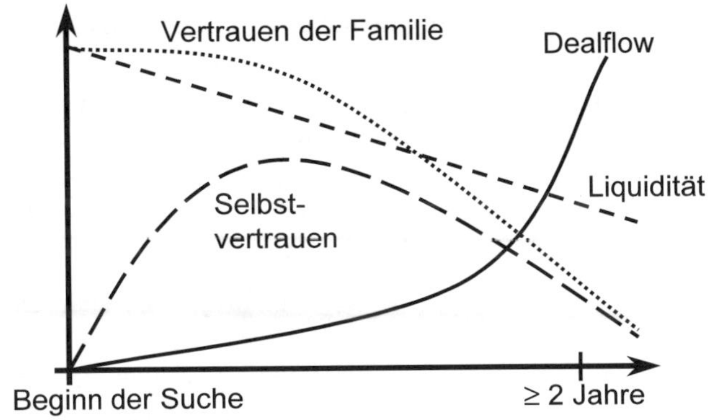

Abbildung 3: Der „steinige Weg" der Unternehmenssuche für den Nachfolger

war") jedoch zwangsweise ab. Genauso wie trivialerweise die Liquidität. Erst langsam baut sich ein passabler „Dealflow" auf.

Eine relativ gute Möglichkeit, dieser „Ochsentour" zu entgehen, liegt im schon angesprochenen „Entrepreneurs-Club". Hier können parallel zum laufenden Arbeitsverhältnis Kenntnisse über die „Blackbox Unternehmensnachfolge" erworben werden. Entsprechende Plattformen sorgen für gezielte, nutzbringende Kontakte zu Unternehmern und Finanzinvestoren. Der Austausch mit anderen unternehmenssuchenden MBI-Kandidaten, vor allem aber auch erfolgreichen Unternehmensnachfolgern hilft, die Motivation aufrecht zu erhalten und gibt Einblicke in die Erfahrungen der anderen. Konkretisiert sich der Wunsch der Nachfolge, erfolgt eine aktive Hilfe bei der Suche und die Vermittlung von Kontakten zu nachfolgersuchenden Unternehmern. Weitere Informationen hierzu über *www.fuchsklemm.de.*

Ein Nachfolgerrating könnte den Matching-Prozess von dieser Seite signifikant unterstützen. Würde die „Güte" eines Nachfolgers einfach auf den Punkt gebracht, könnte sich in kürzerer Zeit und mit deutlich reduziertem Kostenaufwand der nachfolgersuchende Unternehmer ein Bild vom MBI-Kandidaten machen. Stammt das Rating aus einer vertrauensvollen, namhaften Quelle, könnte der wichtige und unabdingbare Prozess des persönlichen Kennenlernens zwischen Unternehmer und Nachfolger sicher effizienter gestaltet werden. Es wäre eine einfache und schnelle Vorselektion möglich.

2.4 Finanzierung der Nachfolge

Neben der beschriebenen großen Herausforderung „Nachfolger- bzw. Unternehmenssuche", also der Kontaktanbahnung zwischen übergebenden Unternehmern und übernehmenden Nachfolgern, liegt in der Finanzierung das Problem, das in zweiter Linie ein Scheitern von Nachfolgevorhaben verursacht.

Man mag bei der Betrachtung des Themas „Unternehmensnachfolge“ geneigt sein, eine recht hohe „idealistische“ Komponente zu sehen. So wird gerne von der „Weitergabe des Lebenswerks“ gesprochen und dem Unternehmer unterstellt, dass sein höchstes Interesse sei, das über Jahrzehnte mit viel Energie und Arbeit aufgebaute Unternehmen in seinem Fortbestand zu sichern. Natürlich – diese Komponente spielt zweifelsohne eine Rolle (insbesondere bei traditionsreichen Familienunternehmen). In letzter Konsequenz jedoch ist jede Unternehmensnachfolge eine Finanztransaktion – oder einfach gesagt ein Verkaufsgeschäft mit banalen, finanziellen Interessen der beteiligten Partner.

Der Unternehmer möchte (und muss) für seine langjährige Aufbauarbeit angemessen entlohnt werden. Das heißt, er (und seine Familie) muss mit dem Verkaufserlös des Unternehmens – sei er in einer Summe oder mehreren Raten bis hin zur „Leibrente“ bezahlt – seinen bisherigen, nicht selten anspruchsvollen Lebensstil dauerhaft und sicher weiterfinanzierbar machen. Natürlich ist dies die absolute Untergrenze des Anspruchs – eher möchte der Unternehmer auch nach seiner aktiven Zeit im Unternehmen anspruchsvolle Aufgaben im Wirtschaftsumfeld wahrnehmen, sich beispielsweise als „Business Angel“ o.ä. betätigen und dabei die erworbene Liquidität einsetzen. Ein bloßes „sich zur Ruhe setzen“ ist meist nicht sein Ding – es widerspräche auch den Werten und Neigungen, die Bestandteil der Unternehmerpersönlichkeit sind.

Jedenfalls wird er den Wert seines Unternehmens im Rahmen der Interpretationsmöglichkeiten gängiger Bewertungsverfahren, möglichst hoch anzusetzen – vielleicht überhört er sogar den gutgemeinten Hinweis seiner Berater. Nicht selten entsteht hierdurch eine Situation marktfremder Preisfindung, manchmal „versteift“ sich der Unternehmer auf einen objektiv zu hohen Preis. Wie weiter oben schon angerissen, hängt die Ausprägung des Problems der Finanzierung im Speziellen auch von der Größe ab. Sehr kleine Unternehmen geben ganz nüchtern betrachtet oft keine Finanzierungsmöglichkeit her. Im Extremfall ist der Ertrag so gering, dass gerade einmal das Gehalt des Geschäftsführers bezahlt werden kann – und als einer der größten Kostenpositionen geführt wird. Hier reicht die Substanz dann nicht zur (sinnvollen) Bezahlung zweier Geschäftsführer (Unternehmer und Nachfolger). Diese wäre aber nötig, da in diesem sehr kleinen Unternehmen der Großteil des Wissens sowie der Kundenkontakte beim Unternehmer liegt und entsprechend über einen längeren Zeitraum übertragen werden muss. Für die Aufnahme von Fremdkapital zur Nachfolgefinanzierung reicht oft das vorhandene Eigenkapital nicht aus, Eigenkapitalinvestoren sind an solch kleinen „Deals“ in aller Regel nicht sonderlich interessiert. Die sehr großen Unternehmen (s.o.) sind meist Gegenstand aktiver Ansprache durch solche Investoren. Aufwändige, vom Unternehmer selbst zu betreibende Verkaufsbemühungen sind hier meist kein Thema. Der Verkaufsprozess wird professionell begleitet von Beratern in den entsprechenden Fragen. Bei diesen Unternehmen kann man gar von einer gewissen Marktmacht gegenüber den Investoren sprechen – die großen Fonds bieten oft im Wettbewerb um die „Perlen“.

Es bleiben die bereits zitierten mittelgroßen Unternehmen. Hier bleibt es am Unternehmer „hängen“, sich um den Verkauf und die Nachfolgersuche zu kümmern. Mit einiger Ausdauer und wenn sein Unternehmen entsprechend attraktiv aufgestellt ist, findet er aber durchaus Eigenkapitalinvestoren, die das Nachfolgevorhaben unterstützen.

Ein funktionierendes Nachfolgerating als Ratingsystem zur Abbildung einer gesamten Nachfolgesituation könnte hier großen Nutzen stiften. Ähnlich wie bei der Nachfolgersuche könnte der Unternehmer mit dem Ratingbericht als quasi verbrieften Nachweis für die „Attraktivität" seiner speziellen Nachfolgesituation auf Investorensuche gehen. Dem Unternehmer wäre es viel leichter möglich, den „ersten Fuß in die Türe" zu bekommen – wenn das Rating entsprechend positiv ausfällt. Nach eigener Aussage werden die namhaften Private Equity-Firmen mit Anfragen von kleinen und mittleren Unternehmern geradezu überhäuft, die eine Finanzierung ihrer Nachfolge suchen. Viele dieser Anfragen werden aus Kapazitätsgründen erst gar nicht geprüft – würden es aber sicher, wenn sie standardisiert und verdichtet auf eine Ratingnote präsentiert würden, da der Aufwand für ein Erst-Screening marginal wäre. Gegebenenfalls könnten sogar aufwendige Pre-Due-Diligence-Prozesse signifikant abgekürzt werden bzw. entfallen.

Der Erwartung des Unternehmers stehen die Interessen und Möglichkeiten des potenziellen Nachfolgers gegenüber. Bei ihm besteht natürlich ein Interesse, den Kaufpreis eines Unternehmens „herunterzuhandeln" – unabhängig von der Finanzierungsweise. Die Problematik im Speziellen hängt jedoch auch hier von der Unternehmensgröße ab. So kann ein kleines Unternehmen manchmal direkt durch den Nachfolger gekauft werden. Viele der erfolgreichen Manager, die sich mit dem Gedanken tragen, eine Nachfolge anzutreten, sparen entsprechendes Eigenkapital aus ihrem Gehalt an. Ein Teil dieser Ersparnisse wird zwar durch die langwierige Unternehmenssuche aufgezehrt (siehe oben), jedoch kann nicht selten ein gewisses Eigenkapital eingebracht werden. Für kleine Unternehmen – insbesondere wenn diese zum Kaufzeitpunkt nicht in der „Blüte" stehen, sondern vielleicht nach Restrukturierung gerade so in den schwarzen Zahlen operieren – kann ein Betrag von vielleicht 100.000 bis 500.000 Euro zum Erwerb mehrheitlicher Anteile oder des gesamten Unternehmens ausreichen – zum Beispiel wenn die Bank etwa nach einer Insolvenz schon „das Regiment" übernommen hat und eine solche Beteiligung abstoßen möchte. Ein gewisser Finanzierungsanteil ist daneben durch die eigene Hausbank oder entsprechende Fördermöglichkeiten von Bund und manchen Ländern möglich.

Daneben existiert der relativ kleine, aber vorhandene Teil der Nachfolger, die z.B. durch ein größeres Erbe oder den Verkauf von Anteilen am Familienunternehmen mit mehr einsetzbarem Kapital ausgestattet sind.

In aller Regel sind Transaktionen mit mittleren und größeren Unternehmen jedoch an die Beteiligung fremder Investoren gebunden. Der potenzielle Nachfolger hat es natürlich dann einfacher, wenn er bei der Ansprache des Wunschunternehmens bereits einen Kapitalgeber „im Boot" hat, den er schon von seiner Eignung überzeugen konnte.

Ein Nachfolgerrating könnte ähnlich einem Zeugnis oder Zertifikat die Eignung als Unternehmer kurz und prägnant nachweisen. Ähnlich wie bei der Unternehmenssuche würde sie dem MBI-Kandidaten helfen, sowohl Eigen-, als auch Fremdkapitalinvestoren (Banken) „ins Boot zu holen". Der schon erwähnte „Entrepreneurs-Club" stellt als Vorstufe zu einem solchen Nachfolgerrating ein Zertifikat für seine Mitglieder aus – nachdem sie eine entsprechende Vorauswahl und ein klar definiertes Qualifikationsprogramm erfolgreich durchlaufen haben.

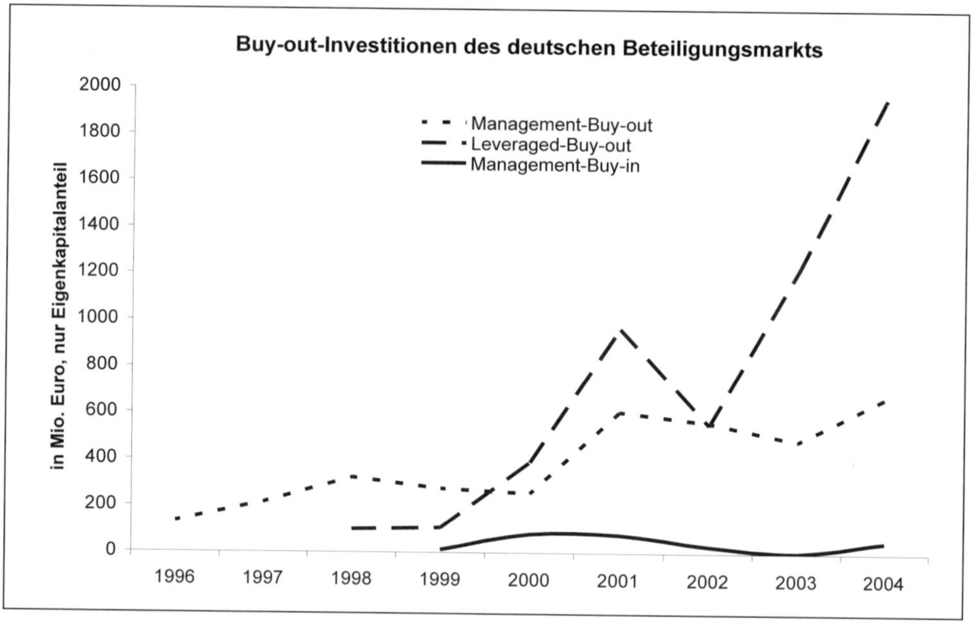

Abbildung 4: Buy- in- und Buy-out-Investitionen
Quelle (Zahlen): BVK 2004[8] IfM Universität Mannheim 2004

Als Vision bzw. Fernziel in Verbindung mit der Etablierung eines Nachfolgerratings kann die sukzessive Förderung der Bereitschaft von Private Equity-Investoren sein, gezielt in MBI-Finanzierungen zu investieren. Derzeit ist der Anteil dieser Form gegenüber den beliebteren MBO-Finanzierungen verhältnismäßig gering. Abbildung 4 zeigt den Verlauf der Investitionsvolumina in Deutschland ansässiger Private Equity-Investoren. Es fällt auf, dass 2004 nur ein kleiner Betrag von rund 50 Mio. Euro in Management-Buy-ins investiert wurde. Demgegenüber stehen Private Equity-Investitionen 2004 von fast 2 Mrd. Euro in „echte" MBOs bzw. Leveraged-Buy-outs (also mit gleichzeitiger Fremdkapitalbeteiligung). Der Grund liegt darin, dass Management-Buy-ins statistisch öfter negativ verlaufen und damit die Renditen entsprechender Fonds drücken. Buy-outs hingegen haben aufgrund der meist langjährigen Erfahrung des nachfolgenden Managements im fraglichen Unternehmen (noch) höhere Erfolgsaussichten. Ein Nachfolgerrating kann zwar diesen spezifischen Erfahrungsvorsprung nicht ausgleichen – der ja „systemimmanent" ist –, jedoch eine objektive Trennung „der Spreu vom Weizen" vornehmen und dokumentieren. Zusammen mit anderen positiven Faktoren, welche Buy-ins eingeschrieben sind, ist so insgesamt ein Vorteil in Zukunft denkbar.

8 Anmerkung: Nach Angabe des Bundesverbandes Deutscher Kapitalbeteiligungsgesellschaften e.V., der diese Zahlen erhoben und veröffentlicht hat, deckt die Statistik für 2004 tatsächlich rund 95 Prozent der Buy-out-Investionen von Deutschen Private Equity-Gesellschaften in Deutschland und rund 50 Prozent aller in Deutschland getätigten Buy out-Investitionen ab. Das Verhältnis der Investitionsvolumina in den Klassen MBO, LBO und MBI zueinander ist nach Angaben des Verbandes repräsentativ für den Gesamtmarkt.

3. Aufbau des Sammelbands

Beim Aufbau des Sammelbands wurde soweit als möglich versucht, einen „roten Faden" durch die Gestaltung der Reihenfolge der Beiträge einzubringen.

Der Band beginnt mit Beiträgen, die tendenziell eher eine Übersicht schaffen zum Thema „Rating" und „Unternehmensnachfolge". Hier werden auch Hintergrundinformationen wie etwa zu den Kreditvergaberichtlinien nach Basel II gegeben. Daran schließen sich einige Beiträge an, die konkrete, in der Praxis etablierte Ratingsysteme vorstellen, bevor zunehmend eine Analyse dieser und anderer Ratingsysteme vorgenommen wird. Insbesondere wird beleuchtet, welche Rolle der Faktor „geregelte Unternehmensnachfolge" als Einflussgröße im Rating spielt. Es folgen Artikel mit mehr ratgebendem Charakter und direkter Relevanz für die Unternehmerpraxis – das Rating wird als aktives Werkzeug verstanden. Bezug wird im Speziellen auch auf Familienunternehmen genommen. Auf Basis dieses ausführlichen und breiten thematischen Fundaments beginnt nun die kreative Auseinandersetzung mit der Konzeption eines möglichen Nachfolgeratings bzw. Nachfolgerratings. Anforderungen an ein solches Ratingsystem werden definiert und konkrete Ansätze entwickelt. Abgerundet wird der Band durch Beiträge an der Schnittstelle Controlling und Corporate Governance mit der Nachfolge.

Alle Beiträge sind in sich geschlossen und auch unabhängig voneinander zu sehen und zu lesen.

Literaturhinweise

BVK (2004): BVK Statistik 2004 – Buy Outs 2004 in Zahlen, Berlin, http://www.bvk-ev.de.

EVERLING, O./SCHNECK, O. (2004): Das Rating ABC, Köln 2004, S. 87ff.

IFM BONN (2003): Unternehmensgrößenstatistik 2001/2002, überarbeitete gedruckte Fassung vom Mai 2003, Bonn 2003, S. 1 f., S. 14.

IFM BONN (2004): IfM Bonn berechnet die Statistik der Unternehmensnachfolgen neu, Bonn, http://www.ifm-bonn.org/ergebnis/106nf-3.htm.

IFM UNIVERSITÄT MANNHEIM (2004): Mannheim, Eckdaten der Mittelstandsstatistik D I 1, http://www.ifm.uni-mannheim.de/unter/fsb/eckdaten/hb1/D_I_1_02.pdf.

KERKHOFF, E./BALLARINI, K. (2003): Generationswechsel in mittelständischen Unternehmen Baden-Württembergs, Beiträge zur Mittelstandsforschung Nr. 8, Karlsruhe 2003.

KLEMM, S. (2004): Mittelständische Unternehmensnachfolge, in: Weissenberger-Eibl, M. (Hrsg.): Unternehmen im Umbruch, Rosenheim 2004, S. 223–254.

Teil I

Etablierte Ratingverfahren

Rating, Nachfolge und Kapital – Wer will was?

Bastian Frien

1. Einleitung

Wer sich mit dem Thema Nachfolge beschäftigt, der denkt nicht unbedingt im selben Atemzug an Rating. Die Bonitätsbeurteilung ist eine Momentaufnahme, hat unmittelbare Wirkung auf die Gegenwart, wenn auch abgeleitet aus einer Prognose für die Zukunft. Wer näher hinschaut, der sieht allerdings rasch, dass Nachfolge und Rating unter verschiedenen Aspekten enger miteinander zusammenhängen, als es zunächst den Anschein hat.

In dem folgenden Beitrag sollen drei Zusammenhänge zwischen Rating und Nachfolge beleuchtet werden. Der erste Zusammenhang ist sehr direkt, nämlich die Frage, inwiefern die Nachfolgethematik das Rating beeinflusst. Die beiden weiteren Aspekte hängen mit der Finanzierungsbereitschaft der Kapitalgeber zusammen: Welche Rolle spielt das Rating für die Finanzierungsbereitschaft einer Nachfolge mit Fremdkapital? Und wie schauen potenzielle Eigenkapitalgeber bei einer Nachfolgelösung auf die Bonitätsbeurteilung?

2. Banken und Basel II – Welchen Einfluss hat die Nachfolgeregelung auf das interne Rating?

Schon seit Jahren kommt niemand in einer Diskussion über Rating um das Schlagwort Basel II herum. Tatsächlich dürfte dieser Begriff sogar der am häufigsten verwendete in jeder Debatte über Unternehmensfinanzierung im Allgemeinen sein. Basel II musste für vieles herhalten: als Entschuldigung der Banken für den Versuch der Einführung risikoangemessener Kreditzinsen, in Sonntagsreden der Politiker als Synonym für die systematische Benachteiligung des Mittelstands, als Schreckgespenst unzähliger Berater auf der Suche nach Mandaten und als Sündenbock in den Klagen erfolgloser Unternehmer, die keinen Kredit mehr bekamen.

In keinem anderen Land ist die Diskussion über Basel II so emotional und so öffentlich geführt worden wie in Deutschland. Zeit für eine nüchterne Bestandsaufnahme und für den Versuch zu klären, welchen Einfluss Basel II auf die Finanzierung einer Unternehmensnachfolge hat.

2.1 Nachfolgefinanzierung – Was bringt Basel II?

Was genau ist Basel II? Dahinter verbirgt sich nichts anderes als das Bestreben, das internationale Finanzsystem zu stabilisieren. Die Banken sind wegen ihrer Funktion als Kapitalsammelstelle und Finanzier der Wirtschaft von entscheidender Bedeutung für

Stabilität und Wachstum. Darum muss ihrer eigenen Stabilität besonderes Augenmerk gelten. Banken verleihen stets mehr Geld als sie an Eigenkapital besitzen. Dieses zusätzliche Geld stammt aus Einlagen ihrer Kunden. Wenn nun viele Kunden gleichzeitig ihr Geld abziehen, kann es passieren, dass eine Bank nicht mehr zahlungsfähig ist – sie geht bankrott. Um das zu verhindern, muss eine Bank stets genügend Eigenkapital vorhalten. Diese Notwendigkeit wurde bereits früher erkannt: Seit dem ersten Baseler Akkord im Jahre 1988 (Basel I) müssen die Banken pauschal jeden Kredit mit acht Prozent Eigenkapital unterlegen.

Das war ein gewaltiger Fortschritt für die Stabilität des Finanzsystems, aber in den Augen der Bank für Internationalen Zahlungsausgleich (BIZ) in Basel und vieler Zentralbanken der Welt noch nicht ausreichend. Man stellte nämlich fest, dass die pauschale Unterlegung mit Eigenkapital ohne Berücksichtigung der Bonität des Kreditnehmers unerwünschte Folgen hatte. In vielen Ländern war es bereits üblich, dass hohe Risiken (also Unternehmen mit einem schlechten Rating) deutlich höhere Zinsen zahlen mussten als niedrige Risiken. Für die Banken war es daher wirtschaftlich interessanter, Geschäfte mit den schlechten Risiken zu machen, weil der Zinsertrag höher war, die Eigenkapitalkosten wegen der pauschalen Unterlegung aber gleich blieben. Im Sinne der Stabilität konnte das aber nicht sein, war doch das Ausfallrisiko bei diesen Geschäften viel größer, der Risikopuffer Eigenkapital hingegen nicht.

Also machte man sich in Basel daran, den Akkord zu verfeinern und zu einer Übereinkunft zu gelangen, die unter dem Namen Basel II bekannt wurde. Der Grundgedanke ist einfach: Eine Bank soll umso mehr Eigenkapital als Sicherheitspolster für einen Kredit unterlegen, je höher das Ausfallrisiko eines Kreditnehmers – also je schlechter das Rating des Kreditnehmers – ist. Im Schnitt soll sich die Eigenkapitalunterlegung in Höhe von acht Prozent aber nicht ändern. Für die Banken bedeutet das, dass nach Basel II die Eigenkapitalkosten für überdurchschnittlich riskante Kredite steigen, die für unterdurchschnittlich riskante Ausleihungen dagegen sinken werden. Die Banken sind von den Aufsichtsbehörden angehalten, interne Ratingverfahren zu entwickeln, mit denen sie jedem Kredit eine Ausfallwahrscheinlichkeit (PD), die voraussichtliche Höhe des ausstehenden Kedits zum Zeitpunkt des Ausfalls (EAD) und eine Ausfallquote (LGD) zuweisen müssen, aus dem sich der erwartete Verlust (EL) aus einem Kreditengagement errechnet.

Damit ist klar: Rating ist keine freiwillige Angelegenheit mehr. Um das interne Rating durch eine Bank kommt kein Unternehmen herum, das einen Kredit beantragt oder bereits erhalten hat. Darum muss sich jedes Unternehmen – zunächst einmal völlig unabhängig von allen Nachfolgeüberlegungen – mit seinem Rating beschäftigen. Dahinter steckt die zentrale Frage: Welches Risiko bin ich als Unternehmen in den Augen einer Bank? Im folgenden Abschnitt wird kurz beleuchtet, welche Rolle das Thema Nachfolge für das eigene Rating spielt.

2.2 Wie beeinflusst die Nachfolgefrage das Bankenrating?

Inwiefern beeinflusst die Nachfolgeproblematik das Rating? Die Frage ist ebenso einfach formuliert wie vernünftig – und doch schwer zu beantworten. Wahrscheinlich ist es noch zu früh, um eine abschließende Antwort zu geben. Doch es lohnt sich schon heute, sich über diese Frage Gedanken zu machen – zumal sie insbesondere von den Banken selbst häufig hervorgehoben wurde. Viele Kreditinstitute haben in der Vergangenheit betont, dass die Lösung der Nachfolge entscheidenden Einfluss auf das Rating habe. Einige Häuser gingen sogar so weit zu behaupten, eine ungelöste Nachfolgeregelung schließe eine Kreditvergabe kategorisch aus.

Soweit wird es – mit Ausnahme von Einzelfällen – wohl nicht kommen. Überhaupt ist das Thema Nachfolge nicht für alle Unternehmen von derselben Relevanz. Welche Bank käme darauf, sich um ihre Kredite zu sorgen, wenn bei DaimlerChrysler ein Jahr vor Auslaufen des Vertrags mit dem Vorstandsvorsitzenden noch kein Nachfolger bekanntgegeben wurde? Wenn dagegen in einem vertriebsorientierten Unternehmen alle wichtigen Kontakte beim gesundheitlich angeschlagenen 75-jährigen Alleingesellschafter aufgehängt sind, kann es der Bank beim Blick auf einen Kredit mit fünfjähriger Laufzeit durchaus grausen. Von größter Bedeutung ist die Nachfolgeregelung selbstredend in inhabergeführten Unternehmen. Hier haben sich oft keine weiteren Unternehmerpersönlichkeiten neben dem Chef entwickeln können.

2.2.1 Wie erstellt eine Bank ein Rating?

Doch wie baut eine Bank die Nachfolgefrage überhaupt in ihr Rating ein? Um eine Idee davon zu bekommen, wie sich der Umgang mit dem Thema Nachfolge auf das Rating auswirken kann, sollte man sich zunächst mit der Struktur eines bankinternen Ratingverfahrens vertraut machen. Zwar verraten die meisten Banken nicht allzu viel über ihre Ratingsysteme, doch das wenige Bekannte reicht aus, um sich ein ordentliches Bild zu machen.

Basel II erwartet von den Banken eine Abkehr von den oft eingesetzten althergebrachten Expertensystemen, bei denen sich erfahrene Banker mit verschiedenen Aspekten eines Unternehmens beschäftigen und dann zum Teil standardisiert, aber zu einem guten Stück aus dem Bauch heraus, ein Ratingurteil fällen. Expertensysteme können erstaunlich gute Ergebnisse erbringen, haben aber natürlich offensichtliche Schwächen, die vor allem in der Subjektivität und der mangelnden Nachvollziehbarkeit der Bewertungen liegen.

Daher sollen die Banken möglichst Ratingverfahren einführen, die auf mathematisch-statistischen Verfahren fußen. Dahinter steckt die Idee, dass eigentlich nur wenige Parameter genügen, um die Ausfallwahrscheinlichkeit eines Unternehmens einigermaßen verlässlich vorherzusagen. Auch wenn die Banken etwas anderes sagen: Von herausragender Bedeutung werden dabei auch weiterhin die Zahlen der Vergangenheit bleiben. Die Ausgangsdaten für die Parameter stammen zunächst einmal allesamt aus den Bilanzen der Unternehmen, die ja immer nur eine Bestandsaufnahme der Vergangenheit sind. Aus fünf bis zehn Kennzahlen setzt sich bei den meisten Kreditinstituten die so genannte quantitative Analyse zusammen – darunter dürften oft die üblichen Verdächtigen wie Eigenkapitalquote oder Cashflow-Kennzahlen zu finden sein.

Darüber hinaus erstellen die Banken für das Rating auch ein Set von so genannten qualitativen Fragen. Darin beurteilen sie zum Beispiel die Produkte, die Marktsituation, aber auch das Management des Unternehmens. Diese Fragen sind so formuliert, dass für die Beantwortung so wenig subjektiver Einschätzungsspielraum wie möglich verbleibt. Auch bei diesen Fragen prüfen die Kreditinstitute analog zu den Bilanzkennzahlen, welche davon in welcher Kombination und Gewichtung die beste Prognose über die Ausfallwahrscheinlichkeit erlauben.

Wie kann nun die Nachfolgeproblematik in die Erstellung des Ratings einfließen? Grundsätzlich sind zwei Wege denkbar. Erstens kann die Information, ob die Nachfolge befriedigend gelöst ist oder nicht, als eine der bewertungsrelevanten Fragen in die Teilanalyse qualitative Faktoren einfließen. Damit beeinflusst sie das Ergebnis dieser Teilanalyse und also auch das Gesamtergebnis. Die Wirkung auf das Rating wäre aber von untergeordneter Bedeutung, da eine Vielzahl von Faktoren in die Bewertung einbezogen wird und ein einzelner Parameter nur wenig Einfluss hat. Zweitens könnte die Nachfolgefrage an das Ende des Ratingverfahrens gestellt werden: Eine ungelöste Nachfolge hätte dann zur Folge, dass von der errechneten Ratingnote vielleicht ein oder zwei Notches (in der Fachsprache sind das die einzelnen Ratingstufen) abgezogen werden – das nennt man Downgrading. In diesem Fall wäre die Wirkung der Nachfolgeproblematik auf das Rating unmittelbar und erheblich. Theoretisch sind noch weitere Stellen denkbar, an denen die Nachfolge in das Ratingverfahren eingebaut werden könnte. Die beiden Beispiele geben aber eine Idee davon, wie unterschiedlich der Einfluss sein kann.

2.2.2 Können die Banken die Nachfolge überhaupt berücksichtigen?

In der Praxis haben die Banken allerdings mit einem Problem zu kämpfen: Sie können heute oft gar nicht berechnen, wie groß der Einfluss der Nachfolge auf das Rating sein soll. Sie wissen schlichtweg, welchen Anteil an der Ausfallwahrscheinlichkeit die Nachfolgefrage hat. Das liegt an den mathematisch-statistischen Verfahren und zwar präzise an der Datengrundlage, die für die Entwicklung des Ratingverfahrens benötigt wird. Für die Entwicklung werden Daten aus den vergangenen Jahren zusammengetragen. Mit diesen wird versucht, ein Kennzahlensystem zu entwickeln, das zuverlässig zwischen Unternehmen unterscheidet, die in Zukunft insolvent gehen oder eben nicht. Nun haben aber die meisten Banken in der Vergangenheit gar keine Daten darüber geammelt, ob die Nachfolge geregelt ist oder nicht. Daher fehlt ihnen heute die Datengrundlage, um das Thema Nachfolge zuverlässig und nachprüfbar in das Ratingverfahren einzubauen.

Was heißt das für die Unternehmen? Die Banken erfassen zukünftig die Information, ob die Nachfolge geregelt ist oder nicht, auf jeden Fall in ihren Systemen. Wenn sie eine Zeitreihe von einigen Jahren an Daten zusammengestellt haben, können sie an die Auswertung gehen. Viele Banken werden also erst in Zukunft erfahren, ob es sinnvoll ist, die Nachfolgefrage in die Berechnung einer Ratingnote einzubauen. Es ist allerdings stark davon auszugehen, dass diese Information tatsächlich hilft, gute von schlechten Unternehmen zu unterscheiden. Bis es allerdings so weit ist, werden wohl viele Banken die Nachfolgeproblematik entweder nicht in das Rating einfließen lassen oder aber ein Downgrading am Ende des Ratingprozesses für den Fall vorsehen, dass die Nachfolge ungeklärt ist. Das schmälert die Relevanz der Frage keineswegs. Es ist aber anzunehmen, dass sich hier in den nächsten Jahren noch einiges ändern wird. Und wichtig zu wissen: Die Banken werden unterschiedliche Wege finden, die Nachfolge in ihr Rating einzubauen – nachfragen lohnt also.

3. Was bedeutet das Rating für die Kapitalgeber einer Nachfolgelösung?

Gänzlich von der Frage getrennt, wie sich die Regelung der Nachfolge auf das Rating auswirkt, ist das Thema Nachfolgefinanzierung. Welchen Einfluss hat das Rating eines Unternehmens auf die Bereitschaft eines Kreditinstituts und eines Eigenkapitalgebers – also des Käufers –, eine Nachfolgelösung finanziell zu begleiten? Auch diese einfach zu stellende Frage ist leider nicht ebenso einfach zu beantworten, will man nicht einfach sagen: Es kommt darauf an.

3.1 Beeinflusst das Rating die Bereitschaft der Banken zur Nachfolgefinanzierung?

Die Finanzierungsbereitschaft einer Bank hängt bei einer Nachfolgelösung ebenso wie in allen anderen Fällen zukünftig in erster Linie vom damit aus ihrer Sicht verbundenen Risiko ab. Und auch bei einer Nachfolgefinanzierung, die ja nichts anderes als eine besondere Form der Transaktionsfinanzierung ist, misst die Bank das Risiko mit einem Rating. Soweit scheint also alles klar – die Finanzierungsbereitschaft der Bank hängt am Rating. So klar ist es allerdings nicht. Denn: Das Rating, das die Bank zur Bemessung des Risikos einer Finanzierung zu Grunde legt, ist nicht unbedingt – und sogar nur selten – das Rating des Unternehmens vor der Transaktion. Somit kann sich der Unternehmer vor dem Verkauf seines Lebenswerks zwar intensiv mit seinem Rating beschäftigen, dieses mag aber für die Bank im Moment der Transaktion ziemlich uninteressant werden. Von entscheidender Bedeutung für das Rating, das die Bank als Grundlage ihrer Finanzierung nimmt, sind nämlich zum einen der Käufer des Unternehmens und zum anderen die Strukturierung der Transaktion.

3.1.1 Wer ist der Schuldner?

An erster Stelle steht bei jeder Transaktionsfinanzierung die Frage, wer denn eigentlich der Schuldner ist. Grundsätzlich sind drei Varianten denkbar: eine natürliche Person, eine juristische Person (also in der Regel ein anderes Unternehmen) und das gekaufte Unternehmen selbst. Dass eine einzelne Person oder eine Personengruppe als Eigentümer – und damit als Schuldner – auftritt, wird mit Ausnahme weniger reicher Großinvestoren nur bei relativ kleinen Unternehmen der Fall sein. Dann greift dasselbe Muster, das jeder Kleinunternehmer kennt: Die Banken interessieren sind oft gar nicht so sehr für die Bonität des Unternehmens, sondern für die privaten Sicherheiten des Unternehmers, in erster Linie für sein Immobilienvermögen. Ab einer bestimmten Größenordnung reicht allerdings dieses Vermögen nicht mehr aus, um die möglichen Kreditverluste zu decken. Dann kommt es doch wieder auf das Rating des Unternehmens selbst an, das bei kleinen Unternehmen aber selten gut ist. Immerhin kann sich der Käufer in diesen Fällen bereits im Vorfeld ein gutes Bild über die Bonität seines Unternehmens verschaffen, solange er die Finanzierungsstruktur unangetastet lässt.

Ist der Käufer ein anderes Unternehmen, steht dieses normalerweise auch für die Schulden gerade. In den allermeisten Fällen finanzieren Unternehmen Zukäufe aus ihrer eigenen Bilanz heraus. Der Käufer hat selbst bereits ein Rating durch seine Bank erhalten und dadurch einen gewissen Finanzierungsspielraum. Für die Kalkulation der Transaktion wird nun ein Pro-Forma-Rating erstellt, zu dessen Erstellung dem Käufer das gekaufte Unternehmen hinzugefügt wird und auch die Finanzierungskosten der Akquisition einkalkuliert werden. Damit lässt sich eine Bonität für das neue, zusammengefügte Unternehmen ermitteln. Dieses neue Rating hat nicht mehr viel mit dem ursprünglichen Rating des verkauften Unternehmens zu tun.

Schließlich kann auch das gekaufte Unternehmen selbst für die Schulden gerade stehen. Was zunächst merkwürdig klingt, ist vor allem bei Beteiligungsgesellschaften ein übliches Spiel. Die Transaktionen laufen unter dem Begriff Leveraged-Buy-out (LBO). Aber auch bei Projektfinanzierungen, an denen größere Unternehmen beteiligt sind, ist die Verschuldung der Projektgesellschaft gängige Praxis. In beiden Fällen kommt es nicht auf das Rating des Käufers an, weil der ja nicht für die Schulden haften muss. Im Zentrum des Interesses steht die Bonität des Unternehmens selbst. Trotzdem hat ein Unternehmen etwa nach einem Leveraged-Buy-out von der Risikostruktur her zumeist nicht mehr viel mit dem Unternehmen zu tun, das im Rahmen einer Nachfolgelösung verkauft wurde. Das zeigt der nächste Abschnitt.

3.1.2 Wie sieht die Finanzierungsstruktur der Übernahme aus?

Wie kurz beschrieben, hängt das Rating eines Unternehmens an einer Vielzahl von Faktoren: seinen Produkten, seiner Stellung im Markt, aber eben über die quantitative Analyse auch und vor allem an seinen bilanziellen Kennzahlen. Die bilanziellen Kennzahlen sind mehr als ein Spiegel des operativen Erfolgs. Der lässt sich in den Kennzahlen EBIT oder operativer Cashflow gut messen. Wie groß aber das Ausfallrisiko eines Unternehmens ist, kann man daran nur sehr unzureichend erkennen. Vor allem der Schuldendienst ist ein Faktor, der ungeachtet des wirtschaftlichen Erfolgs die Liquidität eines Unternehmens belastet und im schlimmsten Fall zum Insolvenzauslöser werden kann. Das ist der Grund dafür, dass die Struktur der Passivseite – hier vor allem das Verhältnis von Fremd- zu Eigenkapital – und die Höhe der Zins- und Tilgungslast entscheidend für das Rating eines Unternehmens sind.

Beides verändert sich aber häufig im Rahmen einer Transaktion. Für die Berechnung des Unternehmenswerts werden ohnehin die Schulden immer herausgerechnet. Jedes Unternehmen wird so behandelt, als sei es schuldenfrei. Schließlich kann jeder Käufer nach eigenem Gutdünken den Verschuldungsgrad des hinzugekauften Unternehmens bestimmen (solange die Banken mitspielen). Gerade die Beteiligungsgesellschaften nutzen diese Möglichkeit gern bis an die Grenzen des Machbaren aus – mit entsprechenden Folgen für das Rating. Das zeigt sich immer dann, wenn die LBO-Unternehmen die Transaktion am Kapitalmarkt mit einer Hochzinsanleihe refinanzieren: Praktisch keins von ihnen verfügt über ein Rating im Investment-Grade-Bereich (BBB- oder besser). Dabei sind viele dieser Unternehmen vor der Übernahme höchst solide Schuldner gewesen.

Um das Rating von Unternehmen zu bestimmen, bei denen kein Rückgriff auf die Eigentümer möglich ist, kann allein auf den zukünftig erwirtschafteten Cashflow vertraut werden. Ein Blick in die Bilanzen hilft nicht: Die Projektgesellschaften haben gar keine Historie, weil sie gerade erst gegründet wurden, und die LBO-Unternehmen sind mit den Zahlen von früher wegen der komplett veränderten Passivseite nicht mehr vergleichbar. Allein die Prognose der zukünftigen Mittelzuflüsse, die zu den erwarteten Mittelabflüssen aus dem Schuldendienst ins Verhältnis gesetzt werden, kann zur Bestimmung des Risikos dienen.

Dieser kurze Exkurs zeigt deutlich, wie begrenzt das aktuelle Rating eines Unternehmens für die Finanzierungsbereitschaft der Banken ist, wenn eine Nachfolgelösung ansteht. Allein derjenige Teilbereich des Ratings, bei des um die Beurteilung der Produkte, Marktentwicklung und die Stellung des Unternehmens im Markt geht, bleibt relevant. Diese Punkte aber kann der Unternehmer in der Regel sehr viel besser abschätzen als die Bank. Die muss sich weitgehend auf das verlassen, was der Unternehmer ihr berichtet. Doch es ist ja ohnehin nicht in erster Linie die Aufgabe des Verkäufers, die Bank von der Finanzierung einer Nachfolgelösung zu überzeugen – dieses wichtige Gespräch ist der erste Test des Käufers in seiner neuen, eigenen Beziehung zur Bank.

3.2 Wollen Kaufinteressenten ein externes Rating sehen?

Klassischerweise wird das Rating als Information betrachtet, die sich an die Fremdkapitalgeber richtet. Eigenkapitalinvestoren werden dagegen in der Regel nicht adressiert. Das erscheint vordergründig auch sehr plausibel. Schließlich versucht das Rating, eine Auskunft über die erwartete Ausfallwahrscheinlichkeit zu liefern, anhand derer sich – unter Berücksichtigung der Ausfallquote und des Exposures – der risikoadjustierte Kreditzins bestimmt. Dahinter steckt nichts weiter als die simple Frage: Wie wahrscheinlich ist es, dass ein Unternehmen innerhalb des nächsten Jahres seinen Zahlungsverpflichtungen auf der Fremdkapitalseite nachkommen kann?

Damit scheint klar zu sein, dass Eigenkapitalgeber aus dem Rating keine relevanten Informationen ziehen können. Doch das ist natürlich nicht der Fall. Ein Blick auf den Kapitalmarkt bestätigt, dass die Bedeutung des Ratings auch an den Aktienmärkten wächst. Ratingherabstufungen haben in jüngster Vergangenheit bedeutenden Einfluss auf die Aktienkurse gehabt. Das könnte nicht der Fall sein, wenn die Eigenkapitalgeber der Ratinginformation keinerlei Bedeutung beimessen würden. Sie tun es offensichtlich – doch warum?

3.2.1 Warum interessieren sich Eigenkapitalinvestoren für Ratings?

Um die Jahrtausendwende herum standen Aktien für unbegrenztes Wachstum und ebensolche Gewinnchancen. Die Kurse schossen in die Höhe, von Umsätzen und Gewinnen der Unternehmen erhoffte man sich selbiges. Doch die Hoffnung trog. Durch diese bittere Erfahrung trat nach einer Phase der Katerstimmung eine gewisse Nüchternheit im Umgang mit Aktien ein. Neben den unbestreitbar gegebenen Chancen – die der Fremdkapitalgeber nicht hat, weil er auch bei bester Gewinnentwicklung nie mehr als seinen Zins und das geliehene Geld erhält – traten auch die Risiken zunehmend in den Fokus der Eigenkapitalgeber. Schon lange war die Volatilität des Aktienkurses als Risiko angesehen worden: je größer die Schwankung, desto höher der Anspruch an die Verzinsung des Eigenkapitals. Doch nun trat nach einigen spektakulären Pleitefällen auch das Ausfallrisiko in den Blickpunkt.

Der Totalausfall war in den guten alten Börsenzeiten bis in die späten 90er Jahre hinein kein Thema. Fast ausschließlich große und solide Unternehmen waren notiert. Nun merkte man plötzlich, dass die Aktienkurse bis zur Nulllinie schwanken konnten – und dort blieben. Dieses Risiko muss in jede Berechnung des Verzinsungsanspruchs an das Eigenkapital einkalkuliert werden. Darum interessieren sich auch die Eigenkapitalgeber an der Börse mittlerweile für das Rating eines börsennotierten Unternehmens, weil es genau diese Information vermittelt.

3.2.2 Welcher Investorentyp interessiert sich wofür?

Inwieweit ist die Erfahrung auf dem Kapitalmarkt auf nicht börsennotierte Unternehmen und die spezielle Situation der Unternehmensnachfolge übertragbar? Ebenso wie der Investor am Aktienmarkt schaut auch jeder potenzielle Nachfolgekandidat auf die Chancen des Unternehmens. Sie sind es, die ihn für das Unternehmen interessieren. Aber natürlich schaut jeder Kaufinteressent auch auf das Risiko. Dieses Thema kann für ihn sogar noch deutlich wichtiger sein als für den Kapitalmarkt. Die Börse streut nämlich ihre Risiken im Zweifel über viele hundert Unternehmen. Der Erwerber einer Mehrheit an einem nicht notierten Unternehmen tut das in der Regel nicht.

Wie beschrieben, kommen grundsätzlich drei Typen von Investoren in Frage: Einzelpersonen, andere Unternehmen und Beteiligungsgesellschaften (auch Finanzinverestoren oder Private Equity-Gesellschaften genannt). Die drei Investorentypen schauen aus unterschiedlichen Blickwinkeln, aber alle sehr aufmerksam auf das Thema Risiko.

Einzelpersonen verknüpfen oft ihre gesamte wirtschaftliche Existenz mit einem Unternehmen. Man kennt das von den Unternehmern, die zeitlebens an ihrem Unternehmen gefeilt und es dabei versäumt haben, aus diesem oft wertvollen Besitz Kapital herauszuziehen, um das eigene Vermögen zu diversifizieren und damit das persönliche Existenzrisiko zu verringern. Wer wüsste nicht die Geschichte eines verarmten Unternehmers zu berichten, dem nach der Pleite seines Lebenswerks nichts geblieben ist? Diesen Fehler versuchen die Unternehmertypen der jüngeren Generation zu vermeiden. Gerade wer ein Unternehmen nicht selbst aufbaut, sondern kauft, hat in der Regel einen nüchterneren – und auch gesünderen – Blick auf die Dinge. An dem Unternehmen hängt dann nicht nur Herzblut, sondern auch eine Renditeerwartung. Und der frischgebackene Unternehmer ist selten bereit, seine ganze Existenz aufs Spiel zu setzen. Darum interessiert ihn noch mehr als die Chancen eines Unternehmens zunächst einmal die Frage, wie groß die Gefahr einer Insolvenz ist.

Unternehmen, die ein anderes übernehmen, haben einen noch emotionsloseren Blick auf ihr Zielobjekt. Allerdings sind sie zumeist in der Lage, größere Risiken einzugehen, zumindest wenn das gekaufte Unternehmen kein allzu großer Brocken in ihrem Magen ist. Dafür müssen sich die verantwortlichen Manager häufig vor den Eigentümern, den Aufsichtsorganen, aber auch vor den eigenen Mitarbeitern für den Zukauf rechtfertigen (zumal damit oft ein Arbeitsplatzabbau beim Übernehmer einhergeht). Der Gefahr eines Totalverlusts will sich keiner aussetzen. Und es wäre nicht das erste Mal, dass eine misslungene Akquisition auch das übernehmende Unternehmen in die Insolvenz treibt (das prominente Beispiel des Schuhhändlers Garant, der sich an Salamander verschluckt hat, wird vielen noch in Erinnerung sein). Auch Unternehmen als Käufer interessieren sich also sehr für die Risiken eines Unternehmens, das ihnen im Rahmen einer Nachfolgelösung angeboten wird.

Noch mehr Risiken als ein normales Unternehmen sind Beteiligungsgesellschaften gewohnt einzugehen. Das heißt allerdings nicht, dass ihnen das Risiko gleichgültig wäre.

Im Gegenteil: Die Höhe des Risikos so exakt wie möglich einzuschätzen, ist entscheidend für ihren Geschäftserfolg. Denn die Finanzinvestoren segeln bei der Finanzierung einer Übernahme oft hart am Wind. Bei der oben beschriebenen LBO-Variante halsen sie dem übernommenen Unternehmen die aus dem Kaufpreis resultierenden Schulden auf. Dabei gehen sie oft an die Grenze des Vertretbaren: Schulden in Höhe von 80 Prozent der Passivseite sind keine Seltenheit. Daraus resultiert ein enormer Schuldendienst, für den die Unternehmen nachhaltig einen hohen Cashflow erwirtschaften müssen. Schon relativ geringe Abweichungen von den Planzahlen führen zu Liquiditätsschwierigkeiten. Mehr noch als jeder andere Investor müssen die Beteiligungsgesellschaften also im Vorfeld einer Transaktion die Risiken ermitteln, wird doch die zukünftige Finanzierungsstruktur des Unternehmens bereits zur Kalkulationsgrundlage des Kaufpreises, den der Finanzinvestor zu zahlen bereit ist.

3.2.3 Nützt ein externes Rating?

Alle drei Investorentypen interessieren sich also brennend für das Risiko der Investition. Sie sind für jede Information dankbar, die ihnen Aufschluss verschaffen kann. Dazu gehört auch das Rating. Da die Banken ihr internes Rating höchstens gegenüber dem Unternehmen selbst preisgeben, ist ein Investor auf ein externes Rating angewiesen. Zwar kann man in der Regel die Bereiche Unternehmens- und Marktverfassung, operative Geschäftssituation und Finanzierungsstruktur im Rating nicht auseinanderdividieren, doch liefert das Rating dem Interessenten trotzdem wertvolle Hinweise.

Darüber hinaus – das sollte nicht unterschätzt werden – dokumentiert ein externes Rating, dass der Unternehmer bereit ist zu Transparenz und zudem auf die Schwachstellen im Unternehmen bereits aufmerksam gemacht worden ist. Daher sichert die pure Existenz eines im Markt anerkannten externen Ratings bereits einen gewissen Vertrauensvorschuss und verbessert die Verhandlungsgrundlage des Verkäufers.

Risikoadjustierte Preisfeststellung von Krediten – unter Berücksichtigung der Unternehmensnachfolge

Wilhelm Schmeisser/Falko Schindler

1. Einleitung

Die Hauptfinanzierungsquelle des deutschen Mittelstandes besteht in der Kreditfinanzierung mittels Bankkredit. Das Thema Basel II und die Auswirkungen auf den deutschen Mittelstand stellen zurzeit ein kontrovers diskutiertes Thema in der Presse und in den Medien dar. Dabei wird über eine generelle Verteuerung der Kredite, über Benachteiligung einzelner Branchen bis hin zu der Aussage, dass es zu keiner Veränderung komme, spekuliert.[1] Die Veränderungen der Eigenkapitalanforderungen an Banken finden im erhöhten Maß Niederschlag bei der Kreditvergabe an mittelständische Unternehmen. Zwar hat Basel II nicht direkt die Finanzierungskosten von Krediten zum Gegenstand, jedoch werden die neuen Eigenkapitalanforderungen bzw. der Akkord die Konditionsgestaltung von Krediten erheblich beeinflussen.[2]

Im vorliegenden Beitrag werden die Auswirkungen von Basel II im Hinblick auf die Konditionsgestaltung und -vergabevoraussetzungen für den Mittelstand näher betrachtet. Da das Rating eines Unternehmens maßgeblichen Einfluss auf die Bepreisung von Krediten hat, werden Szenarien erläutert, die zu einer Optimierung des Ratingergebnisses führen können.

2. Rating, Kreditkosten und Unternehmensnachfolge

Durch das im Ratingprozess ermittelte Bonitätsurteil wird dem Kreditnehmer eine Ausfallwahrscheinlichkeit (PD = Probability of Default) zugeordnet. Je schlechter die Bonität und je höher die Ausfallwahrscheinlichkeit des Kredites eines Unternehmens ist, desto mehr Eigenkapital muss durch das kreditgebende Institut hinterlegt werden. Diese Unternehmen werden aus diesem Grund mit höheren Zinskosten rechnen müssen. Dies bedeutet auch, dass Unternehmen mit geringer Ausfallwahrscheinlichkeit ihrer Kredite von Zinsentlastungen profitieren können.[3] Durch den neuen Akkord soll das Kreditrisiko genauer erfasst und die Kreditkonditionen risikoadäquat ermittelt werden.

Welche Ratingbeurteilung der Mittelstand zu erwarten hat, zeigt die folgende Abbildung 1 eines typischen Mittelstandsportfolios einer Bank.

1 Vgl. Heyken (2001), S. 22.
2 Vgl. Nitschke (2004), S. 46.
3 Rehm (2003), S. 43.

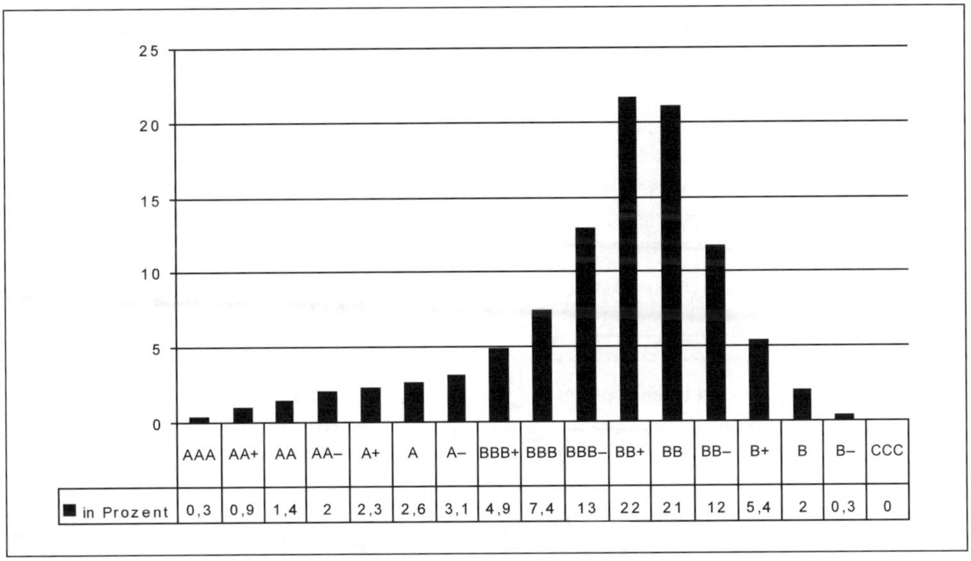

Abbildung 1: Verteilung des typischen Mittelstandsportfolios einer Bank
Quelle: www.kfw-bankengruppe.de/DE/Research/PDF/TAgung_Berlin_26.11.01.pdf vom 20.6.2004[4]

Aus Abbildung 1 ist erkennbar, dass nur knapp 38 Prozent der Unternehmen in so genannten Investment-Graden liegen, welche eine Benotung von AAA bis BBB- zulassen. Demzufolge wird die Mehrheit der mittelständischen Unternehmen im Speculative-Grade anzutreffen sein, die durch die Neuregelungen von Basel II mit einer Verschlechterung der Kreditkosten rechnen müssen.

Eine Begründung liegt im Kriterium Unternehmensnachfolge,[5] das eines von ca. 40 Kriterien im Rating ist. Kreditinstitute messen es bei Unternehmern über 60 Jahren meist mit der Nominalskala „trifft zu“ oder „trifft nicht zu“. Wenn die Unternehmensnachfolge nicht geregelt sein sollte, kann dies eine Kreditverweigerung nach sich ziehen. Inwieweit der Unternehmer dagegen angehen kann, ist bisher ungeklärt. Abhilfe könnte hier das neue Anti-Diskriminierungsgesetz schaffen. Die Banken müssten bei einer Klage beweisen, dass sie den Unternehmer nicht wegen des Alters diskriminieren.

Das Problem Unternehmensnachfolge wird bei Kreditinstituten heute eher offensiv gelöst. Cross-selling-Aktivitäten stellen zum Beispiel eine Möglichkeit dar, diese Probleme zu reduzieren. Cross-selling hilft hier, durch eine Diversifikation der Firmenkreditrisiken bei der Unternehmensnachfolgeproblematik mit zu streuen. Zudem verpflichtet das Kreditinstitut im Rahmen der Kreditverhandlungen das Unternehmen, einen Geschäftsführer und damit einen potenziellen Nachfolger zu bestellen, wenn sich die Unternehmensnachfolge als Problem im Rating herausgestellt hat. Wenn die Unternehmensnachfolge derart

4 Siehe auch: Rehm, (2003), S. 43.
5 Vgl. Schmeisser/Krimphove/Nathusius (2003).

elegant gelöst wird, kann man wieder zum eigentlichen Ratingprozess zurückkehren. Als Ausgangspunkt bieten sich die vier Kostenblöcke eines Kredites einer Bank an:

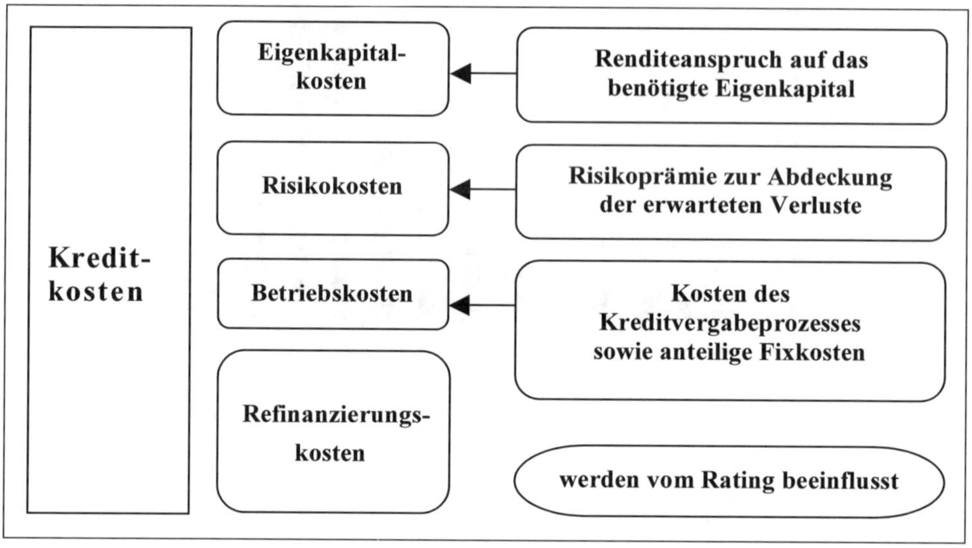

Abbildung 2: Wesentliche Komponenten der Kreditkosten

Die Kostenblöcke Eigenkapitalkosten und Risikokosten werden durch das Kreditrisiko bestimmt. Kreditinstitute müssen bei der Konditionsgestaltung von Krediten „... dem Umstand Rechnung tragen, dass ihr durch ausbleibende Kreditrückzahlungen regelmäßig Verluste entstehen.“[6] Mit den Risikokosten wird das Risiko von erwarteten Verlusten[7] hinterlegt. In der Bankpraxis werden nicht erst durch die Neuerungen von Basel II unterschiedliche Risikozuschläge bei der Berechnung der Kreditkonditionen herangezogen. In der Vergangenheit wurden diese nur unzureichend berücksichtigt.[8] Durch Basel II erfolgt nun eine Spreizung der Risikokosten. Diese Kosten werden sich auf die Kreditkonditionen bonitätsmäßig schwacher Kreditnehmer stärker auswirken als die unmittelbar von Basel II beeinflussten Eigenkapitalkosten. Das Risiko bei der Kreditvergabe besteht nun darin, dass die durch die Risikokosten kalkulierten Prämien nicht ausreichen, um unerwartet eintretende höhere Verluste abzudecken. Diese unerwarteten Ausfälle sind mit Eigenkapital zu unterlegen.[9]

6 Böhnke (2004).

7 Der erwartete Verlust stellt den in Geld bewerteten innerhalb eines bestimmten Zeitraums zu erwartenden durchschnittlichen Kreditausfall dar. Vgl. Bisani (2004), S. 111.

8 Vgl. Hanker (2003), S. 66.

9 Vgl. Goebel (2003), S. 75.

Die Ermittlung der Eigenkapitalkosten wird durch zwei Faktoren determiniert:[10]

1. von der durch Basel II vorgegebenen Eigenkapitalunterlegung und
2. von der geforderten höheren Verzinsung für das Eigenkapital im Vergleich zum risikolosen Fremdkapital.

Bei der Anwendung des Standardansatzes durch die Bank ergeben sich folgende Eigenkapitalkosten:

gegeben:

Risikogewicht:	110 %
Solvabilitätskoeffizent:	8 %
Eigenkapitalkostensatz:	10 %

Risikogewicht	×	Solvabilitätskoeffizent	×	Eigenkapitalkostensatz	=	Eigenkapitalkosten
100 %	×	8 %	×	10 %	=	0,8 %

Formel 1: Ermittlung der Eigenkapitalkosten

Der Solvabilitätskoeffizient beträgt bei allen drei Verfahren zur Berechnung des Kreditrisikos acht Prozent. Dadurch wird gewährleistet, dass die risikogewichteten Aktiva mit acht Prozent des haftenden Eigenkapitals abgedeckt werden. Bei der Berechnung der Risiko- sowie der Eigenkapitalkosten sind die Ausfallwahrscheinlichkeit und das dazugehörige Risikogewicht von maßgeblicher Bedeutung. Im Standardansatz sind die Risikogewichte von 0 Prozent bis 150 Prozent vorgegebene Größen und die Ausfallwahrscheinlichkeit wird in Bezug auf die Ratingklasse durch die Agenturen ermittelt.

10 Vgl. Bisani (2004), S. 111.

Tabelle 1: Ratingkategorien und Ausfallquoten nach Standard & Poors
Quelle: Vgl. Krämer-Eis (2001), S. 25

Ratingkategorie	Idealisierte Ausfallquoten	Historische Ausfallquoten
AAA	0,01%	0,00%
AA+ AA AA-	0,02% 0,03% 0,04%	0,00% 0,00% 0,03%
A+ A A-	0,05% 0,07% 0,09%	0,02% 0,05% 0,05%
BBB+ BBB BBB-	0,13% 0,22% 0,39%	0,12% 0,22% 0,35%
BB+ BB BB-	0,67% 1,17% 2,03%	0,44% 0,94% 1,33%
B+ B B-	3,51% 6,08% 10,54%	2,91% 8,38% 10,32%
CCC	18,27%	21,94%

Bei den internen Verfahren zur Messung des Kreditrisikos werden die Ausfallwahrscheinlichkeiten durch die Bank auf der Basis von internen Schätzungen festgelegt und daraus die Risikogewichte abgeleitet.

Einen weiteren Kostenblock stellen die Bearbeitungskosten dar. Diese resultieren aus der Kreditvergabe, der laufenden Überwachung der Bonität, aus der Verwaltung von Sicherheiten sowie aus der Beendigung des Kredits.[11]

Im Zusammenhang mit Basel II werden die Bearbeitungskosten von der Bonität und dem Informationsverhalten des Kreditnehmers abhängig sein. Die Kreditinstitute rechtfertigen dies damit, dass höhere Bearbeitungs- und Kreditüberwachungskosten für Kreditnehmer mit schlechter Bonität zu erwarten sind als für bonitätsmäßig gute Kunden. Gleichzeitig verursachen hochwertige Risikomessverfahren, die durch Basel II verlangt werden, hohe Kosten bei deren Implementierung, die sich ebenfalls auf die Höhe der Bearbeitungskosten auswirken können.

Die Refinanzierungskosten der Bank stellen die letzte Komponente im Aufbau der Kreditkonditionen dar. Kreditinstitute müssen das durch den Kredit entliehene Geld

11 Vgl. Bisani (2004), S. 125.

durch Spareinlagen oder Transaktionen am Kapitalmarkt refinanzieren. Dabei können die Kosten der Refinanzierung von Bank zu Bank variieren.[12] Diese Kosten werden an den Kreditnehmer weitergegeben. Neben der Bonität des Kreditnehmers finden bei der Kalkulation der Kreditkosten weitere Faktoren Beachtung:[13]

- aktuelle Zinsstrukturkurve: steigt das Zinsniveau, steigen auch die Zinsen der Bank,
- Art der Verzinsung: Unterscheidung in variablen oder festen Zinssatz,
- Laufzeit des Kredits: bei normal verlaufender Zinskurve steigen die Zinsen mit der Laufzeit,
- Höhe der Besicherung: Reduzierung der Kreditkosten möglich.

Nachfolgend wird untersucht, wie sich die Neuregelungen von Basel II auf die Kreditkonditionen auswirken. Dabei werden exemplarisch drei Unternehmen mit unterschiedlichem Rating (AAA, BBB, B) betrachtet.

Die Auswirkungen auf die Eigenkapitalhinterlegung der Banken sowie die mögliche Kreditkonditionsgestaltung werden durch den Standardansatz, den IRB-Basisansatz sowie durch die Berechnung des IRB-Retailportfolios verdeutlicht. Im Vergleich dazu wird auf die noch geltende Hinterlegungspflicht und die daraus resultierenden Konditionen eingegangen. Bei den folgenden Berechnungen wird unterstellt:

- Nur im IRB-Ansatz erfolgt eine Spreizung der Bearbeitungskosten.
- Die Refinanzierungskosten betragen einheitlich 4,5 Prozent.
- Für die Berechnungen im Standardansatz werden die Ausfallwahrscheinlichkeiten von Standard & Poor's herangezogen.
- Im IRB-Ansatz basieren die Ausfallwahrscheinlichkeiten auf internen Berechnungen.
- Es erfolgt keine Berücksichtigung der Laufzeit des Kredites.
- Die Berechnungen erfolgen ohne den Einsatz von Kreditrisikominderungstechniken.
- Da die Bank das Eigenkapital risikolos anlegen kann, wird für die Ermittlung der Eigenkapitalkosten „... die Differenz zwischen dem Verzinsungsanspruch der Kapitalgeber und dem risikolosen Zinssatz in Anschlag gebracht.“[14]
- Im IRB-Basisansatz wird angenommen, dass der Wert der zusammengefassten Kredite der einzelnen Unternehmen den Grenzwert von 1 Mio. Euro überschreitet (keine Zugehörigkeit zum Retailportfolio).

3. Konditionsgestaltung nach Basel I

Die Ermittlung der Kreditkonditionen für Unternehmen wurde in der Vergangenheit nur sehr pauschal durchgeführt. Die folgende Berechnung der Tabelle 2 zeigt die Höhe der Eigenkapitalunterlegung von Banken sowie die Kreditkonditionen dreier Unternehmen mit jeweils unterschiedlicher Bonität.

12 Böhnke (2004).
13 Vgl. Hanker (2003), S. 64 f.
14 Böhnke (2004).

Tabelle 2: Berechnung der Eigenkapitalhinterlegung nach Basel I sowie deren Auswirkung auf die Kreditkonditionen

Eigenkapitalhinterlegung im Standardansatz					
I. Basisdaten Unternehmen		**X**	**Y**	**Z**	**Erklärungen und Annahmen**
1.	Rating:	AAA	BBB	B	
2.	Kreditbedarf:	500.000 €	500.000 €	500.000 €	Annahme
3.	Risikogewichte:	100 %	100 %	100 %	RW ist konstant
4.	benötigtes Eigenkapital	40.000 €	40.000 €	40.000 €	(Kreditbedarf × Risikogewicht × 8 %
5.	Renditeerwartung	4.000 €	4.000 €	4.000 €	benötigtes EK × 10,00 %
6.	EK-Kosten:	0,80 %	0,80 %	0,80 %	Renditeerwartung/ Kreditbedarf
II. Kreditkonditionen					
7.	Referenzzinssatz:	4,50 %	4,50 %	4,50 %	Annahme
8.	Betriebskosten:	0,25 %	0,25 %	0,25 %	Annahme
9.	Risikokosten:	0,50 %	0,50 %	0,70 %	Annahme: Standardrisikosatz i.H.v. 0,5 % auf RW (4.)
10.	EK-Kosten:	0,80 %	0,80 %	0,80 %	werden auf den Kreditnehmer umgelagert
III. Zu zahlender Zins:		6,05 %	6,05 %	6,25 %	

Weitere Annahmen:

- Es erfolgt kein Einsatz von Kreditrisikominimierungstechniken.
- Verzinsungsanspruch des Kapitalgebers: 15,00 Prozent.
- Der risikolose Zinssatz beträgt 5,00 Prozent.
- Bei schlechter Bonität beträgt der Standardrisikosatz 0,70 Prozent.

Die derzeit noch gültige Eigenkapitalunterlegung der Banken führt zu einer einheitlichen Hinterlegungspflicht für Kredite an Unternehmen sowie zu einer undifferenzierten Betrachtung der Kreditnehmerbonität. Diese spiegelt sich in den Kreditkonditionen für die Unternehmen wider. Der Grund dafür liegt in der Vereinheitlichung des Gewichtungsfaktors, wobei unabhängig von der Bonität des Unternehmens ein Risikogewicht von 100 Prozent bemessen wird. Auch dem individuellen Kreditrisiko eines Schuldners wird nur unzureichend Beachtung geschenkt.

Erkennbar wird durch die Berechnung eine Subventionierung von schlechten durch gute Schuldner. Ein Unternehmen mit einer hervorragenden Bonität zahlte in der Vergangenheit annähernd den gleichen Kreditzins wie ein Unternehmen mit schlechter Bonität. Durch Basel II wird die pauschale Betrachtung der Kreditrisiken ein Ende haben und die individuelle Bonität eines Kreditnehmers rückt in den Vordergrund der Betrachtung. Die Kreditkonditionen werden in der Zukunft eine stärkere Fächerung erfahren.

4. Konditionsgestaltung im Standardansatz

Der Standardansatz stellt eine modifizierte Form des bisher gültigen Akkords (Basel I) dar. Dieses Verfahren ist stärker auf eine risikogerechtere Gewichtung ausgerichtet.

Tabelle 3: Eigenkapitalhinterlegung im Standardansatz (Erklärung und Annahmen)

Eigenkapitalhinterlegung im Standardansatz					
I.Basisdaten Unternehmen		**X**	**Y**	**Z**	**Erklärungen und Annahmen**
1.	Rating:	AAA	BBB	B	
2.	entspricht einer PD:	0,01 %	0,22 %	6,08 %	Auswahlwahrscheinlichkeit nach S&P
3.	Kreditbedarf:	500.000 €	500.000 €	500.000 €	Annahme
4.	Risikogewichte:	20 %	100 %	150 %	
5.	benötigtes Eigenkapital	8.000 €	40.000 €	60.000 €	(Kreditbedarf × Risikogewicht × 8 %
6.	Renditeerwartung	800 €	4.000 €	6.000 €	benötigtes EK × 10,00 %
7.	EK-Kosten:	0,16 %	0,80 %	1,20 %	Renditeerwartung/ Kreditbedarf
II. Kreditkonditionen					
8.	Referenzzinssatz:	4,50 %	4,50 %	4,50 %	Annahme
9.	Betriebskosten:	0,25 %	0,25 %	0,25 %	Annahme
10.	Risikokosten:	0,10 %	0,50 %	0,75 %	Annahme: Standardrisikosatz i.H.v. 0,5 % auf RW
11.	EK-Kosten:	0,16 %	0,80 %	1,20 %	werden auf den Kreditnehmer umgelagert
III. Zu zahlender Zins:		5,01 %	6,05 %	6,70 %	

Weitere Annahmen:

- Es erfolgt kein Einsatz von Kreditrisikominimierungstechniken.
- Der Verzinsungsanspruch des Kapitalgebers beträgt 15,00 Prozent.
- Der risikolose Zinssatz beträgt 5,00 Prozent.
- Der Standardrisikokostenfaktor beträgt 0,50 Prozent.

Wurde bisher ein einheitliches Risikogewicht betrachtet, erfolgt im Standardansatz nun eine Fächerung der Risikogewichte für Unternehmen von 20 Prozent, 50 Prozent, 100 Prozent und 150 Prozent, abhängig von der Bonität des Kreditnehmers. Die Grundlage für die Ermittlung der Bonität des Unternehmens liegt in der Durchführung eines externen Ratings. Aufgrund des Ratingurteils werden dem Kreditnehmer die Ausfallwahrscheinlichkeit und das für die Berechnung der Eigenkapitalhinterlegungspflicht notwendige Risikogewicht zugeordnet. Für die Konditionsgestaltung im Standardansatz bedeutet das, dass die Eigenkapitalkosten, die auf den Kreditnehmer umgelagert werden, abhängig vom

Rating und dem dazugehörigen Risikogewicht sind. Das gleiche gilt für die in den Kreditkonditionen enthaltenen Risikokosten.

Als Zwischenresümee kann an dieser Stelle festgehalten werden, dass der Standardansatz zwar eine Unterscheidung des Risikos verschiedener Kreditengagements hinsichtlich der jeweiligen Bonität zulässt, diese vier Gruppen jedoch nur eingeschränkt das mannigfache Kreditrisiko erfassen können. Eine noch differenziertere Betrachtung des Kreditrisikos lässt der IRB-Ansatz zu.

5. Konditionsgestaltung im IRB-Ansatz

Die differenzierteste Betrachtung des Risikos bei der Kreditvergabe wird durch die IRB-Ansätze ermöglicht. Dabei wird in der folgenden Berechnung auf den IRB-Basisansatz eingegangen und es werden die Auswirkungen auf die Eigenkapitalhinterlegungspflicht sowie auf die Konditionsgestaltung verdeutlicht.

In der nachfolgenden Berechnung werden die folgenden Ausfallwahrscheinlichkeiten für die Kreditnehmer einer Bank angenommen (siehe Tabelle 4).

Tabelle 4: Ermittelte Ausfallwahrscheinlichkeiten einer Bank (Annahme)

Rating	Ausfallwahrscheinlichkeit p.a. in %
AAA	0,03
BBB	1
B	10

Tabelle 5: Berechnung der Eigenkapitalhinterlegung nach Basel II im IRB- Basiszinsansatz und deren Auswirkungen auf die Kreditkonditionen

Eigenkapitalhinterlegung im Standardansatz					
I. Basisdaten Unternehmen		**X**	**Y**	**Z**	**Erklärungen und Annahmen**
1.	Rating:	AAA	BBB	B	
2.	entspricht einer PD:	0,03 %	1,00 %	10,00 %	Annahme
3.	Kreditbedarf:	500.000 €	500.000 €	500.000 €	Annahme
4.	Risikogewichte:	11,61 %	77,91 %	202,50 %	RW ist konstant
5.	benötigtes Eigenkapital	4.644 €	31.164 €	81.000 €	(Kreditbedarf × Risikogewicht × 8 %
6.	Renditeerwartung	464 €	3.116 €	8.100 €	benötigtes EK × 10,00 %
7.	EK-Kosten:	0,09 %	0,62 %	1,62 %	Renditeerwartung/ Kreditbedarf
II. Kreditkonditionen					
8.	Referenzzinssatz:	4,50 %	4,50 %	4,50 %	Annahme
9.	Betriebskosten:	0,25 %	0,27 %	0,30 %	Annahme
10.	Risikokosten:	0,01 %	0,45 %	4,50 %	Annahme: Standardrisikosatz i.H.v. 0,5 % auf RW (4.)
11.	EK-Kosten:	0,09 %	0,62 %	1,62 %	werden auf den Kreditnehmer umgelagert
III. Zu zahlender Zins:		4,85 %	5,84 %	10,92 %	

Weitere Annahmen:

- Der Wert der zusammengefassten Kredite der Unternehmen X, Y, Z übersteigt 1 Mio. Euro, keine Zugehörigkeit zum Retailportfolio.
- Kreditnehmer: Unternehmen mit einem Jahresumsatz oder Bilanzsumme von 5 Mio. GE.
- EAD = 100 Prozent, das EAD entspricht dem geschuldeten Kreditbetrag.
- LGD von 45 Prozent.
- Verzinsungsanspruch des Kapitalgebers: 15,00 Prozent.
- Der risikoloser Zinssatz beträgt 5,00 Prozent.
- Es erfolgt kein Einsatz von Kreditrisikominderungstechniken.
- Bei Unternehmen PD-Untergrenze i.H.v. 0,03 Prozent.
- Betriebskosten werden in Abhängigkeit von der Bonität des Kreditnehmers berechnet (hier Annahme: 0,25 Prozent, 0,27 Prozent, 0,30 Prozent).

Aufgrund der Bonität eines Kreditnehmers und der ermittelten Ausfallwahrscheinlichkeit erfolgt eine starke Spreizung der Kreditkonditionen. Ein AAA geratetes Unternehmen mit einem Umsatz von 5 Mio. Euro würde nach dem IRB-Basisansatz einen Zins von 4,85 Prozent zahlen, deutlich weniger als im Standardverfahren und dem derzeit noch gültigen Akkord. Der Grund dafür liegt in den geringeren Eigenkapitalkosten sowie den Risikokosten. Banken müssen nach dem IRB-Ansatz bei einer geringeren Ausfallwahrscheinlichkeit des Kreditnehmers weniger, bei einer höheren Ausfallwahrscheinlichkeit mehr Eigenkapital hinterlegen. Im Falle des AAA gerateten Kreditnehmers mit einem Risikogewicht von 11,61 Prozent kommt es zu einer Eigenkapitalunterlegung von 1 Prozent. Im Gegensatz dazu muss die Bank bei Kreditnehmern mit einem B-Rating 16,2 Prozent Eigenkapital binden.

6. Konditionsgestaltung im Retailgeschäft

Unternehmen werden in das Retailportfolio einer Bank zusammengefasst, wenn sie nicht zu der Gruppe der Firmenkunden gezählt werden. Firmenkunden sind z.B.:

- börsennotierte Aktiengesellschaften,
- Projektfinanzierungen, Existenzgründer, Immobilienfinanzierungen,
- oberer Mittelstand (mehr als 5 Mio. Euro Jahresumsatz),
- Mittelstand, Gewerbetreibende und Freiberufler (weniger als 5 Mio. Euro Jahresumsatz),
- Landwirte.

Unter folgenden Bedingungen werden Kredite an Firmenkunden in das Retailportfolio der Banken eingeordnet, welches das Privatkundengeschäft der Banken darstellt.[15]

1. Bedingung: Empfänger des Kredites
Der Kreditnehmer ist eine (mehrere) natürliche Person(en) oder ein Kleinunternehmen.

2. Bedingung: produktspezifische Kriterien
Der Kredit ist einer der folgenden Kreditarten zuzuordnen: Kreditkartenforderung, Ratenzahlungskredite, revolvierende Kredite, private Baufinanzierungen oder Kredite an Kleinunternehmen/Gewerbetreibenden/Freie Berufe.

3. Bedingung: große Anzahl von Krediten
Der Kredit muss aus einem großen Pool von Krediten stammen, die alle in vergleichbarer Art und Weise im Risikomanagement der Bank behandelt werden. Die Aufsichtsinstanz kann eine Mindestzahl von Krediten festlegen, die für die Behandlung als Privatkundenkredite erforderlich ist.

4. Bedingung: geringer Betrag des Einzelkredits
Der Wert der zusammengefassten Kredite eines Schuldners darf 1 Mio. Euro nicht übersteigen. Sofern Unternehmen diese genannten Kriterien erfüllen, sieht Basel II eine Sonderregelung für die Eigenkapitalhinterlegung vor.

15 Vgl. Baseler Ausschuss für Bankenaufsicht (2003), S. 13.

Im Rahmen des IRB-Ansatzes für Retailforderungen besteht die Verpflichtung der Banken darin, die Kredite in intern definierte Segmente einzuteilen. Der einzelne Kredit ist hier ein Teil einer großen Menge von Krediten mit hinreichender Granularität. Für die Ausfallwahrscheinlichkeit gilt, wie im vorangegangen Beispiel die Schätzungen der Bank mit 0,03 Prozent (AAA), 1,00 Prozent (BBB) und 10,00 Prozent (B).

Tabelle 6: Berechnung der Eigenkapitalhinterlegung nach Basel II im Retailportfolio und deren Auswirkungen auf die Kreditkonditionen

Eigenkapitalhinterlegung im Standardansatz					
I.Basisdaten Unternehmen		**X**	**Y**	**Z**	**Erklärungen und Annahmen**
1.	Portfoliorating:	AAA	BBB	B	
2.	entspricht einer PD:	0,03 %	1,00 %	10,00 %	Annahme
3.	Kreditbedarf:	500.000 €	500.000 €	500.000 €	Annahme
4.	Risikogewichte:	4,97 %	52,90 %	117,95 %	RW ist konstant
5.	benötigtes Eigenkapital	1.988 €	21.160 €	47.180 €	(Kreditbedarf × Risikogewicht × 8 %
6.	Renditeerwartung	199 €	2.116 €	4.718 €	benötigtes EK × 10,00 %
7.	EK-Kosten:	0,04 %	0,42 %	0,94 %	Renditeerwartung/ Kreditbedarf
II. Kreditkonditionen					
8.	Referenzzinssatz:	4,50 %	4,50 %	4,50 %	Annahme
9.	Betriebskosten:	0,25 %	0,27 %	0,30 %	Annahme
10.	Risikokosten:	0,01 %	0,45 %	4,50 %	(LGD × PD) / EAD
11.	EK-Kosten:	0,04 %	0,42 %	0,94 %	werden auf den Kreditnehmer umgelagert
III. Zu zahlender Zins:		4,80 %	5,64 %	10,24 %	

Weitere Annahmen:

- Es erfolgt kein Einsatz von Kreditrisikominderungstechniken.
- EAD = 100 Prozent, das EAD entspricht dem geschuldeten Kreditbetrag.
- LGD von 45 Prozent
- Verzinsungsanspruch des Kapitalgebers: 15,00 Prozent
- Der risikoloser Zinssatz beträgt 5,00 Prozent
- Kreditnehmer: Retailkunde
- Bei Unternehmen PD-Untergrenze i.H.v. 0,03 Prozent
- Betriebskosten werden in Abhängigkeit von der Bonität des Kreditnehmers berechnet (hier Annahme: 0,25 Prozent, 0,27 Prozent, 0,30 Prozent)

Aus der dargestellten Berechnung lässt sich eine geringere Eigenkapitalanforderung an Banken im Vergleich zum IRB-Basisansatz erkennen. Bei dem AAA gerateten Portfolio müsste die Bank nur 0,4 Prozent und beim B gerateten 9,4 Prozent Eigenkapital hinterlegen, deutlich weniger als im Basisansatz. Erst bei einer Ausfallwahrscheinlichkeit von über 6 Prozent wird die bisherige Eigenkapitalhinterlegung von 8 Prozent überschritten.

Der Grund liegt in der Ermittlung niedrigerer Risikogewichte bei der Behandlung von Retailforderungen. Die daraus resultierenden Eigenkapitalkosten, die der Kreditnehmer zu tragen hat, fallen geringer aus. Hier wird der Vorteil des Retailansatzes deutlich. Dennoch werden die Kreditkonditionen nicht drastisch sinken, da die Risikokosten zur Unterlegung des zu erwarteten Verlusts gleich bleiben werden.

7. Zusammenfassung der zukünftigen Konditionsgestaltung und kritische Auseinandersetzung

Von einer allgemeinen Verteuerung der Kredite für den Mittelstand zu reden, erscheint nach der Betrachtung der Kreditkonditionen zu pauschal. Die Konditionen werden sich jedoch erheblich stärker als bisher zwischen den einzelnen Kreditnehmern unterscheiden. Eine undifferenzierte Betrachtung der Bonität eines Schuldners und als Konsequenz annähernd gleiche Konditionen (siehe Musterrechnung Basel I), wird es in Zukunft nicht mehr geben.

Wie anhand der obigen Berechnungen zu erkennen ist, haben die Eigenkapitalkosten und vor allem die Risikokosten maßgeblichen Einfluss auf die Höhe der Kreditkonditionen.

Abbildung 3 fasst die Eigenkapitalhinterlegung der Banken und daraus abgeleitet die Eigenkapitalkosten nach den verschiedenen Ansätzen zur Ermittlung des Kreditrisikos zusammen.

Anhand des Diagramms wird deutlich, dass der Mittelstand im IRB-Basisansatz ab einer PD von 2 Prozent (a) sowie im IRB-Retailansatz ab einer PD von ca. 6 Prozent (b) mit höheren Eigenkapitalkosten rechnen muss als bisher. Der Großteil des deutschen Mittelstands wird dem Retailgeschäft der Banken zugerechnet. Das bedeutet, sofern das Kreditportfolio unter einer PD von 6 Prozent liegt, werden sich die Eigenkapitalkosten verringern. Wenn man davon ausgeht, dass die durchschnittliche Ausfallwahrscheinlichkeit der Unternehmen pro Jahr eine Höhe von 2 Prozent aufweist, würde es im Retailgeschäft eine deutliche Entlastung auch im Vergleich zum Status quo bedeuten. Je fortgeschrittener die Risikomesssysteme der Banken sind, desto genauer kann das Risiko ermittelt werden. Die zusätzliche Spreizung der Risikokosten, in Form eines deutlich höheren Risikoaufschlages für bonitätsschwache Kunden, wird sich, wie in den Berechnungen ersichtlich ist, auf die Kreditzinsen erheblich stärker auswirken als die unmittelbar von Basel II beeinflussten Eigenkapitalkosten. Demnach werden die Konditionen für Kreditnehmer mit schlechter Bonität bedeutend höher sein, da die Risikokosten einen beachtlichen Kostenblock darstellen.

Aus den durchgeführten Beispielrechnungen wird weiterhin der große Zinsspread vom derzeit gültigen Akkord bis hin zum IRB-Ansatz ersichtlich. Beträgt dieser nach Basel I

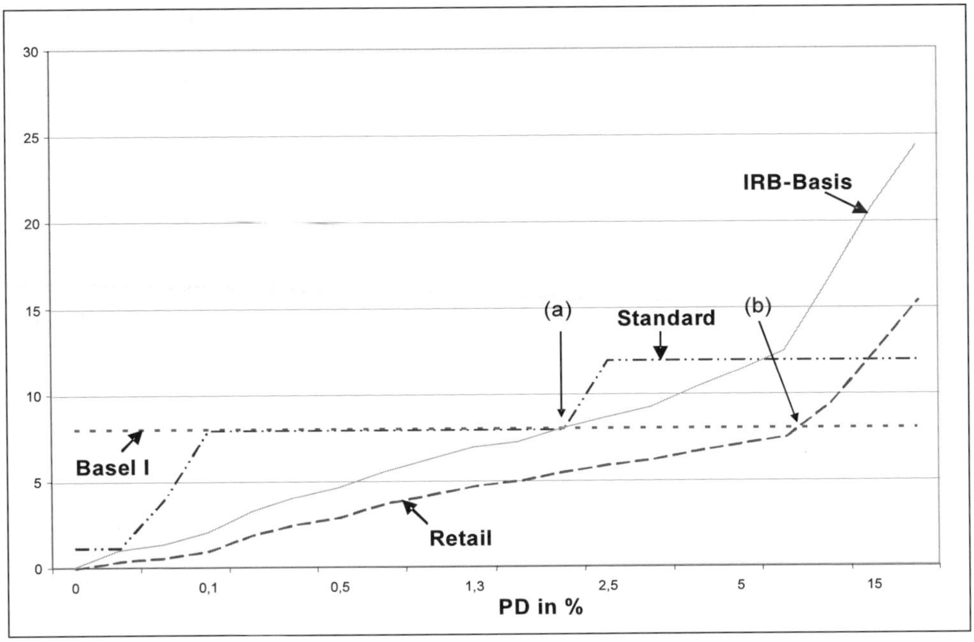

Abbildung 3: Die Eigenkapitalhinterlegung der Banken nach Basel I, im Standardansatz IRB-Basis- sowie IRB- Retailansatz

nur 0,20 Prozent, wird die Spreizung der Konditionen aufgrund der Bonität des Kreditnehmers im IRB-Ansatz ersichtlich. Hier reicht die Spanne von 4,85 Prozent bei einem AAA gerateten Unternehmen bis hin zu 10,92 Prozent bei einem B gerateten, also 6,07 Prozent.

Literaturhinweise

Baseler Ausschuss für Bankenaufsicht (2003): Konsultationspapier – Die neue Baseler Eigenkapitalvereinbarung, 2003, S. 13.

Bisani, H. P (2004).: Entwicklung der Kreditpreise unter Einfluss von Basel II, in: Übelhör, M.: Basel II Auswirkungen auf die Finanzierung, 2004, S. 125.

Böhnke, W.: Basel II: Hintergründe, Fakten, Chancen, Informationsmaterial der WGZ-Bank, im Internet unter: www.boundbaord.de/frames/nav_1/upload/pdf/WGZ_Basel II.pdf. vom 14.06.2004.

Goebel, R.(2003): Basel II und mögliche Konsequenzen für die Konditionsgestaltung, in: Paul, S.: Basel II, Mittelstand und Kreditpreise, 2003, S. 75.

Hanker, P (2003).: Keine Angst vor Basel II, 2003, S. 66.

Heyken, A.(2001): Informationsstand und erwartete Auswirkungen von Basel II im Mittelstand, in: Everling, O.: Rating-Chance für den Mittelstand nach Basel II, Wiesbaden, 2001, S. 22.

KRÄMER-EIS, H. (2001): Rating: Herausforderung für Kreditinstitute und Unternehmen KfW-Beiträge zur Mittelstands- und Strukturpolitik, 2001, S. 25.

NITSCHKE, A. (2004).: Auswirkungen auf den Mittelstandssektor, in: Übelhör, M.: Basel II – Auswirkungen auf die Finanzierung, 2004, S. 46.

REHM, H.(2003): Basel II: Zusätzliche Belastung für den Mittelstand?, in: Eichhorn, P.: Finanzierung des Mittelstandes vor neuen Herausforderungen: Basel II, 2003, S. 43.

SCHMEISSER, W. (Hrsg.)(2003): Handbuch Unternehmensnachfolge: Recht, Basel II und Rating, Finanzierung, Fallbeispiele, Stuttgart, 2003.

SCHMEISSER, W./KRIMPHOVE, D. (Hrsg.) (2001): Vom Gründungsmanagement zum Neuen Markt. Strategien für technologieorientierte kleine und mittlere Unternehmen, Wiesbaden, 2001.

Einfluss von Basel II auf Unternehmensnachfolge und -rating

Karl-Heinz Waldmann/Dirk Potthast

1. Einleitung

Mit den Vorschlägen für eine *überarbeitete Rahmenvereinbarung zur Internationalen Konvergenz der Eigenkapitalmessung und der Eigenkapitalanforderungen* („Basel II") wurde international eine Entwicklung angestoßen oder zumindest forciert, welche die traditionellen Verfahren und Abläufe bei der Finanzierung von Unternehmens- und Betriebsaktivitäten wesentlich verändert. Im Mittelpunkt dieser Entwicklung steht der Begriff des „Rating", der in der Finanzwirtschaft (und damit im nächsten Schritt auch für alle anderen Wirtschaftszweige) durch Basel II eine zentrale Bedeutung erhalten hat.

Im Folgenden soll nun nach einer Betrachtung des Gesamtkonzeptes Basel II und der Diskussion der damit verbundenen Folgen untersucht werden, wie der Begriff Nachfolge-Rating aus Baseler Sicht zu interpretieren ist und welche Bedeutung er dabei für das individuelle Unternehmen hat.

Dazu werden wir zuerst beschreiben, was Basel II beinhaltet, welche Ziele damit verfolgt werden und welche Auswirkungen damit für die Banken, die Kredite vergeben, und die Unternehmen, die neuen Finanzierungsbedarf haben, verbunden sind. Dabei wird sich zeigen, dass das Rating von allen Kreditnehmern eine der Anforderungen von Basel II an Banken ist. Aus diesem Grund werden wir Rating im Kreditgeschäft näher betrachten und verdeutlichen, warum dem Rating im Zuge von Basel II eine verstärkte Bedeutung zukommt, und wie sich damit das traditionelle Prozedere im Kreditgeschäft verändert.

Wie sich ebenfalls zeigen wird, kommt der Nachfolgeregelung und den mit Nachfolge verbundenen Aufwendungen auch aus diesem Blickwinkel eine gewichtige Rolle zu, und eine entsprechende rechtzeitige Beschäftigung mit der Nachfolgeproblematik bringt konkrete Vorteile für den Unternehmer und das Unternehmen mit sich. Entsprechend untersuchen die Autoren die finanziellen Auswirkungen der Nachfolgefrage für das Unternehmen. Dabei sind die gewählten Szenarien bewusst einfach gehalten, um die eigentliche Bedeutung der Nachfolgefrage nicht hinter zu viel Formalismus verschwimmen zu lassen.

2. Basel II

2.1 Hintergrund

2.1.1 Baseler Komitee

Der „Baseler Ausschuss für Bankenaufsicht" ist ein Gremium aus Vertretern der Bankaufsichten der größten Industrie- und Banknationen. Er wurde 1975 von den Zentralbanken der G10-Staaten ins Leben gerufen und befasst sich seitdem mit der Vorbereitung von Gesetzesvorlagen für den Bankensektor. Der Baseler Ausschuss besteht aus Vertretern von Zentralbanken und Bankaufsichten aus Belgien, Deutschland, Frankreich, Großbritannien, Italien, Japan, Kanada, Luxemburg, den Niederlanden, Schweden, der Schweiz, Spanien und den USA. Der Ausschuss unterhält seinen Sitz (und sein Sekretariat) bei der Bank für Internationalen Zahlungsausgleich[1] in Basel.

Ziel der Aktivitäten des Ausschusses ist eine Festlegung international vergleichbarer und zeitgemäßer Standards für Bankaufsicht und Geschäftspraxis. Damit sollen neben fairen Wettbewerbsbedingungen auch eine vereinfachte Berichterstattung (z.B. durch einheitliche Anforderungen an den Jahresabschluss in den beteiligten Staaten) und vor allem effektive und effiziente Verfahren zur Überwachung der finanzwirtschaftlichen Institutionen erreicht werden. Entsprechend kommt neben Regelungen bezüglich des Umganges mit Aktien und Zinstiteln dem Kreditgeschäft der Banken ein besonderes Augenmerk zu.

2.1.2 Baseler Eigenkapitalverordnungen

Wesentliches Ergebnis des Baseler Komitees war die „Baseler Eigenkapitalverordnung" („Internationale Konvergenz der Eigenkapitalmessung und Eigenkapitalanforderungen", kurz „Basel I") von 1988, die durch eine Vielzahl von nachfolgenden Erweiterungen und Ergänzungen bis 1999 weiterentwickelt wurde.

1999 entschloss sich der Baseler Ausschuss zur Erstellung einer neuen Eigenkapitalvereinbarung („Basel II"), um damit der Weiterentwicklung der theoretischen Methoden, der Möglichkeiten von Banken am Markt (z.B. durch Kreditderivate) sowie auch der Veränderung der wirtschaftlichen Rahmenbedingungen gerecht zu werden. Dabei soll insbesondere den erhöhten Ausfällen im Kreditgeschäft Rechnung getragen werden.

Nach langjähriger Diskussion und Modifikation des ursprünglichen Vorschlages von 1999 sowie einer Reihe von Untersuchungen zu den erwarteten Auswirkungen wurde Mitte 2004 die endgültige Fassung der neuen Eigenkapitalverordnung vorgelegt, die bis Ende 2006 in eine entsprechende Gesetzgebung umgesetzt werden soll. Aufgrund der Komplexität der Eigenkapitalverordnung wird mit einer einjährigen Übergangsphase gerechnet, sodass eine vollständige Umsetzung und Anwendung der neuen Regelungen durch Banken erst Ende 2007 erwartet wird.

2.2 Ziele und Mittel

2.2.1 Hintergrund und Ansatz

Wie eingangs erwähnt, soll Basel II letztendlich ein solides und effizient funktionierendes Bankensystem sowohl im nationalen als auch im internationalen Rahmen sicherstellen.

Eine wesentliche Aufgabe funktionierender Bankensysteme ist die weitgehende Vermeidung von Konkursfällen unter den Banken. Während für andere Wirtschaftszweige

1 Vgl. Bank for International Settlement (2004).

gemeinläufig akzeptiert wird, dass ein grundsätzliches unternehmerisches Risiko zwangsläufig auch eine gewisse Anzahl von Unternehmensausfällen mit sich bringt, wird für finanzwirtschaftlich tätige Unternehmen hier ein anderer Maßstab angesetzt. Der Grund dafür liegt in der besonderen Bedeutung von Banken für verbundene Unternehmen und Privatkunden: Ein Ausfall der Bank und der folgliche Verlust von entsprechenden Einlagen durch Unternehmens- und Privatkunden zöge in der Regel eine Reihe weiterer Konkurse nach sich, die prinzipiell gar nichts mit unwirtschaftlichem Verhalten zu tun haben. Dies ist natürlich weder individuell noch volkswirtschaftlich wünschenswert und entsprechend früh wurden Schutzmaßnahmen zur Vermeidung solcher Kettenausfälle entwickelt, wie sie in Deutschland z.B. in Form von entsprechenden Schutzfonds existieren, die beim Ausfall einer Bank bzw. Versicherung Kunden vor einem Totalausfall der getätigten Einlagen decken. Trotzdem gibt es Gründe, über solche Absicherung hinausgehende Maßnahmen gegen den Konkurs von Banken zu ergreifen: Zum einen können solche Auffangfonds ihre Schutzleistung nicht kostenlos erbringen und die Kosten werden letztendlich nur auf die Kunden aller Banken umgelegt. Zum anderen ist es wünschenswert, riskantes Handeln einer Bank direkt zu bestrafen und nicht durch die Existenz eines Auffangfonds implizit zu fördern (so wie etwa eine Rechtschutzversicherung die „Klagefreudigkeit" deutlich erhöht). Statt einer kollektiven Absicherung hat Basel II entsprechend die Steuerung des Verhaltens der individuellen Bank im Fokus.

2.2.2 Das Drei-Säulen-Konzept

Zur Vermeidung eines Konkurses durch zu riskantes Geschäftsverhalten werden in der neuen Eigenkapitalverordnung prinzipiell zwei Anforderungen an Banken gestellt:

1. Kontinuierliche Sicherstellung einer ausreichenden Eigenkapitalausstattung
2. Verwendung eines effektiven Risiko-Controlling- und -Management-Systems

Die erste Anforderung ist naheliegend: Betrachtet man das Eigenkapital als Differenz des Unternehmensvermögens (Aktivseite der Bilanz) und der Ansprüche anderer (restliche Passiva), so ist das Eigenkapital die Menge an Geld, die eine Bank noch vom Konkurs trennt und eine ausreichende Eigenkapitalausstattung beinhaltet so auch eine ausreichende Konkursresistenz.

Die zweite Anforderung ist Mittel und Zweck zugleich: Zur Bestimmung einer adäquaten Eigenkapitalausstattung muss die Bank die potenziellen Risiken und damit verbundene Verluste überhaupt erst einmal abschätzen können. Darüber hinaus soll in der Bank selber das Know-how und die Sensibilität für den Umgang mit den eigenen Risiken gestärkt werden und die Verantwortung und Verfahrensweise bei Auftreten von Problemfällen durch ein dokumentiertes Management-System geklärt sein.

Um die gestellten Anforderungen an Banken durchzusetzen, bedient sich Basel II dreier Werkzeuge, die auch als die drei Säulen von Basel II bezeichnet werden:

1. Gesetzliche Vorschriften zur Berechnung der Eigenkapitalausstattung
2. Überwachung durch eine staatliche Finanzaufsicht
3. Offenlegungsvorschriften zur Förderung der Marktdisziplin

Diese drei Säulen werden im Folgenden näher betrachtet.

2.3 Eigenkapitalanforderung

Basel II verpflichtet Banken dazu, in Abhängigkeit des Risikos ihrer Geschäftsaktivitäten Mindestmengen an Eigenkapital vorzuhalten. Das bedeutet, dass eine Bank jederzeit über ausreichend Eigenkapital verfügen muss, um potenzielle Verluste aus riskanten Geschäften verkraften zu können. Das Eigenkapital stellt damit eine Begrenzung des Umfanges der Tätigkeiten einer Bank dar. Bei der Konkretisierung des Begriffes „ausreichend" orientiert sich Basel II an der Grundregel, die in der Eigenkapitalverordnung von 1988 eingeführt wurde. Diese verlangt, dass eine Bank an Eigenkapital mindestens acht Prozent des risikoadjustierten Geschäftsumfangs (als risikogewichtete Aktiva bezeichnet) vorhalten muss. Eine Bank muss also über alle Geschäftbereiche eine Ausfallquote von acht Prozent verkraften können. Der Term „risikoadjustierter Geschäftsumfang" resultiert aus der Tatsache, dass Geschäfte unterschiedlichen Risikogrades zusammen betrachtet werden müssen. So zählen beispielsweise die ausstehenden Forderungen für einen Kredit an Nichtbanken prinzipiell vollständig zu den risikogewichteten Aktiva, während Kredite an Bund und Länder mit 0 Prozent gewichtet werden (d.h. als völlig sicher gelten und dafür kein Eigenkapital vorgehalten werden muss).

Basel II zielt nun darauf ab, die Größenordnung der Kapitalanforderung insgesamt nicht zu verändern, aber die pauschalen Anrechnungssätze durch eine angemessene Risikobewertung zu ersetzen. Statt durch den Gesetzgeber explizite Bewertungssätze wie die Risikogewichte vorzugeben, sollen Banken innerhalb eines gewissen Modellrahmens die benötigten Größen aus empirischen Daten (wie z.B. den historischen Kreditausfällen) selber schätzen. Alternativ dazu können sie auch eigene Ansätze zur Risikomessung verfolgen und geeignete interne Modelle[2] verwenden. Es obliegt dabei der Bank, die zuständige Finanzaufsicht von der Eignung der verwendeten Methodik und der Qualität der gesammelten Daten zu überzeugen.

Prinzipiell sieht Basel II ein Belohnung von Banken vor, die über gute interne Risikomodelle verfügen: Solche Banken können mit tendenziell geringeren Anforderungen an das zu haltende Mindesteigenkapital rechnen, da die in dem Spektrum der zugelassenen Ansätze einfacheren Verfahren mit entsprechenden Sicherheitsaufschlägen versehen werden. Eine sehr vereinfachende Methodik soll damit für die Banken uninteressant gemacht werden.

Wesentliche Neuerung bei den Eigenkapitalanforderungen im Vergleich zu Basel I sind neben der erweiterten Verwendung interner Modelle Kapitalanforderungen für

2 Interne Modelle sind seit einer Ergänzung 1990 für bestimmte Risikoarten schon unter Basel I zulässig.

operationelle Risiken und die durchgängige Verwendung von Ratingansätzen in der Kreditvergabe.

Unter operationellen Risiken werden dabei mögliche Schäden verstanden, die durch interne Fehler (Fehler von Mitarbeitern, IT-Versagen, fehlerhafte Arbeitsprozesse) oder externe Ereignisse (Sturm, Feuer, etc.) verursacht werden und damit nicht zu den Risiken des eigentlichen Bankgeschäftes (Kreditrisiko, Anlagerisiko) gehören. Diese neue Risikoart muss explizit gemessen und mit Eigenkapital abgesichert werden.

Die durchgängige Verwendung von Ratingansätzen ist vermutlich der Aspekt, welcher außerhalb der Bank die größte Aufmerksamkeit erfährt, weil er alle Kunden, privat wie institutionell, betrifft. Auf das Rating wird deshalb in Abschnitt 3 näher eingegangen.

2.3.1 Staatliche Finanzaufsicht

Über Anforderungen an Banken hinaus macht Basel II eine Reihe von Vorschlägen für die Art und Weise, wie die zuständige staatliche Aufsichtsbehörde[3] ihre Kontrollfunktion wahrnehmen soll. Dabei wird die Aufsicht nicht nur als Überwachungsinstanz der Banken betrachtet, welche die Einhaltung der gesetzlichen Vorschriften sicherstellen soll (der klassische Behördenansatz), sondern in gewissen Grenzen auch als Beratungsinstanz für die Weiterentwicklung der Risikomessung in der Bank verstanden. Da die Banken individuelle Ansätze zur Risikomessung entwickeln können, erlangt die Aufsichtsbehörde im Rahmen der regelmäßigen Überprüfungen der einzelnen Banken einen relativ guten Überblick über die Probleme und Möglichkeiten der Risikomessung und kann entsprechende Verbesserungsvorschläge machen, insbesondere da Banken interne Risikomodelle von der Aufsicht genehmigen lassen und diese entsprechend von der Eignung der Modelle überzeugen müssen.

Diese Art von Aufsicht hat den Vorteil, dass Aufsichtsbehörden nicht kontinuierlich die bestehenden Regelungen nachbessern müssen, um vorhandene Schlupflöcher zu schließen. Dies ist ein Effekt, der unter Basel I wiederholt auftrat.

2.3.2 Marktdisziplin

Die dritte Säule im Baseler Konzept sind erweiterte Offenlegungsvorschriften für Banken. Das Baseler Komitee verfolgt damit das Ziel, die Marktakteure in die Lage zu versetzen, die Geschäftsaktivitäten von Banken bezüglich ihres Risikos bewerten zu können. Durch Auskunft über das Ausmaß an Risiko wie auch über die Qualität des Risiko-Controllings und -Management kann so auch über Marktkonditionen (Bonität oder Rating[4] der Bank selber, welche die Refinanzierungskosten beeinflussen) Druck bei zu riskantem Verhalten

3 In Deutschland ist dies das Bundesamt für Finanzdienstleistungsaufsicht (BaFin).

4 Die großen Ratingagenturen berücksichtigen Informationen über das Risiko-Controlling und -Management bei der Vergabe ihres Ratings bereits.

ausgeübt werden. Andersherum wird das Risiko-Controlling und -Management auf diese Weise vom reinen Kostenfaktor zu einer Wertschöpfungskomponente, was insbesondere Auswirkungen auf die interne Bedeutung und den Umgang mit Risiken in Banken hat.

3. Rating

3.1 Hintergrund

Der Begriff Rating hat im Zusammenhang mit Basel II eine große Beachtung erfahren, die zum Teil den Eindruck vermittelte, dass Basel II hier einen völlig neuen Aspekt in das Kreditgeschäft hinein trägt. Rating ist jedoch in diesem Zusammenhang hauptsächlich nur ein moderner Begriff für Bonitäts- oder Kreditwürdigkeitsbeurteilung.

Kreditgeber haben seit jeher versucht, Kreditnehmer hinsichtlich des Risikos für Rückzahlungsunfähigkeit einzuschätzen und eine Vielzahl von Verfahren zur Beurteilung dieses Risikos entwickelt.[5] Letztendlich stellen alle diese Ansätze ein Verfahren zum Rating des Unternehmens dar.

Unter Rating im engeren Sinne versteht man ein Verfahren, mit dessen Hilfe man ein Objekt (Unternehmen) so bewertet („ratet“), dass es einer von mehreren möglichen Ratingklassen zugeordnet werden kann.

Für die Bonitätsbeurteilung (das Kreditrating) gibt es prinzipiell zwei Möglichkeiten des Ratings: Zum einen kann das Rating von einer Bank selber durchgeführt werden. In diesem Fall wird es aus Bankensicht als internes Rating verstanden. Zum anderen kann die Beurteilung durch eine spezielle Ratingagentur erfolgen, in diesem Falle spricht man auch von externem Rating.

3.2 Ermittlung des Unternehmensratings

Bei der Einstufung eines Unternehmens berücksichtigen Banken eine Reihe von Faktoren. Das genaue Vorgehen ist nicht vorgeschrieben, sondern Teil des bankinternen Knowhows. Prinzipiell werden dabei jedoch drei Kategorien untersucht:

1. Bilanzkennzahlen und Branchendaten (quantitative Unternehmensdaten)
2. Gegebenenfalls private Vermögensverhältnisse der Eigentümer
3. Weitere qualitative Einflussfaktoren

Unter den weiteren Einflussfaktoren werden Aspekte wie Qualität des Management, Unternehmensorganisation, Qualität des Rechnungswesens u.ä. verstanden. Teilweise wird hier auch der Punkt Nachfolge betrachtet. Im nächsten Abschnitt wird jedoch

5 Vgl. Eller/Gruber/Reif (1999).

gezeigt, dass die Nachfolgeregelung eigentlich nicht zu den rein qualitativen Faktoren gehört, deren finanzielle Auswirkungen nicht wirklich gemessen werden können, sondern konkret quantifizierbar ist und auch so berücksichtigt werden sollte.

Offensichtlich versuchen Banken, sich ein relativ umfassendes Bild von einem Kreditnehmer zu machen. Jedoch müssen die benötigten Informationen sich auch effizient, insbesondere nicht mit zu großen Kosten verbunden, erheben lassen. Denn speziell bei kleineren Krediten würden sonst die Fixkosten der Prüfung eines Kreditantrages den Kredit erheblich verteuern.

3.3 Nachfolge als Ratingfaktor

3.3.1 Geplante und ungeplante Nachfolge

Die Klärung der Frage, wie im Falle eines Ausscheidens der Unternehmensführung verfahren werden kann und soll, hängt zum einen von der Größe und Rechtsform des Unternehmens ab. Bei Großunternehmen sind die Auswirkungen von personellen Veränderungen in der Unternehmensleitung meist vertraglich geregelt, insbesondere wenn die Unternehmensleitung durch die Firmeninhaber angestellt ist. Zusätzlich verteilt sich das Wissen und die Verantwortung dort auf einen größeren Personenkreis.

Je kleiner das Unternehmen, desto später wird die Frage der Nachfolge in der Regel angegangen, obwohl gerade hier Veränderungen in der Unternehmensleitung eine viel größere Bedeutung haben. Dennoch tritt sie meist hinter den operativen Problemen des täglichen Geschäftes zurück und rückt häufig erst gegen Ende der Lebensarbeitszeit des Altunternehmers wieder in das Blickfeld.

Zum anderen ist die Art des Ausscheidens des Altunternehmers wichtig. Hierbei wird in der Regel zuerst einmal der natürliche Wechsel in der Unternehmensleitung durch altersbedingten Rückzug betrachtet. Dieser Wechsel ist entsprechend absehbar und kann im Voraus schon genauer geplant werden. Neben der personellen Frage, wer das Unternehmen nun weiterführt, ist auch dort die finanzielle Komponente für den ausscheidenden wie für den zukünftigen Unternehmer zu klären.

Neben dem natürlichen Wechsel der Unternehmensführung gibt es noch die Problematik eines unerwarteten Ausfalls des Unternehmers, der in Form temporärer Berufsunfähigkeit (durch Verletzung oder Krankheit) über dauerhafte Berufsunfähigkeit bis hin zum unerwarteten Tod auftreten kann.

3.3.2 Auswirkungen auf das Rating

Aus Sicht des Kreditgebers wirft ein Wechsel in der Unternehmensführung zwei Fragen auf:

1. Ist eine Unternehmensfortführung wirtschaftlich möglich?
2. In welcher Größenordnung gehen liquide Mittel durch den Wechsel verloren?

Die Unternehmensfortführung ist dann gefährdet, wenn kein geeigneter Nachfolger für den Altunternehmer vorhanden ist. Diese Frage ist insbesondere dann von Bedeutung, wenn eine ungeplante Nachfolgesituation eintritt und kein potenzieller Nachfolger vorhanden ist oder dieser im Vergleich zum Altunternehmer noch substantielle Defizite aufweist (z.B. weil dem Nachfolger noch entsprechende Geschäftserfahrung fehlt). Letztendlich kann so mit dem Ausfall des Unternehmers eine Liquidation des Betriebes notwendig werden. Dabei kann es für Eigentümer wie für die Bank zu Verlusten kommen. Banken berücksichtigen diese Verlustmöglichkeit bei der Ermittlung der Konditionen implizit, da aus empirischen Daten geschätzte Ausfallhäufigkeiten und -höhen solche Fälle beinhalten. Umgekehrt bedeutet dies, dass eine geregelte Nachfolge, die solche Unternehmensausfälle vermeidet, aus Sicht der Bank risikomindernd ist und von Seiten des Unternehmers somit Verhandlungsargumente für bessere Konditionen bzw. eine positive Kreditvergabeentscheidung darstellt. Damit liegt eine frühzeitige Regelung für die möglichen Nachfolgesituationen nicht nur im direkten Interesse des Unternehmers, sondern ist gleichzeitig ein Faktor der Bonitätseinstufung des Unternehmens durch die Bank.

Ist die Fortführung des Unternehmens gesichert (entweder weil es sich um eine geplante Nachfolge handelt oder weil für einen ungeplanten Fall entsprechende Nachfolgeregelungen greifen), so beschränkt sich der Einfluss des Unternehmerwechsels aus Sicht der Bank auf die mit dem Wechsel verbundenen finanziellen Neubelastungen des Unternehmens. Eine Bank muss bei der Bewertung einer Kreditanfrage abschätzen, in welchem Umfang finanzielle Belastungen durch Nachfolge auf ein Unternehmen zukommen. Da diese Belastung in Höhe und Zeitpunkt unsicher ist, ist diese Aufgabe sehr komplex und die Autoren beschränken sich an dieser Stelle auf die Betrachtung zweier wichtiger Teilaspekte: die Vererbung oder Schenkung des Unternehmens an einen Nachfolger, wie es klassischer Weise in Familienbetrieben der Fall ist, und die Altersversorgung des Altunternehmers.

3.3.3 Erbschaftsteuer

Grundsätzlich ist festzulegen, in welcher Form die Nachfolge geregelt bzw. das Unternehmen fortgeführt werden soll. Entscheidet sich der Unternehmer gegen eine Veräußerung, kann er das Unternehmen entweder zu Lebzeiten übertragen oder er wird es vererben.

Überträgt der Unternehmer sein im Unternehmen gebundenes Vermögen einem nahen Familienangehörigen, etwa seinem Sohn, so kommt auf den Unternehmensnachfolger die Erbschafts- oder im Wege der vorgezogenen Erbfolge die Schenkungsteuer zu. Die folgende Beispielsrechnung verdeutlicht die Größenordnung der zusätzlichen Belastung für das Unternehmen. Hat das Unternehmen (nach Abzug des Freibetrags von 256.000 Euro für Betriebsvermögen und einem Bewertungsabschlag von 40 Prozent) einen Wert von 1 Mio. Euro, so ergibt sich nach Abzug des Freibetrags von 205.000 Euro (Steuerklasse

I) ein Wert des steuerpflichtigen Erwerbs in Höhe von 795.000 Euro, wovon 19 Prozent (Steuerklasse I) und damit 151.050 Euro als Erbschaft- bzw. Schenkungsteuer zu entrichten sind.

Ungeachtet der aktuellen politischen Diskussion um eine Senkung oder Stundung der Erbschaftsteuer und weiterer Gestaltungsmöglichkeiten im Falle einer Schenkung kommt so auf das Unternehmen eine erhebliche Neubelastung zu, die in der Regel nur durch die Aufnahme eines zusätzlichen Kredites gedeckt werden kann, was zumindest mittelfristig den finanziellen Spielraum des Unternehmens einschränkt.

3.3.4 Alterversorgung und -vorsorge

Immer häufiger erfolgt die Betriebsübergabe (auch an Dritte) gegen Versorgungsleistungen. Diese Form der Sicherstellung der finanziellen Unabhängigkeit des Unternehmers im Ruhestand könnte durch eine Einmalzahlung oder eine Leibrente (und evtl. unter Einbeziehung des Ehepartners als Leibrente verbundener Leben) erfolgen.

Legt man das Äquivalenzprinzip der Versicherungsmathematik zu Grunde, so sind beide Formen der Abfindung gleichwertig, da sich der Barwert der Leibrente aus der Höhe der Einmalzahlung ergibt. Dies trifft aber nur aus versicherungsmathematischer Sicht zu und nicht bei Übernahme der Rentenzahlungen durch den Neuunternehmer. Man kann nämlich die Einmalzahlung als einen mittleren Wert für die aufzubringenden Rentenzahlungen auffassen. Dieser mittlere Wert kann jedoch erheblich vom tatsächlichen Wert der aufzubringenden Rentenzahlungen abweichen. Bei einer Versicherung tritt dieses Phänomen nicht auf, da es sich in der Regel nicht um einen einzelnen Vertrag, sondern eine Vielzahl gleichartiger Verträge handelt. Durch die Vielzahl kommt das „Gesetz der großen Zahlen“ zum Tragen, das besagt, dass das arithmetische Mittel der tatsächlichen Zahlungen gegen den der Kalkulation zu Grunde liegenden Mittelwert (Erwartungswert) konvergiert. Das folgende Beispiel verdeutlicht noch einmal das Risiko, das mit der Übernahme der Rentenzahlungen auf das Unternehmen zukommt und zeigt gleichzeitig die Notwendigkeit eines Risikotransfers im Hinblick auf eine Planungssicherheit (siehe Abschnitt 3.3.5).

Direktfinanzierung

Betrachten wir nun das Prinzip der Direktfinanzierung an einem konkreten Beispiel. Ein Notar zieht sich aus Altersgründen aus seiner Kanzlei zurück. Von seinem Nachfolger erhält er als Gegenleistung eine Leibrente, die jährlich im Voraus bis zu seinem Tod zu zahlen ist. Stirbt er vor seiner Lebensgefährtin, so wird die Zahlung in voller Höhe bis zu deren Tod fortgesetzt. Beide, der Notar und seine Lebensgefährtin, sind gegenwärtig 80 Jahre alt.

Der Nachfolger ist von der Vorteilhaftigkeit der Lösung überzeugt. Sein Optimismus basiert auf folgender Überschlagsrechnung: Er weiß, dass Frauen eine höhere Lebenserwartung haben als Männer. Daher legt er seiner Kalkulation die Lebenserwartung der

Frau zugrunde. Für eine 80-Jährige beträgt diese noch 9,2 Jahre. Demzufolge setzt er den Gegenwert für die Übernahme der Kanzlei mit einer Rente über zehn Jahre (bei jährlicher, vorschüssiger Zahlungsweise und Verzicht auf einen Rechnungszins) an.

Doch geht die Rechnung auf? Sie kann, sie muss aber nicht. Zunächst einmal ist es richtig, dass Frauen eine höhere Lebenserwartung haben als Männer. Das besagt aber nicht, dass in diesem konkreten Fall die Frau länger lebt als der Mann. Richtig wäre es also gewesen, die ungünstigere der beiden Restlebensdauern heranzuziehen, also das Maximum der beiden Restlebensdauern. Das Maximum stellt aber eine Überlagerung von Risiken dar, die sich nicht, wie beim arithmetischen Mittel, kompensieren, sondern kumulieren.

Schauen wir zunächst auf die tatsächlichen Risiken. Den Berechnungen liegt die DAV-Sterbetafel 1994 R für Männer und Frauen (mit dem Endalter 110) zu Grunde. Diese Tafeln unterschätzen aus verschiedenen Gründen die tatsächlichen Sterbewahrscheinlichkeiten und wurden deshalb mit dem Faktor 1,2 korrigiert. Basierend auf diesen Rechnungsgrundlagen ergibt sich für einen 80-jährigen Mann eine mittlere Restlebensdauer von 7,4 Jahren und für eine 80-jährige Frau eine mittlere Restlebensdauer von 9,2 Jahren. Hieraus errechnet sich (wieder bei jährlicher, vorschüssiger Zahlungsweise und Verzicht auf einen Rechnungszins) eine mittlere Zahlungsdauer von zwölf Jahren und nicht von zehn Jahren.

Doch was ist, ungeachtet dessen, eine allein auf Mittelwerten basierende Betrachtung wirklich wert? Hierzu gehen wir von der mittleren Restlebensdauer einer Person zur Verteilung der Restlebensdauer einer Person über. Einen ersten Anhaltspunkt für eine starke Streuung der Werte um den Mittelwert ergibt sich bereits aus dem zweiten Moment der Verteilung. Für einen 80-jährigen Mann ergibt sich nämlich eine mittlere Restlebensdauer von 7,4 Jahren bei einer Standardabweichung von 5,6 Jahren und für eine 80-jährige

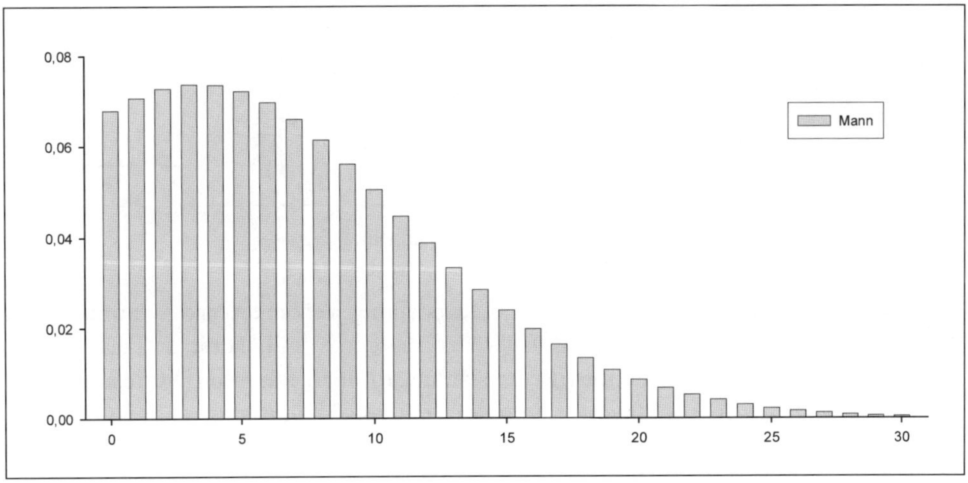

Abbildung 1: Verteilung der Restlebensdauer eines 80-jährigen Mannes

Frau eine mittlere Restlebensdauer von 9,2 Jahren bei einer Standardabweichung von 5,9 Jahren.

Die Abbildungen 1 und 2 zeigen die Verteilungen der Restlebensdauern eines 80-jährigen Mannes und einer 80-jährigen Frau. Fasst man hierzu die Restlebensdauer des Mannes als eine Zufallsvariable X auf, so erhält man aus den (korrigierten) Sterbewahrscheinlichkeiten der DAV-Sterbetafel 1994 R für Männer durch elementare wahrscheinlichkeitstheoretische Überlegungen das in Abbildung 1 dargestellte Stabdiagramm mit den Restlebensdauern auf der x-Achse und den zugehörigen Eintrittswahrscheinlichkeiten auf der y-Achse.

Führt man eine Zufallsvariable Y für die Restlebensdauer einer 80-jährigen Frau ein, so erhält man auf entsprechende Weise das Stabdiagramm in Abbildung 2.

Auffällig ist die starke Streuung der möglichen Werte um die erwarteten Werte $E(X) = 7{,}4$ und $E(Y) = 9{,}2$. Dies kommt beispielsweise in den Standardabweichungen $\sigma(X) = 5{,}6$ und $\sigma(Y)=5{,}9$ zum Ausdruck und in noch stärkerem Maße in den Prozentpunkten der Verteilungen von X und Y: Offensichtlich gibt es eine erhebliche Wahrscheinlichkeit dafür, dass eine Frau oder ein Mann deutlich länger als ihre durchschnittliche Restlebensdauer leben.

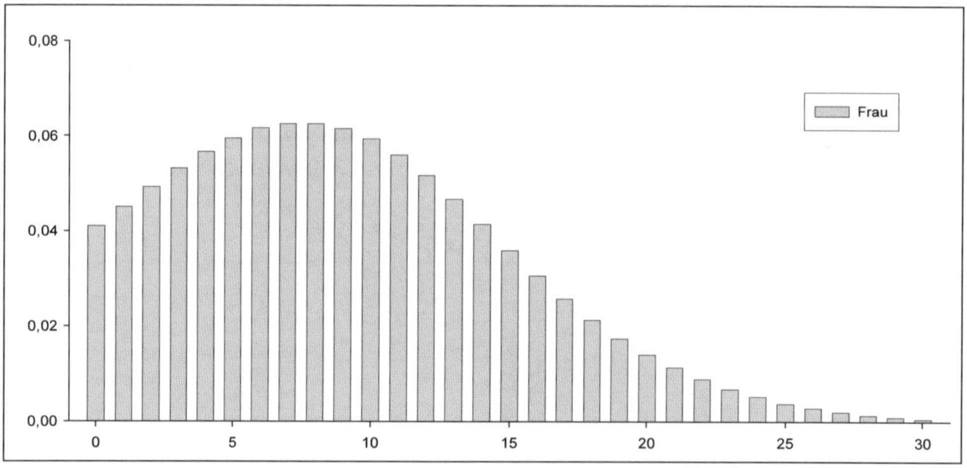

Abbildung 2: Verteilung der Restlebensdauer einer 80-jährigen Frau

Es wird auf eine explizite mathematische Darstellung verzichtet und unmittelbar zu den Auswirkungen auf die Zahlungsdauer der Leibrente und damit auf die Anzahl $Z = \max\{X,Y\}+1$ der zu leistenden Rentenzahlungen übergegangen. Die resultierende Verteilung ist wiederum als Stabdiagramm in Abbildung 3 dargestellt.

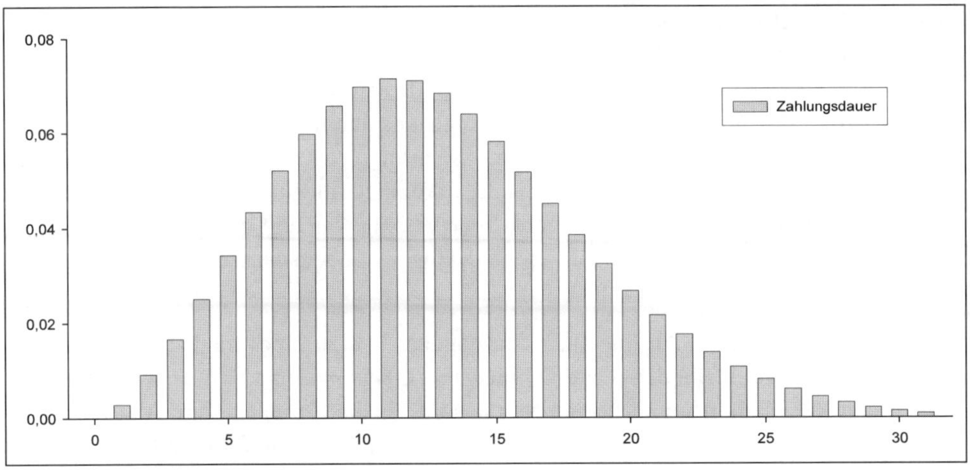

Abbildung 3: Verteilung der Zahlungsdauer der Leibrente

Die Wahrscheinlichkeiten steigen mit zunehmender Dauer zunächst an, nehmen ihren größten Wert bei einer Dauer von elf Jahren an und fallen dann wieder systematisch ab. Neben der „Breite" der Verteilung birgt die „Rechtsschiefe" ein erhebliches Risikopotential. Hierzu betrachten wir auf der Grundlage der Abbildung 3 zunächst für verschiedene Höchstdauern die zugehörigen Eintrittswahrscheinlichkeiten. So ergibt sich aus Tabelle 1 beispielsweise, dass mit lediglich einer Wahrscheinlichkeit von 0,38 (und damit in 38 von 100 Fällen) die Zahlungsdauer höchstens zehn Jahre beträgt. Selbst mit einer Zahlungsdauer von mehr als 20 Jahren muss noch mit einer Wahrscheinlichkeit von 0,09 (und damit in 9 von 100 Fällen) gerechnet werden.

Tabelle 1: Wahrscheinlichkeiten ausgewählter Zahlungshöchstdauern

Dauer (in Jahren)	≤ 10	≤ 15	≤ 20	≤ 25
Wahrscheinlichkeit	0,38	0,71	0,91	0,98

Umgekehrt ergibt sich aus Tabelle 2, dass lediglich in 50 von 100 Fällen eine Zahlungsdauer von maximal elf Jahren ausreicht und dass in 5 von 100 Fällen die Zahlungsdauer länger als 22 Jahre ist.

Tabelle 2: Zahlungshöchstdauern in Abhängigkeit ausgewählter Wahrscheinlichkeiten

Wahrscheinlichkeit	0,50	0,90	0,95	0,99
Dauer (in Jahren)	≤ 11	≤ 19	≤ 22	≤ 27

Externe Abwicklungsformen
Die Ergebnisse des Beispiels machen deutlich, wie wenig aussagefähig der Mittelwert sein kann, ein Risiko adäquat zu beschreiben. In diesem Fall wäre es angebracht gewesen, das Risiko oder zumindest einen Teil des Risikos an ein Versicherungsunternehmen weiterzugeben. Im Gegensatz zu „unserem" Nachfolger tritt nämlich das Problem der enormen Streuung der Zahlungsdauer bei einem Versicherungsunternehmen nicht auf, da es in der Regel über eine Vielzahl gleichartiger Verträge verfügt und sich so die Einzelrisiken wieder kompensieren, da kürzere und längere Lebensdauern sich untereinander ausgleichen.

Aus dem Beispiel ergibt sich folgende Konsequenz: Um zu einer tragbaren Planungssicherheit zu kommen, bleibt dem Unternehmen als einzige Alternative die Einmalzahlung. Kann es auf Rückstellungen zurückgreifen, so sollte es die Einmalzahlung als Abfindung anstreben oder die angestrebte Einmalzahlung als Einmalprämie für eine Leibrente einsetzen. Auf diese Weise übernimmt die Versicherung (oder allgemein ein Dritter) die mit den Zahlungen an den Altunternehmer verbundenen Risiken. Ist das Unternehmen nicht in der Lage, die Einmalzahlung bzw. Einmalprämie der lebenslänglichen Leibrente aufzubringen, so bietet sich ein Darlehen (z. B. mit Zinsbindung und festem Tilgungsplan) an, mit dessen Hilfe die Einmalzahlung bzw. Einmalprämie finanziert werden kann. Auf diese Weise wird die finanzielle Absicherung des Unternehmers im Ruhestand von einer Leibrente (mit zufälliger Dauer) auf eine Zeitrente (mit fester Dauer), nämlich die Zins- und Tilgungszahlungen für das Darlehen, zurückgeführt. Der Neuunternehmer kann so das Risiko einer größeren Belastung durch ein langes Leben des Altunternehmers an die Versicherung übertragen. Dieses Risiko braucht entsprechend auch von kreditgebenden Banken nicht mehr berücksichtigt werden. Die Versorgung des Altunternehmers bleibt dabei unverändert.

Bedenkt man, dass das Ausfallrisiko einer Versicherung faktisch auszuschließen ist (Übertragung der Verträge auf die Protektor Lebensversicherungs-AG bei Ausfall eines LV-Unternehmens), so bringt die externe Abwicklungsform möglicherweise auch für den Altunternehmer zusätzliche Sicherheit, da seine Versorgung nicht mehr an die Fortführung des Unternehmens gebunden ist.

4. Zusammenfassung

Offensichtlich hat die rechtzeitige Regelung der Nachfolge eine wichtige Bedeutung für ein Unternehmen. Entsprechend liegt es im Eigeninteresse des Unternehmers, sich mit dieser Frage zu beschäftigen. Darüber hinaus wurde aufgezeigt, dass mit der Nachfolge auch eine erhebliche finanzielle Seite verbunden ist. Damit wird Nachfolge auch folgerichtig zu einem wichtigen Faktor im Rating eines Unternehmens und so für die Finanzierungsmöglichkeiten und -konditionen des Unternehmens.

Deutlich wird auch die Bedeutung der Altersvorsorge und bei fehlender Altersvorsorge die richtige Wahl der Finanzierungsform der finanziellen Absicherung des Alt-Unternehmers. Einfache Überschlagsrechnungen reichen nicht aus, das mit der Zahlung einer lebenslänglichen Rente aus Betriebsvermögen verbundene finanzielle Risiko adäquat zu beschreiben. Allerdings können auch hier Finanzierungsformen gefunden werden, die zu einer Risikominimierung beitragen und so einen unmittelbaren Einfluss auf das Rating haben.

Literaturhinweise

BANK FOR INTERNATIONAL SETTLEMENT (2004): International Convergence of Capital Measurement and Capital Standards: a Revised Framework, www.bis.org.

ELLER, R./GRUBER, W./REIF M. (1999): Handbuch der Kreditrisikomodelle und Kreditderivate, Stuttgart 1999.

Bedeutung des internen und externen Ratings im Zuge der Unternehmensnachfolge

Uwe Christians

1. Problemstellung und Ziel

Das Thema „Unternehmensnachfolge“ ist angesichts der sehr hohen Zahl jährlich vorgenommener Firmen- bzw. Firmenanteilsübertragungen auch von volkswirtschaftlicher Bedeutung.[1] Gibt es keine(n) potenzielle(n) Nachfolger(in) innerhalb der Familie, so kommt häufig nur der Verkauf an Mitarbeiter bzw. Führungskräfte des Unternehmens, an externe Investoren oder die Stilllegung in Frage.[2] Die Unternehmens*übernahme* nimmt einen großen Anteil an den Existenzgründungen ein. Im Falle einer externen Lösung (Verkauf) stehen das Finden von Interessenten und dann natürlich das Problem der Preisermittlung im besonderen Blickpunkt. In diesem Zusammenhang rückt insbesondere seit Basel II das *Rating* in den Vordergrund. In Deutschland wird zukünftig für viele Firmen ein *bankinternes Rating* „quasi-obligatorisch“ werden. Für das kreditsuchende Unternehmen ist es deshalb wichtig zu wissen, welche Kriterien mit welcher Gewichtung in das Ratingsystem eingehen und wie daraus ein Ratingurteil entsteht. Für die hier gestellte Thematik steht insbesondere die Frage nach der Bedeutung der Nachfolgeregelung für die Ratingnote im Blickpunkt.

Fraglich ist, ob Unternehmer nicht zusätzlich ein *externes Rating* anstreben sollten, um dieses Rating z.B. im Kreditverhandlungsprozess mit einer Bank unterstützend einsetzen zu können. Darüber hinaus ist für den nachfolgesuchenden Unternehmer von Interesse, ob er das (externe) Rating auch als Akquisitionsinstrument einsetzen kann, um potenzielle Interessenten für seine Firma zu gewinnen. Ist das Rating also als Akquisitionsinstrument geeignet?

In diesem Beitrag wird der Frage nachgegangen, ob und inwieweit ein Rating für eine erfolgreiche Unternehmensübertragung eine Rolle spielt. Hierzu wird zunächst auf die Ausgestaltung von Ratingsystemen in der Praxis eingegangen. Dies wird anhand eines konkreten Ratingsystems, dem DSGV-Rating, vorgenommen. Es wird geprüft, inwieweit die Nachfolgeregelung für die Ratingnote von Bedeutung ist. Dann wird die Frage diskutiert, inwieweit es für mittelständische Unternehmer sinnvoll ist, ein externes Rating anzustreben. In diesem Zusammenhang wird nach der Bedeutung eines Ratings aus Nachfragersicht gefragt. Denkbar wäre, dass ein Rating als Qualitätsmerkmal angesehen wird, mit der Folge der Verringerung der ansonsten in der Regel vorhandenen Informationsasymmetrie zwischen dem Unternehmen und dem potenziellen Nachfolger/Käufer. Damit zusammenhängend könnten sich die Kapitalkosten reduzieren und die Kaufpreise aufgrund niedrigerer Risikozuschläge im Kalkulationszinsfuß günstiger gestalten.

Behandelt werden in diesem Artikel die Fallgestaltungen, in denen es um die so genannte *externe* Nachfolgelösung (Nachfolge im Wege des Verkaufs an Externe) geht.

1 In den nächsten Jahren finden mehrere hunderttausend Eigentümerwechsel bei Familienunternehmen in Deutschland statt. Vgl. Nöcker (2003), S. 14.

2 Weil die Nachfolge nicht ausreichend geregelt wurde, müssen jährlich – Expertenschätzungen zufolge – etwa 2000 Unternehmen schließen.

2. Aufbau und Bewertungsschema des DSGV-Ratings

Das DSGV-Rating unterteilt die zu bewertenden Kreditnehmer in fünf verschiedene Segmente, für die jeweils entsprechende Bewertungsverfahren entwickelt wurden.[3] Dabei wurde vor allem auf ein sinnvolles Verhältnis zwischen Unternehmensgröße und Komplexität der Datenerhebung und -auswertung geachtet. Der Zeitaufwand für die Erstellung des Ratings wächst tendenziell mit der Unternehmensgröße und wird somit dem wachsenden Risiko und der zunehmenden Bedeutung dieser Kunden gerecht.

Das Ratingverfahren wird in vier, nacheinander abzuarbeitenden Stufen unterteilt. Nach Beendigung jedes Teilschrittes wird eine Teilnote berechnet, die zum Abschluss des Bewertungsprozesses zu einer Gesamtnote zusammenzufassen sind.[4] Nachfolgend werden die einzelnen Schritte im DSGV-Rating kurz betrachtet.

Im ersten Teilschritt werden im *Finanzrating* die Jahresabschlussunterlagen ausgewertet. Dabei wird je nach Unternehmensgröße auf vorhandene Einnahmenüberschussrechnungen oder Bilanzunterlagen einschließlich GuV zurückgegriffen. Die Entscheidungsgrundlage für Firmenkunden und bilanzierende Gewerbekunden sind elf Bilanzkennzahlen, die eine hohe Trennschärfe in der Analyse aufweisen und aus den klassischen Bereichen der Vermögens-, Finanz- und Ertragslage stammen. Entsprechend der sektoralen Tätigkeit und der Größe eines Unternehmens gehen die verschiedenen Kennzahlen mit einer unterschiedlichen Gewichtung in das Finanzrating ein.

Anschließend werden die *qualitativen Bonitätsmerkmale* des Kreditnehmers untersucht. Dabei handelt es sich um Informationen aus der Unternehmensführung, dem Betriebs- und Marktbereich des Unternehmens sowie Kontoinformationen, für die – im Hinblick auf die Ausfallwahrscheinlichkeit des Kunden – eine entsprechende Relevanz festgestellt wurde.

In der Abbildung 1 sind die einzelnen Faktoren und die Gewichtung, mit der sie in das „einfache" Kundenrating einfließen, dargestellt. Es ist zu erkennen, dass mit steigendem Umsatz die Bedeutung der weichen qualitativen Faktoren gegenüber den harten qualitativen Faktoren zunimmt.

Nach Abschluss der qualitativen Bewertung des Kunden werden die Ergebnisse aus dem Finanzrating mit den Informationen aus dem qualitativen Rating segmentspezifisch gewichtet und zum „einfachen" Kundenrating zusammengeführt. Damit ist der Ratingprozess im Regelfall abgeschlossen, sofern nicht besondere Signale auf Unregelmäßigkeiten oder einen bevorstehenden Ausfall hinweisen.

3 Vgl. Hundt/Neitz/Grabau (2003), S. 83ff.
4 Vgl. Böcker/Eckelmann (2002), S. 168.

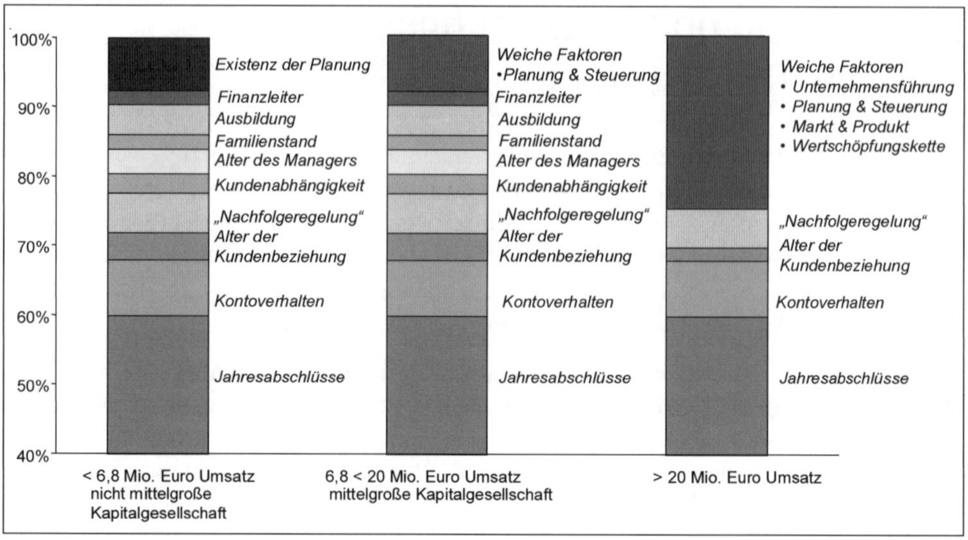

Abbildung 1: Gewichte der einzelnen Faktoren des DSGV-Ratings[5]

Unternehmer, die ihr Rating verbessern möchten, können (neben Handlungen, die das Verhältnis zwischen Unternehmen und finanzierender Banken betreffen) insbesondere nach innen wirkende Maßnahmen, die sich direkt im Unternehmen auswirken, vornehmen. Insbesondere sind zu nennen der Aufbau betriebswirtschaftlichen Know-hows in der Geschäftsleitung, die Nutzung betriebswirtschaftlicher Planungs- und Steuerungsinstrumente, die Verbesserung der Rentabilität und die Stärkung der Eigenkapitalbasis sowie die Sicherung der Marktposition. Zu diesen Maßnahmen zählt aber auch die *Regelung der Unternehmensnachfolge*. Hierauf wird im folgenden Abschnitt eingegangen.

3. „Geregelte Unternehmensnachfolge" – Einflussgröße für das Rating?

Durchsucht man die Kriterienkataloge für die Ratingverfahren der verschiedenen Kreditinstitute und Ratingagenturen, so fällt stets auch das Stichwort „geregelte Unternehmensnachfolge". Auch im DSGV-Rating wird der Nachfolgeregelung eine relativ hohe Bedeutung beigemessen, wie man aus der Abbildung 1 erkennen kann. Ist die Unternehmensnachfolge nicht geklärt, so dürfte die Bonität des Unternehmens in den meisten Fällen nur schwer abzuschätzen sein. Selbstverständlich ist der alte Eigentümer mit seinen Zielen, Eigenschaften und Fähigkeiten sowie seinen Managementvorstellungen für die

5 Quelle: Zuchhold (2002), S. 26.

Zukunft der Firma entscheidend. Dies gilt insbesondere dann, wenn sich der alte „Chef" nicht nur als Kapitalgeber versteht, sondern die Geschäfte aktiv führt, für Schlüsselkunden zuständig ist und die Informationshoheit besitzt. Dies dürfte in den meisten kleineren Unternehmen der Regelfall sein. Ist die Nachfolge also nicht ausreichend geregelt, so dürfte die Fähigkeit des Unternehmens, in Zukunft allen Zins- und Tilgungsverpflichtungen pünktlich nachzukommen, in einem äußerst unsicheren Licht erscheinen.

Die rechtzeitige und planvolle Regelung der Nachfolge wird als Ausweis unternehmerischer Qualifikation betrachtet und insofern bei der „qualitativen Beurteilung" des Unternehmens positiv verbucht. Hinzu kommt, dass eine planvolle Übergabe zu einer Wachstumschance werden kann. Dann nämlich, wenn sich die neue Führung durch Innovationskraft auszeichnet. Allerdings ist die Voraussetzung dafür, dass eine planvolle Übergabe bzw. ein gut geplanter Verkauf des Unternehmens sich positiv auf das Rating auswirkt, die *Glaubhaftmachung* der Nachfolgeregelung. „Ein schlüssiges Konzept zur Unternehmensnachfolge mündet in einen Nachfolgeplan, der Schritt für Schritt die Übergabe regelt. Übergeber und Übernehmer legen in einem schriftlich fixierten Dokument gemeinsam fest, wer genau was wann zu tun hat."[6]

4. Entscheidung für ein externes Rating

4.1 Agency-Ansatz und Rating

Die Initiative zur Erstellung eines externen Ratings geht in der Regel vom zu analysierenden Unternehmen aus. Die Veröffentlichung des Ratingergebnisses liegt im Ermessen des zu bewertenden Kunden. Ein gutes Rating kann von ihm als *Bonitätssignal* für den Markt genutzt werden, z.B. bei Kreditverhandlungen mit verschiedenen Banken. Kreditinstitute verwenden externe Ratings gegebenenfalls als Vergleichsmaßstab zu ihren eigenen Analysen.

Die Existenz von Ratingagenturen kann unter Rückgriff auf die neoinstitutionalistische Finanzierungstheorie mit dem *Agency-Ansatz* erklärt werden. *Agency-Probleme* haben unterschiedliche Ursachen. Zu nennen sind das Ungleichgewicht der verteilten Informationen zwischen dem Agenten (hier: Kredit-/Kapitalnehmer) und dem Prinzipal (Kredit-/ Kapitalgeber), die Verschiedenheit der Interessen zwischen beiden Parteien, die durch Umweltgegebenheiten verursachte Unsicherheit oder das Moral Hazard-Problem. Der Kapitalnehmer muss in der Lage sein, aus seinem Verhalten den erforderlichen Cashflow zu erzielen, um das Kapital zurückzuzahlen. Da der Prinzipal andere Interessen verfolgt als der Agent, wird er den Informationsvorsprung des Agenten nicht ohne weiteres hinnehmen. Vielmehr wird er mit zunehmender Unsicherheit höhere *Risikozuschläge* verlangen, um so das durch die geringere Kenntnis bedingte Risiko zu begrenzen. Je weniger der Prinzipal also über den Agenten erfährt bzw. je unsicherer ihm sein Invest-

6 Klaus (2005), S. 4f.

ment erscheint, desto höher werden für den Agenten die Kosten eines Kredites oder einer Beteiligung.

Kapitalnehmer müssen also das prinzipielle, aus der asymmetrischen Informationsverteilung resultierende Misstrauen bei den Investoren und Anlegern reduzieren, um in den Genuss eines Kostenvorteils zu kommen. Eine bloße Zusage, beispielsweise die Verschuldung in Grenzen zu halten, unkalkulierbare Risiken zu vermeiden und/oder das Haftungssubstrat nicht auszukehren, dürften nicht ausreichen, um Kapitalgeber zur Bereitstellung von Kapital zu günstigen Konditionen zu veranlassen.

Ein Rating bringt für den Prinzipal eine *Mehrinformation* über den Agenten. Somit wird das Ungleichgewicht der verteilten Informationen merklich abgemildert. Durch den Abbau des Informationsungleichgewichtes müssten also c.p. die *Kosten für den Kapitalnehmer* sinken, da Risikozuschläge in der Form von erhöhten Zinsen nun geringer werden.

4.2 Ablauf des externen Ratings

Die Agentur handelt in der Regel im Auftrag des Kunden. Die Einzelheiten des Ratingprozesses gehören zu den Geschäftsgeheimnissen der Ratingagenturen. Vor allem die genaue Vorgehensweise und die Gewichtung der Kriterien geben die Agenturen nicht preis. Normalerweise beginnt das Verfahren mit einem Gespräch zwischen dem ersuchenden Unternehmen und der Agentur. Nachdem der Mandant einen *Ratingauftrag* (Abgrenzung des Ratingzieles) an die Agentur erteilt hat, erfolgt zunächst eine *Basisuntersuchung.* In dieser gibt das Unternehmen der Ratingagentur die erforderlichen Daten. In diesem ersten Schritt muss das Unternehmen interne Zahlen der Ratingagentur vorlegen, die weit über das hinausgehen, was andere externe Analysten am Kapitalmarkt zu ihrer Information einsehen können.

Die weitere Vorgehensweise ist zunächst geprägt durch das systematische Überprüfen sämtlicher Risiken.[7] Eine einheitliche Gewichtung der w.o. angesprochenen qualitativen und quantitativen Faktoren gibt es auch zwischen den Ratingagenturen nicht. Eine „richtige“ Gewichtung zu bestimmen, dürfte auch nur schwer realisierbar sein. Die größere Bedeutung wird wohl auf die *qualitativen Faktoren* gelegt. Auch die Nachfolgeregelung spielt im externen Rating eine ebenso wichtige Rolle wie zuvor schon beim bankinternen Rating konstatiert werden konnte. Als Beispiel sei hier stellvertretend das *Creditreform Rating* herangezogen.[8]

Aus der Analyse dieser Faktoren entsteht ein vorläufiges Rating, welches dem Unternehmen mitgeteilt wird. Nun hat der Mandant die Chance, das Ergebnis möglicherweise mit zusätzlichen Informationen positiv zu beeinflussen. Am Ende entsteht ein umfassender *Ratingreport.* Die Meinung der Agentur über die wirtschaftliche Fähigkeit eines Kreditnehmers, in Zukunft seinen Zahlungsverpflichtungen ordnungsgemäß nachzukommen, wird gleichwohl

7 Länderrisiko, Branchenrisiko, Unternehmensrisiko, bestehend aus Geschäftsrisiko und Finanzrisiko.

8 Vgl. Broschüre über das Bonitätsrating, abrufbar unter www.creditreform.de/downloads/index.php.

nur in einem einfachen *Ratingsymbol* dargestellt. Die *Veröffentlichung* des Ratingergebnisses ist *abhängig von der Zustimmung des Unternehmens*, damit die Auftragserteilung keinen Nachteil für das Unternehmen bedeutet. Zudem verpflichten sich die Agenturen, alle ihnen zur Verfügung stehenden Informationen streng vertraulich zu behandeln. Am Ende des Ratingprozesses steht die Überwachung des Unternehmens. Wenn sich Veränderungen ergeben, wird das Unternehmen durch die Agentur neu eingestuft.

4.3 Diskussion über die Entscheidung

Es ist davon auszugehen, dass in der Zukunft alle kreditnachfragenden Unternehmen – zumal die hier relevanten – aufgrund der Basel II-Regelungen wenigstens ein *bankinternes Rating* erhalten. Insoweit dieses Rating seitens der Banken offengelegt wird (und das dürfte in den meisten Fällen wohl geschehen), werden die Unternehmen erfahren, wie ihre Bonität eingeschätzt wird. Das Unternehmen könnte im Falle eines guten Ratings bei anderen Kreditinstituten nun nach günstigeren Konditionen nachsuchen. Allerdings weisen die Verfahren der Kreditinstitute lediglich Gemeinsamkeiten bei der Typeneinteilung der Risikofaktoren auf (z.B. Cashflow, Bilanzkennzahlen, etc.). Die Gewichtung der Risikofaktoren erfolgt jedoch unterschiedlich, und auch das Verhältnis zwischen qualitativen und quantitativen Merkmalen ist nicht einheitlich. Selbst Begriffe wie „Ausfall“ oder „Verlust“ sind zwischen den Häusern nicht identisch definiert. Insofern ist es für den Unternehmer schwierig, mit einem *bankinternen Rating* – sollte er es für Investor Relations-Zwecke benutzen dürfen – *Signaling* zu betreiben. Hierzu müssten die Gütegrade der bankinternen Ratingsymbole erst *allgemeine Anerkennung* finden. Das so genannte *IFD-Rating* der Initiative Finanzmarkt Deutschland wird hier aber zu einer deutlichen Erhöhung der Transparenz führen.[9]

Die Alternative wäre, sich der Prozedur eines *externen Ratings* seitens einer unabhängigen Ratingagentur zu unterziehen. Sicherlich wären Unternehmer, die sich in absehbarer Zeit über den Kapitalmarkt finanzieren wollen, gut beraten, ein solches Rating zu erhalten. Auch für das mittelständische Unternehmen, das einen *Nachfolger sucht*, stellt sich die Frage, ob es ein *externes Rating* in Auftrag geben soll.

Der Unternehmer muss bei seiner Entscheidung für oder wider ein externes Rating insbesondere Kostenaspekte, potenzielle Reaktionen, Transparenzanforderungen und kurz- bzw. langfristige Auswirkungen berücksichtigen.

Zu den *Vorteilen* eines (guten) externen Ratings zählen die Erhöhung der Kreditwürdigkeit, eine Verbesserung der Finanzierungskonditionen und eine *gesteigerte Unternehmensattraktivität.* Sollte ein Unternehmen ein gutes Rating erhalten, kann es dieses als *Signal einer hohen Unternehmensqualität* einsetzen. Gerade für Unternehmen, die in absehbarer Zeit einen Nachfolger suchen, dürfte ein (gutes!) Rating ein nicht zu unterschätzendes Asset für das *Signaling* sein. Mit einem Rating kann sich das suchende Unternehmen von

9 Vgl. hierzu Hartmann (2004).

der Masse der anderen Unternehmen, die ebenfalls Investoren suchen, abheben. Investoren ihrerseits werden möglicherweise schneller und intensiver aufmerksam auf den Kandidaten. Die Vertrauensfunktion, die das Rating übernimmt, wird auf diese Weise zur Signalfunktion umgewandelt.

Voraussetzung für die beabsichtigte Wirkung des Ratings ist das Ansehen der Ratingagentur und das *Vertrauen* in ihre Ratings in der Öffentlichkeit. Derzeit gibt es weder eine *staatlich-institutionelle Überwachung* durch eine Aufsichtsbehörde noch *Standards*, die eine Ratingagentur aufweisen muss.[10] Ratingagenturen handeln als privatwirtschaftliche Organisationen eigennützig. Meist initiieren die Unternehmen das Rating und tragen die dafür anfallenden Gebühren. Möglich wäre somit ein *wohlwollendes Rating*, damit das Unternehmen auch Folgeratings in Auftrag gibt. Allerdings liefe die Ratingagentur (bei fortgesetzter Manipulation) Gefahr, ihre Reputation am Markt unwiederbringlich zu verlieren.

Beim Rating ergeben sich aus der Abhängigkeit vom wirtschaftlichen Umfeld und den daraus resultierenden Schwankungen der Ausfallraten erhebliche Probleme. Es gibt zwei Lösungsstrategien, diesem Phänomen im Ratingprozess Rechnung zu tragen:[11] das *„Point-in-time"-Rating,* das auf die aktuelle Lage des Kreditnehmers stärker abstellt, sowie das *„Through-the-cycle"-Rating*, das von einem längeren Horizont ausgeht und stärker szenariengestützt arbeitet. Geht man davon aus, dass *Ratingagenturen* sich eher an einem *„Through-the-cycle"-Rating* orientieren, dann dürfte die Fluktuation der Ratingeinstufungen im Zeitablauf tendenziell geringer sein als bei einem „Point-in-time"-Rating, das kurzfristige, aktuelle Phänomene stärker gewichtet.

Trotz der vergleichsweise längerfristigen Perspektive des externen Ratings sollten sich die Unternehmen stets darüber bewusst sein, dass ein gutes (Erst-)Rating nicht automatisch erhalten bleibt. Wenn die wirtschaftliche Lage in den Folgeperioden nicht mehr den Erwartungen entspricht, könnte dies zu einem *Downgrading* führen. Die Folge wäre ein Vertrauensverlust am Finanzmarkt verbunden mit der Erhöhung der Finanzierungskosten. Demzufolge sollten die Unternehmen ein auf *längere Sicht tragfähiges Rating* anstreben.

Externe und interne Ratings unterscheiden sich bereits in der Zielsetzung. Die Bank ist „Partei" in diesem Prozess. Das Ratingverfahren in einer Bank wird zur eigenen Meinungsbildung über die im Portfolio der Bank enthaltenen Kreditrisiken und zur Kreditrisikosteuerung eingesetzt.[12] Im Vergleich zu externen Agenturen werden die meisten Banken (Hausbanken) aufgrund ihrer *langjährigen Geschäftsbeziehungen* über differenzierte *Kundeninformationen verfügen*. Es hat sich eine vertrauensvolle Zusammenarbeit entwickelt, die Konten werden ständig überwacht und man hat Kenntnisse über die Sicherheiten des Schuldners, sodass ein gut begründetes Urteil zu erwarten wäre. Allerdings kann

10 Der Berufsverband Rating Cert e.V. hat sich zum Ziel gesetzt, allgemeingültige Qualitätsstandards für Unternehmensratings zu entwickeln. Dazu hat er eine Liste von Mindeststandards aufgestellt, die an dieser Stelle jedoch nicht weiter vertieft werden sollen.

11 Vgl. Pawlowski/Burmester (2001), S. 363.

12 Vgl. Becker (2001).

eine langjährige Zusammenarbeit auch zu einer *gewissen Blindheit* führen, sodass sich eine eher subjektive, interessengeleitete Meinung der Firmenkundenbetreuer durchsetzt. Deren Einschätzung dürfte eine große Rolle (quasi im Sinne einer vorentscheidenden Weichenstellung) bei der anschließenden Kreditprüfung durch die Kreditsachbearbeiter im Backoffice spielen.

Eine Ratingagentur tritt hingegen weder auf der Kapitalgeber- noch auf der Kapitalnehmerseite als Marktteilnehmer auf. Bei ihr vermengen sich (idealtypisch) nicht die unterschiedlichen Interessen und Ansprüche, die sich im Spannungsfeld der Beziehungen zwischen den verschiedenen Marktteilnehmern ergeben. Vielmehr reduzieren die veröffentlichten Noten der Ratingagenturen bestehende Informationsasymmetrien zwischen den Marktparteien.

Durch den Einsatz von Ratings erhalten Emittenten oder unternehmensnachfolgersuchende Firmen mit geringer Bekanntheit – das sei nochmals als wesentliches Argument für ein externes Rating hervorgehoben – eine *größere Öffentlichkeitswirkung.* Auch für bereits bekannte Unternehmen kann ein gutes Rating eine Steigerung der Reputation und des Standings an den Märkten mit sich bringen.

Auf der einen Seite verursacht ein durchzuführendes Rating nicht unerhebliche *finanzielle Belastungen für ein Unternehmen.* Ein Erstrating kann bei den renommierten Ratingagenturen sehr teuer werden. Weitere Aufwendungen entstehen bei den Folgeratings.[13] Zu bedenken ist auf der anderen Seite aber auch, dass Kosten für eine *Kreditwürdigkeitsprüfung einer Bank implizit* in den Zinskosten oder Bankgebühren natürlich enthalten sind. Nicht zu unterschätzen ist auch der *hohe Zeitaufwand.* Ratings müssen im Jahresrhythmus durchgeführt werden. Eine Nichtveröffentlichung eines Folgeratings kann schnell das Vertrauen in das geratete Unternehmen zunichte machen.

5. Zusammenfassung

Für Unternehmer, die die Nachfolge vorbereiten, ist ein Rating zwingend zu den wesentlichen *Strategieparametern* zu zählen. Dies gilt zum einen unter dem Aspekt, dass im Rahmen von bankinternen Ratings ein Unternehmen, welches keine geregelte Nachfolge aufweisen kann, potenziell einen Abschlag einkalkulieren muss. Insofern sollte jeder Unternehmer schon aus Gründen der Vermeidung von Finanzierungsrestriktionen bzw. der Verschlechterung von Finanzierungskonditionen auf eine Nachfolgeregelung langfristig hin arbeiten.

Zum anderen kann ein Rating von einer Ratingagentur – trotz der einmaligen und Folgekosten – ein wichtiges Instrument bei der Lösung des *externen Nachfolgeproblems* selbst sein. Die Kosten stellen Ausgaben für die Vorbereitung einer Desinvestition (Verkauf des

13 Neben den reinen Kosten für die Agenturgebühr sind zudem interne Kosten beim Auftraggeber für Unterlagenbereitstellung und -aufbereitung, Freistellung von Mitarbeitern etc. zu kalkulieren.

Unternehmens bzw. eines Anteils an einen Dritten) dar. Der Nutzen liegt insbesondere in dem dann leichteren Zugang zu potenziellen Investoren. Ein gutes Rating kann also als ein Instrument zur Steigerung des eigenen Bekanntheitsgrades potenziellen Investoren gegenüber verwendet werden.

Im Zusammenhang mit der Vorbereitung einer externen Unternehmensnachfolge auf dem Wege der Veräußerung des Unternehmens(anteils) an Dritte bietet ein (gutes) Rating darüber hinaus den Vorteil, für den potenziellen Käufer eine wichtige Entscheidungsgrundlage zu sein. Durch die Ratingnote besitzt er relativ verlässliche Information über die Bonität des Unternehmens, sodass eine Einschätzung der Unternehmensrisiken möglich wird, wenngleich eine Quantifizierung des aktuellen Unternehmenswertes damit natürlich nicht verbunden ist. Betrachtet man auf der anderen Seite die Verhandlungsposition des Veräußerers, so ist zu erwarten, dass sie deutlich verbessert wird, wenn das Unternehmen über ein gutes Rating verfügt. Das Rating könnte in diesem Sinne als „Verkaufsargument" dienen.

Der Nutzen eines (guten) Ratings dürfte somit in den folgenden Fällen dessen Kosten übersteigen: Wenn der potenzielle Veräußerer noch keine konkreten Investoren für sein Unternehmen gewinnen konnte und – falls dies schon der Fall sein sollte – wenn die Investoren ggf. aufgrund mutmaßlich zu hoher Risiken zögern, in konkrete Verhandlungen einzutreten.

Literaturhinweise

Becker, H. (2001): Externes und internes Rating – vergleichbar oder zwei Paar Schuhe?, in: Börsenzeitung v. 5.10.2001.

Böcker, M./Eckelmann, H. (2002): Das einheitliche Rating der Sparkassen-Finanzgruppe. In: Betriebswirtschaftliche Blätter 04/2002, S. 168–172.

Christians, U./Schadrack, M. (2003): Mathematisch-statistische Verfahren zur Unterstützung des Credit Rating, in: ZfgKW Heft 22, S. 1207ff.

Füser, K. (2001): Scoring und Rating im Kontext von Basel II. Online im Internet: URL: http://www.e-y.de/rating/scoring.pdf (Abfrage vom 21.07.2002).

Gaumert, U. (2005): Grundsätze ordnungsgemäßen Ratings (GoR). Basel II- und MaK-konforme Organisation des Kreditgeschäfts, Köln 2005.

Hartmann, W. (2004): Einfluss bankinterner Ratings und von Basel II auf Kreditbereitschaft und Preisgestaltung der Banken gegenüber mittelständischen Unternehmen. http://www.finanzstandort.de/de/results/svb_am_01.php (Abfrage v. 28.4.2005)

Hundt, I./Neitz, B./Grabau, F.-R. (2003): Rating als Chance für kleine und mittlere Unternehmen, München 2003.

Klaus, A. (2005): „Geregelte Unternehmensnachfolge" als Erfolgsfaktor im Ratingverfahren. Online im Internet: URL: http://www.1-to-manage.de/onetomanage/1-to-manage.nsf/x/556835FFD1E19CF8C1256E4E003B9EF3?OpenDocument (Abfrage v. 7.2.2005).

Nöcker, R. (2003): Der deutsche Mittelstand hat ernste Nachwuchssorgen, in: FAZ v. 16.12.2003, S. 14.

Pawlowski, N./Burmester, C. (2001): Ableitung von Standardrisikokosten auf der Basis von Expected Loss-Kalkulationen, in: Schierenbeck, H. u.a. (Hrsg.): Handbuch Bank-Controlling, 2. Aufl., Wiesbaden 2001, S. 363ff.

Schmeisser, W./Schmeisser, K. (2005): Auswirkungen von Basel II für den Mittelstand: Kreditvergabe und Bepreisung von Krediten, in: DStR, Heft 8, S. 344ff.

Wilkens, M./Baule, R./Entrop, O. (2001): Erfassung des Kreditrisikos aus wissenschaftlicher Sicht. In: Hofmann, G. (Hrsg.): Auf dem Weg zu Basel II – Konzepte, Modelle, Meinungen, Frankfurt am Main 2001, S. 39–64.

Zuchhold, R. (2002): Einführung des DSGV-Firmenkundenratings. (nicht veröffentlicht).

Einbindung der Unternehmensnachfolge im Firmenkundenrating des genossenschaftlichen Finanzverbundes

Eberhard Heinke

1. Darstellung möglicher Auswirkungen von Basel II auf die Mittelstandsfinanzierung

„Risikoengagements werden (…) oftmals nicht rechtzeitig erkannt“[1] – so lautet das Ergebnis einer Studie, die von der Wirtschaftsprüfungsgesellschaft KPMG in Zusammenarbeit mit der Universität Leipzig durchgeführt wurde. Ein Warnsignal, da doch das Kreditgeschäft mit einem durchschnittlichen Anteil von ca. 60 Prozent des Bilanzvolumens sowie einem Beitrag zum Gesamtbankergebnis von ca. 65 Prozent immer noch den bedeutendsten Geschäftszweig der Genossenschaftsbanken darstellt.

Umso wichtiger wird vor diesem Hintergrund die Früherkennung von Unternehmenskrisen sowie die adäquate Abbildung und Bewertung der daraus für das jeweilige Kreditinstitut resultierenden Risiken. Die ungünstigen gesamtkonjunkturellen Rahmenbedingungen, die steigende Anzahl von Unternehmensinsolvenzen sowie die in den letzten Jahren zu beobachtenden Entwicklungstendenzen im Kreditgeschäft der Kreditinstitute – insbesondere die Zunahme von Blankoanteilen im Geschäft mit mittelständischen Firmenkunden – zeigen umso mehr die Notwendigkeit zur Schaffung eines effektiveren Instruments zur Bonitätsbeurteilung von Kreditnehmern.

In diesem Kontext steht auch die Novellierung des Bankenaufsichtsrechts im Rahmen von Basel II. Das im Juni 2004 durch den Baseler Ausschuss für Bankenaufsicht verabschiedete Rahmenwerk „Internationale Konvergenz der Kapitalmessung und Eigenkapitalanforderungen“ (Basel II) hat eine umfassende Neugestaltung der Eigenkapitalvorschriften für Kreditinstituten weltweit zur Folge.

Im Rahmen dieser Neuregelung soll die Bemessungsgrundlage zur Eigenkapitalunterlegung von den (individuellen) Ausfallwahrscheinlichkeiten der Kreditnehmer abhängen können, die mittels interner Ratingsysteme der Banken ermittelt werden. Hiermit wird eine risikogerechte Formulierung der Eigenkapitalanforderungen im Sinne einer optimierten Risikopufferfunktion zur Begrenzung des Insolvenzrisikos einer Bank angestrebt.

Daneben soll die bei den Banken häufig anzutreffende „Subventionierung“ von Kreditnehmern schlechterer Bonität durch Kreditnehmer besserer Bonität beendet werden. Eine undifferenzierte globale Risikozuschlagspolitik führt tendenziell zur Abwanderung der „guten Risiken“ (Kundenverlustpotenzial) bei Verbleib und möglicherweise gleichzeitiger Nachfrageerhöhung der „schlechten Risiken“ (so genannte adverse Selektion).[2]

Generell ist Eigenkapital für Banken ein knappes Gut. Durch die Bindung von Eigenkapital entstehen der Bank Einschränkungen in der Geschäftstätigkeit und damit zwangsläufig Kosten. Um dies zu kompensieren, werden die Kreditkonditionen u. a. in Abhängigkeit

1 Vgl. Bildungsverbund der genossenschaftlichen Organisation, vertreten durch die Akademie Deutscher Genossenschaften (2002), S. 18.

2 Vgl. Bildungsverbund der genossenschaftlichen Organisation, vertreten durch die Akademie Deutscher Genossenschaften (2002), S. 18.

der entstehenden Eigenkapitalkosten entsprechend angepasst. Somit wirken sich veränderte bankaufsichtliche Eigenkapitalunterlegungsbeträge mehr oder weniger stark auf die Kundenkondition aus.

Dieser Effekt wird im Folgenden beispielhaft erläutert:

Dic Kreditgenossenschaft gewährt einen Kredit in Höhe von 500.000 Euro an einen mittelständischen Firmenkunden mit Umsatzerlösen in Höhe von 6 Mio. Euro. Das durch die Bank verwendete Ratingsystem ermittelt für diesen Kunden eine Ausfallwahrscheinlichkeit von 2,00 Prozent. Die Kreditgewährung erfolgt ohne Vereinbarung besonderer Sicherheiten. Die Kreditgenossenschaft hat für die Verzinsung ihres Eigenkapitals unter Berücksichtigung ihrer Ertrags- und Risikoanforderungen einen Netto-Ertragsanspruch in Höhe von 8,0 Prozent p.a.

Derzeit berücksichtigt die Kreditgenossenschaft bei der Kalkulation ihres Kundenkreditzinssatzes 0,64 Prozent p.a. für ihre Eigenkapitalkosten. Künftig würde die Bank in Abhängigkeit der Einordnung dieses Kredites in die nach Basel II geltenden Forderungsklassen für Unternehmens- bzw. Retailkunden lediglich 0,60 Prozent p.a. bzw. 0,39 Prozent p.a. für ihre Eigenkapitalkosten kalkulieren. Demzufolge würde sich in dieser Konstellation, bezogen auf die veränderten Eigenkapitalanforderungen nach Basel II, ein Konditionsvorteil von 0,04 Prozent p.a. bzw. 0,25 Prozent p.a ergeben. Jedoch hat der Kreditnehmer durch Stellung werthaltiger Sicherheiten die Möglichkeit, die Konditionsgestaltung zu beeinflussen.

Rating und Basel II jedoch nur mit Kreditzinsen in Verbindung zu bringen, ist zu kurz gegriffen. Vielmehr bietet Rating für den Unternehmer die Chance, die Ergebnisse für das eigene Unternehmen nutzbar zu machen, Handlungsmöglichkeiten zu bewerten und das Unternehmen einem ständigen Check zu unterziehen. Somit ist Rating auch ein wichtiges Element einer zukunftsorientierten Unternehmensentwicklung.[3]

2. Welche Verfahren setzt der genossenschaftliche Verbund zur Klassifizierung von Ausfallrisiken ein?

Abgesehen von den bankaufsichtsrechtlichen Entwicklungen hatte sich der genossenschaftliche Bankensektor bereits 1999 im Strategiepapier „Bündelung der Kräfte“ unter anderem zu einer Neuorientierung seines betriebswirtschaftlichen Steuerungsinstrumentariums ausgesprochen. Zielsetzung war, die bisher eher auf Volumens- oder Bruttoertragsgrößen basierende Banksteuerung durch ein barwertiges Steuerungssystem abzulösen, das primär Risiko- und Ertragsgrößen in den Fokus stellen soll.

3 Vgl. BVR (2002), S. 15.

Ein zentraler Bestandteil dieser Gesamtbank-Steuerungssystematik ist die Abbildung des Risikoergebnisses und der Risikobeiträge aus Adressrisiken.

Daher wurde im Rahmen des genossenschaftlichen Management-Informationssystems zur Gesamtbankplanung und Gesamtbanksteuerung „VR-Control" ein verbundeinheitliches System zur Adressrisikosteuerung entwickelt, welches die Genossenschaftsbank in die Lage versetzt, auch zeitlich jenseits von Basel II ein konkurrenzfähiges, aber gleichzeitig auch profitables und risikoadäquates Kreditgeschäft zu betreiben.

Die Basis für sämtliche Instrumente zur Adressrisikosteuerung bildet hierbei das Rating. Hauptziel des Ratingverfahrens ist, eine möglichst zuverlässige Aussage über die Bonität eines Kunden und die Wahrscheinlichkeit eines Kreditausfalls zu gewinnen. Zugleich müssen sich die Ratingergebnisse in empirisch abgesicherte Ausfallwahrscheinlichkeiten überführen lassen, die dann neben den zur Verfügung stehenden Sicherheiten, die zentrale Komponente für die Risikoprämienkalkulation und die Ermittlung der so genannten „erwarteten Verluste" im Einzelgeschäft und der Quantifizierung der „unerwarteten Verluste" auf Portfolioebene darstellen.

Die Abbildung 1 zeigt die einzelnen Stufen des Kreditrisikomanagementprozesses auf Basis von Ratingsystemen.

Selbstverständlich gehört es seit jeher zu den Aufgaben der Kreditinstitute, eine umfassende Kreditwürdigkeitsprüfung und Bonitätsanalyse durchzuführen. So stand den Genossenschaftsbanken bereits seit dem Jahr 1994 mit dem BVR-I-Rating ein bankinternes Ratingsystem zur Bonitätsbeurteilung von Firmenkunden zur Verfügung.

Erfahrungen aus der Praxis und Auswertungen von Datenbeständen haben jedoch gezeigt, dass dieses in der Praxis durchaus erfolgreich angewandte Ratingverfahren den durch

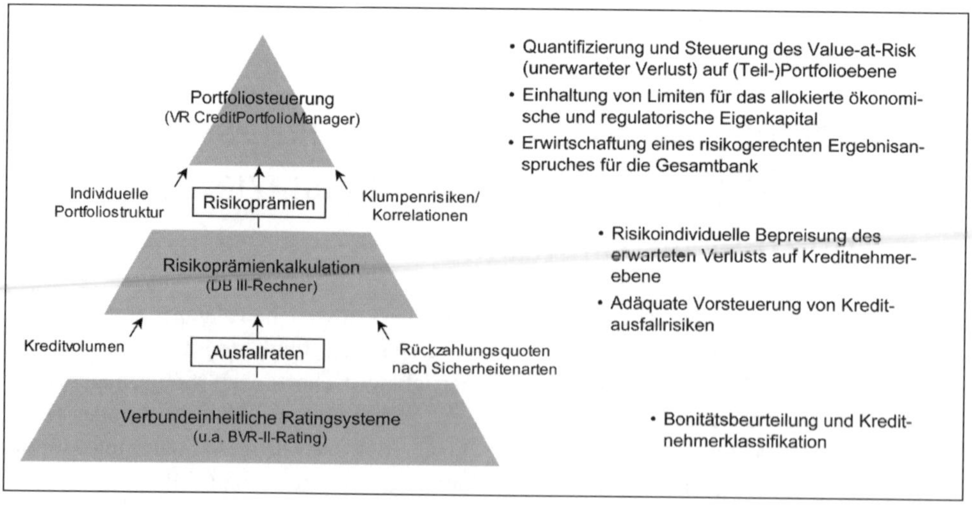

Abbildung 1: Stufen des Kreditrisikomanagementprozesses auf Basis von Ratingverfahren

die Inhalte von Basel II stark gestiegenen Anforderungen an bankinterne Ratingsysteme nicht mehr voll entsprach. Insbesondere das auf überwiegend subjektiver Beurteilung basierende Ratingergebnis und die fehlende Ermittlung einer quantitativ auswertbaren Ausfallwahrscheinlichkeit waren zu optimieren.

Ein weiterer Nachteil des BVR-I-Ratings war, dass alle Kreditgeschäfte im Firmenkundensegment nur mit einem einzigen Fragenkatalog beurteilt werden konnten. Mit Blick auf das sehr heterogene Firmenkundenportfolio führte diese Vorgehensweise häufig zu einer nicht ausreichenden Treffergenauigkeit in der Risikoeinschätzung. Eine unzureichende Rating-Trennschärfe verhindert nicht nur eine kundengerechte Bonitätseinstufung, sondern die damit einhergehende ungenaue Ermittlung der Risikoprämien kann, vor dem Hintergrund geringer Zinsmargen, den unternehmerischen Handlungsspielraum der Genossenschaftsbank im äußersten Fall existenzgefährdend einengen.[4]

Die vorstehenden Ausführungen lassen erkennen, welchen komplexen betriebswirtschaftlichen Anforderungen ein qualitativ hochwertiges und zugleich unter Kostengesichtspunkten auch ökonomisch effizientes Ratingsystem genügen muss.

Der genossenschaftliche Finanzverbund hat unter Federführung des Bundesverbandes der Deutschen Volksbanken und Raiffeisenbanken (BVR) ein neues Ratingverfahren – BVR-II-Rating – entwickelt, das das alte BVR-I-Rating sukzessive ablösen wird.

Das neue BVR-II -Rating baut nicht mehr auf einem einzigen Verfahren auf, sondern stellt, in Abhängigkeit der Spezifika der einzelnen Kreditnehmersegmente, z.B. hinsichtlich verfügbarer Informationen und deren Einfluss auf die Ausfallwahrscheinlichkeit des zu bewertenden Kreditnehmers, ein eigenes, maßgeschneidertes Ratingverfahren zur Verfügung. So liegen z.B. für mittelständische Firmenkunden regelmäßig Jahresabschlüsse vor, während dies für kleinere Gewerbetreibende nicht in jedem Fall gegeben ist.

Das entstandene Segmentierungsmodell trägt sowohl dem Aspekt der Risikoanalyse als auch der kundengruppenorientierten Vertriebsorganisation der Volksbanken und Raiffeisenbanken Rechnung. Ein spezielles Nachfolgerating oder auch Nachfolgerrating ist nicht geplant.

Die Ergebnisse der einzelnen BVR-II-Ratinginstrumente werden auf eine so genannte Masterskala transformiert. Dieser Masterskala liegen 25 Ratingklassen zu Grunde: 20 Ratingklassen für Kreditnehmer mit sehr guter bis äußert kritischer Bonität. Zusätzlich werden bei bereits leistungsgestörten Krediten fünf Ausfallklassen unterschieden. Jeder dieser Ratingklassen ist eine empirisch ermittelte Ausfallwahrscheinlichkeit zugeordnet, die unter anderem Grundlage für die Risikoprämienkalkulation ist. Je größer die Anzahl der Ratingklassen ist, desto feiner kann tendenziell zwischen den Risiken differenziert werden. Mit Hilfe der Masterskala und der Ausfallwahrscheinlichkeit kann das Bonitätsrisiko unterschiedlicher Kreditnehmersegmente verglichen werden, unabhängig, welches einzelne Ratinginstrument angewendet wird.

4 Vgl. BVR (2003).

Tabelle 1: Kundengruppen/Ratingsegmente

Segmentbezeichung		Definition	Größenabgrenzung
Privatkunden	Kontokorrentkredite	Privatpersonen mit überwiegend Einkünften aus nichtselbstständiger Tätigkeit	keine Größenabgrenzung
	Konsumentendarlehen		
	Baudarlehen		
Firmenkunden	Gewerbekunden / Freiberufler	bilanzierende und nichtbil. Gewerbetreibende und Freiberufler (überwiegend Einkünfte aus selbstständiger Tätigkeit)	bis zu 350.000 Euro Umsatz bei Gewerbekunden, ohne Umsatzgrenze bei Freiberuflern
	Mittelstand	gewinnorientierte Unternehmen mit mehr als fünf Jahren Geschäftsbetrieb, deren Geschäft zu einem wesentlichen Teil außerhalb der Bereiche Landwirtschaft, Finanzdienstleistung und Immobilien liegt	von 350.000 Euro bis 5 Euro Mio. Umsatz
	Oberer Mittelstand		von 5 Mio. Euro bis 1 Mrd. Euro Umsatz
	Große Firmenkunden		über 1 Mrd. Euro Umsatz
	Ausländische Kunden		bis zu 1 Mrd. Euro Umsatz
	Not-for-Profit-Unternehmen	Es liegt weder eine durchgreifende Haftung durch eine Gebietskörperschaft noch durch eine verfasste Kirche vor; ein möglicher erzielter Gewinn darf nicht an Eigentümer oder Mitglieder ausgeschüttet werden	keine Größenabgrenzung
	Existenzgründer	Unternehmen mit weniger als fünf Jahren Geschäftsbetrieb	keine Größenabgrenzung
	Agrar	Unternehmen, die einen Großteil ihres Umsatzes durch landwirtschaftliche Produktion oder Dienstleistungen erzielen	keine Größenabgrenzung
Banken	Banken und Finanzinstitute	Finanzdienstleister inklusive verbundexterner Banken, Versicherungen, Brokers und Fonds	keine Größenabgrenzung
Staatlicher Sektor	Länder	Kunden, die ihre Kreditnahme primär durch heutige und zukünftige Steuereinnahmen finanzieren	keine Größenabgrenzung
	Gebietskörperschaften		keine Größenabgrenzung
Spezialfinanzierungen	Projekte	Kunden, die ihre Umsätze aus den Cashflows der von ihnen finanzierten Projekte erzielen	keine Größenabgrenzung
	Gewerbliche Immobilien		keine Größenabgrenzung

3. Ist eine mögliche Unternehmensnachfolge Bestandteil des Ratings?

Es ist im Grundsatz unstreitig, dass es die qualitativen oder „weichen" Kriterien sind, die den künftigen Erfolg eines Unternehmens maßgeblich bestimmen. Der Ausdruck „qualitative Kriterien" bezeichnet Bonitätsfaktoren, bei deren Beurteilung im Wesentlichen das fachliche Urteil des Kredit- beziehungsweise Ratinganalysten eingeht. Qualitative Faktoren dienen dazu, negative Entwicklungen im Unternehmen frühzeitig mit dem Ziel zu erkennen, entsprechende Gegenmaßnahmen einleiten zu können.

Quantitative Kriterien, durch Zahlenmaterial belegbare Fakten, werden dagegen erst sichtbar, wenn sich die Fehlentwicklung negativ in den Unternehmenszahlen niederschlägt. Darin liegt das Grunddilemma der quantitativen und zumeist vergangenheitsorientierten Werte.

Das „Gegendilemma" hingegen ist die angemessene Art und Weise der Einbeziehung qualitativer Faktoren. Bei realistischer Betrachtung zeigt sich, dass die objektive Messung und Beurteilung der qualitativen Faktoren mit erheblichen Schwierigkeiten und Unsicherheiten behaftet sind, was wiederum zu Unschärfen im Ratingverfahren führen kann.

Die „Kunst" des Ratingbaus besteht darin, die trennschärfsten Kriterien für eine Beurteilung des Kreditnehmers herauszufiltern, diese in einer optimalen Kombination miteinander zu verknüpfen und zu einem eindimensionalen Bewertungsurteil in Form einer Ratingnote zu verdichten. Ob beispielsweise ein Bonitätsfaktor wie die Frage nach der „geregelten Unternehmensnachfolge" oder eine Jahresabschlusskennzahl in das Rating aufgenommen werden, hängt, neben anderen Faktoren, wesentlich von der empirisch nachgewiesenen Trennschärfe des zu analysierenden Ratingkriteriums ab. Das hinter dieser grundsätzlichen Aussage stehende Prinzip beruht auf der Annahme, dass die historische Beobachtung von Datenmerkmalen sowohl bei guten als auch bei schlechten (also ausgefallenen) Kunden dazu benutzt werden kann, zukünftig zwischen Kunden guter und schlechter Bonität verlässlich zu unterscheiden. Wenn beispielsweise eine positive Antwort auf die Frage „geregelte Unternehmensnachfolge" zunehmend gute und kaum noch ausgefallene Kunden aufzeigt, bei negativer Beantwortung aber fast oder gar ausschließlich ausgefallene Kunden auftreten, so spricht man von einem trennfähigen Kriterium. Die im Zusammenhang mit der Unternehmensnachfolgebewertung in Frage kommenden und bereits einsetzbaren Ratingsegmente der genossenschaftlichen Gruppe im Firmenkundengeschäft sind der „Mittelstand", der „obere Mittelstand" und die „Gewerbekunden/Freiberufler".

Die insbesondere von Basel II zur Erfüllung des IRB-Ansatzes geforderte, empirisch fundierte Datengrundlage zur Entwicklung dieser Ratingverfahren bildete eine repräsentative Stichprobe zur Erhebung von Kreditnehmerdaten. Die an der Stichprobe beteiligten Volksbanken und Raiffeisenbanken waren aufgefordert, mehrjährige Ratinghistorien für die sowohl guten als auch bereits ausgefallenen Kreditnehmer in den jeweiligen

Ratingsegmenten zu erheben. Die Beurteilung der qualitativen Daten, wie Fragen nach der „Managementqualifikation“, wurden dabei durch strukturierte Fragenkataloge unterstützt. Die auf der Stichprobe aufbauenden mathematisch-statistischen Analysen ergaben, dass die Frage nach der „geregelten Unternehmensnachfolge“ für die Segmente „Mittelstand“ und „oberer Mittelstand“ im beschriebenen Sinne trennscharf war und somit die Bonität und die Ausfallwahrscheinlichkeit der Kreditnehmer beeinflusst. Im Rahmen der Analysen zum Segment „Gewerbekunden/Freiberufler“ konnte ein vergleichbarer Einfluss auf die Ausfallwahrscheinlichkeit dieser Kreditnehmer nur in weit geringerem Maße festgestellt werden. Demzufolge beinhalten die Ratingverfahren „Mittelstand“ und „oberer Mittelstand“ eine entsprechende Frage zur Unternehmensnachfolge, das „Gewerbekunden-/ Freiberuflerrating“ dagegen nicht; gleichwohl ist auch in diesem Segment die schlüssige Regelung der Unternehmensnachfolge geboten.

4. Welche quantitativen Auswirkungen hat eine geregelte/ungeregelte Unternehmensnachfolge auf das Ratingergebnis?

Die Frage, wie stark eine geregelte bzw. ungeregelte Unternehmensnachfolge auf das Ratingergebnis wirkt, hängt, neben der bereits beschriebenen Trennschärfe, von ihrer statistisch zu ermittelnden Abhängigkeit zu anderen Bonitätsfaktoren ab und kann nur in Kenntnis der in Frage kommenden Ratingmodelle erklärt werden. (In einer optimalen Kombination haben Einzelkriterien für sich eine hohe Trennfähigkeit und sind untereinander nahezu unkorreliert.)

Das entwickelte Grundmodell der bereits erwähnten BVR-II-Ratingverfahren für die Firmenkundensegmente „Mittelstand“, „oberer Mittelstand“ und die „Gewerbekunden/ Freiberufler“ ist weitgehend gleich. Es setzt sich aus zwei zu bewertenden Teilbereichen zusammen:

- „wirtschaftliche Verhältnisse“,
- „qualitative Bewertung der aktuellen und zukünftigen Unternehmensentwicklung“.

Die in den einzelnen Verfahren verwendeten Bonitätskriterien und deren Auswirkungen auf das Ratingergebnis unterscheiden sich dagegen. Die Auswirkungen werden im Folgenden beispielhaft am BVR-II-Rating „Mittelstand“ erläutert:

Im Bereich „wirtschaftliche Verhältnisse“ werden ausschließlich quantitative Bonitätskriterien bewertet. Wesentlicher Bestandteil ist dabei die Jahresabschlussanalyse und bei Einzelfirmen und Personengesellschaften optional auch die privaten Vermögensverhältnisse des oder der Firmeninhaber. Die Bewertung dieser Grundgrößen erfolgt mit Hilfe mathematisch-statistischer Scoringfunktionen. Die Scoringergebnisse „wirtschaftliche

Verhältnisse“ werden durch die qualitative Bewertung der aktuellen und zukünftigen Unternehmensentwicklung ergänzt. Die Bewertung dieser Faktoren erfolgt in systematischer Form durch so genannte Scorecards (strukturierte Fragenkataloge) mit einem vorgegebenen Bewertungsschema. Die anschließende Verdichtung zu einem Gesamtergebnis ergibt sich durch eine lineare Verknüpfung der Teilscoringwerte. Im Mittelstandsrating hat der wirtschaftliche Scorewert einen Anteil am Gesamtergebnis von 60 Prozent, der qualitative Scorewert von 40 Prozent. Als Resultat dieser Kombination erhält man einen Gesamtscorewert zwischen 0 und 100 Punkten. 0 Punkte repräsentieren das schlechteste und 100 Punkte das beste Rating.

Zur Bestimmung der Ausfallwahrscheinlichkeit wird abschließend jedem Scorewert eindeutig eine Ratingklasse auf der Masterskala zugeordnet.

Wie die Abbildung 2 zeigt, beziehen sich die qualitativen Fragen auf Beurteilungsbereiche, die von jeher essentielle Grundlagen für Kreditentscheidungen liefern. So soll mit der Scorecard für den Bereich „Unternehmen und Management“ die fachliche und persönliche Eignung der Führungskräfte, die Rückschlüsse auf die Geschäftsführung zulässt, beurteilt werden. In diesem aus insgesamt fünf ergebnisrelevanten Bonitätsfaktoren bestehenden Fragenkatalog wird der Kreditanalyst aufgefordert, die Frage nach der Nachfolgeregelung des Unternehmers zu beantworten.

Es stehen drei Antwortkategorien zur Verfügung: ja, nein/unkritisch, nein/kritisch. Der Mitarbeiter der Bank, der das Rating durchführt, hat somit einen Ermessensspielraum bei Beantwortung dieser Fragestellung. Es liegt allerdings auf der Hand, dass er sich bei dieser Aufgabe kaum mit „Häkchen machen“ begnügen kann. Idealerweise ist die Frage

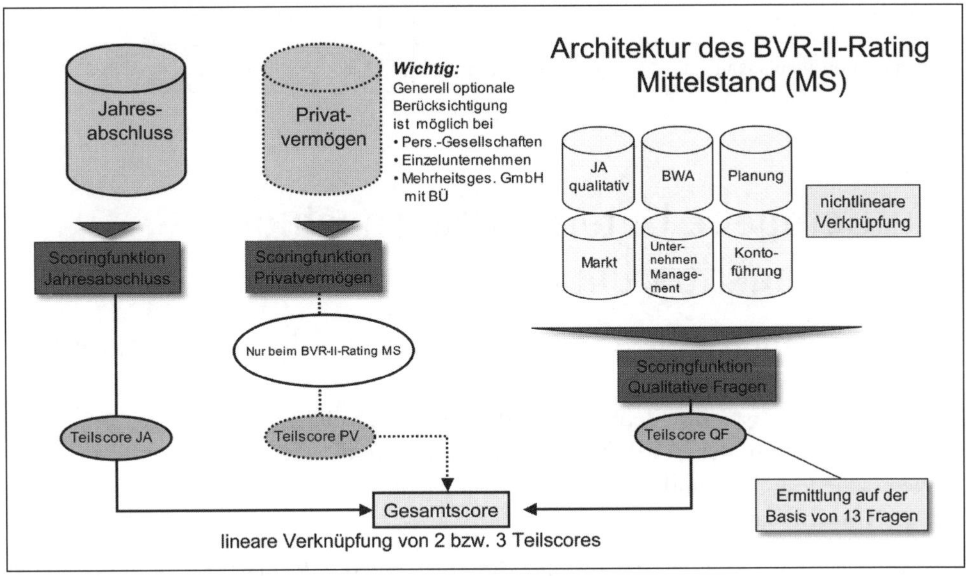

Abbildung 2: Grundstruktur des BVR-II-Ratings für bilanzierende mittelständische Firmenkunden

nur dann zu bejahen, wenn ein geeigneter Nachfolger für den Unternehmer/(Haupt-) Geschäftsführer benannt wurde bzw. erkennbar ist, wer diese Position in Zukunft übernehmen wird und zugleich ein schlüssiges Konzept zur Unternehmensnachfolge vorliegt. Das Fehlen einer geeigneten Nachfolgeregelung ist dagegen als unkritisch zu werten, falls das Abtreten des Unternehmers/(Haupt-)Geschäftsführers in absehbarer Zeit unwahrscheinlich ist, aber zumindest Notfallplanungen, z.B. für den Fall einer plötzlichen Erkrankung des Firmeninhabers, existieren. Kritisch wird eine fehlende Nachfolgeregelung, falls der Unternehmer/(Haupt-)Geschäftsführer seinen Rücktritt bereits erklärt hat oder dies in absehbarer Zeit aus gesundheitlichen Gründen oder Altersgründen sehr wahrscheinlich ist. Eine positive Bewertung verändert den qualitativen Teilscore um acht Punkte, den Gesamt-score um drei Punkte. Die damit verbundene Auswirkung auf die Ausfallwahrscheinlichkeit ist umso höher, je schwächer die Bonität des Kreditnehmers insgesamt ausfällt. Tabelle 2 verdeutlicht dies:

Tabelle 2: Auswirkung einer existierenden Nachfolgeregelung auf das BVR-II-Ratingergebnis

	Fall 1		Fall 2	
Quantitativer Scorewert	20 Punkte	20 Punkte	70 Punkte	70 Punkte
Qualitativer Scorewert – Nachfolgeregelung ja	18 Punkte		68 Punkte	
Qualitativer Scorewert – Nachfolgeregelung nein/kritisch		10 Punkte		60 Punkte
Gesamtscore gewichtet	19 Punkte	16 Punkte	69 Punkte	66 Punkte
BVR-II Ratingklasse	3c	3d	1e	1e
Ausfallwahrscheinlichkeit p.a.	9,0 Prozent	13,5 %	0,35 %	0,35 %

5. Geregelte Unternehmensnachfolge – Ratingkriterium oder mehr?

5.1 Einbindung des Ratings in ein Kundenbetreuungskonzept

Wie dargestellt, ist die Beurteilung der Unternehmensnachfolge ein relevantes Ratingkriterium in der BVR-II-Ratingkonzeption und beeinflusst somit die Ausfallwahrscheinlichkeit und damit die Bonitätseinschätzung der kreditgewährenden Genossenschaftsbank.

Die Rolle der Genossenschaftsbank auf die eines auf das Ratingergebnis fokussierten Kreditgebers zu reduzieren, würde aber keinesfalls ein realistisches Bild zeichnen. Den in § 1 des Genossenschaftsgesetzes verankerten Förderauftrag definieren Genossenschaftsbanken heute als Auftrag zur ganzheitlichen Beratung und Betreuung von Privatkunden und mittelständischen Firmenkunden. Insofern wird das BVR-II-Rating heute in die bestehenden Kundenbetreuungskonzepte eingebunden. Die Kernzielgruppe im Firmenkundengeschäft einer Genossenschaftsbank sind regional tätige inhabergeführte Unternehmen. Diese verfügen oft über keine zweite Führungsebene, der Unternehmer ist in der Regel stark vom Tagesgeschäft in Anspruch genommen. Jedoch ist die Auseinandersetzung mit strategischen Themen wie Planung, Change Management oder auch Unternehmensnachfolge für den Unternehmer heute ebenso existenziell und deshalb auch in einem Betreuungskonzept abzubilden. Ein in ein Kundenbetreuungskonzept eingebundenes Rating und ein daraus entwickelter Ratingdialog gewährleisten, dass die Fragen der strategischen Unternehmensführung strukturiert besprochen werden können. Dabei unterstützt das allumfassende Rating den ganzheitlichen Beratungsansatz.

Es ist zu beobachten, dass mittelständische Unternehmer zum Teil erhebliche Ressentiments gegenüber Ratings haben. Der Nutzen aus dem Ratinggespräch wird oft nicht wahrgenommen. Die Aufgabe der Firmenkundenbetreuer ist es, diesen Nutzen zu kommunizieren. So werden Unternehmerberatung und Coaching des Unternehmers ermöglicht und eine Lücke geschlossen, die die oft auf ihre Steuerberater fokussierten Unternehmer dort nicht schließen können. Ein, auch für die Genossenschaftsbank, zukunftsorientiertes Geschäftsfeld, das die Generierung von Beratungshonoraren möglich macht.

Um diesen Anforderungen gerecht zu werden, sind im genossenschaftlichen Finanzverbund verschiedenste Systeme im Einsatz, die das BVR-II-Rating in einen ganzheitlichen Beratungsprozess integrieren. Beispielhaft soll an dieser Stelle der Aufbau eines „Ratingdialogs" dargestellt werden (siehe Abbildung 3).

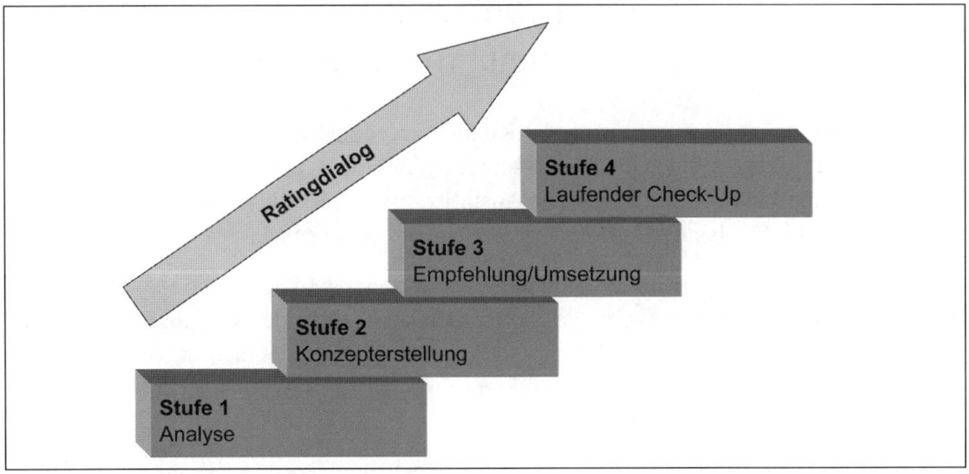

Abbildung 3: Stufenkonzept des Ratingdialogs

- *Transparenz und Vertrauen*
Aufgabe des Firmenkundenbetreuers ist es, Transparenz hinsichtlich der Zielsetzung der vorgestellten Risikosteuerungsverfahren zu schaffen. Gleichzeitig sind dem Kunden die Chancen aufzuzeigen, die sich aus der Einbindung des Ratings in den Betreuungsprozess ergeben.

- *Analyse*
Die strukturierte Vorgehensweise versetzt den Firmenkundenbetreuer in die Lage, gemeinsam mit dem Kunden die ratingbezogenen Informationen zusammenzutragen und zu diskutieren.

- *Konzepterstellung*
Die gewonnenen Informationen werden bewertet und im Rahmen des BVR-II-Ratings verdichtet. Der Nutzen für den Unternehmer besteht darin, dass der Firmenkundenbetreuer diese Informationen in einem Stärken- und Schwächenprofil konkretisiert, Handlungsempfehlungen ableitet und in einem individuellen Konzept zusammenstellt.

- *Empfehlung und Umsetzung*
Diese Handlungsempfehlungen werden im Nachgang gemeinsam mit dem Kunden aufgearbeitet und in einen Umsetzungsplan überführt.

- *Laufender Check-Up*
Die Notwendigkeit der jährlichen Aktualisierung verschafft dem Firmenkundenbetreuer die Möglichkeit, den Ratingdialog als Dreh- und Angelpunkt des Betreuungskonzeptes zu positionieren und in ein umfassendes Dienstleistungspaket einzubinden.

5.2 Das Ratingkriterium „Unternehmensnachfolge" im Rahmen des Kundenbetreuungskonzeptes

Durch die Einbindung des Ratings in ein Kundenbetreuungskonzept wird sowohl für die Bank als auch für den Kunden die Voraussetzung geschaffen, einen Mehrwert zu generieren, der über die bloße Ermittlung einer Ausfallwahrscheinlichkeit hinausgeht. Dies gilt nicht zuletzt auch für das Ratingkriterium der Unternehmensnachfolge.

Durch den Ratingdialog erhalten Firmenkundenbetreuer und Kunde einen Impuls, die Regelung der Unternehmensnachfolge anzusprechen. Auch in der Vergangenheit hat ein guter Firmenkundenbetreuer sicherlich den Aspekt der Unternehmensnachfolge sowohl unter Bonitäts- wie Vertriebsgesichtspunkten berücksichtigt, jedoch nicht so normiert, wie dies zwischenzeitlich der Fall ist.

Eine nicht geklärte Unternehmensnachfolge lässt die Zukunft des Unternehmens in einem äußerst unsicheren Licht erscheinen. Wer als Unternehmer hingegen glaubhaft darlegen kann, dass das Risiko der Unternehmensübergabe künftig in seinem Unternehmen aufgefangen werden kann, idealerweise durch ein schlüssiges Gesamtkonzept unter Hinzuziehung externer Berater wie Steuerberater oder Rechtsanwälten, wird sein Ratingergebnis und die künftige Zusammenarbeit mit der Bank positiv beeinflussen, da hierdurch die Qualität seines Managements unter Beweis gestellt wird. Daher wird der Firmenkundenbetreuer der Bank für seine Beurteilung an fundierten Informationen für die Notfall- und Nachfolgeplanung interessiert sein.

Folgende Informationen sind daher von Bedeutung:[5]

- Existiert eine strategische Unternehmensplanung für die nächsten fünf Jahre?
- Sind Zeitpunkt und -plan der Übergabe bereits festgelegt?
- Gibt es ein detailliertes Anforderungsprofil für die Nachfolge?
- Wurde die Unternehmensnachfolge mit den Führungskräften diskutiert und akzeptiert?
- Durch welche qualifizierten Ansprechpartner wird der Unternehmer bei der Übergabe begleitet?
- Ist sichergestellt, dass der Bestand des Unternehmens nicht durch Erbstreitigkeiten gefährdet werden kann?
- Gibt es eine Notfallplanung, falls die ursprüngliche Nachfolgeregelung hinfällig wird?
- Existieren Regelungen für den Fall, dass die Unternehmensleitung kurzfristig und unerwartet für längere Zeit oder ganz ausfällt?

Der Zeitpunkt für solche Überlegungen hängt dabei letztlich von Alter, Gesundheitszustand und persönlicher Lebensplanung des Unternehmers ab. Spätestens jedoch ab dem 55. Lebensjahr sollte sich jeder Unternehmer erste Gedanken über seine Nachfolgeregelung machen. Spätestens dann wird der Firmenkundenbetreuer dies entsprechend im Rating würdigen und entsprechende Umsetzungsschritte mit dem Unternehmer erörtern. Die Notfallplanung hingegen ist keine Frage des Alters, sondern auch für jüngere Unternehmer von besonderer Bedeutung.[6]

5.3 Kundenbetreuungskonzept – ein Praxisfall

Im Folgenden soll die Regelung der Unternehmensnachfolge vor dem Hintergrund der Erkenntnisse aus dem Ratingdialog an einem konkreten Praxisfall dargestellt werden.

5.3.1 Ausgangssituation

Das ausgewählte Unternehmen ist eine GmbH und verkauft Konzepte zur Wärmerückgewinnung. In den letzten Jahren verzeichnete das Unternehmen eine noch zufrieden

5 Vgl. Kröber (2003): Erfolgreiche.
6 Weiterführende Hinweise zur Nachfolgegestaltung vgl. BVR (2003).

stellende Entwicklung. Im Geschäftsjahr 2003 wurden Umsatzerlöse von Euro 20.448 erzielt. Die Eigenkapitalausstattung des Unternehmens ist ausreichend. Es beschäftigt 130 Mitarbeiter. Die kreditgewährende Bank ist Hauptbankverbindung. Der Kunde wird aufgrund der Umsatzgröße dem BVR-II-Rating Segment „oberer Mittelstand" zugeordnet. Der geschäftsführende Gesellschafter ist Jahrgang 1943 und hat derzeit noch keine Ambitionen, das Unternehmen zu übergeben und seine Mitarbeiter in Entscheidungen einzubinden. Eine zweite Führungsebene existiert nicht. Die bankseitig immer wieder angesprochene Thematik der Unternehmensnachfolge wurde stets mit dem Satz beantwortet: „Dafür habe ich jetzt keine Zeit, außerdem bin ich noch kerngesund." Die nicht geregelte Unternehmensnachfolge wirkt sich als Malus im Ratingergebnis des Unternehmens aus, welches eine Ratingklasse von 3 b (Ausfallwahrscheinlichkeit: 6,00 Prozent p.a.) ergibt.

Nach einem Herzinfarkt des Geschäftsführers Ende 2002 wurde klar, dass nicht sichergestellt war, wie das Unternehmen die nächsten Tage und Wochen geführt werden sollte. Richtig bewusst wurde das Problem am nächsten Morgen, als viele der Angestellten im Unternehmen nicht arbeiten konnten, da nur der Senior Schlüssel und Zugangsberechtigungen führte.

5.3.2 Bedarfsanalyse

Die Bank setzt im Rahmen ihres Firmenkundengeschäftes einen Ratingdialog ein. Entsprechend wurde Handlungsbedarf im Rahmen der Notfall- und Nachfolgeplanung gesehen und mit dem Unternehmer diskutiert. Insbesondere im Bereich der Notfallplanung bestand dringender Handlungsbedarf, da keine Regelungen bezüglich Vertretung, Zuständigkeiten und Vollmachten vorhanden waren. Zudem waren Lieferbedingungen und Angebote an Kunden nur mündlich besprochen. Des Weiteren musste eine geeignete Nachfolgeregelung getroffen werden. Von besonderer Bedeutung hierbei waren die Suche nach einem qualifizierten Nachfolger, eine Zeitraumplanung für dessen Installation sowie die Regelung rechtlicher und steuerlicher Aspekte und die Übernahmefinanzierung.

5.3.3 Konzepterstellung und Umsetzung

Die geeigneten Nachfolger wurden im eigenen Unternehmen gefunden. Die beiden langjährigen Mitarbeiter ergänzen sich fachlich sehr gut. Ihnen wurde vom Geschäftsführer der Einstieg in das Unternehmen angeboten. Die Finanzierung der zu erwebenden Gesellschaftsanteile erfolgte durch einbehaltene Gehaltserhöhungen. Die Übertragung von Zuständigkeiten und Verantwortung in Teilbereichen war durch die fachliche Trennung in einen kaufmännischen und technischen Bereich schnell erfolgt. So konnte ein Einstieg in das Unternehmen gewährleistet werden, ohne dass der Senior seine Verantwortung ganz abgeben musste. Mit Hilfe eines Unternehmensberaters wurde eine zweite Führungsebene installiert.

Diese wird zukünftig in Entscheidungsprozesse eingebunden und hat entsprechende Handlungsvollmachten erhalten. Zudem wurde eine geeignete Notfallplanung erstellt.

Ziel ist es, die Übergabe in fünf Jahren abzuschließen. Dies soll schrittweise erfolgen und auf diese Weise den Übernehmern den Einstieg erleichtern und das Vertrauen von Mitarbeitern, Lieferanten, Bank und Senior gewinnen. Anschließend soll der Senior dem Unternehmen nur noch als Beirat zur Verfügung stehen. Während der Zeit der Übergabe sind auch steuerliche und rechtliche Aspekte zu regeln. So muss zum Beispiel das Testament des Seniors mit dem Gesellschaftsvertrag übereinstimmen, damit hier keine Interessenkollisionen auftreten. Ebenso ist der Gesellschaftsvertrag zu aktualisieren und auf das Ziel der Übergabe hin abzustimmen. Die Bank hat die Transaktion eng begleitet und konnte die Nachfolger als Privatkunden gewinnen. Um eine chancen- und risikoseitige Beurteilung des Übernahmeprozesses und der Zukunftschancen des Unternehmens vornehmen zu können, wurden intensive Gespräche mit den Gesellschaftern geführt. In diesen Gesprächen stand der Kundennutzen im Vordergrund (Finanzierung aus einer Hand). Ziel der Gespräche war die Umsetzung des ganzheitlichen Beratungsansatzes und die Erzielung des damit einhergehenden Ertrages. Durch die enge Begleitung war und ist eine aktuelle Einschätzung des Kreditrisikos jederzeit möglich. Durch die getroffenen Maßnahmen ergibt sich nunmehr – bei ansonsten gleich bleibenden Verhältnissen – eine Ratingklasse von 2e (Ausfallwahrscheinlichkeit: 2,60 Prozent p.a.).

5.3.4 Laufender Check-Up

Die Planung der Übergabe berücksichtigt lediglich den aktuellen Stand des Unternehmens. Um jedoch eine erfolgreiche Übergabe zu erreichen, ist eine kontinuierliche Weiterentwicklung der Pläne und regelmäßige Abgleichung mit den Zielen und Wünschen der beteiligten Personen notwendig. Um dies zu gewährleisten, ist eine jährliche Gesprächsrunde der Geschäftsführer/Gesellschafter, der Bank und des Steuerberaters/Unternehmensberaters vereinbart worden. Hierbei findet ein Abgleich der Plan- mit der Ist-Situation statt. Notwendige Anpassungen werden besprochen und in einem „Letter of Intent“ festgehalten. Nur wenn die Bank regelmäßig mit den Kunden in engem Kontakt bleibt, kann der gewünschte Ertrag aus der Unternehmensnachfolge erzielt werden, eine vertrauensvolle Kundenbindung entstehen und die Bank sich als kompetenter Ansprechpartner etablieren. Zudem ist die individuelle Risikolage des Unternehmens bei einem solch engen Kontakt leichter und präziser einschätzbar.

6. Zusammenfassung

Basel II, ursprünglich gedacht und entwickelt für international operierende Banken, birgt weit reichende Verpflichtungen, bei deren nationaler Umsetzung die besonderen Belange mittelständischer Kreditinstitute – wie Volksbanken und Raiffeisenbanken – beachtet werden müssen, um das große Ziel einer risikoadjustierten Eigenmittelunterlegung von Krediten angemessen zu erreichen. Es bietet die große Chance, mit den Kreditnehmern in weit größerem Maße als bisher in einen unternehmerischen Dialog zu treten, um die Beziehung zwischen Bank und Unternehmen dauerhaft erfolgreich zu gestalten.

Dieser Beitrag zeigt die Einbindung der Unternehmensnachfolge im Firmenkundenrating des genossenschaftlichen Finanzverbundes. Dabei wurde zunächst die unmittelbare Auswirkung auf die Ratingeinstufung (Ausfallrate) deutlich. Es wurde erläutert, dass eine existierende Nachfolgeregelung unter Umständen zu einer verbesserten Bonitätseinstufung führt. Die valide Ermittlung der Ausfallrate gibt dem Rating eine besondere Bedeutung im Rahmen der Beurteilung mittelständischer Firmenkunden. Rating mit Kreditentscheidung gleichzusetzen – im Sinne von hopp oder top – wäre aber einerseits eindimensional und andererseits zu kurzfristig gedacht. Sowohl Firmenkundenbetreuung als auch Kreditentscheidung sind mehrdimensional und vielschichtig. Ein normiertes, objektives Rating veranlasst sowohl den Unternehmer, als auch den Firmenkundenbetreuer einer Genossenschaftsbank, einen qualifizierten Ratingdialog zu führen und damit existenzielle Themen regelmäßig zu besprechen. Unternehmensnachfolge ist ein typisches Beispiel für ein solches Thema, dessen Wichtigkeit den beteiligten Parteien zwar hinreichend bekannt ist, das aber bis dato zu selten zwischen Unternehmer und Genossenschaftsbank erörtert wurde. Der Ratingdialog ist als Win-Win-Modell heute essenzieller Bestandteil einer ganzheitlichen Firmenkundenbetreuung, sorgt dort für erlebbare Qualität und verschafft Themen wie der Unternehmensnachfolge angemessenen Raum.

Literaturhinweise

BASELER AUSSCHUSS FÜR BANKENAUFSICHT (2004): Internationale Konvergenz der Kapitalmessung und Eigenkapitalanforderungen – Überarbeitete Rahmenvereinbarung, Übersetzung der Deutschen Bundesbank, Internetveröffentlichung auf: www.bundesbank.de.

BILDUNGSVERBUND DER GENOSSENSCHAFTLICHEN ORGANISATION, VERTRETEN DURCH DIE AKADEMIE DEUTSCHER GENOSSENSCHAFTEN ADG (2002): BVR-II-Rating – Grundlagen, 1. Auflage, Wiesbaden 2002.

BILDUNGSVERBUND DER GENOSSENSCHAFTLICHEN ORGANISATION, VERTRETEN DURCH DIE AKADEMIE DEUTSCHER GENOSSENSCHAFTEN ADG (2003): BVR-II-Rating – Vertiefung, 3. Auflage, Wiesbaden 2003.

BUNDESVERBAND DER DEUTSCHEN VOLKSBANKEN UND RAIFFEISENBANKEN E.V. BVR (2003): Bündelung der Kräfte – Die gemeinsame Strategie, überarbeitete Fassung, Berlin 2003.

BUNDESVERBAND DER DEUTSCHEN VOLKSBANKEN UND RAIFFEISENBANKEN E.V. BVR (2002): Rating als Chance, 1. Auflage, Wiesbaden 2002.

BUNDESVERBAND DER DEUTSCHEN VOLKSBANKEN UND RAIFFEISENBANKEN E.V. BVR (2003): Unternehmensnachfolge, 4. Auflage, Wiesbaden 2003.

BUNDESVERBAND DER DEUTSCHEN VOLKSBANKEN UND RAIFFEISENBANKEN E.V. BVR (2001): Entwicklung eines einheitlichen Ratings für den oberen Mittelstand – Dokumentation und Fachkonzept, Berlin 2001.

BUNDESVERBAND DER DEUTSCHEN VOLKSBANKEN UND RAIFFEISENBANKEN E.V. BVR (2001): Fachkonzept BVR-II-Rating, Berlin 2001.

BUNDESVERBAND DER DEUTSCHEN VOLKSBANKEN UND RAIFFEISENBANKEN E.V. BVR (2002): Pilotphase BVR-II-Rating Mittelstand – Gesamtdokumentation, Berlin 2002.

FELDEN, B./KLAUS, A. (2003): Unternehmensnachfolge, Stuttgart 2002.

HEITMANN, C./JANSEN, S. (2004): Existenzgründerratings in der Bankpraxis – aktuelle Entwicklungen und Erfahrungen, in: Kredit & Rating Praxis Nr. 5/2004, S. 6–10.

KLAUS, A. (o. J.): „Geregelte Unternehmensnachfolge“ als Erfolgsfaktor im Ratingverfahren, Internetveröffentlichung auf: www.1-to-manage.de.

KPMG DEUTSCHE TREUHAND-GESELLSCHAFT AG (2002): Kreditinstitute und Unternehmenskrisen – Ergebnisse der Umfrage 2002, Frankfurt 2002.

KRÖBER, D. (2003): Erfolgreiche Unternehmensübergabe, Internetveröffentlichung auf: www.mittelstand-spezial.de.

RÖDL, C./RÖDL, B. (2004): Nachfolgeregelung sichert Finanzierung – Das Schicksal von Familienunternehmen ist oft eng mit der Person des Inhabers verknüpft, in: Handelsblatt Nr. 234 vom 01.12.2004.

WASSER, K. (2003): Navigationshilfe im Firmenkundengeschäft, in: Banken & Sparkassen Nr. 5/2003, S. 30–32.

Sind Mittelstandsratings für typische Herausforderungen bei der Nachfolge nützlich?

Christoph R. Kley

1. Einleitung

In einer Studie schätzte das Institut für Mittelstandsforschung (2001), dass in einem Fünfjahreszeitraum von 1999 bis 2004 rund 20 Prozent aller deutschen Familienunternehmen übergeben würden. Es ist kein Geheimnis, dass die Nachfolge bei unternehmergeführten Betrieben eine besondere kritische Phase der Unternehmensentwicklung ist.

Mittelstandsratings wurden 1998/99 in Deutschland eingeführt. Die Anbieter („Mittelstands-Ratingagenturen") offerieren ein Produkt, das ein speziell auf mittelständische Betriebe zugeschnittenes Credit Rating darstellt. Mittlerweile offerieren mehr als ein Dutzend Agenturen diese innovative Dienstleistung. Im Kontext der Nachfolge bei unternehmergeführten Unternehmen stellt sich die Frage, inwieweit ein solches Mittelstandsrating als Informationsinstrument verwendet werden kann.

Der vorliegende Beitrag ist folgendermaßen gegliedert: Zuerst wird Mittelstandsrating definiert, und es werden seine Funktionen analysiert. In einem weiteren Teil wird die Nachfolgesituation für mittelständische Betriebe untersucht. Der darauffolgende Abschnitt geht der Frage nach, inwieweit sich ein Mittelstandsrating für die spezielle Nachfolgesituation eignet. Ein Fazit rundet die Ausführungen ab.

2. Definition und Funktionen von Mittelstandsratings

Der Kurs eines Mittelstandsrating ist nach Kley (2003) die Prüfung der Kreditwürdigkeit eines mittelständischen Unternehmens (Rating). Dieses Rating soll darüber hinaus für vielfältige Zwecke, wie zum Beispiel als Instrument für die Finanzkommunikation mit Investoren oder als ergänzende Beratung, verwendet werden können. Die Mittelstands-Ratingagenturen erfreuen sich vor allem in den deutschen Medien einer großen Aufmerksamkeit und umfassenden Berichterstattung. Auch die mittelständischen Firmen bringen Rating im Allgemeinen und den Ratingagenturen ein großes Interesse entgegen. Die Abbildung 1 zeigt die Firmenzeichen einer Auswahl dieser Anbieter.

2.1 Grundlegung

2.1.1 Mittelständische Unternehmen

Mittelständische Unternehmen bzw. KMU (kleine und mittelgroße Unternehmen) lassen sich sowohl quantitativ als auch qualitativ abgrenzen.

Abbildung 1: Neugegründete Mittelstandsratingagenturen in deutschsprachigen Ländern (Auswahl)

Laut Fröhlich/Pichler/Pleitner[1] haben sich die folgenden Merkmale zur qualitativen Beschreibung von KMU durchgesetzt:

- Vereinigung des Unternehmers, Kapitalgebers und Leiters in einer Person,
- Selbstständigkeit des Unternehmens,
- Fähigkeit zur Erbringung individualisierter differenzierter Leistungen,
- die Prägung des Betriebes durch den Unternehmer und sein persönliches Beziehungsnetzwerk,
- geringer Formalisierungsgrad, eher persönliche Beziehungen zwischen Mitarbeitern und Unternehmer,
- Kurzfristigkeit des Denkens und Handelns,
- regional oder hinsichtlich ihrer Marktgröße begrenzte Tätigkeit.

Teilweise wird der Begriff „Mittelstand" (bzw. das Adjektiv „mittelständisch") auch mit einer bestimmten Gesinnung in Verbindung gebracht.

Qualitative Merkmale sind schwer messbar und erfassbar. Aus diesem Grund werden in vielen Studien quantitative Merkmale, wie z.B. die Beschäftigtenanzahl, zur pragmatischen Abgrenzung verwendet. Ging man lange von einer Grenze von 500 Beschäftigten aus, so verwendet die heutige EU-Definition eine niedrigere Beschäftigtenanzahl von 250 Mitarbeitern zur Definition von KMU. Laut EU-Kommission sind KMU durch folgende Merkmale charakterisiert (vgl. EU-Kommission 1996): Unternehmen, die weniger als 250 Personen beschäftigen, einen Jahresumsatz von höchstens 40 Mio Euro oder eine Jahresbilanzsumme von maximal 27 Mio Euro haben und unabhängig sind. Eigentum und Leitung sind meist in einer Hand; eine enge Bindung von Familie und Unternehmen besteht. Die Begriffe mittelständische Unternehmen und KMU (kleine und mittlere Unternehmen) werden in diesem Beitrag synonym verwendet.

1 Vgl. Fröhlich/Pichler/Pleitner (1996), S. 12.

2.1.2 Credit Rating

Everling[2] definiert Credit Rating als „... *die durch Symbole bzw. semantische Verkettung von Symbolen ordinaler Skalen ausgedrückte Meinung einer auf Bonitätsanalysen und Kreditwürdigkeitsuntersuchungen spezialisierten Institution, sei es eine Ratingagentur, eine Bank oder eine Kreditversicherung, über die wirtschaftliche Fähigkeit, rechtliche Bindung und Willigkeit eines Schuldners, entweder die mit einem bestimmten Finanztitel verbundenen Zahlungsverpflichtungen stets vollständig und rechtzeitig zu erfüllen (Emissionsrating) oder generell seinen nicht nachrangigen, unbesicherten Zahlungsverpflichtungen uneingeschränkt nachzukommen (Emittentenrating).*“

Normalerweise wird das Rating durch allgemein bekannte Symbolskalen kommuniziert (entweder Aaa bis C oder AAA bis C). Dabei werden die Risiken einer Anleihe in einer Rangfolge angeordnet (Ordinalskala), die in der Praxis häufig auf eine absolute Skala transformiert wird bzw. mit absoluten Ausfallwahrscheinlichkeiten assoziiert wird.

2.1.3 Charakterisierung von Mittelstandsratings

Im Folgenden werden die Eigenschaften der Dienstleistung „Mittelstandsrating“ beschrieben[3]. Informationsquellen für diese Beschreibung sind eigene Interviews und Gespräche mit den Verantwortlichen von Mittelstands-Ratingagenturen, die Präsentationen der Mittelstands-Ratingagenturen auf Konferenzen, ihre Werbebroschüren, die Webseiten der Agenturen, Presseartikel, Analysen und Beschreibungen anderer Autoren über diese Agenturen bzw. Artikel, die von Mitarbeitern der betreffenden Agenturen verfasst wurden.[4]

Es handelt sich um eine idealtypische Charakterisierung, die durch die relativ große Ähnlichkeit der Angebote, Produktionstechnologien und Strategien/Geschäftsmodelle möglich ist, wenngleich die Unterschiede im Detail nicht unbeachtet bleiben sollten.[5]

Unter Mittelstandsrating wird ein Rating eines mittelgroßen mittelständischen Unternehmens durch eine auf solche Ratings spezialisierte Agentur verstanden. Mit dem Rating wird unter Verwendung der üblichen Ratingskalen, das heißt meist die von Standard & Poor's (S&P), die Kreditqualität eines Unternehmens signalisiert. Teilweise vermarkten die Mittelstands-Ratingagenturen ein Mittelstandsrating auch als Informationssignal für andere Adressaten (wie zum Beispiel die Aktionäre) oder als Beratungsinstrument (also für interne Zwecke). Im Normalfall ist mit dem Mittelstandsrating keine Überwachung verbunden, sodass – prägnant formuliert – das Rating nur am Stichtag der Erteilung oder

2 Vgl. Everling (2006).

3 Vgl. Kley (2003).

4 Vgl. beispielsweise Huber/Frickhöfer (2001), Peter (2001), Probst (2001), Stur (2001), Sultze (2001) und Darazs (2001).

5 Die Ähnlichkeiten entstanden zum Teil durch die Imitation der Geschäftsmodelle der ersten neugegründeten Agenturen.

innerhalb eines kleinen Zeitraumes „gültig" ist.[6] Zum Rating gehört in der Regel ein ausführlicher Ratingbericht, in dem das Rating begründet wird und in Teilbewertungen aufgeschlüsselt wird. So sind in einem Bericht einer Agentur beispielsweise auf mehreren Dutzend Seiten Bewertungen von Aspekten, wie zum Beispiel Produktionseffizienz, Lagerhaltung, Finanzmanagement, Planungs- und Kontrollsysteme, Branchenentwicklung, Wettbewerbspositionierung und Managementqualität, enthalten.

Der Ratingprozess wird initiiert durch einen Kundenauftrag. Mindestens ein bis zwei Tage werden Erhebungen für das Rating im Betrieb selber durchgeführt. Dabei stehen Informationen über die Steuerungs- und Planungssysteme, wie auch andere qualitative Faktoren wie zum Beispiel Marktposition oder Führung im Mittelpunkt der Beurteilung. Dazu werden wichtige Schlüsselpersonen im Betrieb durch Analysten mit Hilfe von systematischen Checklisten befragt. Diese weisen zum Teil Hunderte von Fragen auf. Die Antworten werden häufig direkt in eigens entwickelte Software auf einem Notebook eingegeben. Dabei nimmt der Analyst eine Bewertung der Antworten vor. Diese kann nach der Befragung von ihm korrigiert bzw. näher begründet werden. Als Analysten kommen zum Teil nebenberuflich tätige Wirtschaftsprüfer und Mittelstandsberater zum Einsatz. Die so gewonnenen Informationen werden durch Erkenntnisse aus „Desk Research" wie zum Beispiel Branchenanalysen ergänzt. Teilweise werden quantitative Ratings von Anbietern wie zum Beispiel von Baetge & Partner oder ein Branchenrating von FERI zugekauft. Die letztendliche Zusammenfassung aller Informationen zu einem Rating nimmt eine zentrale Stelle vor. In Anlehnung an die Praxis der großen etablierten Agenturen ist bei einigen Agenturen ein aus Analysten und Managern zusammengesetztes Ratingkomitee für die endgültige Ratingvergabe verantwortlich. Der Kunde entscheidet, ob das Rating veröffentlicht werden soll. Dann wird dieses auf der Webseite der Agentur veröffentlicht. Das Ratingsystem ist im Vergleich zu den Ratingsystemen der großen Agenturen stärker standardisiert und weniger branchenorientiert. Wichtig ist daher die Entwicklung der Checklisten/Kriterienraster und ihrer Gewichtung, wozu gewisse Anfangsinvestitionen erforderlich sind. Diese Kriterienraster sind in der Regel durch Expertenbefragung entwickelt worden. Folgt man den Marketingaussagen der Agenturen, so unterscheiden sich die Ratingsysteme der Mittelstands-Ratingagenturen durch eine stärkere Gewichtung „qualitativer" Faktoren. Teilweise findet sich dafür die Umschreibung „vergangenheitsorientierte versus zukunftsorientierte Ratings". Insbesondere Wettbewerbsposition, Strategie, Management und die Planungs- und Kontrollsysteme eines Unternehmens werden sorgfältiger und mit größerem Aufwand als bei einem banküblichen Rating beurteilt.

Die geforderten Preise beginnen bei rund 5.000 Euro in Deutschland bzw. rund 10.000 Franken in der Schweiz. Die Preisvorstellungen der Agenturen sind insbesondere bei kom-

6 Mit dem zeitlichen Abstand nimmt auch die Unsicherheit zu, daß das alte Rating noch der aktuellen Lage entspricht (wobei trotzdem berücksichtigt wird, dass Ratings eine langfristige Perspektive zu Grunde liegt). Die Geschäftsmodelle der Agenturen gehen teilweise von einem „Lernprozess" des beurteilten Unternehmens im Sinne einer schrittweisen Eliminierung von durch periodische Ratings identifizierten Schwächen aus. Am Ende dieses Lernprozesses soll die Veröffentlichung eines überdurchschnittlich guten Ratings stehen. Es wird daher mit einer gewissen Anzahl von „Re-Ratings", empfohlen in ein- bis zwei-Jahres-Abständen, gerechnet.

plizierten und aufwendigen Fällen höher. Die Höhe der Preise bringt es mit sich, dass ein Mittelstandsrating kaum für kleinere Unternehmen geeignet erscheint. Zielgruppen sind daher KMU einer gewissen Größe in Deutschland, der Schweiz und Österreich. Große Unternehmen, die für ein Rating durch die großen internationalen Agenturen in Frage kämen, können nur peripher zur Zielgruppe der Agenturen gerechnet werden, die explizit auf mittelständische Betriebe ausgerichtet sind.

Vermarktet werden die Ratings in der Regel als Unterstützung in Bankverhandlungen, als Mittel zur Senkung der Fremdkapitalkosten, als Instrument für die Finanzkommunikation mit existierenden und potenziellen Investoren oder auch zur Kommunikation der Verlässlichkeit an Lieferanten oder Kunden. Mittelstandsratings sollen sich ebenfalls für interne Zwecke eignen. Dies umfasst zum Beispiel die Vorbereitung auf Ratings der Banken oder generell Mittelstandsratings als Stärken-Schwächen-Analyse bzw. Beratungsleistung.

Im Normalfall legen die Agenturen Wert auf ihre Unabhängigkeit. Es gibt allerdings auch Ausnahmen. Dies sind Agenturen, die zugleich Beratungsprodukte anbieten oder die mit einer Großbank verbunden sind.[7] Die ersteren wurden meist von Beratungsgesellschaften gegründet. Das Kapital für die Neugründungen stammt aus unterschiedlichen Bereichen. Einige Agenturen stammen aus dem Wirtschaftsprüfungsumfeld, andere aus dem Beratungsbereich. Die Eigner anderer Agenturen sind im Warenprüfungs- und Zertifizierungsbereich wie zum Beispiel Bureau Veritas oder TüV tätig. Gründer weiterer Agenturen sind Finanzinformationsdienstleister, wie zum Beispiel die Creditreform oder Finanzgesellschaften (beispielsweise Hermes Kreditversicherung), oder Personen aus dem akademischen Bereich. Auch Banken haben Töchter gegründet, die dem Mittelstandsrating ähnliche Dienstleistungen anbieten wie zum Beispiel die Deutsche Bank („Client Analytics“), die Commerzbank („Commerzbank Rating Coach“) oder die HypoVereinsbank („Rating Advisory“). Auch aus dem politischen Bereich kamen Gründungsinitiativen, wie beispielsweise durch die Deutsche Ausgleichsbank oder das Bildungswerk der bayerischen Wirtschaft. Teilweise können Synergien zwischen den Agenturen und den Gründungsgesellschaften genutzt werden, indem zum Beispiel Berater bei Bedarf einige Zeit als Analysten eingesetzt werden.

2.1.4 Funktionen von Mittelstandsratings

Die typischen Einsatzszenarien für Mittelstandsratings sind.[8]

- Korrektur von Irrtümern bei den bankinternen Ratings einer Hauptbank, wobei der Gesamtnutzen bzw. ein beiderseitiger Nutzen beabsichtigt ist.
- Wettbewerbsintensivierung bei Kreditkontrakten, d.h. Verbesserung des Angebotes an Finanzierungen.

---

7 Andere Agenturen überlassen ihren Vertriebspartnern begleitende Dienstleistungen wie z.B. Rating Advisory im Sinne einer Begleitung und Vorbereitung des Ratings und einer Nachbereitung im Sinne einer Behebung der durch das Rating identifizierten Schwachstellen.

8 Vgl. Kley (2003), Kapitel 6.

- Outsourcing der Ratingaktivitäten zur Verminderung der Transaktionskosten einer hohen Anzahl von Bankbeziehungen im Sinne einer Vermeidung von mehrfach ausgeführten Aktivitäten.

Darüber hinaus sind weitere Funktionen denkbar:

- Bonitätssignalisierung bzw. Informationsfunktion an externe Stakeholder, wie z.B. Personal, Lieferanten, Kunden, Vertragspartner.
- Interne Nutzung als Informationsinstrument (inklusive Vorbereitung von Bankverhandlungen, Due Diligences, Beurteilung von Managementsystemen, Wettbewerbsanalysen).

Insbesondere allen externen Signalisierungen stehen Transaktionskosten im Wege. Beispielsweise ist eine Bonitätssignalisierung nach extern nicht ohne weiteres glaubwürdig, wenn zum Beispiel – wie es tatsächlich der Fall ist – das Unternehmen die Ratingagentur beauftragt und bezahlt. Hier müssen spezielle Institutionen die Glaubwürdigkeit der Ratingagentur sicherstellen (wie z.B. Reputation oder aufwendige Kontrollen des Nutzers der Signalisierung).

Kley[9] kommt zum Schluss, dass hohe Transaktionskosten das größte Problem bei der Nutzung von Mittelstandsratings als Signalisierungsinstrument darstellen. Hier rückt deshalb die Reputation der Mittelstands-Ratingagenturen in den Blickpunkt.

Bezüglich der internen Informationsfunktion ist der hohe Standardisierungsgrad des Ratings wie auch die standardisierte Aussage von besonderer Bedeutung. Dies unterscheidet Mittelstandsratings von anderen Informationsinstrumenten.

3. Analyse der Nachfolgesituation

3.1 Deskriptive Analyse der Nachfolgeproblematik

In einer Studie schätzt das Institut für Mittelstandsforschung (2001), dass in einem Fünfjahreszeitraum von 1999 bis 2004 rund 20 Prozent aller deutschen Familienunternehmen übergeben wurden. Dies sind rund 371.000 Unternehmen (von insgesamt 1,9 Mio. Familienunternehmen). Tabelle 1 zeigt die entsprechende Verteilung.

9 Vgl. Kley (2003).

Tabelle 1: Nachfolge in Deutschland 1999–2004

Größenklasse (Umsatz)	Jährliche Anzahl der Übergaben
2,5 – 13 Mio. €	15.000
13 – 55 Mio. €	2.650
> 55 Mio. €	600

Rund 43 Prozent der Übertragungen erfolgen altersbedingt, bei 26 Prozent ist die Ursache ein unerwarteter Wechsel des Geschäftsführers in eine andere Tätigkeit, und bei weiteren 31 Prozent ist Tod oder schwere Krankheit der Grund für die Unternehmensübergabe.

Tabelle 2: Strukturmerkmale der Nachfolgeproblematik bei deutschen Familienbetrieben im Zeitraum 1999 bis 2004

Quelle: Institut für Mittelstandsforschung, 2001

Grund der Übergabe	Prozent aller Übergaben	Anzahl Übergaben 2,5 – 13 Mio. € Umsatz[10]	Anzahl Übergaben 13 – 55 Mio. € Umsatz[11]
Altersbedingt	43	6.394	1.145
Unerwarteter Wechsel des Geschäftsführers in eine andere Tätigkeit	26	3.883	683
Tod oder schwere Krankheit des Geschäftsführers	31	4.681	824
Total der Anzahl der Übergaben		Rund 15.000	Rund 2.650

Pro Jahr werden insgesamt 76.000 Übertragungsfälle erwartet. Dies betrifft ungefähr 1 Mio. Arbeitsplätze. Von den Übertragungen sind 24.000 gänzlich unerwartet, durch Tod oder schwere Krankheit (insgesamt 57 Prozent unerwartet), wodurch Arbeitsplätze im besonderen Maße gefährdet sind. Jährlich werden von den 76.000 Unternehmen rund 16.800 Firmen verkauft. Die erwarteten Nachfolgelösungen sind mit ihrer relativen Häufigkeit in der Tabelle 3 ersichtlich.

10 Durchschnittlich 70 Mitarbeiter.
11 Durchschnittlich 253 Mitarbeiter.

Tabelle 3: Voraussichtliche Nachfolgelösungen bei deutschen Familienbetrieben, die im Zeitraum 1999 bis 2004 übergeben werden
Quelle: Institut für Mittelstandsforschung, 2001, S. 18

Herkunft des Nachfolgers	Umsatzklasse 2,5 – 13 Mio. €	Umsatzklasse > 13 Mio. €
Nachfolger aus Eigentümerfamilie	60%	48%
Nachfolger Nichtfamilienmitglieder aus dem Unternehmen	15%	15%
Nachfolger Nichtfamilienmitglieder von außerhalb	12%	23%
Verkauf	10%	12%
Stilllegung	3%	2%

Von allen Unternehmen mit mehr als 13 Mio. Euro Umsatz wird angenommen, dass in 48 Prozent der Fälle der Nachfolger aus der Eigentümerfamilie stammt. In weiteren 15 Prozent ist der Nachfolger ein Nichtfamilienmitglied aus dem Unternehmen, in weiteren 23 Prozent stammt dieser von außerhalb. 12 Prozent aller Betriebe werden verkauft, während 2 Prozent der betreffenden Betriebe stillgelegt werden. Das Übergabeproblem ist besonders akut in Deutschland durch die relativ ungünstige Altersstruktur.

Aufschlussreich ist zudem die Situation für den Nachfolger: In der genannten Studie des Institut für Mittelstandsforschung wird von einer Umfrage bezüglich des Problemspektrums nach Übergabe berichtet, bei der in 74 Prozent der Fälle angegeben wurde, dass die wirtschaftliche Situation des Unternehmens ungünstiger als angenommen war.[10]

Zusammenfassend ist daher von folgenden Herausforderungen auszugehen:

- Sehr viele Unternehmen mit vielen Beschäftigen sind jedes Jahr in Deutschland betroffen.
- Häufig handelt es sich um unerwartete Unternehmernachfolgen.
- In 37 Prozent der Fälle wird bei Unternehmen über 13 Mio. Euro eine externe Lösung gesucht, anstatt einer Übergabe innerhalb der Familie oder an einen Firmenmitarbeiter. Die Frage stellt sich, wie glaubwürdige Informationen über das Unternehmen an Externe übermittelt werden können.
- Die Nachfolge selber ist häufig von Informationsproblemen begleitet: Der Nachfolger ist in der Regel nicht umfassend informiert.

10 Vgl. Institut für Mittelstandsforschung (2001), S. 35.

3.2 Erklärungsversuche

Die folgenden Faktoren sind Erklärungsversuche für die deskriptive Analyse der Nachfolge in Deutschland:

- *Personenabhängigkeit:* Eine naheliegende Erklärung für die kritische Phase ist die starke Personenabhängigkeit von KMU. Zur Definition eines mittelständischen Betriebs gehört die enge personelle Verflechtung zwischen Eigner und Management.[11] Meist ist die Organisation auf den Unternehmer persönlich zugeschnitten. Die Merkmale seiner Persönlichkeit prägen das mittelständische Unternehmen wesentlich.[12] Er wird als der wichtigste Erfolgsfaktor für ein mittelständisches Unternehmen angesehen.[13] Das Unternehmertum ist ein wichtiges Differenzierungskriterium eines mittelständisches Betriebs.[14] Eine Unternehmensübergabe ist bei den stark personenabhängigen KMU ein Strukturbruch: die Vergangenheit ist damit nur noch ein schlechter Maßstab für die Zukunft, insbesondere auch die Beurteilung der Kreditwürdigkeit. Ein Nachfolger führt häufig eine Reorganisation durch, führt moderne Informationssysteme ein und trennt sich von langjährigen Mitarbeitern. Der Strukturbruch ist häufig auch direkt auf der finanziellen Ebene zu beobachten, insbesondere wenn die Liquidität durch Erbschaftsteuern oder die Auszahlung anderer Familienmitglieder im besonderen Maße beansprucht wird. Es ist deshalb kein Zufall, dass zum Beispiel das neue Basel II-Ratingsystem des Deutschen Sparkassen- und Giroverbandes, das Kriterium Nachfolgeregelung umfasst.
- *Unterentwicklung von internen Managementsystemen:* Managementsysteme werden in dieser Arbeit umfassend verstanden als Systeme zur Planung und Steuerung des Unternehmens. Dazu gehören zum Beispiel Planungs- und Kostenrechnungssysteme. Der Vorteil der Beweglichkeit von KMU durch die zentrale Ausrichtung auf den Unternehmer bringt ebenso Probleme mit sich. Es kann bei einem Unternehmer die Auffassung vorherrschen, dass eine stärkere Formalisierung von organisationalen Regelungen und Managementsystemen die Flexibilität behindern würde. Auch aus diesem Grund ist ein geringer Formalisierungsgrad (unter anderem auch bei der Planung) plausibel. Da das Ausmaß der Planung hinter den Erfordernissen nach herrschender Literaturauffassung zurückbleibt, sprechen manche in diesem Zusammenhang von einer „mittelständischen Planungslücke".[15] Rüttimanns Umfrage bei schweizerischen mittelständischen Unternehmen aus dem Jahre 1996 belegt diese These.[16] Er stellte beispielsweise fest, dass selbst bei Unternehmen mit mehr als 200 Mitarbeitern nur 58 Prozent der Betriebe Plan-Mittelflussrechnungen und nur 62 Prozent Planbilanzen erstellten. Der Nachteil kommt besonders bei einer Nachfolgesituation zum Vorschein:

11 Vgl. dazu Ang (1992), S. 186 ff.
12 Vgl. Müller (1995), S. 35 ff.
13 Vgl. Fröhlich/Pichler/Pleitner (1996), S. 29.
14 Vgl. dazu Müller (2003), S. 30 ff.
15 Vgl. Rüttimann (1999), S. 19 f.
16 Vgl. Rüttimann (1999), S. 19 f.

der Nachfolger kann selbstverständlich nicht im gleichen Maß wie der bisherige Unternehmer informiert sein.

- *Hohe Bedeutung von Netzwerken/Stakeholderbeziehungen:* Netzwerke sind Erfolgsfaktoren für KMU.[17] Diesen wird im Allgemeinen eine wichtige Rolle bei der Überwindung von Ressourcenrestriktionen bei KMU zugemessen. Eines der Probleme in diesem Zusammenhang ist die Frage, ob spezifische Investitionen für die Beziehung getätigt werden sollen, und/oder wie vorhandene spezifische Investitionen geschützt werden können. Stabilität ist daher wichtig, und zugleich in der Nachfolgesituation kaum garantierbar.

- *Ausgeprägte Informationsasymmetrien und Transaktionskosten bei der Finanzierung:* Informationsprobleme bei der KMU-Finanzierung, das heißt Informationsdefizite und asymmetrische Informationsverteilung, führen zu Transaktionskosten und werden im Allgemeinen in der Literatur als grundlegende Erklärung für Friktionen auf den Märkten für KMU-Finanzkontrakte verwendet. Ein Informationsdefizit bezeichnet einen Mangel an Informationen, der Finanziers und zugleich die betreffenden KMU betrifft. *Bernet/Denk*[18] argumentieren, dass KMU oft nicht über die für ein Rating notwendigen Informationen verfügen, da sie keine dafür notwendigen Planungs- und Kontrollinstrumente besitzen. Bei einem derartigen Informationsdefizit würde ein bankübliches Rating auch neue Informationen für das beurteilte Unternehmen liefern können. Neben Informationsdefiziten wird gewöhnlich in der Literatur von einer asymmetrischen Verteilung der Informationen über das Unternehmen zwischen Kapitalgeber und Kapitalnehmer ausgegangen.[19] Da übliche Maßnahmen/Institutionen zur Abwehr dieser Risiken wie zum Beispiel Screening/Rating und Monitoring relativ größenunabhängige Kosten verursachen, hat dies bei den kleineren KMU-Kreditsummen höhere durchschnittliche Finanzierungskosten zur Konsequenz. Informationsprobleme und Transaktionskosten werden als Basisursachen für Friktionen angesehen. Wie bereits argumentiert wurde, kann die Nachfolgesituation als Strukturbruch und deshalb als besondere intransparente Situation angesehen werden. Die Vergangenheit ist damit nur noch ein bedingt geeigneter Maßstab für die Beurteilung der Zukunft. Dies erschwert die Verhandlungen mit Kreditgebern in besonderem Maße.

17 Vgl. auch Ang (1992).
18 Vgl. Bernet/Denk (2000), S. 38 f.
19 Vgl. Soremann (1996), S. 711.

3.3 Eine Auswahl von Herausforderungen, für die ein Mittelstandsrating Nutzen stiften könnte

Folgende Schlussfolgerungen hinsichtlich der weiteren Diskussion können gezogen werden:

- Es gibt einen latenten Bedarf an Instrumenten, um glaubwürdig Informationen über den Betrieb an Externe zu signalisieren. Eine Nachfolge bedeutet häufig eine Bonitätsveränderung. Dies bedeutet, dass Nachfolgen einen erhöhten Informationsbedarf von allen Stakeholdern, die ein Interesse am Weiterbestand des Unternehmens haben (Personal, Kunden, Lieferanten, Geschäftspartner, Kreditgeber), zur Folge haben. Die Bonitätsveränderung resultiert aus der Veränderung einer der wichtigsten Erfolgskomponenten eines mittelständischen Unternehmens: dem Unternehmer. Es ist deshalb ein Strukturbruch anzunehmen.
- Es gibt einen latenten Bedarf an internen Informationsinstrumenten. Dies gilt auch für Familienmitglieder oder bereits im Betrieb Beschäftigte, die als Nachfolger in Frage kommen.

Die Frage ist, inwieweit hierbei ein Mittelstandsrating Nutzen stiften kann: entweder als alleine eingesetztes Instrument vor oder nach der Nachfolge, oder in Kombination mit anderen Instrumenten. Führt man sich vor Augen, welche Werte auf dem Spiel stehen, so erscheinen im Allgemeinen die Kosten für Informationsinstrumente als verhältnismäßig klein.[20] Ein weiterer Vorteil des Mittelstandsratings im Vergleich zu anderen Informationsinstrumenten sind seine verhältnismäßig geringen Kosten.

4. Eignung von Mittelstandsratings für die Herausforderungen in einer Nachfolgesituation

Mittelstandsratings werden in der Praxis nicht nur als Hilfe bei der Finanzierung, sondern als Beratung, Marketing, Investor-Relations-Instrument etc. vermarktet. Die Bündelung von verschiedenen Leistungen basiert beim Mittelstandsrating auf einem gemeinsamen Produktionsprozess. Die alternativen Verwendungsmöglichkeiten neben der klassischen Verwendung, die in den erwähnten drei Szenarien aufgezeigt wurde, sind insofern Deri-

20 Eine Beispielrechnung soll dies aufzeigen: Ein Unternehmen finanziert ihre Vermögenswerte mit 2 Mio. Euro Eigenkapital und 3 Mio. Euro Fremdkapital. Selbst bei der Annahme, daß die Firma nur soviel wie die Buchwerte wert sei, ergibt sich ein Wert von 2 Mio. Euro für die Eigentümer. Nimmt man einen Unsicherheitsabschlag von 10 Prozent an, wäre dies im Beispiel des Kleinunternehmens bereits ein Abschlag in Höhe von 200.000 Euro. Vor diesem Hintergrund ist klar, dass die Kostenfrage für Informationsinstrumente einen vergleichsweise kleinen Stellenwert einnimmt.

vate der Erzeugung. Aus der Sicht eines Kunden steht häufig die Lösung von Problemen im Vordergrund. Die durch die Erzeugung bestimmte Bündelung von Lösungen für verschiedene Probleme hat einen Nachteil zur Folge. Es besteht stets die Gefahr, dass fokussierte, im Sinne von speziell auf einen einzigen Zweck abgestimmte, Dienstleistungen dem Kunden einen höheren Nutzen versprechen oder aber den gleichen Nutzen zu einem günstigeren Preis anbieten können. Nur wenn der Kunde trotz dieser Einschränkungen unter Berücksichtigung der diversen Transaktionskosten getrennter Verträge einen Nutzen sieht, so wird er bereit sein, die Dienstleistung zu erwerben.

Verschiedene Nutzenaspekte sind im Kontext der Nachfolge denkbar:

- Rating als Bonitätssignal für diverse Anspruchsgruppen,
- Rating als Vorbereitung auf Due Diligences (z.B. bei Verkauf/Fusion),
- Rating als Vorbereitung auf ein bankinternes Rating,
- Rating als Unterstützung des Risikomanagements,
- Rating als SWOT-Analyse und strategisches Benchmarking.

Die erste Funktion ist nach extern ausgerichtet, während die anderen Funktionen zu den internen Informationsfunktionen gezählt werden können.

4.1 Rating als Bonitätssignal für diverse Anspruchsgruppen

Ziel ist die Signalisierung der Kreditwürdigkeit eines Unternehmens an verschiedene Anspruchsgruppen (Stakeholder). Dies ist angesichts des zu erwartenden Strukturbruchs bei einer Nachfolge von besonderer Bedeutung.

Im Folgenden werden zuerst die momentanen und potentiellen Beschäftigten eines Unternehmens betrachtet. Zum Nutzen ist zu bemerken, dass die aktuellen und potenziellen Beschäftigten ein Interesse an Informationen über die Bestandsfestigkeit eines Unternehmens haben. Das Interesse hängt vom Umfang der spezifischen Investitionen/Vermögenswerte ab (im Sinne von firmenspezifischem Humankapital). Rational handelnde Beschäftigte würden bei einer Notwendigkeit von spezifischen Investitionen eine Risikoprämie in den geforderten Lohn einkalkulieren. Eine andere Reaktionsmöglichkeit wäre die Verminderung von spezifischen Investitionen.

Wenn der Unternehmereigner publizitätsscheu ist und deshalb keine bzw. nur wenige Informationen zur Insolvenzwahrscheinlichkeit vorhanden sind, würden ökonomisch handelnde Angestellte Stellvertreterrisikomaße verwenden. Dazu gehören leicht von außen zu beobachtende Größen, wie zum Beispiel Branchenzugehörigkeit, Branchenkonjunkturzustand, Unternehmensalter oder auch Unternehmensgröße. Die Unterschiede der Insolvenzquoten fallen relativ groß aus. Ein Angestellter bzw. eine Person, die angeworben werden soll, müsste sich deshalb sehr genau über die einzelnen Einflussfaktoren informieren, um zu einem zuverlässigen Urteil zu gelangen. Dies erscheint nicht realistisch. Es ist daher von weiteren Unsicherheitsprämien auszugehen, die durch die hohen Transaktionskosten der Informationsbeschaffung bzw. Bounded Rationality verursacht werden. Unternehmen, bei denen aufgrund von nicht extern beobachtbaren Faktoren ein Unterschied zwischen tatsächlichem Rating zur Bonitätsbeurteilung anhand von öffentlich beobachtbaren Faktoren besteht, sind durch diese Durchschnittsbildung und -behandlung benachteiligt. Für diese Unternehmen stellt sich daher die Frage, wie sie sich von der Masse der anderen Unternehmen differenzieren können.

Der Funktionsmechanismus bzw. die Nützlichkeit eines Ratings hat zwei Ansatzpunkte: einmal der Nachweis der momentanen Bonität, und zweitens die („Selbst")-Disziplinierung des Managements und der Eigner durch ein Rating. Da mittels eines überwachten Ratings die Angestellten bessere Reaktionsmöglichkeiten haben, liegt es im Eigeninteresse des Managements und der Eigner, eine gewisse Mindestbonität sicherzustellen. Dies könnte zum Beispiel durch eine Erhöhung des Eigenkapitals oder die Auswahl risikoärmerer Investitionsprojekte geschehen.

Wie beim Personal ist auch für Geschäftspartner, das heißt Kunden, Lieferanten oder Kooperationspartner, der Schutz von spezifischen Assets wichtig. Genauso wie beim Personal würde ohne einen ausreichenden Schutz die Bereitschaft zu künftigen spezifischen Investitionen abnehmen bzw. Risikoprämien verlangt werden. Beispiele für spezifische Vermögenswerte in diesem Zusammenhang sind Wissen über Kunden, persönliche Kontakte zu den jeweiligen Verantwortlichen („Vertrauen"), die Ausrichtung der Produktion, wie zum Beispiel einheitliche Just-in-time-Prozessketten mittels informationeller Verknüpfung oder Vereinbarungen über gemeinsame Qualitätskontrollen, um Doppelspurigkeiten zu vermeiden.

Auch die Beschäftigten und die Geschäftspartner sehen sich Transaktionskosten gegenüber, falls sie ein Rating verwenden wollen. Qualitätsunsicherheit und Moral Hazard bestehen weiterhin; als zusätzliches Problem ergibt sich mangelndes Wissen, was die Ratingsymbole bedeuten und wie diese eingeordnet werden sollen. Teilweise kann dies jedoch direkt durch das Unternehmen kommuniziert werden. Es wäre vorteilhaft, Marken zu verwenden, die auch diversen Anspruchsgruppen bekannt sind. Jedoch sollte man berücksichtigen, dass die notwendige Klassifikationsleistung eines Ratings nicht sehr hoch ausfallen muss, um für die benannten Gruppen Nutzen zu stiften.

4.2 Rating als Vorbereitung auf die Due Diligence bei Verkauf/Fusion

Eine Due Diligence, wie sie bei Mergers & Acquisitions (M&A) üblich ist, ist ein sehr kostspieliges Unterfangen.[21] Bei mittelgroßen Betrieben müssen bei einer Due Diligence viele bisher informell durchgeführte Prozesse wie zum Beispiel Vor- und Nach-

21 Vgl. generell zur Due Diligence Scott 2001.

kalkulationen erst aufwendig dokumentiert werden. Kosten verursacht weiterhin die Beanspruchung von Schlüsselpersonen im Unternehmen während der Durchführung der Due Diligence. Bei mittelgroßen Betrieben kann eine Due Diligence im Gegensatz zu Großbetrieben zu einer Quasi-Unterbrechung des operativen Geschäftes für einige Wochen, wenn nicht Monate, führen. Eine Due Diligence ist mit einem derartig hohen externen und internen Aufwand verbunden, dass es empfehlenswert ist, sich mittelfristig auf eine Due Diligence vorzubereiten, um die Vernachlässigung des operativen Geschäftes zu minimieren und die Effizienz der Informationserarbeitung zu steigern. Bei einem Mittelstandsrating liegt ein Schwerpunkt wie bei einer Due Diligence auf den vorhandenen Planungs- und Steuerungssystemen eines Unternehmens. Es können daher Synergien bei der Vorbereitung genutzt werden. Durch die Durchführung eines Mittelstandsratings mindestens zwei Jahre vor der geplanten Börsenemission oder dem Verkauf kann diese für das Unternehmen entweder der Anstoß für eine stärkere Formalisierung und Dokumentierung der Prozesse, Vertragsverhältnisse und Entscheidungen sein oder ein Test zur Vorbereitung auf die Anforderungen einer Due Diligence. Diese Vorbereitung ist natürlich kein hinreichender Prozess. Theoretisch könnten die durch ein Mittelstandsrating erzeugten Informationen bei einer Due Diligence verwendet werden. Praktisch sind die Unterschiede im Ansatz und Umfang zu groß, als dass dies realistisch wäre.

Zu den Voraussetzungen des effizienten Einsatzes von Mittelstandsratings als Vorbereitung auf eine Due Diligence gehört ein besonders günstiges Preisverhältnis zur Due Diligence. Diese ist im Allgemeinen aufgrund der sehr hohen Kosten einer Due Diligence im Vergleich zu einem Mittelstandsrating gegeben. Eine weitere Voraussetzung sind ungünstigere Eigenschaften von Konkurrenzdienstleistungen, die auch zur Vorbereitung dienen könnten. Hier ist in Zukunft jedoch verstärkte Konkurrenz zu erwarten.

Die bereits diskutierte Studie des Instituts für Mittelstandsforschung (2001) zeigte, dass bei den größeren Betrieben in zwölf Prozent der Fälle die Nachfolge durch einen Verkauf gelöst wurde. Eine frühe Vorbereitung für diese Option ist daher nützlich. Dies gilt im besonderen Maße, wenn der Unternehmer keinen geeigneten Nachfolger findet.

4.3 Rating als Vorbereitung auf ein bankinternes Rating

In ähnlicher Funktion wie bei einer Vorbereitung auf eine Due Diligence könnte ein Mittelstandsrating als Vorbereitungsinstrument für ein bankinternes Rating eingesetzt werden. Die Aufbereitung von Unterlagen könnte durch die Systematik eines Mittelstandsratings effizienter gestaltet werden. Hierbei besteht Konkurrenz durch standardisierte Beratungs-Dienstleistungen, die explizit auf diesen Zweck ausgerichtet sind. Im Jahr 2002 wurde eine Reihe von neuen Softwareprodukten eingeführt. Diese sind für Berater (inklusive Steuerberater) von KMU gedacht, die damit bei ihren Kunden systematische, checklistenbasierte Einschätzungen der Wettbewerbsposition und der Risiken vornehmen sollen. Das Vorgehen ähnelt dem Vorgehen mancher Mittelstands-Ratingagenturen, wobei das

Desk Research und die besondere Ausbildung und Erfahrung der Analysten fehlen. Für die Agenturen sind diese Angebote eine preislich deutlich günstiger positionierte Konkurrenz, die es in dieser Form bis vor letztem Jahr nicht gab.

Bei jeder Nachfolge werden Banken besonders intensiv auf die Risiken schauen. Eine gute Vorbereitung ist daher auf jeden Fall empfehlenswert.

4.4 Rating als Unterstützung des Risikomanagements

Die Steuerung und Kontrolle der eingegangenen Risiken ist für ein Unternehmen wichtig. Diese Informationen werden in einigen Unternehmen mittels besonderer Managementsysteme erfasst und aufbereitet (Risikomanagementsysteme). Die Informationen sind dabei nicht nur für operative und strategische Entscheidungen des Managements, sondern auch für die Unternehmensaufsicht (Corporate Governance) wertvoll. Ein Mittelstandsrating wäre eine unterstützende Dienstleistung, die für das Risikomanagement aufgrund ihrer Systematik und Erfassungsbreite wertvoll ist. Auch ein eventuell inbegriffenes Monitoring wäre für das Risikomanagement wertvoll. Genauso ist umgekehrt davon auszugehen, dass ein Rating durch ein funktionierendes Risikomanagementsystem nicht nur einfacher ist, sondern auch besser ausfällt. Bestimmte Informationen werden von einem Rating und von einem Risikomanagementsystem benötigt; dies bietet die Gelegenheit, Synergien zu nutzen. Ein Unternehmen, das beabsichtigt, ein (formalisiertes) Risikomanagementsystem zu implementieren, könnte dies mit einem externen Rating vorbereiten. Das günstige Preis-Leistungs-Verhältnis aufgrund der standardisierten Leistung erlaubt auch einen Einsatz des Instruments für Zwecke, für die dieses nicht hauptsächlich gedacht war.

4.5 Rating als SWOT-Analyse und strategisches Benchmarking

SWOT-Analyse steht für die Untersuchung von Strengths, Weaknesses, Opportunities and Threats im Rahmen der Strategiefindung. Auch hierzu kann ein externes Rating durch einen detaillierten Ratingbericht Informationen beisteuern. Günstig ist dabei das Preis-Leistungs-Verhältnis durch den hohen Standardisierungsgrad der Dienstleistung. Ein weiterer Vorteil gegenüber den Beratungsunternehmen als üblichen Anbietern derartiger Analysedienstleistungen ist die Lösung des Moral Hazard-Problems: Ein Beratungsunternehmen hat ein größeres Interesse am Angebot von Beratungsdienstleistungen im Anschluss an eine derartige Analyse als an der Analyse selber.[22] Daher ist von einem Verhaltensrisiko auszugehen, insofern, als Schwächen nur deshalb diagnostiziert werden, um an Beratungsaufträge zu gelangen. Dies ist im Normalfall bei Ratingagenturen kein Problem, da diese aufgrund der erforderlichen Unabhängigkeit keine ergänzenden Beratungs-

22 Vgl. dazu Wolinsky 1995.

dienste anbieten. Neben Moral Hazard[23] besteht Qualitätsunsicherheit; unter anderem aus diesem Grund empfiehlt *Schade* (1996) eine höhere Standardisierung der bislang gering standardisierten Beratungsdienstleistungen für mittelgroße Unternehmen. Mittlerweile ist im Beratungsmarkt ein Trend zu größerer Standardisierung festzustellen. Die bereits präsentierten Softwareprodukte für KMU-Berater, wie zum Beispiel RiskQ, haben gegenüber einem Mittelstandsrating einen Preisvorteil.

Die häufig bei KMU anzutreffenden Defizite bei Managementsystemen wurden bereits erwähnt. Durch die Systematik eines Mittelstandsratings könnte der Ratingprozess Impulse für eine Verbesserung der Managementsysteme eines Betriebes geben.

Auch als strategisches Benchmarking ließe sich Mittelstandsrating verwenden. *Böhnert*[24] definiert Benchmarking folgendermaßen: *„Benchmarking steht für den kontinuierlichen, systematischen Prozess, mittels Messung, Vergleich und Analyse geeigneter Benchmarks Strategien, Prozesse/Funktionen, Methoden/Verfahren oder Produkte/Dienstleistungen einer Organisationseinheit zum Zwecke der Sicherung oder Steigerung des Unternehmenserfolges zu verbessern."* Ein Rating würde selbstverständlich nicht den gesamten Benchmarkingprozess umfassen. Es könnte jedoch in Abhängigkeit von der Qualifikation und der Branchenerfahrung der Analysten eine externe Perspektive beisteuern, die Anlass zu weiteren Analysen geben könnte. Auf diese Art und Weise könnten Schwachstellenbereiche identifiziert werden, bei denen sich eine vertiefte Analyse lohnen könnte. Derart ließe sich die Effizienz von Benchmarkingprozessen steigern. Mittelstandsrating ist insofern auf keinen Fall ein Ersatz, sondern lediglich eine Ergänzung der ersten Schritte in einem Benchmarkingprozess.

5. Zusammenfassung

Unternehmer sollten die Nachfolgefrage ernst nehmen. Das Schicksal eines mittelständischen Unternehmens ist besonders stark mit dem Unternehmensleiter verknüpft. Genau diese besondere Stärke, die zu Flexibilität und Beweglichkeit führt, ist jedoch auch eine spezielle Schwäche von KMU. Die Abbildung 6 zeigt die exponentiell steigende Vorkommenshäufigkeit von Krankheiten mit zunehmendem Alter. Sie ist als Plädoyer für die Aufnahme einer sachlichen Diskussion zu sehen. Unternehmer sind zwar beinahe unersetzlich, aber auch sie sind Menschen.

Der vorliegende Beitrag untersuchte die Frage, inwieweit sich ein Mittelstandsrating im Kontext der Nachfolge als nützlich erweisen kann. Es wäre falsch zu erwarten, dass ein Mittelstandsrating die Mehrzahl der Probleme im Kontext der Unternehmernachfolge lösen könnte. Dazu ist es weder konzipiert, noch ist dies mit einem Instrument alleine durchführbar.

---

23 Vgl. Moral Hazard.
24 Vgl. Böhnert (1999), S. 14.

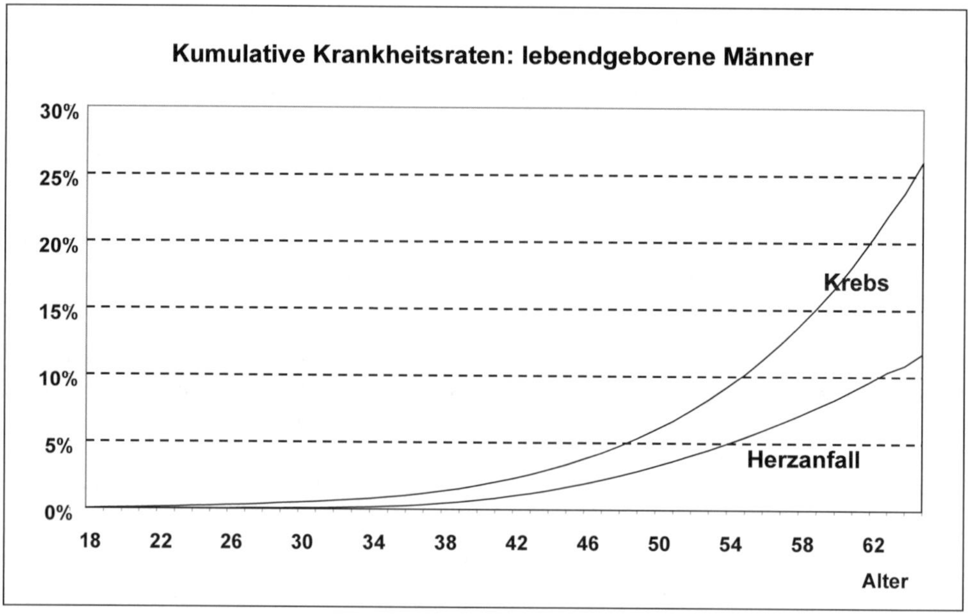

Abbildung 6: Gesundheitliche Risiken mit zunehmendem Alter
Quelle: Kölnische Rückversicherungs-Gesellschaft AG, 2002

Zwei Nutzenaspekte – so die Analyse – sind bei einem Mittelstandsrating besonders hervorzuheben:

- die Möglichkeit zur Signalisierung von Bonitätsinformationen an zahlreiche externe Gruppen, wie z.B. Personal, Kreditgeber, Geschäftspartner, mittels einer allgemein verständlichen Skala,
- geringe Kosten durch hohe Standardisierung. Dies ist besonders wichtig für die interne Verwendung als Informationsinstrument.

Diese beiden Eigenschaften lassen Mittelstandsratings als ein nützliches Instrument erscheinen. Die externe Signalisierungsfunktion wird jedoch von Transaktionskosten der Adressaten erschwert, denn es ist offensichtlich, dass nicht jedes Signal per se als glaubwürdig angesehen wird. Ein Grund ist die Beauftragung und Bezahlung der Agentur durch das Unternehmen.

Insgesamt sollten Unternehmer Mittelstandsratings als ein nützliches Informationsinstrument für die Nachfolge in Betracht ziehen. Es scheint wenige andere Instrumente zu geben, die ein vergleichbares Preis-Leistungs-Verhältnis für die interne Verwendung bieten. Mittelstandsratings könnten insofern das Zeitalter von stärker standardisierten Beratungsprodukten für den Mittelstand ankündigen.

Literaturhinweise

ANG, JAMES S. (1992): On the Theory of Finance for Privately Held Firms. In: Journal of Small Business Finance, Vol. 1, No. 3, 1992, S. 185–203.

BERNET, BEAT/ DENK, CHRISTOPH L. (2000): Finanzierungsmodelle für KMU. Bern/ Stuttgart/Wien 2000.

BÖHNERT, ARNDT-ALEXANDER (1999): Benchmarking: Charakteristik eines aktuellen Managementinstruments. Hamburg: Kovac, 1999, zugl. Diss. Univ. Bremen 1998.

DARAZS, GÜNTER H. (2001): Ganzheitlich-Dynamisches Unternehmens-Rating. In: Everling, Oliver (Hrsg.) (2001): Rating – Chance für den Mittelstand nach Basel II. Wiesbaden 2001, S. 307–323.

EU-KOMMISSION (1996): 96/280/EG: Empfehlung der Kommission vom 3. April 1996 betreffend die Definition der kleineren und mittleren Unternehmen – Amtsblatt nr. L 107 von 30/04/1996, S. 0004–0009. Internet: europa.eu.int/eur-lex, Abruf 20.02.2000, 1996.

EVERLING, OLIVER (1996): Ratingagenturen an nationalen und internationalen Finanzmärkten. In: Büschgen, Hans E./ Everling Oliver (Hrsg.) (1996): Handbuch Rating. Wiesbaden 1996, S. 3–17.

FRÖHLICH, ERWIN/ PICHLER, J. HANNS/ PLEITNER, HANS JOBST (1996): Grösse in der Kleinheit. In: Pichler, J. Hanns/ Pleitner, Hans Jobst/ Schmidt, Karl-Heinz (Hrsg.) (1996): Management in KMU – Die Führung von Klein- und Mittelbetrieben. Bern/ Stuttgart/Wien 1996, S. 11–41.

HUBER, ANDREAS/ FRICKHÖFER, JOST (2001): Konzeption des Creditreform Ratings. In: Everling, Oliver (Hrsg.) (2001): Rating – Chance für den Mittelstand nach Basel II. Wiesbaden 2001, S. 277–288.

INSTITUT FÜR MITTELSTANDSFORSCHUNG (2001): Unternehmensnachfolge in Deutschland. Bonn: www.nexxt.de bzw. www.bmwi.de, 2001.

KLEY, CHRISTOPH R. (2003): Mittelstands-Rating – Externe Credit Ratings und die Finanzierung mittelständischer Unternehmen. Wiesbaden: DUV-Verlag Gabler Edition Wissenschaft, 2003, zugl. Diss. Univ. St.Gallen, 2003.

KÖLNISCHE RÜCKVERSICHERUNGS-GESELLSCHAFT AG (2002): [Informationen zur „Disease Rates“ auf der Website]. www.actuary.de, Abruf 14. Februar 2002.

MÜLLER, CHRISTOPH A. (2003): (De-)Regulierung und Unternehmertum. St. Gallen: KMU Verlag HSG, 2003, zugl. Habilita tion Univ. St. Gallen 2001.

MÜLLER, CHRISTOPH A. (1995): Strategische Führung europäischer mittelständischer Unternehmen – am Beispiel der Werkzeugmaschinenbranche. Bern et al.: Lang, 1995, zugl. Diss. Univ. St. Gallen, 1995.

PETER, KURT (2001): Rating aus Sicht des geschäftsführenden Gesellschafters. In: Everling, Oliver (Hrsg.) (2001): Rating – Chance für den Mittelstand nach Basel II. Wiesbaden 2001, S. 205–214.

PROBST, MICHAEL R. (2001): Unternehmensrating bei der börsennotierten Gesellschaft. In: Everling, Oliver (Hrsg.) (2001): Rating – Chance für den Mittelstand nach Basel II. Wiesbaden 2001, S. 403–414.

RÜTTIMANN, MARKUS (1999): Finanzielle Führung in den mittelständischen Unternehmen der Schweiz. Zürich: Treuhandkammer, 1999, zugl. Diss. Univ. Zürich 1998.

SCHADE, CHRISTIAN (1996): Marketing für Unternehmensberatung : ein institutionenökonomischer Ansatz. Wiesbaden 1996, zugl. Diss. Univ. Frankfurt, 1995.

SCOTT, CORNELIA (2001): Organisatorische Aspekte der Due Diligence. In: Scott, Cornelia (Hrsg.) (2001): Due Diligence in der Praxis – Risiken minimieren bei Unternehmenstransaktionen. Wiesbaden 2001, S. 13–28.

SPREMANN, KLAUS (1996): Wirtschaft, Investition und Finanzierung. München/Wien 1996.

SULTZE, HANS-GEORG (2001): Zukunftsperspektiven des Ratingmarktes. In: Everling, Oliver (Hrsg.) (2001): Rating – Chance für den Mittelstand nach Basel II. Wiesbaden: 2001, S. 29–41.

STUR, GÜNTHER (2001): Rating mit qualitativen und quantitativen Kriterien. In: Everling, Oliver (Hrsg.) (2001): Rating – Chance für den Mittelstand nach Basel II. Wiesbaden 2001, S. 327–341.

WOLINSKY, ASHER (1995): Competition in Markets for Credence Goods. In: Journal of Institutional and Theoretical Economics, Vol. 151, No. 1, 1995, S. 117–131.

Teil II

Analyse „geregelte Unternehmensnachfolge“ und Rating

Die Rolle der mittelständischen Unternehmensnachfolge im bankinternen Rating – Bedeutung der „geregelten Nachfolge“

Jost W. Kramer

1. Einleitung

Seit einigen Jahren ist im Gefolge von Basel II das Thema Rating in der (wirtschafts-) politischen ebenso wie in der wissenschaftlichen Diskussion. *Everling/Schneck* gehen inzwischen davon aus, dass sich Rating sogar „als ein eigenes Fachgebiet etablieren wird".[1] Während in der ersten Phase dieser „Fachgebietsentwicklung" der Fokus auf die methodische Entwicklung und die Beurteilung mittelständischer Unternehmen im Allgemeinen gerichtet war, geraten in der zweiten Phase weitere Aspekte in die Betrachtung. Dazu zählt unter anderem die Unternehmensnachfolge im Sinne eines Eigentümerwechsels. Gerade im Mittelstand schlägt sich eine solche Unternehmensnachfolge meist auch in Veränderungen in der Unternehmensführung, den wirtschaftlichen Perspektiven und damit auch der Kreditwürdigkeit nieder. Stuhlinger ordnet daher die Übernahme bestehender ebenso wie die Gründung neuer Unternehmen unter den Begriff der „Existenzgründung".[2]

Das Thema „Unternehmensnachfolge" verdeutlicht auch, dass die zunächst einmal zurückgestellten Rating-Themenkomplexe keineswegs unwichtig sind. Denn gerade die Übergabe bzw. Übernahme bestehender kleiner und mittlerer Unternehmen stellt angesichts der Vielzahl der Fälle eine große Herausforderung für alle Beteiligten dar. *Felden/Klaus* betonen,[3] dass ca. 70.000 Unternehmen pro Jahr vor einem Generationswechsel stehen, was einem Vermögen von ca. einer Billion Euro rund Hunderttausenden von Arbeitsplätzen entspricht. Die Suche nach Nachfolgern stellt zugleich eine Daueraufgabe dar, denn bei der von *Felden/Klaus* unterstellten durchschnittlichen Managementdauer von 30 Jahren suchen bei 1,95 Millionen mittelständischen Unternehmen auch zukünftig rund 65.000 Betriebe pro Jahr einen Nachfolger. Nahezu jede Übernahme eines bestehenden Unternehmens, mit der möglichen Ausnahme von Erbschaften und Schenkungen, erfordert ein Finanzierungskonzept mit Eigen- und Fremdmitteln, wobei letztere meist von Banken bereitgestellt werden (sollen). Spätestens an dieser Stelle wird die Ratingproblematik bei Unternehmensnachfolgen sichtbar. Diese Problemlage genauer zu analysieren und Konsequenzen für die verschiedenen Beteiligten herauszuarbeiten, ist Ziel der nachfolgenden Überlegungen.

Dazu werden im zweiten Abschnitt die unterschiedlichen Bedeutungen des Begriffs „Unternehmensnachfolge" herausgearbeitet, wobei zwischen der Nachfolge als einem Ereignis und der Regelung eines Eventualfalls differenziert wird. Kapitel drei befasst sich mit der Ratingrelevanz der Unternehmensnachfolge, also ihrer Bedeutung für die Beurteilung der Bonität eines Unternehmens. Die Abschnitte vier und fünf verbinden jeweils einen der beiden Begriffsinhalte mit seiner bonitätsorientierten Bedeutung und Kapitel sechs beleuchtet Konsequenzen für Banken, Unternehmen und die Übernehmer von Betrieben hinsichtlich bankinterner Ratings.

1 Everling/Schneck (2004), S. 3.
2 Stuhlinger (2004), S. 315.
3 Vgl. Felden/Klaus (2003), S. 1.

2. Verständnis von Unternehmensnachfolge

Befasst man sich genauer mit der Materie der Unternehmensnachfolge, wird sehr schnell deutlich, dass sich dahinter zwei separate Aspekte verbergen. Denn unter Unternehmensnachfolge wird in der Bankpraxis zum einen die Nachfolge im engeren Sinne verstanden, bei der das Unternehmen tatsächlich den Eigentümer wechselt und sich dadurch zumeist auch veränderte Managementstrukturen ergeben. Zum anderen wird unter Unternehmensnachfolge die Gestaltung von Nachfolgeregelungen für den Fall verstanden, dass die Unternehmensführung (und gegebenenfalls auch die Eigentumsverhältnisse) sich aufgrund eines unvorhergesehenen Zwischenfalls befristet oder dauerhaft ändern. Typische Anlässe für diese Unternehmensnachfolge im weiteren Sinne sind Krankheiten, Unfälle oder der Tod von Führungspersonen. Klein unterscheidet daher hinsichtlich der Unternehmensnachfolge zwischen einer Eigentums- und einer Führungsnachfolge.[4] Bei der Eigentumsnachfolge ändern sich die rechtlichen Eigentumsverhältnisse, während diese bei der Führungsnachfolge unverändert bleiben (können). Bei der Führungsnachfolge kommt es hingegen zu einer Veränderung in der wirtschaftlichen Leitung des Unternehmens, die sich bei einer Eigentumsnachfolge keineswegs zwangsläufig einstellt. Wie sich Unternehmensnachfolge im engeren und weiteren hinsichtlich der Eigentums- und Führungsnachfolge unterscheiden, zeigt Abbildung 1.

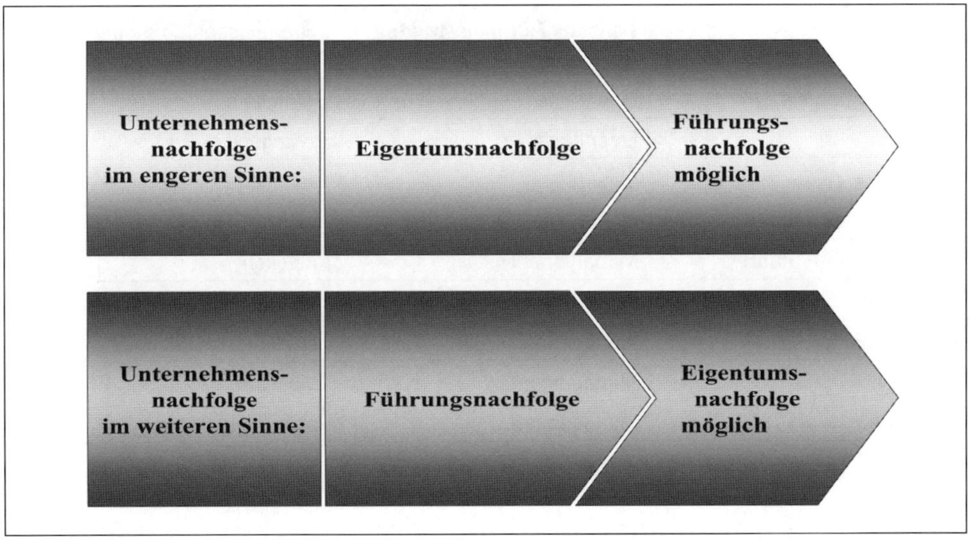

Abbildung 1: Gegenüberstellung Unternehmensnachfolge im engeren und weiteren Sinne

Dass zwischen diesen beiden in der Theorie klar unterscheidbaren Formen der Unternehmensnachfolge de facto ein fließender Übergang besteht, machen *Stobbe/Schulz* deutlich. Sie verweisen darauf, dass von den Unternehmensnachfolgen etwa zwei Drittel planbar

4 Vgl. Klein (2003), S. 28.

seien, während der Rest wegen eines unerwarteten Ausscheidens durch Unfall oder Tod bzw. aufgrund eines Wechsels in andere Tätigkeiten nicht oder nur eingeschränkt planbar ist.[5] Die Vorsorgemaßnahme einer Nachfolgeregelung (Unternehmensnachfolge im weiteren Sinne) kann somit bei Eintritt des Nachfolgebedarfs zu einer Unternehmensnachfolge im engeren Sinne führen.

Einflüsse auf die Bonität dürften dabei, so steht zu vermuten, in beiden Fällen weniger aus der Veränderung der Eigentümerstruktur resultieren, als vielmehr aus der tatsächlichen und/oder zu vermutenden Veränderung der Unternehmensführung hinsichtlich der vorhandenen Fähigkeiten, Zielsetzungen und Methoden. Dementsprechend taucht die Nachfolgeproblematik zwar besonders bei familiengeführten Unternehmen in allen Rechtsformen und Branchen auf, ist aber keineswegs auf diese begrenzt. Kramer verweist in diesem Zusammenhang auf die Probleme in der Unternehmensnachfolge bei Tchibo und Bahlsen.[6] Die terminologische Unterscheidung von Klein macht deutlich, dass bei der Beschäftigung mit den Ratingauswirkungen der Unternehmensnachfolge eine Beschränkung auf die Eigentumsnachfolge tendenziell zu kurz greift und auch – möglicherweise sogar vorrangig – die Führungsnachfolge genauer zu beleuchten ist, wie Tabelle 1 verdeutlicht.

Tabelle 1: Eigentums- und Führungsnachfolge in Abhängigkeit von typischen Eigentumsstrukturen

Rechtsform	**Typische Führungsstruktur**	**Führungsnachfolge bei Eigentumsnachfolge**
Einzelunternehmer	Eigentümer	zwingend
OHG	Eigentümer	zwingend
KG	Eigentümer	zwingend
(kleine/mittlere) GmbH	Eigentümer	wahrscheinlich
(mittlere/große) GmbH	Management	möglich
(kleine) AG	Eigentümer	wahrscheinlich
(große) AG	Management	unwahrscheinlich
(kleine) eG	Management	möglich
(große) eG	Management	sehr unwahrscheinlich

2.1 Das Unternehmen wird übergeben – Unternehmensnachfolge im Sinne einer Managementablösung

Der Großteil der Fachliteratur konzentriert sich auf jene Variante der Unternehmensnachfolge im engeren Sinne, bei der das alte Management durch ein neues Management

5 Vgl. Stobbe/Schulz (2003), S. 85.
6 Vgl. Kramer, K.-H. (2001), S. 535f.

abgelöst wird. Dies sind klassischerweise kleine und mittlere Unternehmen, die vom Eigentümer geführt werden.

Hier führt der Eigentümerwechsel durch Übergabe vom alten zum neuen Inhaber zwangsläufig auch zu einem Managementwechsel. Da der Großteil der kleinen und mittleren Unternehmen zu diesem Unternehmenskreis zählt, fallen bei dieser Form der Unternehmensnachfolge Eigentümer- und Managementwechsel zusammen. Auch hier sprechen die meisten Anzeichen dafür, dass weniger die Eigentumsnachfolge als vielmehr die Managementablösung – also die Führungsnachfolge – die Aufmerksamkeit der Banken auf sich zieht. Unter Ratinggesichtspunkten ist somit die Frage entscheidend, wie sich ein durch Eigentümerwechsel verursachter Managementwechsel auf die Bonität (als Indiz für die weitere Überlebensfähigkeit des Unternehmens) auswirkt. Angesichts der bei mittelständischen Unternehmen de facto bestehenden Verbindung von Eigentümer- und Managementwechsel wird im weiteren Verlauf dennoch von Unternehmens- statt von Managementnachfolge gesprochen.

2.2 Das Unternehmen wird nicht übergeben – Unternehmensnachfolge im Sinne einer Ausfallregelung

Die derzeit existierenden Ratingsysteme stellen unter dem Stichwort der Unternehmensnachfolge vorrangig auf die Existenz von Nachfolgeregelungen bei einem eventuellen Ausfall der aktuellen Führungsriege des Unternehmens ab. Beispielhaft hierfür ist die Frage nach der Existenz einer geeigneten Nachfolgeregelung im Rahmen des BVR-II-Ratings. Nach eigenen Erfahrungen geht es bei dieser Frage nicht in erster Linie darum, ob ein Unternehmer bereits Vorsorge für die Eigentumsnachfolge getroffen hat, sondern darum, ob und wenn ja wie Vorsorge für einen etwaigen Ausfall des Managements getroffen wurde. Relevant erscheinen daher bei einem zeitlichen befristeten Ausfall vorrangig Vertretungsregelungen, während Erbschafts- und ähnliche Regelungen erst bei einem dauerhaften Ausfall zum Tragen kommen. Hintergrund ist der Umstand, dass bei allen Unternehmen ohne adäquate Vertretungsregelung bereits längere Krankheiten oder Unfälle der Führungspersonen das Weiterbestehen des Betriebes gefährden können.

Bei genauerer Betrachtung steht daher auch hier die Managementablösung im Mittelpunkt der Aufmerksamkeit, allerdings als lediglich potenzielles Ereignis. Unter Ratinggesichtspunkten ist somit die Frage entscheidend, wie sich ein durch unvorhergesehene Ereignisse befristet oder dauerhaft verursachter Managementwechsel auf die Bonität des Unternehmens auswirkt. Im Vergleich zu der in Abschnitt 2.1 dargestellten Form der Unternehmensnachfolge handelt es sich allerdings lediglich um einen potenziellen und nicht um einen tatsächlichen Managementwechsel.

3. Ratingrelevanz der Unternehmensnachfolge

Ungeachtet des Umstandes, ob es sich um einen tatsächlichen oder nur um einen potenziellen Managementwechsel handelt, ist die Unternehmensnachfolge in großem Maße ratingrelevant. Denn Ratingverfahren haben die Aufgabe, Informationen für eine Risikoanalyse zu liefern, damit sich das Kreditinstitut „eine fundiertere Meinung von der künftigen Entwicklung des Unternehmens" bilden kann.[7] Dafür gibt es verschiedene Gründe, die aber alle tendenziell mit der Qualität der Unternehmensführung zusammenhängen und nachfolgend etwas näher beleuchtet werden sollen.

3.1 Unternehmensnachfolge als Bonitätsmerkmal

Betrachtet man zunächst die Unternehmensnachfolge im weiteren Sinne, so handelt es sich bei Nachfolgeregelungen um ein Merkmal der Bonität des zu ratenden Unternehmens. *Christians* konstatiert, *„dass im Rahmen von bankinternen Ratings ein Unternehmen, welches keine geregelte Nachfolge aufweisen kann, potenziell einen Abschlag einkalkulieren muss"*.[8] Bonitätsmerkmale lassen sich untergliedern in quantitativ und qualitativ bzw. in „hart" und „weich". Weiche Merkmale zeichnen sich durch den hohen Ermessensspielraum aus, der bei ihrer Ermittlung besteht. Eine Gegenüberstellung quantitativer und qualitativer bzw. harter und weicher Bonitätsmerkmale zeigt Abbildung 2.

	quantitativ	**qualitativ**
hart	• numerische Information • vergangenheits- oder gegenwartsorientiert • weitgehend ohne Ermessensspielraum durch einen Mitarbeiter ermittelbar Bsp.: • Jahresabschlusszahlen • Kontodaten	• verbale Information • gegenwartsorientiert • weitgehend ohne Ermessensspielraum durch einen Mitarbeiter ermittelbar Bsp.: • Branche • Rechtsform
weich	• numerische Information • zukunftsorientiert • in der Regel nur mit einem gewissen Ermessensspielraum durch einen Mitarbeiter ermittelbar Bsp.: • Umsatzprognosen • Gewinnprognosen	• verbale Information • vergangenheits-, gegenwarts- oder zukunftsorientiert • in der Regel nur mit einem gewissen Ermessensspielraum durch einen Mitarbeiter ermittelbar Bsp.: • Führungspotenzial

Abbildung 2: Klassifizierungsmatrix für Bonitätsmerkmale
Quelle: Fischer (2004), S. 83

7 Schamp (2004), S. 802.
8 Christians (2003), S. 293.

Das Einordnungsschema von Fischer erlaubt die Identifizierung von Nachfolgeregelungen als einem harten qualitativen Bonitätsmerkmal: Es handelt sich um eine verbale Information, gegebenenfalls schriftlich vorgelegt in Form einer Ausfall- bzw. Vertretungsregelung. Die Information ist gegenwartsorientiert in dem Sinne, dass die Regelung sofort greift, sobald heute – oder in der absehbaren Zukunft – eine Vertretungsnotwendigkeit entsteht. Außerdem ist die Existenz einer Nachfolgeregelung grundsätzlich ohne Ermessensspielraum ermittelbar. Der Bonitätswirkung einer Nachfolgeregelung im Sinne eines Notfallplans liegt der Umstand zugrunde, dass durch die Krankheits- oder Unfallvertretungen sicher gestellt ist, dass der laufende Betrieb weiter geführt werden kann. Dadurch reduziert sich für die Bank das Adressrisiko – die vereinbarungsgemäße Bedienung der Kredite kann grundsätzlich weiter erreicht werden. Der Nachfolgeregelung wohnen gleich zwei Bonitätswirkungen inne: Erstens ist dies der Umstand, dass überhaupt eine Nachfolgeregelung besteht und somit der Geschäftsführer eben nicht unersetzlich ist. Zweitens ist aber auch hervorzuheben, dass die Qualifikation und die Fähigkeiten der Vertreter ebenfalls von Bedeutung sind, da in den Händen der Vertreter zumindest vorübergehend das Schicksal des Unternehmens liegt.

Perspektivisch kann die Stellvertretungsregelung sogar eine Vorbereitung auf die tatsächliche bzw. dauerhafte Übernahme der Unternehmensführung durch den bisherigen Stellvertreter sein. Dies gilt insbesondere für Familienunternehmen, bei denen der innerfamiliäre Nachfolger auf diese Weise sukzessive in die Verantwortung eingeführt wird,[9] aber auch bei Management-Buy-out-Konstruktionen bzw. bei der Einarbeitung des designierten Unternehmenserwerbers im Rahmen von Unternehmensverkäufen.

3.2 Auswirkungen auf und Signal für die zukünftige Geschäftsentwicklung

Hillengaß/Nökel schlagen die Brücke zur dauerhaften Führungsnachfolge, wenn sie konstatieren: *„Die Übergabe der Geschäftsgewalt in andere Hände kann mit einem Notfall gleichgesetzt werden. Der Ausfall des Chefs durch lange Krankheit oder Tod ist ein Notfall. Für Notfälle gibt es eine Notfallplanung. Notfallpläne sollten getestet werden, damit im Ernstfall keine großen Überraschungen die Katastrophe bringen, statt sie zu verhindern.“*[10]

Voraussetzung für eine erfolgreiche Weiterführung des etablierten Unternehmens unter neuer Führung ist in der Regel eine gute Vertrautheit der Führungskräfte mit dem Unternehmen. Angesichts dieses Umstandes konstatieren *Felden/Klaus*: *„Aus der Sicht des Unternehmens ist eine sukzessive Übergabe in aller Regel vorzuziehen, weil der kritische*

9 Wellendorff bezeichnet diesen Prozess der sukzessiven Verantwortungsübernahme als „soft landing“. Wellendorff (1999), S. 284, 288ff.

10 Hillengaß/Nökel (1999), S. 33.

Managementwechsel gleitend und nicht als harter Schnitt erfolgt.“[11] Sie skizzieren für einen sukzessiven Wechsel eine gestufte Vorgehensweise:[12]

- Erster Schritt: Vormachen und Testen,
- Zweiter Schritt: Mitmachen und Orientieren,
- Dritter Schritt: Selbermachen und Übergeben, sowie gegebenenfalls:
- Vierter Schritt: Unterstützung von außen.

Auch hier wird der Bonitätsaspekt gerade bei einem sukzessiven Wechsel deutlich: Eine tatsächliche Führungsnachfolge stellt einen erheblichen Einschnitt in der Unternehmensentwicklung dar. Dieser Einschnitt ist umso tiefer, je geringer die Vertrautheit der neuen Führungspersonen mit dem etablierten Unternehmen ist bzw. je größer die Unterschiede hinsichtlich des Führungsstils und/oder der verfolgten Ziele sind.

An dieser Stelle werden Banken in besonderem Maße hellhörig, unabhängig davon, ob es sich um die Rückzahlung bereits gewährter Kredite an das zu übergebende Unternehmen handelt oder um die Entwicklung eines Finanzierungskonzeptes für die Übernahme, bei der die Kredite dann ja anschließend aus der erfolgreichen wirtschaftlichen Tätigkeit des übernommenen Unternehmens getilgt werden sollen. In beiden Situationen kommt zum Vertrauten und Dokumentierten – dem Unternehmen – etwas Neues und tendenziell Unvertrautes – nämlich der Führungsnachfolger. *Niedostadek* spricht daraufhin auch von der *„Nachfolgeplanung als Teil der erfolgreichen Credit Story“.*[13]

Für eine sorgfältig vorbereitete – und tendenziell sukzessive durchgeführte – Unternehmensnachfolge spricht gerade der Umstand, dass sich der Nachfolger in die strategischen Erfolgs- und Risikofelder einarbeiten muss. Eine solche Einarbeitung ist allerdings ungeachtet aller ggf. bereit gestellten Informationen immer ein Zeit verbrauchender Prozess. So sind insbesondere alte Unternehmenskontakte zunächst einmal an den Übergebenden gebunden, gehen mit dessen Ausscheiden ggf. verloren und müssen dann wieder neu aufgebaut werden.[14] Eine Unternehmensnachfolge führt dazu, dass sich das Unternehmen quasi „neu erfinden muss“, also entscheiden muss, was beibehalten und was geändert werden soll. Durch derartige strategische Entscheidungen verändert sich tendenziell die wirtschaftliche Perspektive des Unternehmens – und damit zugleich die Risikoposition der Kredit gewährenden Bank.

4. Unternehmensnachfolge als Eventualfall

Nachdem im vorhergehenden Abschnitt die grundsätzliche Ratingrelevanz sowohl der tatsächlichen als auch der potenziellen Unternehmensnachfolge kurz herausgearbeitet wurde, sollen nun die entsprechenden Ratingkriterien näher beleuchtet werden.

11 Felden/Klaus (2003), S. 68.
12 Vgl. Felden/Klaus (2003), S. 68–69.
13 Niedostadek (2004), S. 335.
14 Schmeisser/Grothe (2003), S. 5.

4.1 Die Messung des Ratingkriteriums heute

Dabei steht am Anfang die Frage, wie das Ratingkriterium – die Existenz einer Vertretungsregelung für die Führungsnachfolge – seitens der verschiedenen Banken derzeit gemessen wird. Zieht man dafür als Anhaltspunkt z. B. das BVR-II-Rating des Genossenschaftlichen FinanzVerbundes heran, so handelt es sich um einen Unterpunkt des Beurteilungsbereichs „Unternehmen und Management". Die entsprechende Frage lautet: „Existiert eine geeignete Nachfolgeregelung?" mit den Antwortmöglichkeiten „Ja", „Nein, unkritisch" und „Nein, kritisch".[15]

Die Trennung zwischen „Ja" und „Nein" bietet entsprechend den Merkmalen eines harten qualitativen Bonitätsmerkmals dem Mitarbeiter keinen Ermessensspielraum. Die Differenzierung zwischen „Nein, unkritisch" und „Nein, kritisch" verlangt hingegen durchaus eine Beurteilung durch den Mitarbeiter. Diese Beurteilung kann allerdings weiter objektiviert und der Ermessensspielraum reduziert werden, indem den Mitarbeitern ein klarer Kriterienkatalog für die Entscheidung zur Verfügung gestellt wird.

4.2 Die Trennschärfe des Ratingkriteriums

Unter der Trennschärfe oder Trennfähigkeit eines Ratings bzw. eines Ratingkriteriums wird verstanden, wie gut dieses in der Lage ist, zwischen guten und schlechten Kreditnehmern zu unterscheiden.[16] Gemessen wird diese Fähigkeit üblicherweise mit Hilfe des „PowerStat-Wertes", wobei deutsche Banken hierfür üblicherweise als Ausfallkriterium die (erstmalige) Einzel-Wertberichtigungs-Neubildung verwenden. Konzeptionell wird die PowerStat berechnet als Vergleich der Fläche oberhalb der Kurve aller Kredite im Verhältnis zur Gesamtfläche. Dabei kann der Wert zwischen einem Minimum von 0 Prozent (keine Trennschärfe; völlige Zufallsauswahl) und einem theoretischen Maximum von 100 Prozent liegen (vgl. Abbildung 3).[17]

Die Gesamt-PowerStat ergibt sich als nicht-lineare Verbindung der Einzel-PowerStats der verschiedenen Ratingkennzahlen. Üblicherweise sind die Einzel-PowerStats quantitativer Merkmale höher als jene von qualitativen Kriterien. Bei Erfüllung bestimmter statistischer Anforderungen (z.B. geringe Korrelation) können auch die eher niedrigen Werte qualitativer Bonitätsmerkmale zur Erhöhung der Gesamt-PowerStat beitragen.

Die Trennschärfe des Ratingkriteriums „Nachfolgeregelung" ist für ein qualitatives Bonitätsmerkmal überdurchschnittlich. So können beispielsweise durchaus Einzel-PowerStats zwischen 20 Prozent und 25 Prozent erreicht werden, wodurch die Frage nach der Existenz von Unternehmensnachfolgeregelungen auch statistisch gerechtfertigt wird. Darüber hinaus hat sich gezeigt, dass die Frage nicht nur für Firmenkunden im Allgemeinen

15 Vgl. Volksbank Gütersloh (o. J.a).
16 Vgl. Kramer (2001), S. 6.
17 Vgl. Strelow (2004), S. 30.

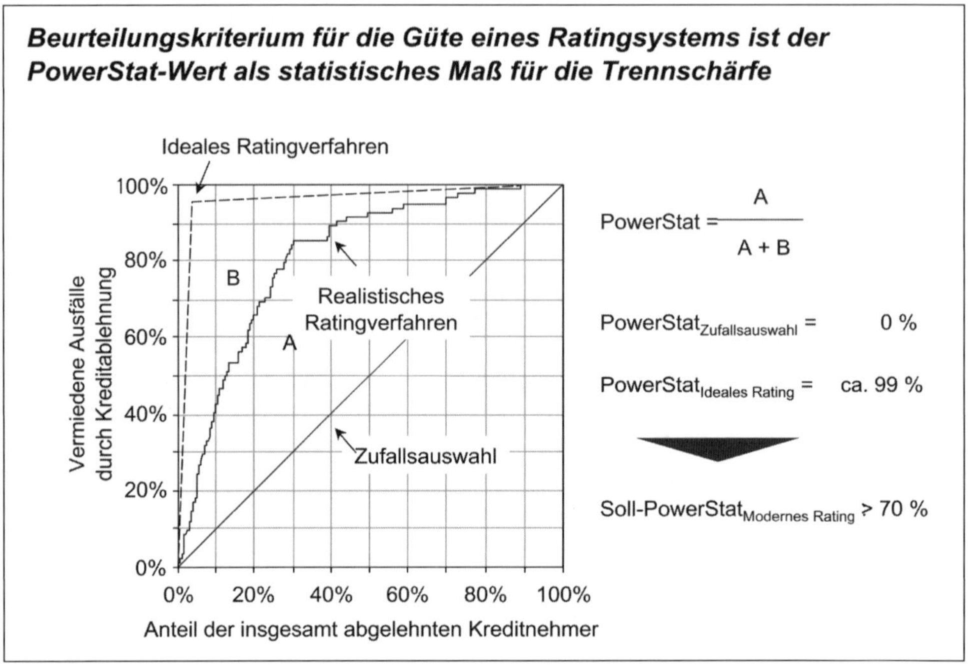

Abbildung 3: Trennfähigkeit als Qualitätskriterium
Quelle: Eigene Modifizierung interner Schulungsunterlagen; Kramer (2005a), S. 11

trennscharf ist, sondern auch für Nonprofit-Organisationen. Folgerichtig nennt beispielsweise Biering in Zusammenhang mit dem Ratingsystem der Bank für Sozialwirtschaft die Regelung von Zuständigkeiten, Kompetenzen und Vertretungen als relevante Faktoren, die abzufragen sind.[18]

4.3 Entwicklungsmöglichkeiten

Stellt man die recht simple Erhebungsfrage, ob eine geeignete Nachfolgeregelung besteht, und das komplexe Problem einer (potenziellen) Führungsnachfolge gegenüber, so wird deutlich, dass weitere Entwicklungsmöglichkeiten existieren. Externe Ratings gehen denn auch wesentlich intensiver auf Nachfolge- und Vertretungsregelungen ein.

Da Banken für die Durchführung von Ratings nicht wie die Ratingagenturen separat bezahlt werden, sondern den Aufwand in ihre Konditionen einpreisen, muss angesichts der großen Menge und der knappen Zeit für die Ratingdurchführung das Ratingverfahren schnell, einfach und preiswert gestaltet sein. Die ratingrelevanten Informationen müssen daher standardisiert erhebbar und statistisch analysierbar sein.

18 Vgl. Biering (2003), S. 174.

Vertretungsregelungen fallen in Abhängigkeit von Beschäftigtenzahl, Branche und Rechtsform unterschiedlich aus. Dabei sind verschiedene Analyseebenen (Unternehmensmerkmale, Personale Merkmale, Arbeitsmerkmale, Vertretungsmerkmale) zu berücksichtigen. Ein Grobschema für eine solche empirisch-statistische Analyse findet sich bei *Kramer.*[19] Auf der Basis genauerer empirischer Befunde zur potenziellen und befristeten Führungsnachfolge (Vertretungsregelung) kann in einer nächsten Ausbaustufe bankinterner Ratings das Kriterium der Nachfolgeregelung genauer abgefragt werden und so zu einer weiteren Erhöhung der Trennschärfe beitragen.

5. Unternehmensnachfolge als Ereignis

Zur genaueren Beleuchtung der sich tatsächlich ereignenden Unternehmensnachfolge kann partiell auf den vorstehenden Ausführungen aufgebaut werden, z. B. wenn der designierte Unternehmensübernehmer sukzessive in die Führungsverantwortung eingebunden und so bereits als „Vertretung" eingeführt wird. Gleichzeitig ist aber jede Form der Führungsnachfolge, wie sorgfältig sie auch vorbereitet worden mag, ein Bruch in der Unternehmenskontinuität.[20] Zum Zeitpunkt der Unternehmensnachfolge ist noch unklar, ob sich die veränderte Führung positiv oder negativ auswirken wird. Fest steht nur, dass es eine tiefgreifende Veränderung – einen Bruch – gegeben hat.

5.1 Die Messung des Ratingkriteriums heute

Aus diesem „Bruch" in der Unternehmenskontinuität resultieren auch die Besonderheiten bei der Messung des Ratingkriteriums. Denn durch das Zusammenführen des Alten – des Unternehmens mit seiner auch zahlenmäßig belegbaren Entwicklung – mit dem Neuen – der Person des Nachfolgers – müssen zwei unterschiedliche Aspekte gemessen werden. Das übernommene Unternehmen stellt wirtschaftlich eine Mischung aus laufender Unternehmenstätigkeit einerseits und Existenzgründung andererseits dar. Die hybride Situation bei der Unternehmensnachfolge im engeren Sinne machen auch *Schmeisser/ Grothe* deutlich: „*... jede Unternehmensnachfolge in jeder Generation [muss] rational als strategischer Wandel im Familienunternehmen, aber auch bei der Aktiengesellschaft neu angegangen werden. Denn strategische, betriebliche Risikofelder stehen in einem signifikanten Zusammenhang mit der erfolgreichen Unternehmensfortführung, die schon fast wieder als Unternehmensgründung zu begreifen ist*".[21]

Angesichts der großen Zahl akut anstehender Unternehmensübergaben wäre zu erwarten, dass sich diese Problematik auch bereits detailliert in den Ratingsystemen niedergeschla-

19 Vgl. Kramer (2005b).
20 Vgl. Kappler (1997), S. 428.
21 Schmeisser/Grothe (2003), S. 5.

gen hätte. Allem Anschein nach ist das aber nicht der Fall. Zwar wird auf die Bedeutung der Unternehmensnachfolge bzw. ihrer Regelung hingewiesen, aber der Detaillierungsgrad geht kaum über die oben in Abschnitt 4.1 angesprochene Frage „Besteht eine angemessene Nachfolgeregelung?“ hinaus. Objektive Beurteilungskriterien fehlen weitgehend.

Am weitesten geht in diesem Zusammenhang noch Keiner, der zunächst einige Fragen hinsichtlich der Nachfolgeregelung auflistet:

- „Ist ein Nachfolger vorhanden?
- Wie ist dessen persönliche und fachliche Eignung?
- Wird der Nachfolger systematisch angeleitet?
- Ist eine für alle Betroffenen angemessene und praktikable gesellschafts- und erbrechtliche sowie steuerliche Nachfolgeregelung getroffen?“[22]

Besonders befriedigend ist allerdings auch dieser Ansatz nicht, zumal durch die Art der Fragestellung der Ermessensspielraum für den Bankmitarbeiter erheblich bleibt. Keiner gelangt denn auch hinsichtlich der Unternehmensnachfolge zu dem Fazit: „Es handelt sich hierbei um eine intuitive, schwer quantifizierbare und kontrollierbare Bewertung der persönlichen Kreditwürdigkeit.“[23]

5.2 Die Trennschärfe des Ratingkriteriums

Ungeachtet der methodischen Unsauberkeit, die darin besteht, dass die Frage nach der Existenz einer angemessenen Nachfolgeregelung nicht zwischen einer potenziellen und/oder befristeten Führungsnachfolge einerseits und einer tatsächlichen und tendenziell unbefristeten Nachfolge andererseits unterscheidet, ist die Trennschärfe dieses Ratingkriteriums hoch. Da beide Varianten mit derselben Frage abgedeckt werden, sei an dieser Stelle auf die Ausführungen in Abschnitt 4.2 verwiesen.

5.3 Entwicklungsmöglichkeiten

Eine sinnvolle Weiterentwicklung des aktuellen Ansatzes erfordert angesichts der bestehenden Ratingsysteme ein stufenweises Vorgehen. Im ersten Schritt müsste im Ratingsystem zwischen der Unternehmensnachfolge als Eventualfall (Stellvertreterregelungen) und als Ereignis (Übergabe der dauerhaften Führungsverantwortung) unterschieden werden, um die unterschiedlichen Sachverhalte auch unterschiedlich behandeln *zu können*. Der zweite Schritt ergibt sich als Folgerung aus den Erkenntnissen von *Keiner* und *Schmeisser/Grothe*: Eine Unternehmensnachfolge ist einerseits eine Bewertung der persönlichen Kreditwürdigkeit und andererseits schon fast wieder eine Unternehmensgründung.

22 Keiner (2001), S. 296.
23 Keiner (2001), S. 296.

Ratingsysteme für die Beurteilung tatsächlich ablaufender Unternehmensnachfolgen können dementsprechend tendenziell modular zusammengesetzt werden: Für die Beurteilung der quantitativen Daten kann auf das „normale" Ratingsystem zurückgegriffen werden, das sowohl harte als auch weiche qualitative Daten erfasst. Darüber hinaus werden auch jetzt bereits einige qualitative Faktoren abgefragt. Von besonderer Bedeutung sind in diesem Zusammenhang die Fragen zur Unternehmerpersönlichkeit, weil hier durch die Führungsnachfolge tiefgreifende Veränderungen erfolgen. Nachfolgend soll dies in Tabelle 2 am Beispiel der Checkliste „Unternehmen und Management" des BVR-II-Ratings verdeutlicht werden.

Tabelle 2: Veränderungen im Bereich Unternehmen und Management durch eine dauerhafte Führungsnachfolge
Quelle: Eigene Darstellung

Kriterium	**Veränderung durch Führungsnachfolge gegenüber Vorperiode?**
Existiert eine geeignete Nachfolgeregelung?	✓ wahrscheinlich
Ist der Unternehmer/(Haupt-)Geschäftsführer schon einmal von Insolvenzverfahren betroffen gewesen oder hat er eidesstattliche Versicherungen geleistet?	✓ möglich
Gibt es in der Geschäftsleitung eine Person mit betriebswirtschaftlicher Ausbildung?	✓ möglich
Gibt es in der Geschäftsleitung eine Person mit technischer Ausbildung?	✓ möglich
Wie viele Mitarbeiter hat das Unternehmen?	✓ möglich
Seit welchem Jahr führt der Unternehmer/(Haupt-)Geschäftsführer das Unternehmen?	✓ sicher
Seit welchem Jahr arbeitet der Unternehmer/(Haupt-)Geschäftsführer in der Branche?	✓ sicher
Hat das Unternehmen eine Betriebsunterbrechungsversicherung?	unwahrscheinlich
Wurden ausreichende Versicherungen gegen Forderungsausfälle abgeschlossen?	unwahrscheinlich
Welchen Einblick hat die Bank in die wesentlichen nichtmonetären Entwicklungen im Unternehmen (Entlassungen oder Ernennung von Geschäftsführern/leitenden Angestellten, sonstige Einschnitte im Personal, Veränderung der Gesellschafterstruktur, etc.)?	✓ möglich

Wesentliche Aspekte der durch die Führungsnachfolge verursachten Veränderungen im Management des Unternehmens lassen sich somit bereits durch das normale Ratingverfahren erfassen. Dabei wird der Aspekt der „Quasi-Unternehmensgründung" aber noch nicht berücksichtigt. Dessen Auswirkungen insbesondere auf die weichen qualitativen und quantitativen Bonitätsmerkmale lassen sich grundsätzlich im Rahmen der entsprechenden Teile von Verfahren zum Rating von Existenzgründern erfassen. Von besonderer Bedeutung ist in diesem Zusammenhang der Geschäftsplan.[24]

24 Vgl. Stuhlinger (2004), S. 317–319, Gleißner (2004), S. 298–310.

Eine modulare Zusammenführung kann in der Verknüpfung der jeweils relevanten Teile aus dem normalen Rating und dem Existenzgründerrating bestehen. Die Verbindung kann mit Hilfe standardisierter Überleitungsregelungen erfolgen, wie sie beispielsweise für den Übergangsbereich zwischen dem BVR-II-Rating Mittelstand und dem BVR-II-Rating Oberer Mittelstand existieren.[25] Alternativ kann auch aus beiden Teilen ein eigenes Unternehmensnachfolgerating hergeleitet und neu kalibriert werden.

6. Schlussfolgerungen

6.1 Schlussfolgerungen für Banken

Für die Zielgruppe der Banken ergibt sich die Konsequenz, die bestehenden Ratingverfahren weiter auszubauen, zu verfeinern und tendenziell uneindeutige Kriterien zu verbessern. Dazu gehört erstens die – auch sprachliche – Trennung zwischen der Unternehmensnachfolge im engeren und im weiteren Sinne.

Dies erfordert zweitens die Durchführung einschlägiger Untersuchungen, um in der nächsten Generation der Ratingverfahren noch bessere Fragen stellen zu können. Dafür ist neben der Ermittlung weiterer bzw. trennschärferer Einzelkriterien auch der Aufbau einer mengenmäßig ausreichenden und qualitativ hochwertigen Datenbasis für die Weiterentwicklung der Ratingsysteme erforderlich.

Ob die Banken diesen Weg auch tatsächlich beschreiten werden, unterliegt ihrem eigenen Kosten-Nutzen-Kalkül: Sie werden dabei die Kosten für die Entwicklung eines Spezialratings, einer modularen Verknüpfung bzw. der Weiterentwicklung zur Erfassung einzelner Bonitätsmerkmale dem potenziellen Nutzen aus einer genaueren Erfassung des Ausfallrisikos, nämlich der risikoangemessenen Preisgestaltung gegenüberstellen. Alternativ werden die Banken versuchen, die Unternehmensnachfolgen mit Hilfe der derzeit bestehenden „normalen“ Ratingverfahren zu erfassen. Dafür spricht auch der Umstand, dass die Zahl der Unternehmensübernahmen pro Jahr mit ca. 70.000 zwar recht hoch ist,[26] aber es keine entsprechenden Spezialbanken für Unternehmensnachfolgen gibt. Somit stehen den 70.000 Unternehmensübergaben pro Jahr ca. 2.000 Banken gegenüber, die diese Klientel als Teil ihres Kreditportfolios mitbedienen. Rein rechnerisch führt das zu einem Wert von ca. 35 Unternehmensübergaben pro Bank und Jahr. Ob diese Relation die Entwicklung eines Spezialratings rechtfertigt, kann derzeit nicht beurteilt werden.

25 Vgl. Volksbank Gütersloh (o. J.a; o. J.b; o. J.c).
26 Vgl. Felden/Klaus (2003), S. 1.

6.2 Schlussfolgerungen für Unternehmen

Für Unternehmen ergibt sich durch die Einführung der modernen Ratingverfahren im Gefolge von Basel II die Notwendigkeit, sich auf die nachgefragten Kriterien einzustellen. Dazu gehört unter anderem Vertretungsregelungen im Sinne einer Unternehmensnachfolge im weiteren Verständnis vorzubereiten, zu dokumentieren und die entsprechenden Unterlagen zu den Kreditgesprächen mitzubringen. Fehlende Vorsorgemaßnahmen im Sinne des oben angesprochenen Notfallplans sorgen nicht nur für tendenziell schlechtere Ratingergebnisse, sondern – weit bedeutender – können bei Ausfall der Geschäftsführung zu einem Zusammenbruch des Unternehmens führen.

Des Weiteren ist es seitens der Unternehmen sinnvoll, sich frühzeitig mit dem Thema „Unternehmensnachfolge im engeren Sinne“ zu befassen. Dies bedeutet keineswegs, dass der Unternehmer kurzfristig versuchen soll, einen Nachfolger zu finden. Dessen ungeachtet ist aber eine strategische Planung der Unternehmensnachfolge erforderlich, denn angesichts der Vielzahl anstehender Unternehmensübergaben, der demographischen Entwicklung sowie der knappen Eigenmittelausstattung und des daraus resultierenden Fremdfinanzierungsbedarfs ist keineswegs sicher gestellt, dass sich kurzfristig ein Nachfolger, ob aus der eigenen Familie, aus der Belegschaft oder von außen, finden lässt. Es handelt sich somit tendenziell eher um einen Käufer- als um einen Verkäufermarkt. Dann kann das Rating des Unternehmens sogar ein zusätzliches Argument für einen Käufer sein, sich für das eine und gegen das andere Unternehmen zu entscheiden.

6.3 Schlussfolgerungen für Nachfolger

Der Nachfolger, sofern er das Unternehmen nicht durch Erbschaft oder Schenkung übernimmt, befindet sich in einer besonderen Situation. Zum einen muss er in der Regel erhebliche Finanzmittel für die Übernahme des Unternehmens aufbringen, die wiederum an ein Rating seiner Person bzw. seiner unternehmerischen Fähigkeiten gekoppelt sind. Zum anderen muss er das übernommene Unternehmen nicht nur weiter führen, sondern entsprechend seiner Vorstellungen neu ausrichten. Dabei kann er keineswegs davon ausgehen, dass die Bank ihm die gegebenenfalls benötigten Betriebsmittelkredite einschließlich des Kontokorrentkredites im selben Umfang und zu denselben Konditionen zur Verfügung stellen wird wie seinem Vorgänger. Hier wirken sich insbesondere die kürzere Unternehmenszugehörigkeit und die geringere Branchenerfahrung (vgl. Tabelle 2) tendenziell ratingverschlechternd und damit zinserhöhend aus. Verbesserungen sind hingegen durch plausible und realistische Geschäftspläne erreichbar, die der Bank nicht nur die angestrebten Ziele signalisieren und wie diese erreicht werden sollen, sondern zugleich die Vertrautheit des Nachfolgers mit dem übernommenen Unternehmen signalisieren.

Der Unternehmensnachfolger muss sich daher besonders intensiv auf die Kreditverhandlungen mit der Bank vorbereiten und sollte die Bank auch frühzeitig über seine Pläne informieren. Die sukzessive Übernahme der Führungsverantwortung ist zwar, wie Felden/Klaus zu Recht betonen, keine allgemein gültige Lösung,[27] aber grundsätzlich aus Sicht des Unternehmens zu präferieren. Dabei geschieht nicht nur der Managementwechsel gleitend statt abrupt; die sukzessive Übergabe führt auch dazu, dass der Nachfolger eine längere Unternehmenszugehörigkeit aufweisen kann, die tendenziell die Bonität verbessert!

Literaturhinweise

Biering, H. (2003): Das Ratingsystem der Bank für Sozialwirtschaft AG, in: König, J./Oerthel, Ch./Puch, H.-J. (Hrsg.): Soziale Arbeit im gesellschaftlichen Wandel. Ziele – Inhalte – Strategien. ConSozial 2002, Starnberg 2003, S. 167–176.

Christians, U. (2003): Bonitätsrating und Unternehmensnachfolge – Beurteilung von bankinternem und -externem Rating im Hinblick auf Nachfolgeentscheidungen (vor dem Hintergrund von Basel II), in: Schmeisser, W./Krimphove, D./Nathusius, K. (Hrsg.): Handbuch Unternehmensnachfolge. Recht – Basel II und Rating – Finanzierung – Fallbeispiele, Stuttgart 2003, S. 253–297.

Everling, O./Schneck, O. (2004): Das Rating ABC, Weinheim. 2004.

Felden, B./Klaus, A. (2003): Unternehmensnachfolge, Stuttgart 2003,

Fischer, A. (2004): Qualitative Merkmale in bankinternen Ratingsystemen. Eine empirische Analyse zur Bonitätsbeurteilung von Firmenkunden, Bad Soden im Taunus 2004.

Gleissner, W. (2004): Neue Instrumente im Existenzgründerrating, in: Achleitner, A.-K./Everling, O. (Hrsg.): Existenzgründerrating. Rating junger Unternehmen, Wiesbaden 2004, S. 285–313.

Hillengass, H. W./Nökel, R. H. (1999): Strategien für Generationswechsel und Zukunftssicherung. Handbuch zur Unternehmensanalyse, Konflikterkennung und Problembewältigung, Heidelberg 1999,

Kappler, E. (1997): Unternehmernachfolge, in: Pfohl, H.-Ch. (Hrsg.): Betriebswirtschaftslehre der Mittel- und Kleinbetriebe. Größenspezifische Probleme und Möglichkeiten zu ihrer Lösung, 3. Aufl., Berlin 1997, S. 417–440.

Keiner, Th. (2001): Rating für den Mittelstand. Wie Unternehmen ihre Bonität unter Beweis stellen und sich günstige Kredite sichern. Die Auswirkungen der neuen Eigenkapitalregelungen des Baseler Akkords, Frankfurt am Main/New York 2001.

Klein, S. B. (2003): Der strategische Wandel während des Nachfolgeprozesses im Familienunternehmen, in: Schmeisser, W./Krimphove, D./Nathusius, K. (Hrsg.): Handbuch Unternehmensnachfolge. Recht – Basel II und Rating – Finanzierung – Fallbeispiele, Stuttgart 2003, S. 23–60.

Kramer, J. W. (2001): Ratingsysteme in Banken – Grundlage einer ertrags- und risikoorientierten Steuerung, in: Bankinformation und Genossenschaftsforum, Heft 9, S. 4–1.

Kramer, J. W. (2005a): Internes Rating spezieller Kundensegmente bei den Banken in

27 Vgl. Felden/Klaus (2003), S. 67.

Mecklenburg-Vorpommern, unter besonderer Berücksichtigung von Nonprofit-Organisationen, Wismar 2005.

KRAMER, J. W. (2005b): Unternehmensnachfolge als Ratingkriterium, unter besonderer Berücksichtigung von Nonprofit-Organisationen, Wismar 2005.

KRAMER, K.-H. (2001): Vorbereitung von Familienunternehmen auf ihr Rating, in: Everling, O. (Hrsg.): Rating – Chance für den Mittelstand nach Basel II. Konzepte zur Bonitätsbeurteilung, Schlüssel zur Finanzierung, Wiesbaden 2001, S. 529–547.

NIEDOSTADEK, A. (2004): Nachfolgeplanung als Teil der erfolgreichen Credit Story, in: Achleitner, A.-K./Everling, O. (Hrsg.): Handbuch Ratingpraxis, Wiesbaden 2004, S. 335–348.

SCHAMP, P. (2004): Beratungsleistungen der Volksbank zum Rating, in: Achleitner, A.-K./Everling, O. (Hrsg.): Handbuch Ratingpraxis, Wiesbaden 2004, S. 795–814.

SCHMEISSER, W./GROTHE, J. (2003): Aspekte der Unternehmensnachfolge im Mittelstand: Eine Herausforderung, in: Schmeisser, W./Krimphove, D./Nathusius, K. (Hrsg.): Handbuch Unternehmensnachfolge. Recht – Basel II und Rating – Finanzierung – Fallbeispiele, Stuttgart 2003, S. 3–8.

STOBBE, TH./SCHULZ, P. (2003): Nachfolgeberatung unter betriebswirtschaftlichen, ertrag- und erbschaftsteuerlichen Aspekten, in: Schmeisser, W./Krimphove, D./ Nathusius, K. (Hrsg.): Handbuch Unternehmensnachfolge. Recht – Basel II und Rating – Finanzierung – Fallbeispiele, Stuttgart 2003, S. 85–116.

STRELOW, A. (2004): VR-Control – Einführung eines verbundeinheitlichen Gesamtbanksteuerungskonzepts in einer kleinen Kreditgenossenschaft, Wismar 2004.

STUHLINGER, M. (2004): Existenzgründerrating durch Kreditgenossenschaften, in: Achleitner, A.-K./Everling, O. (Hrsg.): Existenzgründerrating. Rating junger Unternehmen, Wiesbaden 2004, S. 315–329.

VOLKSBANK GÜTERSLOH (o. J.a): BVR-II-Rating „Mittelstand". Qualitative Fragen, unter: http://www.volksbank-guetersloh.de/downloads/firmenkunden/BVR-II-Rating2.pdf, abgerufen am 13.04.2005.

VOLKSBANK GÜTERSLOH (o. J.b): BVR-II-Rating „Oberer Mittelstand". Qualitative Fragen, unter: http://www.volksbank-guetersloh.de/downloads/firmenkunden/BVR-II-Rating1.pdf, abgerufen am 13.04.2005.

VOLKSBANK GÜTERSLOH (o. J.c): BVR-II-Rating „Übergangsbereich". Qualitative Fragen, unter: http://www.volksbank-guetersloh.de/downloads/firmenkunden/BVR-II-Rating.pdf, abgerufen am 13.04.2005.

WELLENDORFF, CH. (1999): Nachfolgeoptimierung – mehr als nur Paragraphen, in: Hennerkes, B.-H./Pleister, Ch. (Hrsg.): Erfolgsmodell Mittelstand. 12 Unternehmer geben Einblicke in ihr Denken und Handeln, Wiesbaden 1999, 277–293.

Geregelte Nachfolge – das Dilemma der zielgerichteten Beurteilung im Ratingprozess

Clemens Krämer

1. Vorhersehbare und nicht vorhersehbare Unternehmenskrisen

Die Qualität unternehmerischen Handelns wird immer mehr daran beurteilt, wie detailliert bzw. zuverlässig der Unternehmer zukünftige Auswirkungen seiner heute getroffenen Entscheidungen begründen und belegen kann. Dies stellt insbesondere dann an den Unternehmer erhöhte Anforderungen, wenn – wie es sich in der Praxis unternehmerischen Handelns immer wieder zeigt – vermeintlich unvorhersehbare Ereignisse die Planungen des Unternehmers positiv oder negativ durchkreuzen und abweichende Ist–Situationen eintreten. Diese in den meisten Fällen als „Unternehmenskrisen" beschriebenen Situationen treffen den vorbereiteten Unternehmer oftmals weniger schlimm als den unvorbereiteten. Festzustellen ist jedoch, dass die Anzahl der Unternehmenskrisen aus unterschiedlichsten Gründen in Deutschland in den vergangenen Jahren besorgniserregende Ausmaße angenommen hat. In diesem Zusammenhang liegt der Schluss nahe, dass der Unternehmer der Neuzeit entweder weniger gut auf solche Krisensituationen vorbereitet ist als der Unternehmer früherer Tage, oder die Rahmenbedingungen für unternehmerisches Handeln sich verschlechtert haben.

Zur Beurteilung des Sachverhalts und zur Erarbeitung von Rückschlüssen hieraus sind die aktuellen Rahmenbedingungen in Deutschland und im erweiterten Europa zu berücksichtigen (mangelhafte Binnennachfrage, hohe Arbeitslosigkeit, Bürokratisierung, Globalisierung, unterschiedliche Arbeitskosten, Kreditvergabepraxis, etc.), die die Messlatte für erfolgreiches, unternehmerisches Handeln nochmals – gerade nach dem Zusammenbruch des Neuen Marktes – deutlich nach oben katapultiert hat.

Der Unternehmer ist mehr denn je darauf angewiesen, für die jeweilige Unternehmenslebensphase Früherkennungsmethoden zu entwickeln, um die so genannten „Krisentreiber" zeitnah zu identifizieren, damit geeignete Gegenstrategien entwickelt werden können. Diese müssen dann – zur erfolgreichen Umsetzung – so transparent wie möglich dargestellt und fortlaufend dokumentiert werden, damit die Maßnahmen zur Erreichung des verfolgten Ziels der „Krisenbewältigung" von allen beteiligten Stellen und Personen mitgetragen werden. Die Krisenbewältigung kann aber erst dann erfolgen, wenn der Unternehmer aufgrund seiner fachlichen und sozialen Kompetenz überhaupt erkennt, dass sich sein Unternehmen in einer Krise befindet. Um diesen *Spürsinn* zu entwickeln, gehört insbesondere die Bereitschaft des Unternehmers zur ständigen Weiterbildung und Qualifizierung seiner Person dazu. Aber besteht für den Unternehmer wirklich die Möglichkeit eine Unternehmenskrise vorherzusehen?

1.1 Die Ursachen für Unternehmenskrisen

Unternehmenskrisen können in allen Lebensphasen des Unternehmens eintreten. Im Rahmen der Existenzgründung, während der Wachstumsphase, in der Konsolidierungs-/

Existenzsicherungsphase und im Zuge der Unternehmensnachfolgeprozesses. Die Arten der Krisen können grob in drei Teilbereiche mit zunehmendem Handlungsbedarf und zugleich abnehmendem Handlungsspielraum untergliedert werden:

- strategische Krise,
- Ergebniskrise,
- Liquiditätskrise.

Ob sie eintreten und in welcher Ausprägung sie vorkommen, weiß der Unternehmer nicht und die Einschätzung der Eintrittswahrscheinlichkeit ist für ihn auch sehr schwierig. Es fehlen allerdings vielen mittelständischen Betrieben die organisatorischen Voraussetzungen, um rechtzeitig gegensteuern zu können. Dieser Sachverhalt beeinflusst natürlich auch das Verhältnis zur Hausbank, da die von den Kreditinstituten angeforderten Zahlen und Fakten weder zeitnah vorgelegt noch kommentiert werden können. Ein kritischer Zeitpunkt, in dem mit sehr großer Wahrscheinlichkeit eine Unternehmenskrise eintritt, ist der Zeitpunkt der Unternehmensnachfolgeregelung.

1.2 Die Besonderheit des Unternehmensnachfolgeprozesses

Während in den vorgenannten Lebensphasen des Unternehmens die Planung der weiteren Unternehmensentwicklung von sehr vielen externen Faktoren abhängig ist, kann der Unternehmer in der letzte Lebensphase *seines* Unternehmens aktiv und eigenständig handeln. Der Unternehmensnachfolgeprozess ist die einzige Lebensphase des Unternehmens, bei der der Unternehmer im Regelfall die Krisensituation – sofern sich das Unternehmen bis dahin wirtschaftlich stabil entwickelt hat – vorhersehen kann und somit ist diese für ihn gestaltbar. Dennoch wollen viele Unternehmer diese anspruchsvolle Aufgabe meist erst dann erledigen, wenn es aus gesundheitlichen oder finanziellen Gründen gar nicht mehr anders geht. Die persönlichen Befindlichkeiten (soziales Umfeld/Familie, Wertigkeit der eigenen Person, Auseinandersetzung mit Krankheit/Tod, mangelnde Alternativen, etc.) stellen für viele Unternehmer ein unüberwindliches Hindernis dar, sodass der Zeitfaktor zur erfolgreichen Regelung der Unternehmensnachfolge oftmals unterschätzt wird. Aus diesem Grund werden alljährlich wegen mangelhafter Zeitplanung viele Unternehmen nicht fortgeführt. Der Unternehmer muss sich an dieser Stelle der Bedeutung einer strategischen Unternehmensführung bewusst werden. Sie beinhaltet neben der Festlegung längerfristiger Unternehmensziele auch die Erarbeitung und Umsetzung von Strategien zur Erreichung dieser Ziele. Hierzu hat der Unternehmer jedoch im Regelfall nicht den notwendigen Abstand zum Tagesgeschäft. Zu den längerfristigen Zielen gehört sicherlich auch die Regelung der Unternehmensnachfolge.

2. Die Bedeutung des externen und internen Ratings als Managementtool für kleinere und mittlere Unternehmen

Aufgrund des notwendigen Zeitbedarfs für die Vorbereitung und Umsetzung der Nachfolgeregelung ist es für den Unternehmer sinnvoll, sich entsprechender Unterstützung zu bedienen. Dies können zum einen professionelle Berater oder Unternehmenssteuerungsinstrumente sein, die bei der Zeit- als auch bei der Maßnahmenplanung herangezogen werden. So bietet beispielsweise ein externes Rating dem Mittelstand die Möglichkeit, einen Status Quo zu definieren und Transparenz in die derzeitige Unternehmenssituation zu bekommen. Die Nachfrage seitens der kleineren und mittleren Betriebe ist jedoch sehr gering, da ein externes Rating meist mit einem relativ hohen finanziellen Aufwand verbunden ist. Allgemein ist ein Rating als ein kontinuierlicher Prozess anzusehen. Nach einem erstmaligen Ratingverfahren ist die Beurteilung des Unternehmens durch weniger aufwendige Folgeratings anzupassen, um Veränderungen in der Bonität des Unternehmens gerecht zu werden. Die Betrachtungszeiträume, in denen die Bonität immer wieder geprüft wird, sind jedoch *unterschiedlich.* Ein internes Rating eines Kreditinstitutes betrachtet die Ausfallwahrscheinlichkeit des Unternehmens innerhalb eines Zeitraums von *einem Jahr.* Im *Dialog* zwischen Unternehmer und Kreditinstitut sollten Schwachstellen ermittelt und gemeinsame Strategien erarbeitet werden, um diese durch geeignete Maßnahmen zu beseitigen. Leider besteht in der Kommunikation sehr oft ein Sender-Empfänger-Problem zwischen Kreditinstitut und Unternehmer, so dass sich in vielen Fällen eine kontraproduktive Entwicklung diesbezüglich abzeichnet. Ratingagenturen hingegen verstehen das externe Rating als ein *Through-the-cycle-Urteil.* Das bedeutet, dass die einzelnen Beurteilungskriterien für das Unternehmen für einen mittelfristigen Zeitraum von zwei bis vier Jahren betrachtet werden. Insofern – blickt man alleine auf den Betrachtungszeitraum – wäre ein externes Rating für den Unternehmer als unterstützendes Steuerungsinstrument bzw. Managementtool im Unternehmensnachfolgeprozess sicherlich geeigneter als ein internes Rating eines Kreditinstitutes. Für über 80 Prozent des deutschen Mittelstands, in der Hauptsache kleinere und mittlerer Unternehmen, die im Bereich der Unternehmensfinanzierung von Bankkrediten abhängig sind, lohnt sich jedoch aus ökonomischen Gründen eine Investition in ein externes Rating nicht. Hier gilt es, sich auf die bankinternen Ratingverfahren vorzubereiten, da sich Kreditinstitute – trotz der Gleichstellung von internen und externen Ratings durch Basel II – bei der Kreditvergabe ausschließlich auf ihr eigenes, internes Rating verlassen. Dabei wird bei der Beurteilung auch die Regelung der Unternehmensnachfolge zur Zukunftssicherung des Unternehmens berücksichtigt.

3. Die für das interne Rating problematischen Bonitätsgruppen

Beim Rating werden sowohl die so genannten *quantitativen/harten,* als auch die *qualitative/weichen Faktoren* eines Unternehmens beurteilt. Die Beurteilung der harten Faktoren – wie beispielsweise die Bonitätsgruppe „wirtschaftliche Verhältnisse", die durch Auswertung des Jahresabschlusses analysiert wird – erfolgt alleine aus der Bewertung von effektiv messbaren Fakten. Eine Verobjektivierung der Erkenntnisse aus der Bewertung der vorliegenden Fakten fällt somit dem Firmenkundenbetreuer beim internen Rating leicht – die Beurteilung der harten Faktoren in der jeweiligen Bonitätsgruppe wird somit auch nachvollziehbar für den Unternehmer. Bei den weichen Faktoren (Management/Unternehmensleitung und zukünftige Unternehmensentwicklung) wird die Verobjektivierung und Nachvollziehbarkeit der Beurteilungsergebnisse wesentlich schwieriger, wenn nicht gar ganz ausgeschlossen. Es wird gerade für die Beurteilung der Bonitätsgruppen, bei denen die weichen Faktoren dominieren, ein Höchstmaß an sozialer und fachlicher Kompetenz an den Firmenkundenbetreuer gestellt, damit er diese Ratingkriterien möglichst objektiv erfassen und dann deren Auswertungsergebnisse folgerichtig deuten kann. Aber wo genau tauchen Probleme bei der Beurteilung der weichen Faktoren auf und vor allem warum tauchen sie auf?

3.1 Das Kriterium Management/Unternehmensleitung

Bei diesem Ratingkriterium werden die Unternehmerpersönlichkeit und dessen unternehmerische Aktivitäten beurteilt. Es fließen gewonnene Erkenntnisse aus dem Tagesgeschäft des Firmenkundenbetreuers mit dem Unternehmer, die operative Planung und strategische Ausrichtung des Unternehmers, sowie deren Umsetzung mit ein. Von entscheidender Bedeutung ist hierbei, wie der Firmenkundenbetreuer das unternehmerische Entscheidungsverhalten einschätzt: ob der Unternehmer beispielsweise zum richtigen Zeitpunkt die Notwendigkeit erkennt, aktiv werden zu müssen, um das Unternehmen planmäßig für die Zukunft zu entwickeln. Hierzu gehört auch das Erkennen der strategischen Aufgabe „Einstieg in den Ausstieg", die der Unternehmer im anstehenden Nachfolgeprozess erledigen muss. Der Unternehmer sollte daher seine Kommunikationspolitik auf den Prüfstand stellen und prüfen, ob diese dem Informationsbedürfnis der Hausbank genügt. Er darf nicht erst mit dieser in Kontakt treten, wenn er einen Kredit benötigt, sondern muss permanent den Kontakt pflegen, um eine solide Vertrauensbasis zum Kreditinstitut zu schaffen, so wie es jeder Großkonzern auch handhabt. Nun hat nicht jeder Mittelständler das Know-how eines Großkonzerns, so dass er sich persönlich fit machen muss. In erster Linie muss er einen Selbst-Check vornehmen. Wichtig ist, dass er sein eigenes Unternehmen hinsichtlich des Organigramms, der Arbeitsabläufe, der Personalstruktur und –qualifikation, der technischen Ausstattung, der Vertriebswege, etc. wirklich kennt. Diesbezüglich kann der Unternehmer viel tun, um sich auf Fragen seines

Firmenkundenbetreuers vorzubereiten und die notwendige Transparenz herzustellen. Die Frage des Firmenkundenbetreuers nach der Regelung der Unternehmensnachfolge an den mittelständischen Unternehmer gehört zur Beurteilung dieses Ratingkriteriums zwingend dazu, da im Sinne der etwaigen Unternehmensfortführung hierin ein latentes Risikopotenzial steckt. In diesem Zusammenhang stellt sich die Frage, ob der Firmenkundenbetreuer anhand der Angaben des Unternehmers überhaupt korrekt einschätzen kann, ob die Unternehmensnachfolge tatsächlich und abschließend geklärt ist. Die Parameter, die zur Beuteilung der Unternehmensnachfolgeregelung beim internen Rating dienen müssten, sind bei den meisten Kreditinstituten nicht konkret definiert, sodass der Firmenkundenbetreuer eine Einschätzung nach persönlichem Ermessen vornehmen muss. Dies ermöglicht aber Fehlinterpretationen, die fatale Auswirkungen in der Beurteilung des Unternehmens haben können.

3.2 Das Kriterium zukünftige Unternehmensentwicklung

Die Aussgangssituation stellt sich bei diesem Ratingkriterium ähnlich wie beim vorgenannten Kriterium dar. Die weichen Faktoren werden teilweise mittels der harten Faktoren, die jedoch vergangenheits- bzw. gegenwartsbezogen sind, beurteilt. Es werden beispielsweise Daten über die derzeitige Branchensituation oder aktuelle Marktberichte, sowie Kenntnisse über Abnehmer- und Lieferantenabhängigkeiten in der Bewertung dieses Kriteriums berücksichtigt.

Auf die Qualität der Ausgangsdaten kommt es an, damit eine seriöse Beurteilung im internen Rating erfolgen kann. Dennoch reichen diese Daten alleine nicht aus, um eine Prognose über die zukünftige Entwicklung eines Unternehmens abgeben zu können. Weder der Unternehmer, noch der Firmenkundenbetreuer haben hellseherische Fähigkeiten, sodass gerade die Einschätzung der zukünftigen Entwicklung des Unternehmens in seinem Umfeld beiden Seiten Kopfzerbrechen bereitet.

Woher kommt die Datenbasis für fundierte Zukunftsannahmen des Unternehmers bzw. des Firmenkundenbetreuers? Der Unternehmer und der Firmenkundenbetreuer müssen sich diese Basis zusammen erarbeiten, indem sie die Informationen, die zur Beurteilung herangezogen werden, verifizieren und qualifizieren. Dies funktioniert nur dann, wenn die Quelle der Informationen bekannt ist und die Begründung, die zu einer bestimmten Bewertung der Annahme führt, von den Parteien offen dargelegt wird. Die jeweilige Partei muss in die Lage versetzt werden, die Beurteilung des Gegenübers nachvollziehen zu können. Selbstverständlich interessiert an dieser Stelle das Kreditinstitut auch die Vorgehensweise des Unternehmers, mit der er die vordefinierten Ziele erreichen möchte und die etwaigen Maßnahmen, die bei einer Abweichung von den Planzahlen ergriffen werden. Diese müssen seitens des Unternehmers verständlich vermittelt und dokumentiert werden, damit der Firmenkundenbetreuer für sich die Plausibilität dieser Sachverhalte herleiten kann. Umgekehrt ist es für den Unternehmer existenziell zu erfahren, wie der Firmenkundenbetreuer die zukünftige Unternehmensentwicklung einschätzt und warum er diese so beurteilt, dass der Unternehmer Chancen hat, geeignete Maßnahmen einzuleiten, um beim Rating des Kreditinstitutes besser abschneiden zu können. Schließlich kann *nur* der Unternehmer an den Parametern Unternehmensführung und -steuerung, an denen er hinsichtlich dieser Bonitätsgruppe gemessen wird, etwas verändern. Hierzu ist aktive und offene Kommunikation zwischen Unternehmer *und* Kreditinstitut unabdingbar. Wie verhält sich diese aktive und offene Kommunikation zwischen Unternehmer *und* Kreditinstitut nun *in Bezug auf die Frage der Unternehmensnachfolgeregelung*?

4. Die unterschiedlichen Ziele von Unternehmen und Kreditinstitut beim Unternehmensnachfolgerating

4.1 Die Sicht des Unternehmers

Für den Unternehmer spielen meist persönliche Ziele, wie beispielsweise Sicherung der Altervorsorge und Wahrung des Familienfriedens, die zentrale Rolle bei der Regelung der Unternehmensnachfolge. Oftmals werden diese im „tiefsten Inneren" des Unternehmers empfundenen Bedürfnisse durch angeblich wichtige „betriebswirtschaftliche Ziele" in der Kommunikation mit der Hausbank verdrängt, bzw. in den Hintergrund geschoben. Welcher Unternehmer beschäftigt sich auch schon gerne mit Krankheiten, die im Rentendasein verstärkt auftreten werden oder gar mit dem eigenen Tod, der im letzten Lebensabschied unweigerlich auch den scheidenden Unternehmer ereilt. Die Gefahren der verschleppten Unternehmensnachfolgeregelung, die aus den vorgenannten persönlichen Motiven des Unternehmers resultieren, bedeuten gleichzeitig ein erhöhtes Risikopotenzial für das Kreditinstitut. Denn durch die Stagnation im unternehmerischen Entscheidungsprozess, das Hinausschieben von notwendigen Investitionen, fehlenden Produktinnovationen, sowie der Vernachlässigung der Neukunden-Akquise wird das Unternehmen sukzessive den Rückgang des Auftragsbestandes verzeichnen und der Wert des Unternehmens wird sinken. Dies führt weiter dazu, dass, wegen mangelnder Attraktivität des Unternehmens und fehlender positiver Zukunftsaussichten, die Unternehmensübergabe sehr schwierig zu realisieren sein wird. Die Ziele des Unternehmers im Nachfolgeprozess werden nicht authentisch und transparent kommuniziert. Die am Nachfolgeprozess beteiligten Parteien – insbesondere Kreditinstitute – können somit den roten Faden zur Erreichung der tatsächlichen Ziele des Unternehmers nicht erkennen. Sie gefährden damit durch Einleitung gegenläufiger Maßnahmen oder durch eine restriktive Kreditvergabe die erfolgreiche Regelung der Unternehmensnachfolge im Ganzen. Der Unternehmer muss – will er den Unternehmensnachfolgeprozess für sich zufrieden stellend abschließen – klar, deutlich und offen seine persönlichen Ziele definieren und kommunizieren. Ob sich diese Ziele dann mit den Zielen der anderen beteiligten Parteien decken, bleibt abzuwarten. Es besteht jedoch die große Chance für den Unternehmer, in diesem Punkt ein akzeptables Rating seines Kreditinstitutes zu erhalten, da dieses über den Zeitplan und die Maßnahmen im Nachfolgeprozess informiert ist. Das Kreditinstitut bzw. der Firmenkundenbetreuer kann dann die beiden Bonitätsgruppen *Management/Unternehmensleitung* und *zukünftige Unternehmensentwicklung* besser beurteilen. Zusammen mit den Ergebnissen aus der Beurteilung der weiteren Bonitätsgruppen (hierauf wird in diesem Beitrag nicht näher eingegangen) wird eine fundierte Aussage zur Ausfallwahrscheinlichkeit möglich.

4.2 Die Sicht des Kreditinstituts

Aus Sicht des Kreditinstituts wird vom Unternehmer erwartet, dass er rechtzeitig die Nachfolge im Unternehmen regelt. Welche der Optionen zur Unternehmensnachfolgeregelung (Übergabe an Familienangehörige oder Externe, Verkauf des gesamten Unternehmens, etc.) der Unternehmer wählt, sollte dem Kreditinstitut mitgeteilt werden. Ebenso sollte der Unternehmer bei der Umsetzung des Nachfolgeprozesses, spätestens bei Eintritt eines neuen Meilensteins, das Kreditinstitut darüber unterrichten oder besser vorher in den Entscheidungsprozess mit einbinden. Das Kreditinstitut hat dann auch eine reelle Chance, die Strategie des Unternehmers erfolgreich zu begleiten. Sofern der Unternehmer der Regelung der Unternehmensnachfolge keine größere Bedeutung beimisst und in diesem Punkt nachlässig ist, wird er beim Rating durch das Kreditinstitut schlechter beurteilt. Da dies wiederum Konsequenzen in Bezug auf die Eigenkapitalunterlegung und Risikovorsorge des Kreditinstitutes in diesem Kreditengagement hat, wird der Druck auf das Unternehmen bzw. den Unternehmer zur Klärung der Unternehmensnachfolge erhöht werden. Das Kreditinstitut erwartet primär, unter dem Aspekt der Unternehmensfortführung, dass die bestehende Funktionalität der Organisation des Unternehmens erhalten bleibt und zusätzlich mit authentischen Impulsen weiter entwickelt wird. Für den abgebenden Unternehmer und für den Nachfolger ist das Finden einer akzeptierten Balance von Erhalten und Verändern die zentrale und widersprüchliche Herausforderung der Nachfolge. Ob die gefundene Balance vom Kreditinstitut tatsächlich akzeptiert wird, hängt sehr stark von der Transparenz des Unternehmensnachfolgeprozesses und der Einbindung des Kreditinstituts durch stetige Kommunikation ab. Für das Kreditinstitut steht in erster Linie die Zukunft seines Kunden im Vordergrund. Diese gilt es für das Kreditinstitut, u. a. durch das Rating, zu beurteilen und sie ist Dreh- und Angelpunkt für die Kreditvergabe. Eine ungeregelte Nachfolgeplanung stellt die Zukunftsfähigkeit des Unternehmens in Frage und somit auch die Bonität.

5. Die Überwindung des Dilemmas

Es liegt also – trotz unterschiedlicher Ausgangsmotive – im ureigenen Interesse beider Parteien, dass der Nachfolgeprozess zur Zukunftssicherung des Unternehmens bzw. des

Unternehmers erfolgreich abgeschlossen wird, um zu einem positiven Nachfolgerating zu gelangen. Entscheidend für das Gelingen ist jedoch, dass das bestehende, komplexe Geflecht von persönlichen Beziehungen, Zielen und Erwartungen vom Unternehmer *und* Firmenkundenbetreuer erkannt bzw. bedacht wird – und dies nicht nur oberflächlich. Bei der Frage der Nachfolgeregelung muss primär die persönliche Ebene beim internen Rating im Vordergrund stehen und erst dann wird die sachliche Ebene fokussiert.

Wenn auf der persönlichen Ebene ein Konsens und Transparenz besteht, können Sachfragen, die in der Beurteilung beim internen Rating höher gewichtet werden, da sie griffiger sind, positiv geratet werden. Dennoch ist das interne Rating nur dann als Managementtool geeignet, wenn die Ergebnisse des Ratings dem Unternehmer nicht nur – wie bisher üblich – mündlich mitgeteilt werden, sondern vom Kreditinstitut schriftlich verfasst und dem Unternehmer überlassen werden. Das Kreditinstitut sollte das Rating als ständiges Arbeitspapier für sich *und* den Unternehmer verstehen. Die Behandlung des Ratings seitens des Kreditinstitutes als *Black Box* ist hierbei kontraproduktiv. Gespräche zwischen Unternehmer und Kreditinstitut reichen an dieser Stelle nicht aus, um ein fundiertes und aussagekräftiges Rating in beiderseitigem Interesse zu erstellen. Nur wenn beide Parteien schwarz auf weiß ihre Anliegen dokumentieren, wird eine Basis geschaffen, die dazu beiträgt, dass die gleiche Zielrichtung verfolgt wird. Im Gegenzug muss der Unternehmer die proaktive Kommunikation mit dem Kreditinstitut pflegen und sein unternehmerisches Handeln dem Kreditinstitut transparent und zeitnah darlegen.

Es muss gerade in mittelständischen Unternehmen eine andere Kommunikationspolitik einkehren. Der Patriarch, der sich nicht in die Karten schauen lässt, gehört definitiv der Vergangenheit an. Die mittelständischen Unternehmen werden es schaffen müssen, sich nachvollziehbar zu positionieren und nach außen zu präsentieren. Die Reibungsverluste, die durch unterschiedliche Sichtweisen im Ratingprozess auftreten, fördern die Effizienz der unternehmerischen Arbeit und leisten damit – im Sinne der Zukunftssicherung des Unternehmens – einen Beitrag zur Steigerung der Wertschöpfung im Unternehmen. Nur durch Abbau der Vorbehalte gegenüber einer offenen, direkten und klaren Kommunikation, bei der Misstrauen ein Fremdwort ist, wird es beiden Parteien im Unternehmensnachfolgeprozess gelingen, strategische Erfolgspotenziale des Unternehmens zu erkennen und weiter zu entwickeln. Es ist gerade für die mittelständische Wirtschaft in Deutschland, die meist am Standort Deutschland „gefangen" ist, wichtig, dass die „gestörte Beziehung", die sich aus der gegenseitigen Abhängigkeit zwischen Unternehmer und Kreditinstitut ergibt, wieder ins Lot gebracht wird. Das Rating wird die Kreditfinanzierung des Mittelstandes *nicht* gefährden, sondern Chancen für die Unternehmen und die Kreditinstitute eröffnen, in dem sie sich neu ausrichten, um den aktuellen Marktbedingungen gerecht zu werden. Denn durch den verstärkten Fokus auf das Rating wird sich die Unternehmer-Bank-Beziehung deutlich intensivieren und es wird hieraus ein Marktausleseprozess von nicht marktfähigen Unternehmen *und* Kreditinstituten – der bereits begonnen hat – resultieren.

Nun darf jedoch nicht vergessen werden, dass die Regelung der Unternehmensnachfolge nur *ein* Baustein von vielen im gesamten Unternehmensrating darstellt und insofern auch nicht überbewertet werden sollte. Das Rating muss immer ganzheitlich betrachtet werden und sollte das Kriterium der Unternehmensnachfolgeregelung – wie alle anderen wichtigen Kriterien – bei der Beurteilung berücksichtigen. Dennoch gilt: „Rechtzeitig vorbereitet sein und einen Schritt voraus denkend, ist das Gebot *erfolgreicher* Unternehmer“.

Auswirkungen des Faktors „geregelte Nachfolge“ auf das Rating mittelständischer Unternehmen

Miriam Brockhaus

1. Einleitung

Das Thema Nachfolgeregelung ist seit Jahren ein fester Bestandteil von Diskussionen in der Fachpresse und auf Veranstaltungen. Trotz des hohen Interesses der Öffentlichkeit an diesem Thema stellt es für eine Vielzahl der verantwortlichen Firmeninhaber immer noch eine weitgehend tabuisierte Herausforderung dar.

Dabei ist es auch für erfolgreiche Unternehmen von elementarer Bedeutung, die Organisation der Nachfolge frühzeitig aktiv zu gestalten, um die langfristige Fortführung der Firma zu gewährleisten. In vielen Fällen beschäftigen sich Unternehmer erst mit diesem Sachverhalt, wenn die Zeit bereits drängt und gefährden damit ihr Lebenswerk sowie die Weiterbeschäftigung ihrer Mitarbeiter.

Gerade vor dem Hintergrund der anhaltenden Diskussion um Basel II und Ratings erweist sich eine frühzeitige Auseinandersetzung mit dem Thema Nachfolgeregelung als entscheidend, da die geregelte Nachfolge einen bedeutenden Faktor bei der Bonitätsprüfung darstellt. Inwieweit sich eine frühzeitige Regelung der Nachfolge auf das Rating und damit auch die Finanzierungskonditionen eines mittelständischen Unternehmens auswirkt, soll in diesem Beitrag näher untersucht werden.

2. Rating im Mittelstand

2.1 Internes vs. externes Rating

In der Unternehmenspraxis werden generell zwei Arten von Ratings unterschieden: das interne Rating und das externe Rating. Bankinterne Ratings stellen das „Ergebnis der internen Risikomessung einer Bank in ihrem Kreditportfolio“[1] dar. Der Kunde wird somit von einem Kreditinstitut mit Hilfe eines hausinternen Verfahrens „geratet“, aus dem dann eine Aussage über die Kreditwürdigkeit bzw. die Ausfallwahrscheinlichkeit abgeleitet wird. Interne Ratingsysteme dienen der „Klassifizierung von Kreditengagements hinsichtlich ihres Ausfall- oder Kreditrisikogehalts“.[2]

Ein externes Rating wird dagegen von privaten Ratingagenturen, die keinem staatlichen Einfluss unterliegen, durchgeführt. Derartige Kreditratings sind auf den internationalen Finanzmärkten schon seit einigen Jahrzehnten üblich. Im Wesentlichen erfolgen externe Ratings auf Initiative von Unternehmen, die sich am Kapitalmarkt refinanzieren wollen. Externe Ratings vermitteln im Allgemeinen ein objektives Bild von dem jeweiligen Unternehmen und dienen für Anleger als Entscheidungshilfe. Nach dem Vorbild der internationalen Agenturen, zu deren bekanntesten Anbietern Moody's, Standard & Poor's und Fitch gehören, wurden Ende der 90er Jahre mehrere Ratingagenturen in Deutschland

1 Vgl. Kayser (2001), S. 1.
2 Vgl. Sultze (2000), S. 3.

gegründet, die sich auf den Mittelstand fokussieren. Banken können bei Anwendung des Standardansatzes unter Basel II externe Ratings ihrer Firmenkunden als Bonitätsbeurteilung verwenden.

Für ein mittelständisches Unternehmen stellt sich zunächst die Frage, inwieweit ein externes Rating das ohnehin unumgehbare interne Rating der Banken sinnvoll ergänzen kann. Ein externes Rating bietet im Allgemeinen den Vorteil, den Zugang zum Kapitalmarkt zu erleichtern oder die Verhandlungsmacht gegenüber den Hausbanken und somit die Kreditkonditionen verbessern zu können. Grundsätzlich bietet sich daher ein externes Rating vor allem bei wachsendem und großvolumigem Finanzbedarf, zur Umschichtung der Finanzierung und zur Sicherung der Flexibilität für zukünftige Investitionen an. Jedoch wird eine externe Beurteilung für mittelständische Unternehmen nur dann attraktiv sein, wenn das Rating bei alternativen Finanzierungsformen (zum Kredit) eingesetzt wird oder wenn durch das Rating die Finanzierungskosten reduziert werden können. Dabei muss beachtet werden, dass die Finanzierungskostenersparnisse die Ratingkosten mindestens kompensieren müssen. Grundsätzlich ist jedoch nach Aussage von Marktbeobachtern ein sehr gutes Rating für kleine mittelständische Unternehmen aufgrund grundsätzlich erhöhter Risikopotenziale nur sehr schwer zu erreichen.

Tabelle 1 stellt die generellen Vor- und Nachteile externer und interner Ratings gegenüber.

Tabelle 1: Vor-und Nachteile des internen und externen Ratings

Internes Rating	
Vorteile	Nachteile
– keine Ratingkosten – Informationen aus der Kontoführung können berücksichtigt werden – Sicherheiten können risikovermindernd „verarbeitet“ werden – es lassen sich Ausfallwahrscheinlichkeiten ableiten, die im Vergleich zu externen Ratings den wahren ökonomischen Risiken deutlich näher kommen	– Interessenkonflikt zwischen Geschäftswachstum und Risikobeurteilung – Aufwand im Zusammenhang mit der Datenerhebung und der Datenpflege

Externes Rating	
Vorteile	Nachteile
– (vermeintliche) Unabhängigkeit des Beurteilenden – oftmals Veröffentlichung der Ratingeinstufung, womit ein besseres Image verbunden sein kann – eventuelles Verhandlungsmittel bei Kreditnachfragen (je nach Akzeptanz der Ratingagentur bei der entsprechenden Bank) – Voraussetzung, um einen Börsengang vorzubereiten oder Anleihen aufzulegen	– hohe Ratingkosten (ein „vollständiges" Rating kostet in der Regel zwischen 5.000 Euro und 50.000 Euro); teilweise erscheinen die Urteile „willkürlich" bzw. im Einzelfall nicht nachvollziehbar – aufgrund der bestehenden „Ratinglücke" geringe Verbreitung in Deutschland, daraus resultiert eine momentan noch geringe, jedoch wachsende Akzeptanz bei Geschäftspartnern – die Anerkennung der „Mittelstandsagenturen" durch die nationalen Aufsichtsbehörden ist noch unzureichend geregelt – es bestehen durchaus Einstufungsdifferenzen bei unterschiedlichen Agenturen, die die Gefahr des *Cherry-Picking*[3] beinhalten könnten – lange Bindung an die Agentur, da Ratings nur bei jährlicher Wiederholung Sinn machen

2.2 Erforderliche Informationen des internen Ratingprozesses

Für mittelständische Unternehmen spielen insbesondere die von den Banken geforderten Mindestanforderungen an ein internes Rating eine große Rolle. Für die Risikoeinschätzung eines Kreditnehmers werden beim internen Rating mindestens die folgenden Faktoren berücksichtigt: Ertragskraft, Kapitalstruktur, Qualität der Einkünfte, Information, Fremdkapital, finanzielle Flexibilität, Management, Branche, Land.

Der Ratingprozess schließt sowohl quantitative als auch qualitative Kriterien ein. Die Kernfrage eines internen Ratings und damit der Kreditentscheidung ist, ob die *Höhe* und *Nachhaltigkeit* des operativen Cashflows die Rückzahlung des Kredits gewährleistet. Dabei ist die Höhe des Cashflows aus einer Bewertung der finanziellen Verhältnisse, die Nachhaltigkeit aus einer plausiblen Unternehmensstrategie und einer damit verbundenen Bewertung der Managementqualität sowie der Bewertung der Marktstellung und des wirtschaftlichen Umfeldes des Unternehmens ableitbar.

Die Grundlage des internen Ratings bildet in der Regel eine genaue Analyse der Jahresabschlusskennzahlen zur Finanz-, Ertrags- und Vermögenslage. Bevor diese erfolgt,

3 Laut Basel II ist das Cherry-Picking explizit verboten, das heißt, eine Bank darf bei einem vorliegenden externen Rating das interne Rating in seinem Volumen nicht einschränken.

werden zunächst Warnhinweise und K.o.-Kriterien des zu prüfenden Unternehmens festgelegt und bewertet. Von besonderer Bedeutung bei der Kennzahlenanalyse sind der Branchenvergleich sowie die Entwicklung des Unternehmens in den letzten drei bis fünf Jahren. Als wichtige Kennzahlen gelten dabei die Liquidität, die Eigenkapitalquote, der Umsatz, der Cashflows sowie das Jahresergebnis. Für die Analyse der Vermögenslage werden zudem die Kapitalbindung, die Kapitalbindungsdauer, die Verschuldung und die Kapitalstruktur näher beleuchtet. Für die Betrachtung der Finanzlage sind die Finanzkraft und die Deckungsstruktur sowie für die Prüfung der Ertragslage die Rentabilität und die Aufwandsstruktur des Unternehmens von Relevanz.

Neben den quantitativen Größen werden im internen Ratingprozess harte und weiche qualitative Ratingkriterien berücksichtigt. Im Rahmen der harten qualitativen Faktoren werden beispielsweise die Dauer der Kundenbeziehung, das Alter bzw. die Erfahrung der Geschäftsleitung, deren Ausbildung und Familienstand sowie die Nachfolgeregelung analysiert. Bei diesen Kriterien spielen auch die bisherige Kontoführung und Kundentransparenz bzw. das Informationsverhalten der Geschäftsleitung eine Rolle. Im Bereich der weichen qualitativen Faktoren wird die Unternehmensführung mit Fragen zur Unternehmensstrategie, insbesondere zur Plausibilität und Dokumentation der Unternehmensstrategie und zum Strategiemanagement untersucht. Des Weiteren werden Fragen zum Management, zum Beispiel zur fachlichen und persönlichen Qualifikation der ersten und zweiten Managementebene, gestellt. Darüber hinaus wird der Bereich Personal, vor allem das Personalmanagement, die Personalzufriedenheit, die Arbeitsmarktsituation sowie spezifische personelle Risiken, näher beleuchtet.

Eine sehr wichtige Rolle spielt im Bereich Planung und Steuerung des Unternehmens die Informationspolitik, d.h. das Auskunftsverhalten und die zur Verfügung stehenden Unterlagen des Unternehmens. Neben den Planzahlen für die nächsten fünf Jahre (insbesondere GuV- und Bilanzplanung, Finanz- und Liquiditätsplanung sowie Investitionsplanung) ist zudem das Controlling, also Unternehmenssteuerungskonzept, Kostenrechnung, unterjähriges Berichtswesen, Liquiditätsmanagement und Risikofrüherkennungskonzept, von Relevanz.

Eine Bewertung des Absatzmarktes, d.h. der Produkte und Kunden des Unternehmens, die insbesondere die allgemeine Branchen- und Marktentwicklung sowie die individuelle Marktstellung analysiert sowie die Durchleuchtung der Wertschöpfungskette des Unternehmens runden den internen Ratingprozess ab.

Tabelle 2 gibt einen abschließenden Überblick über die für den internen Ratingprozess erforderlichen Informationen.

Tabelle 2: Erforderliche Informationen des internen Ratingprozesses

Kriterien	**geforderte Informationen**
Allgemeine Jahresabschlusskennzahlen	– Liquidität – Eigenkapitalquote – Umsatz – Cashflow – Jahresergebnis
Finanzlage	– Finanzkraft – Deckungsstruktur
Vermögenslage	– Kapitalbindung und -bindungsdauer – Verschuldung – Kapitalstruktur
Ertragslage	– Rentabilität – Aufwandsstruktur

Harte qualitative Faktoren	– Dauer der Kundenbeziehung
	– Management
	  – Alter, Erfahrung, Ausbildung und Familienstand
	  – Nachfolgeregelung
	– Bankbeziehung
	  – bisherige Kontoführung
	  – Kundentransparenz
	  – Informationsverhalten der Geschäftsleitung

Weiche qualitative Faktoren	– Unternehmensführung
	  – Plausibilität und Dokumentation der Strategie
	  – Strategiemanagement
	– Management
	  – fachliche und persönliche Qualifikation der ersten und zweiten Managementebene
	– Personal
	  – Personalmanagement und -zufriedenheit
	  – Arbeitsmarktsituation
	  – spezifische personelle Risiken

Planung und Steuerung	– Informationspolitik
	  – Auskunftsverhalten
	  – zur Verfügung stehende Unterlagen
	– Planzahlen für die nächsten fünf Jahre
	  – GuV- und Bilanzplanung
	  – Finanz- und Liquiditätsplanung
	  – Investitionsplanung
	– Controlling
	  – Unternehmenssteuerungskonzept
	  – Kostenrechnung
	  – unterjähriges Berichtswesen
	  – Liquiditätsmanagement
	  – Risikofrüherkennungskonzept

Absatzmarkt	– allgemeine Branchen- und Marktentwicklung – individuelle Marktstellung

2.3 Erforderliche Informationen und Ablauf des externen Ratingprozesses

Für die Durchführung des externen Ratingprozesses ist generell mit einer Dauer von vier bis fünf Monaten zu rechnen. Dabei entfallen etwa drei bis vier Monate auf die Vorbereitung des Ratings durch das Unternehmen und zwischen zwei und zehn Wochen auf die Prüfung durch die Agenturen. Nach Erteilung des Mandates erhält das Unternehmen zunächst einen für das Rating relevanten Fragenkatalog, welcher teilweise branchen- und unternehmensindividuelle Anpassungen enthält. Das Unternehmen nutzt diesen Fragenkatalog zur Vorbereitung und Dokumentation der für das Rating erforderlichen Informationen. Im sich daran anschließenden Managementgespräch zwischen dem Analystenteam und der Geschäftsführung werden Schlüsselfaktoren wie betriebliche und finanzielle Plandaten und geschäftspolitische Aspekte, die Auswirkungen auf das Rating haben, detailliert besprochen. Aufbauend auf die im Vorfeld stattfindende Analyse der Jahresabschlüsse und Prüfungsberichte, begutachten die Ratinganalysten (meistens jeweils zwei) getrennt voneinander mindestens einen Tag lang das Unternehmen vor Ort.

Im Anschluss an die Erhebung der Daten vor Ort erstellt das Berichtsteam zusammen mit den Analysten den Ratingbericht, in dem die Ergebnisse detailliert kommentiert werden. Die Ergebnisse fließen in das Gesamturteil mittels einer variablen Gewichtung ein. Dabei liegt das größte Gewicht in der Regel auf den Ergebnissen der qualitativen Analyse.[4] Die im Bericht enthaltene Ratingempfehlung wird dem unabhängigen Ratingkomitee vorgelegt, das nach Diskussion der relevanten Faktoren den abschließenden Ratingwert erteilt. Das analysierte Unternehmen hat vor der Veröffentlichung des Ratingurteils die Möglichkeit, Berufung einzulegen und neue oder wesentliche zusätzliche Informationen vorzulegen, die jedoch nicht immer zu einer neuen Ratingentscheidung führen. Alle veröffentlichten Ratings werden einer fortlaufenden Überwachung unterzogen, wobei auch die neuen finanziellen, wirtschaftlichen und Cashflow-Entwicklungen überprüft werden.[5]

Die externe Ratinganalyse setzt sich in der Regel aus der Finanzanalyse, der Ermittlung des Branchenrisikos sowie dem Managementgespräch zusammen. Im Rahmen der Finanzanalyse erfolgt eine systemgestützte Prüfung der Jahresabschlüsse des Unternehmens hinsichtlich der Insolvenzanfälligkeit. Diese wird anhand der Kennzahlenbereiche Vermögensstruktur, Erfolg und Rendite, Finanzkraft und Kapitalstruktur durchgeführt. Durch die Gegenüberstellung der ermittelten Kennzahlen mit den entsprechenden Branchenvergleichswerten, werden Stärken und Schwächen der Bilanzbonität des Unternehmens im Verhältnis zu vergleichbaren Unternehmen deutlich.

Zur Ermittlung des Branchenrisikos eines Unternehmens wird der Quotient aus Insolvenzen einer Branche im Verhältnis zur Gesamtzahl der Unternehmen einer Branche gebildet.

4 Vgl. Konieczny/Schmitz (2003), S. 9.

5 Vgl. z.B. Mestre (2001), S. 11–13; Preusse (2000), S. 12; Stur (2001), S. 9 f.; VDT (2001), S. 106 f.; zu einer detaillierten Erläuterung des Ratingprozesses aus der Sicht des Unternehmens vgl. Wambach/Wunderlich (2001), S. 28–44.

Die Entwicklung dieses Risikoindikators wird zudem im Zeitablauf in Beziehung zur Gesamtwirtschaft gesetzt. Externe Branchenreports, Internetrecherchen und Analysen volkswirtschaftlicher Abteilungen stellen weitere Einflussfaktoren der Ermittlung des Branchenrisikos dar.

Die letzte Stufe des externen Ratingprozesses bildet die qualitative, zukunftsgerichtete Analyse des Managementgesprächs. Zunächst wird hierbei die Qualität des Managements betrachtet, wobei Faktoren wie der strategischen Ausrichtung, der Finanzierungsphilosophie, der Abstimmung der Organisationsstruktur auf die Unternehmensstrategie und der Existenz von Nachfolgeregelungen eine tragende Rolle zukommt. Bei der Untersuchung der wettbewerblichen und betrieblichen Risiken wird insbesondere die Erwartung für den relativen Marktanteil, die Diversifikation der Geschäftsbereiche und Umsatzträger sowie die Kostenstrukturen des Unternehmens näher beleuchtet. Die Betrachtung der Unternehmensstruktur und somit auch der rechtlichen Risiken runden den Prozess der externen Ratinganalyse ab.

Abbildung 1 stellt den oben beschriebenen, typischen externen Ratingvorgang grafisch dar.

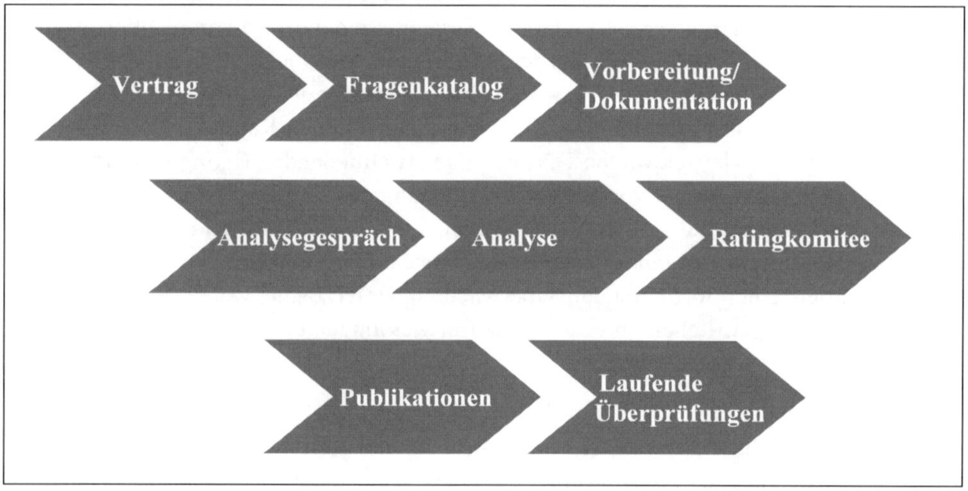

Abbildung 1: Der externe Ratingvorgang[6]

6 Vgl. Müller (2001), S. 31.

2.4 „Geregelte Nachfolge“ als Ratingkriterium – Bedeutung in der Praxis

2.4.1 Bedeutung des Faktors Nachfolgeregelung im Kontext des Gesamtratingurteils

Laut *Thomas Mang*, geschäftsführendes Vorstandsmitglied des DSGV (Deutscher Sparkassen- und Giroverband), müssen Unternehmen, die von den neuen Basel II-Bestimmungen profitieren wollen, intensiv an einer weiteren Verbesserung ihrer Bonität arbeiten. Denn *„nur ein Betrieb, der mit betriebswirtschaftlichem Know-how professionell geführt wird und bei dem auch die Unternehmensnachfolge frühzeitig geregelt wird, kann mit günstigeren Kreditkonditionen rechnen“.*[7]

Die Vertreter der Kreditinstitute sowie Ratingagenturen sind sich einig darüber, dass der Faktor Nachfolgeregelung *eine bedeutende Rolle im Rahmen des Ratingprozesses einnimmt.* Laut Frau *Dr. Maria Zeller,* Chefanalystin der RS Rating Services AG, *„stellt eine geregelte Nachfolge einen wesentlichen Dreh- und Angelpunkt der Kontinuität eines Unternehmens in der Zukunft dar“.*

Ein Gesamtratingurteil ist jedoch das Ergebnis komplexer Wirkungszusammenhänge und ergibt sich als Funktion in Abhängigkeit der einzelnen Ratingkriterien. Nach Aussage der Banken sowie Ratingagenturen existieren heute keine starren Gewichtungen der Ratingkriterien mehr. Durch den Aufbau der Ratingsysteme auf neuronalen Netzwerken bzw. lernenden Systemen stehen die Ratingkriterien vielmehr in einem interdependenten Zusammenhang und ihre Gewichtung verändert sich je nach Risikoausprägung der einzelnen Faktoren.

Ergibt sich beispielsweise durch das Vorliegen von zwei negativen Tatbeständen (z.B. die Abhängigkeit von einem Kunden *und* die Abhängigkeit von einem Lieferanten) eine negative strategische Unternehmenssituation, führt dies zu einer bedeutenden Herabstufung des Ratingurteils, ganz unabhängig davon, ob die weiteren qualitativen Kriterien eine positive Ausprägung vorweisen. Daher kann die Gewichtung des Faktors Nachfolgeregelung im Ratingprozess nicht isoliert betrachtet, sondern muss im Zusammenhang mit den vielen verschiedenen in das Ratinggesamturteil einfließenden Faktoren gesehen werden. Zusätzlich wird das Gesamtrating durch subjektive Aspekte beeinflusst.[8]

Grundsätzlich hängt die Gewichtung der einzelnen Faktoren von der unterschiedlichen Ausgestaltung der verschiedenen Ratingsysteme ab. Allgemeiner Tenor der Banken und Ratingagenturen ist, dass die Nachfolgeregelung, je nach Risikoausprägung, einen bedeutenden Einfluss auf das Ratingurteil haben kann.

Dies liegt insbesondere in der Struktur der mittelständischen Unternehmen begründet, die sich durch eine geringe Bürokratie, flache Hierarchien, hohe Flexibilität und bedeutende

7 Vgl. Veh, C. (2002).
8 Vgl. Pointl (2003), S. 38.

persönliche Verantwortung einzelner Personen charakterisieren lässt. Diese Strukturen sind vor allem bei Familienunternehmen vorzufinden, da deren Entwicklung oftmals mit einer einzigen Person verbunden ist. Somit wird aus Sicht der Kreditgeber mit der Regelung der Nachfolge einer der größten Risikofaktoren im Unternehmen beseitigt.[9] Bei mittelständischen Unternehmen, die durch einen Fremdgeschäftsführer geführt werden, spielt die Regelung der Nachfolge im Rahmen der Risikobetrachtung eine andersgeartete Rolle, da eine Fokussierung auf einzelne Personen nicht in einem so ausgeprägten Maße vorliegt wie bei inhabergeführten Unternehmen.

Grundsätzlich sind laut *Herrn Rudolf Schüller,* Vorstand des Instituts für Rating und Corporate Finance im Mittestand (IRCF), *„im Rahmen der Betrachtung der Nachfolgeregelung als Risikofaktor zwei Aspekte zu unterscheiden: die eigentliche Unternehmensnachfolge und der Ausfall (beispielsweise durch schwere Krankheit, Unfall oder plötzliches Versterben). Die stark auf den Mittelstand ausgerichteten Sparkassen und Volksbanken setzen beispielsweise einen unterschiedlichen Fokus bei der Betrachtung der Nachfolgeregelung."*

Bei den Sparkassen geht es eher um die tatsächliche Unternehmensnachfolge, d.h. je älter der Unternehmer, desto größer ist die Bedeutung dieses Faktors. Die Volksbanken betrachten die Regelung der Nachfolge in einem umfassenderen Kontext, bei dem auch die Ausfallwahrscheinlichkeit eine Rolle spielt, d.h. auch bei einem 35-jährigen Unternehmer müssen für den wie auch immer gearteten Fall des Ausfalls entsprechende Regelungen getroffen und dokumentiert sein. Beide Fälle stellen aus Sicht der Kreditgeber einen Risikofaktor für die kontinuierliche Fortführung des operativen Geschäfts dar und wirken sich somit negativ auf die Ausfallwahrscheinlichkeit aus.

Die jeweilige Gewichtung des Faktors Nachfolgeregelung hängt zum Teil von der konkreten Unternehmenssituation ab. Laut *Herrn Dr. Harald Schönebeck,* Direktor und Leiter Client Analytics der Deutschen Bank AG, „stellt die Nachfolgeregelung insbesondere bei bestimmten Gesellschafter-/ Management*konstellationen einen besonderen Risikoaspekt dar. Dies gilt insbesondere dann, wenn erkennbar wird, dass bei ungeklärter Nachfolge trotz akuten Handlungsbedarfs die Umsetzung der Strategie des Unternehmens gefährdet werden könnte bzw. sogar die aktuelle Entwicklung beeinträchtigt wird. Die starke Konzentration nahezu sämtlicher Managementaufgaben auf eine einzige Person an der Spitze eines Unternehmens stellt im Fall einer akuten Nachfolge in der Regel eine besondere Herausforderung dar."*

Für eine adäquate Risikoeinschätzung spielen im Ratingprozess sowohl bei Banken als auch Ratingagenturen unter anderem die folgenden Fragen eine bedeutende Rolle:[10]

- Welche Tätigkeiten obliegen derzeit allein der Geschäftsführung?
- Liegt eine Alleinleitung vor oder existiert eine Führungsmannschaft?
- Wer kann und wird die der Geschäftsführung obliegenden Tätigkeiten im Notfall reibungslos übernehmen können?

9 Vgl. Rödl/Rödl (2004).
10 Laut Frau Dr. Maria Zeller in Verbindung mit RATINGaktuell (2002).

- Existieren entsprechende Vollmachten (z.B. für die Bankkonten)?
- Wer ist Ansprechpartner bei den verschiedenen Zulieferern?
- Wer ist über die Kennwörter für die Computeranlage informiert?
- Welche mündlichen Vereinbarungen sind mit Kunden und Lieferanten getroffen worden?
- Existieren Konzepte, die Nachfolge- bzw. Vertretungsregeln (beispielsweise Notprokura) schriftlich, möglichst testamentarisch, festlegen?
- Wenn ja, sind diese Regelungen auch lebensfähig? Ist die vertretende Person in die Abläufe des Unternehmens einbezogen?
- Welche Maßnahmen wurden gegen eine Abhängigkeit von der Unternehmerperson ergriffen (beispielsweise Teambildung, Systemimplementierung)?
- Finden Austauschgespräche zwischen dem Führungsteam (wenn existent) statt?
- Ist die Kundenbindung an der einzelnen Person ausgerichtet oder besteht eine Vertriebsmannschaft? Sind den Kunden neben dem Unternehmer weitere Personen bekannt?
- Besitzt das Unternehmen einen Beirat?
- Welche Vorkehrungen werden gegen einen Totalausfall des Managements ergriffen (beispielsweise reisen gewöhnlich alle Verantwortlichen in einem Auto/Flugzeug)?
- Werden die getroffenen Regelungen im Unternehmen entsprechend kommuniziert?
- Sind die privaten Belange des Unternehmers testamentarisch geregelt?

Bei der Einschätzung des Risikos spielt somit die komplette Strukturierung des betrachteten Unternehmens eine Rolle. Dabei ist von besonderer Bedeutung, ob im Extremfall ein nur kurzfristiger oder ein langfristiger Stillstand im Unternehmen auftreten würde, der die Zukunftsfähigkeit des Unternehmens gefährdet.

Kommen die Banken bzw. Ratinganalysten unter Beantwortung der oben genannten Fragen zu dem Ergebnis, dass ein gravierendes Risiko vorhanden ist, bekommt der Faktor Nachfolgeregelung im Ratingprozess eine entsprechende Bedeutung. Dies kann an einem Beispiel verdeutlicht werden: Bei einem mittelständischen Unternehmen, bei dem ein zweiter Geschäftsführer vorhanden ist, wobei jedoch die Übertragung der Verantwortung noch Zeit braucht, besteht kein großes Risiko und der Faktor Nachfolgeregelung stellt keine besonders kritische Größe dar. Sind jedoch zwei Geschäftsführer im Unternehmen tätig, die beide über 70 Jahre alt sind, und es existieren keine Vertretungsregelungen, bekommt der Faktor Nachfolgeregelung eine dementsprechend starke Gewichtung und stellt eine Art K.o.-Kriterium dar, was zu einem deutlich schlechteren Rating führt.

Mit anderen Worten heißt das: Bei einer guten Ausprägung des Faktors Nachfolgeregelung, d.h. im Falle einer geregelten Nachfolge, wird die Gewichtung dieses Kriteriums geringer. Im Umkehrschluss steigt die Gewichtung bei einer schlechten Ausprägung dieses Faktors, d.h. bei einer weitgehend ungeregelten Nachfolge, entsprechend an, da auch die Ausfallwahrscheinlichkeit überproportional steigt.

2.4.2 Gewichtung des Faktors Nachfolgeregelung in unterschiedlichen Ratingsystemen

Wie bereits beschrieben, hängt die Gewichtung der einzelnen Faktoren von der unterschiedlichen Ausgestaltung der verschiedenen Ratingsysteme ab. Im Folgenden soll die Gewichtung des Faktors Nachfolgeregelung in ausgewählten Ratingsystemen exemplarisch dargestellt werden.

Das Ratingsystem des DSGV verfügt insgesamt über 18 Ratingklassen, wovon sich drei auf notleidende Kredite beziehen. Dabei werden die quantitativen Faktoren bei Firmenkunden mit 60 Prozent und die qualitativen Faktoren mit 40 Prozent gewichtet. Bei kleineren Unternehmen und bilanzierenden Gewerbekunden beträgt die Gewichtung jeweils 50 Prozent.[11] Der qualitative Teil des DSGV-Ratings besteht aus insgesamt 49 Fragen. Dabei liegt die Gewichtung des Faktors Nachfolgeregelung, je nach Risikoausprägung, bei ungefähr 14 Prozent innerhalb der harten qualitativen Kriterien. In diesem Kontext stellt sich die Frage, ob die Nachfolge adäquat sichergestellt ist. Ist der Unternehmer unter 50 Jahre alt, ist dieser Faktor nicht von relevanter Bedeutung. Das Endgewicht beträgt bei dem DSGV-Rating in der Regel. zwischen 5 Prozent und 10 Prozent. Damit liegt die Nachfolgeregelung regelmäßig an dritter Stelle der harten qualitativen Kriterien. Von noch größerer Relevanz sind beispielsweise die Faktoren „Tage Überziehung“ (der Kontokorrent-Linien) und „Debitorenbuchhaltung“.

Nach Aussage von *Herrn Dr. Harald Schönebeck „kann die Frage der Unternehmensnachfolge und damit verbunden die der effizienten und tragfähigen Organisation und Aufgabenverteilung im Management bis zu 5 Prozent Gewicht im Ratingurteil der Deutschen Bank bekommen. Das Gewicht des Kriteriums nimmt dagegen tendenziell ab, wenn sich ein breit aufgestelltes unabhängiges Management in seiner Aufgabendefinition überlappend ergänzt und strukturelle Führungs- und Nachfolgefragen weit im Vorfeld akuten Handlungsbedarfs aufgegriffen werden.“*

Das BVR II-Rating der Volks- und Raiffeisenbanken setzt sich aus 15 Ratingklassen für nicht-notleidende sowie fünf für notleidende Kredite zusammen. Wie beim DSGV-Rating fließen die quantitativen und qualitativen Kriterien, je nach Unternehmensgröße, ungefähr zu jeweils 50 Prozent in das Gesamtratingurteil ein. In seinem Endgewicht liegt der Faktor Nachfolgeregelung bei dem BVR II–Rating in der Regel. bei bis zu 5 Prozent. Den wichtigsten Faktor stellt, analog zu dem Rating des DSGV, das Kriterium „Kontoführung“ dar.

Laut Aussage von *Herrn Rudolf Schüller „werden die quantitativen Faktoren bei der URA Unternehmens Ratingagentur AG mit ca. 60 Prozent gewichtet, wohingegen das Zahlenwerk mit ca. 40 Prozent in das Ratingurteil einfließt. Insgesamt umfasst das Ratingsystem der URA 93 Erfolgsfaktoren. Die Managementfaktoren, zu denen auch der Faktor Nachfolgeregelung gehört, werden dabei mit rund 20 Prozent innerhalb der qualitativen Faktoren*

11 Vgl. Pointl (2003), S. 38 u. 39.

gewichtet. Jedoch sind auch in anderen Bereichen Managementfragen enthalten, sodass der Gesamtfaktor Management eine äußerst bedeutende Rolle einnimmt. Dies kann damit begründet werden, dass auf lange Sicht gesehen die Managementqualifikation einen sehr entscheidenden Faktor für die Zukunftsfähigkeit eines Unternehmens darstellt."

In Deutschlands meistverkaufter Ratingsoftware „R-Cockpit" wird laut *Herrn Prof. Dr. Ottmar Schneck,* Gründer und Gesellschafter der Professor Dr. Schneck Rating GmbH und Vorstandsmitglied im Bundesverband der Ratinganalysten und -advisor, *„analog der Banken die Frage nach der Nachfolge stets gestellt, jedoch unterschiedlich je nach Branche und Unternehmensgröße gewichtet. Die Frage der Nachfolgeregelung stellt dabei eine von rund 15 Fragen zur Unternehmensführung dar, bei der z.B. auch nach Vertretungsregelungen im Todes- oder Krankheitsfall gefragt wird, da dies im engen Zusammenhang mit der Nachfolge steht. Das Kapitel Unternehmensführung wird bei der Ratingsoftware „R-Cockpit" wiederum als lediglich eines von zehn Kapiteln an qualitativen Fragen abgehandelt. Die Bedeutung dieses Faktors in öffentlichen Diskussionen wird somit oft überbewertet, wobei es unbestritten ist, dass je kleiner ein Unternehmen ist, desto wichtiger diese Frage zu gewichten ist. Insgesamt kommt dem Kapitel Unternehmensführung eine hohe Gewichtung im Rahmen der qualitativen Kapitel zu, sodass auch der Faktor Nachfolge durchschlagend wichtig ist. Es sollte jedoch genauso wie das Thema Eigenkapitalquote nicht als absolutes K.o.-Kriterium hochstilisiert werden."*

Nach Aussage von *Herrn Dr. Oliver Everling,* Geschäftsinhaber der Everling Advisory Services und Geschäftsführer der RATING EVIDENCE GmbH, *„übersteigt die Gewichtung des Faktors Nachfolgeregelung im Allgemeinen nicht die Zehnprozent-Marke. Es kann jedoch Gründe geben, die für die Ausfallwahrscheinlichkeit so relevant sind, dass das Rating durch den jeweiligen Kundenbetreuer nochmals korrigiert wird."*

Zu beachten ist zudem, dass viele Ratingsysteme so genannte K.o.-Kriterien definiert haben, die das Rating derartig stark beeinflussen, dass positive Ausprägungen in anderen Bereichen dieses Kriterium nicht eliminieren können und eine Kreditvergabe ausschließen. Eine fehlende Nachfolgeregelung kann in bestimmten Fällen (beispielsweise bei einem 64-jährigen Unternehmer ohne Nachfolge- und Vertretungsregelungen) ein K.o.-Kriterium darstellen.[12]

2.4.3 Beispiel aus der Praxis eines mittelständischen Unternehmens

Die beiden geschäftsführenden Gesellschafter, beide über 60 Jahre alt, eines mittelständischen Unternehmens aus dem Bereich „Ladenbau" begannen Anfang des Jahres 2002 sich aktiv mit dem Thema „Unternehmensnachfolge" auseinander zu setzen. Da weder der Einstieg eines Familienmitglieds noch der Verkauf an das interne Management, ein so genannter Management-Buy-out (MBO), kurzfristig realisiert werden konnte, fiel die Entscheidung zu Gunsten einer hundertprozentigen Veräußerung der Unternehmens-

12 Vgl. Pointl (2003), S. 38.

anteile an einen Finanzinvestor. Dabei signalisierte einer der beiden geschäftsführenden Gesellschafter seine Bereitschaft, auch nach einem Verkauf für zunächst 36 Monate als Geschäftsführer für die Gesellschaft tätig zu sein.

Zum Veräußerungszeitpunkt beschäftigte das Unternehmen aus Nordrhein-Westfalen rund 100 Mitarbeiter und erwirtschaftete einen Umsatz von ca. 10 Mio. Euro. Da Finanzinvestoren, die Investments mit einem Transaktionsvolumen unter 10 Mio. Euro tätigen, in Deutschland in den letzten Jahren zwar vermehrt auftreten, alles in allem aber immer noch eher rar gesät sind und die Veräußerung der Unternehmensanteile an einen strategischen Investor, insbesondere an einen Wettbewerber, nicht in Frage kam, war eine frühzeitige Auseinandersetzung mit dem Thema „Nachfolgeregelung“ umso wichtiger.

Dabei signalisierte die Vertragsunterzeichnung der beiden Parteien jedoch erst den Anfang einer guten Partnerschaft. Um langfristig ein Ausscheiden des Geschäftsführers ohne weitreichende Konsequenzen auf die erfolgreiche Fortführung des Unternehmens zu gewährleisten, wurden nach und nach die Aufgaben, die bisher durch die beiden Gesellschafter wahrgenommen wurden, auf weitere Mitarbeiter verteilt. In Zusammenarbeit mit den Investmentmanagern erfolgten seit der Unternehmensveräußerung diverse Maßnahmen zur Weiterentwicklung des Unternehmens und gleichzeitigen Risikominimierung. So wurde beispielsweise im Unternehmen ein Vertriebsteam aufgebaut und ein Risikomanagementsystem implementiert.

Auch die langjährige Hausbank des Mittelständlers zeigte sich erfreut über die erfolgreiche Unternehmensnachfolge. Denn nach Abschluss der Transaktion im Dezember 2002 verbesserte sich das Rating des Unternehmens durch die geregelte Nachfolge um eine Ratingklasse.

Dabei ist zu beachten, dass die vor dem Investment durch den Finanzinvestor existierende Nachfolgeproblematik von der Bank zwar wahrgenommen, aber nicht als extremes Risiko eingestuft wurde. Auch wenn die beiden Geschäftsführer über 60 Jahre alt waren, was grundsätzlich eine kritische Situation darstellt, wurde das Risiko jedoch durch die vorliegende Unternehmensstruktur mit der Doppelbesetzung im Management etwas abgeschwächt. Somit hätte sich die Verbesserung des Ratings bei einem Unternehmen, welches eine höhere Risikoausprägung (durch beispielsweise einen alleinigen geschäftsführenden Gesellschafter über 60 Jahre) aufweist, nach Aussage des Firmenkundenbetreuers in einem noch stärkeren Maße ausgewirkt. Durchschnittlich ist eine Verbesserung um ein bis zwei Ratingklassen zu beobachten.

Zwar kann aus dieser Ratinghochstufung des Ladenbauunternehmens eine direkte Verbesserung der Finanzierungskonditionen des Unternehmens nur schwer abgeleitet werden, jedoch können nach Aussage des Firmenkundenbetreuers im Allgemeinen bereits ein bis zwei Noten im Rating die Kreditbepreisung beeinflussen. Aktuell werden zwar bereits die Finanzierungskonditionen der Unternehmen in einer gewissen Abhängigkeit zu den Ratingurteilen definiert, jedoch wird sich dieser Trend in der Zukunft noch verstärken. Die Kreditinstitute arbeiten zurzeit mit Hochdruck an der auf die Anforderungen von Basel

II abgestellten Neuausrichtung ihrer Ratingsysteme. Sobald dieser Prozess abgeschlossen ist, wird ein noch stärkerer Zusammenhang zwischen dem Rating eines Unternehmens und den entsprechenden Finanzierungskonditionen zu beobachten sein.

3. Fazit und Handlungsempfehlungen für mittelständische Unternehmer

Grundsätzlich gilt, dass die Zusammenhänge zwischen einzelnen Ratingkriterien und dem Gesamtratingurteil durch relativ komplexe, nichtlineare Funktionen verbunden sind. Durch unternehmensindividuelle kritische Kriterien wird das Gesamtrating bedeutend beeinflusst.[13] Zu diesen Kriterien zählt auch die geregelte Nachfolge.

Auch wenn eine unmittelbare Kausalität zwischen der geregelten Nachfolge und den Finanzierungskonditionen eines Unternehmens nur sehr schwer darzustellen ist, so kann zumindest festgestellt werden, dass der Einfluss des Faktors Nachfolgeregelung auf die Kreditausfallwahrscheinlichkeit und somit auch das Rating eines Unternehmen signifikant sein kann. Da sich die Kreditausfallwahrscheinlichkeit auf die Kreditbepreisung auswirkt, fließt zwangsläufig auch der Faktor Nachfolgeregelung in die Berechnung der Finanzierungskonditionen mit ein.

Bei der Vorbereitung auf ein Rating sollten zunächst die für das jeweilige Unternehmen kritischen Faktoren identifiziert werden. In Bezug auf den Faktor Nachfolgeregelung ist dabei zu beachten, dass neben der tatsächlichen Regelung der Nachfolge auch Vorkehrungen für einen Notfall getroffen werden müssen.

Im Interesse des Unternehmers sowie aller weiteren Beteiligten ist eine frühzeitige Regelung der Nachfolge unausweichlich, um die erfolgreiche Fortführung des Unternehmens zu gewährleisten. Um die Zukunftsfähigkeit des Betriebs auch nach außen hin glaubhaft zu machen, kommt der schriftlichen Dokumentation einer Notfall- und Nachfolgeplanung eine zentrale Bedeutung zu. Denn nur so werden die Ergebnisse auch für Kreditinstitute und Ratingagenturen deutlich.

Zunächst sollte jeder Unternehmer eine schriftliche Notfallplanung verfassen, die es einem zu bestimmenden Vertreter ermöglicht, das Unternehmen im Ernstfall weiterzuführen. Es ist von elementarer Bedeutung, dass der Betrieb auch im Notfall handlungsfähig bleibt. Daher müssen alle nötigen Vorkehrungen schriftlich dokumentiert werden.

Zu diesen zählen neben einem unternehmerisch-ausgerichteten Testament die Hinterlegung der wichtigsten Geschäftsunterlagen an einem den im Notfall zuständigen Personen zugänglichen Ort sowie eine Vorsorgevollmacht für alle unternehmensbezogenen Rechtsgeschäfte, insbesondere für Gesellschafterbeschlüsse. Letztere sollte im Idealfall bei

13 Vgl. Pointl (2003), S. 39.

einem Notar, dem Hausanwalt oder beim Amtsgericht hinterlegt werden. Dem Vertreter sollten zudem jegliche Zugriffsrechte und Passwörter für Bankverbindungen, Datenbanken und Computer zugänglich gemacht werden.

Für den Erhalt und die erfolgreiche Weiterführung des Unternehmens ist die schnellstmögliche Übernahme der Geschäfte durch den Vertreter von existenzieller Bedeutung. Diese kann durch eine Optimierung der internen Organisation und eine schriftliche Dokumentation aller relevanten Informationen sichergestellt werden.[14]

Neben der schriftlichen Fixierung einer Notfallplanung kommt der frühzeitigen Nachfolgeplanung des Unternehmers eine bedeutende Rolle zu. Da die Regelung der Nachfolge in der Regel eine beachtliche Zeit in Anspruch nimmt, sollte ein Unternehmer spätestens bis Mitte 50 erste Überlegungen zur Einleitung der Unternehmensnachfolge anstellen. Mit Ende 50 sollten im Idealfall erste konkrete Schritte eingeleitet werden. So besteht genügend Zeit, verschiedene Alternativen abzuwägen und sich professioneller Unterstützung für die Umsetzung zu bedienen.

Dabei ist die Einbeziehung von privatem Beteiligungskapital eine Möglichkeit, die finanzielle Seite der Nachfolgeregelung abzudecken (siehe Abschnitt 2.4.3). Da eine Unternehmensübergabe unter Verwendung von privatem Beteiligungskapital oftmals mit einer Kapitalerhöhung einhergeht, erzielt diese Finanzierungsform zudem eine verbesserte Eigenkapitalquote und damit eine Erhöhung der Bonität. Auf das Rating eines mittelständischen Unternehmens wirkt sich die Regelung der Nachfolge unter Einbeziehung von privatem Eigenkapital somit „doppelt" positiv aus, da gleichzeitig der Risikofaktor Nachfolgeregelung minimiert sowie die für das Rating sehr bedeutsame Eigenkapitalquote erhöht wird.

Um den komplexen Prozess der Nachfolgeregelung kompetent und im Falle einer Anteilsveräußerung gewinnmaximierend abzuwickeln und somit auch das Rating des Unternehmens positiv zu beeinflussen, bietet es sich an, bereits frühzeitig externe Berater einzubeziehen. Idealerweise sollten Firmeninhaber die Organisation ihrer Nachfolge bereits drei bis fünf Jahre vor dem geplanten Ausstieg aktiv gestalten.

Eine solche frühzeitige Regelung der Nachfolge sichert die Zukunftsbasis des Unternehmens und kann zudem die Verhandlungsbasis für eine Optimierung der Finanzierungskonditionen durch ein besseres Rating stärken.

Literaturhinweise

BRAAK, H. TER (2001): Basel II und die Auswirkungen auf die Kreditbereitstellung für den Mittelstand durch die Banken in: IBWF (Institut für Betriebsberatung, Wirtschaftsförderung und -forschung e.V.) (Hrsg.): Baseler Akkord und die Auswirkungen auf die Finanzierung des Mittelstands, Unterlagen zur Fachtagung vom 18.05.2001.

14 Vgl. RATINGaktuell (2002), S. 1; Rödl/Rödl (2004), S. 2.

Externbrink, H. (2001): Rating: Wie die Banken Kunden aussieben, in: Impulse, April 2001, Heft-Nr. 4, S. 31–34.

Füser, K. (2001): Scoring und Rating im Kontext von Basel II, in: Unternehmensberater, Heft 4, 2001, S. 29–37.

Kayser, S. (2001): Rating für den Mittelstand (Auswirkungen von Basel II), Kursblatt der ASU (Arbeitsgemeinschaft Selbständiger Unternehmer e. V.) (Hrsg.): Berlin Februar 2001.

Konieczny, C./Schmitz, S. (2003): Externes Rating, Erfahrungsbericht und Hintergrundinformationen in: Creditreform (Hrsg.): Newsletter Risikomanagement, Ausgabe Nr. 10, Januar/Februar 2003.

Mestre, G. del (2001): Rating-Leitfaden für Kreditinstitute und Unternehmen, Köln 2001.

Müller, D. (2001): Neue Orientierung in der Finanzierung des Mittelstandes – Kreditsicherung/Rating-Attraktivität von Beteiligungskapital für Unternehmen, Vortrag auf der Diskussionsveranstaltung der IHK zu Leipzig am 07.03.2001, hrsg. von der gbb Beteiligungs-AG, Berlin, S. 1–37.

Pointl, H. (2003): Elemente interner Ratings in: Unternehmermagazin, Ausgabe 10/2003, S. 38 – 39.

Preusse, C. (2000): Externe Ratings für Kreditentscheidungen nutzen in: Kreditpraxis, 2000, Heft Nr. 5, S. 10–13.

Ratingaktuell (2002): Notfallplanung und Unternehmensnachfolge dulden keinen Aufschub, Ausgabe 4/2002, Bank-Verlag Köln, verfügbar im Internet: <http://www.basel-ii.info/artikel36.html>.

Rödl, B./Rödl, C. (2004): Keine Finanzierung ohne geregelte Nachfolge, Gastbeitrag in: Handelsblatt vom 01.12.2004, verfügbar im Internet: <http://www.handelsblatt.com/pshb?fn=tt&sfn=go&id=916133>.

Stur, G. (2001): EuroRatings – Europäische Rating-Agentur für den Mittelstand, Unternehmenspräsentation, Februar 2001, Frankfurt am Main, hrsg. von der EuroRatings AG, Frankfurt 2004.

Sultze, H.-G. (2000): Umbruch in der Kreditkultur – Interne und externe Ratings für den Mittelstand, hrsg. von der RS Rating Services AG in: WSF (Hrsg.): Seminarunterlagen zu der Konferenz „Umbruch in der Kreditkultur – Mittelstand und Kapitalmarkt“ am 5.-6. April 2001 in Offenbach bei Frankfurt am Main 2000.

VDT (2001): Leitfaden Rating aus Unternehmenssicht in: Finanz Betrieb, 2001, Heft-Nr. 2, S. 106–107.

Veh, C. (2002): Was Basel II für Sie bedeutet, Zentrale Fakten und Positionen, hrsg. von SPARKASSE.DE, 2002, verfügbar im Internet: http://www.sparkasse-bremen.de/firmenkunden/ct_fk_rating.html#Was%20Basel%20II%20für%20Sie

Wambach, M./Wunderlich, D. (2001): Rating für den Mittelstand – Über die Zukunft der Finanzierung mittelständischer Unternehmen, Nürnberg 2001, hrsg. von Rödl & Partner, verfügbar im Internet: http://www.roedl.de/inhalt/publik/pdf_broschueren/PMC_Rating_Mittelstand.pdf.

Die Bedeutung von internen Ratings für die erfolgreiche Gestaltung der Unternehmensnachfolge

Christoph Kolbeck/Alexander Nicolai

1. Einleitung

Die regulatorischen Veränderungen der neuen Baseler Eigenkaitalvereinbarung haben die deutsche Finanzierungslandschaft in Bewegung gebracht und eine intensive Diskussion über das Thema Rating ausgelöst. Auch wenn die Vorschriften offiziell erst 2007 in Kraft treten, werden sie bei den meisten Bankinstituten bereits jetzt eingesetzt.[1] Damit wird das interne Bankenrating zum Dreh- und Angelpunkt der Kreditvergabe.

Der Begriff Rating stammt aus dem angloamerikanischen Sprachraum und leitet sich von „to rate" – bewerten ab. Bereits Ende des 19. Jahrhunderts ist er in Zusammenhang mit der Bonitätseinstufung von Schuldnern in den USA verwendet worden.[2] Mit der Zunahme eines externen Finanzierungsbedarfs besonders der großen amerikanischen Eisenbahngesellschaften und damit einem größeren Informationsbedarf auf Seiten der Gläubiger entwickelten sich schon vor ca. 100 Jahren die ersten Ratingagenturen. Heute findet der Ausdruck Rating zusätzlich zum Finanzbereich in vielen Gebieten Anwendung, in denen es um eine Klassifizierung oder um einen Vergleich im Verhältnis zu anderen bewerteten Objekten geht, verbunden mit der Vergabe einer Zensur, so z.B. bei Hotels oder Restaurants. Ziel des bankinternen Ratings ist es, eine Prognose über die Zahlungsfähigkeit eines Unternehmens abzugeben und diese in Form eines Ratingsymbols auszudrücken. Im Lebenszyklus eines Familienunternehmens ist die Nachfolge eine besonders kritische Phase. Dies ergibt sich insbesondere durch die enge Verzahnung von Familie und Unternehmen. In der Tat weisen verschiedene Studien darauf hin, dass in dieser Phase das Risiko des Scheiterns hoch ist. So spielt die Frage, welche Vorkehrungen zur Regelung der Nachfolge getroffen werden, auch bei den bankinternen Ratingsystemen eine Rolle. In diesem Beitrag wird gezeigt, wie dies im Einzelnen aussehen kann und welche Konsequenzen dies für Banken und Familienunternehmen besitzt.

2. Interne Ratingsysteme der Banken

Die Durchführung bankinterner Kreditwürdigkeitsprüfungen stellt für Kreditinstitute eine ihrer zentralen Aktivitäten dar. Durch den Baseler Akkord erfolgt in diesem Bereich des Bankgeschäftes eine grundlegende Neuausrichtung. Die neuen Systeme berücksichtigen stärker die Zukunftsfähigkeit des Unternehmens und damit auch die qualitativen Kriterien. Fokussierte die Kreditwürdigkeitsprüfung Kriterien, die eher quantitativen Charakter (beispielsweise Ertragsstärke, Eigenkapitalquote und Jahresabschlussanalyse) aufweisen, fließen in den neuen Systemen stärker qualitative Analysen (beispielsweise Strategie und Managementqualität) in das Rating ein. Aus gutem Grund: Nach Ansicht von *Keiner* sind etwa 60 bis 70 Prozent der Unternehmensinsolvenzen auf Managementfehler zurückzuführen.[3] Dem Ziel, die Bonität eines Unternehmens und seine zukünftige Rück-

1 Vgl. Groß/Rockenfelt/Kolbeck/Nicolai (2002).
2 Vgl. Michel (1998), S. 42f.
3 Keiner, (2001), S. 286.

zahlungsfähigkeit bewerten zu können, kommen die derzeitigen internen Ratingsysteme schon ein großes Stück näher. Dabei ist aber zu beachten, dass es erhebliche Unterschiede zwischen den einzelnen Instituten gibt, was den Detaillierungsgrad der internen Ratingsysteme und die Einbeziehung qualitativer Faktoren anbelangt. Die Baseler Eigenkapitalrichtlinie macht auch keine Angaben zu der Gewichtung der Faktoren. Besonders die privaten Großbanken verfügen bereits seit einiger Zeit über komplexe Systeme zur Risikoerfassung und -steuerung.[4] Genossenschaftliche Kreditinstitute und Sparkassen können auf Verbandsebene ebenfalls ein über die traditionelle Kreditwürdigkeitsprüfung hinausgehendes internes Ratingsystem vorweisen. Kleinere regionale Kreditinstitute wenden sich dieser Entwicklung hingegen eher mit einer zeitlichen Verzögerung zu.[5]

Zur Veranschaulichung der internen Ratingsysteme werden an dieser Stelle exemplarisch die internen Ratingsysteme der Deutschen Bank, der Dresdner Bank, des Deutschen Sparkassen- und Giroverbandes (DSGV) und des Bundesverbandes der Volks- und Raiffeisenbanken (BVR) vorgestellt (vgl. Tabelle 1). Ein besonderes Augenmerk bei der Vorstellung der Systeme liegt auf der Anzahl der verwendeten Beurteilungskriterien sowie auf dem Verhältnis zwischen quantitativen und qualitativen Kriterien.

Tabelle 1: Bankinterne Ratingsysteme im Vergleich
Quelle: Beck/Kolbeck (2004), S. 15

Institut	Name	Bonitätsklassen		Bonitätskriterien	Gewichtung		Anmerkung, erstmaliger Einsatz
					Quantativ	Qualitativ	
Deutsche Bank AG	Riskoraster	10	AAA AA A BBB B CCCC CC C D	18	*33,3 %*	*66,6 %*	Gewichtung der einzelnen Kriterien aufgrund vorgegebener Punktzahlen 1989
Dresdner Bank AG	BUS	8	1–8	9	*30 %*	*70 %*	n.b.
Deutscher Sparkassen- und Giroverband	DSGV-Rating neu	18	1–18	72	*mind. 60 %*	*unter 40 %*	Auswahl und Gewichtung der Kriterien richtet sich nach Einordnung in eine der 5 Kindergruppen
Bundesverband der Volks- und Raiffeisenbanken	BVR-II-Rating	25	1–25	n.b.	*60 %*	*40 %*	Einzelne Systeme für verschiedene Kundengruppen 2003/2004

4 Vgl. Presber/Stengert (2002), S. 43.
5 Vgl. Presber/Stengert (2002), S. 43.

Tabelle 1 verdeutlicht, dass es erhebliche Unterschiede zwischen den Kreditinstituten hinsichtlich der Anzahl der Bonitätsklassen, der Zahl der zu Grunde gelegten Bonitätskriterien und der Gewichtung zwischen quantitativen und qualitativen Faktoren gibt. Tabelle 2 zeigt dem gegenüber, wie sich der Aspekt „Nachfolgregelung" in die Systematik möglicher Kriterien von internen Ratingsystemen bei vier verschiedenen Kreditinstituten einordnen lässt. Hier besteht eine inhaltliche Nähe zu der teilweise ebenfalls explizit berücksichtigten Vertretungsregelung, die jedoch regelmäßig eher auf kurzfristige Maßnahmen bei dem unplanmäßig Ausfall der Unternehmensführung zielt.

Tabelle 2: Einordnung der Nachfolgeregelung in das System der Ratingkriterien bei vier verschiedenen Banken
Quelle: in Anlehnung an Füser (2002)

Bank	**Quantitative Kriterien**	**Qualitative Kriterien**		
		Markt /Branche	**Unternehmens-situation**	**Management, Planung und Kontrolle, Beziehung zur Bank**
A	• Ertragslage • Finanzlage	• Branche • Wettbewerb	• Rechtsform • Prognose der Geschäftsentwicklung	• Management → *Nachfolge* • Kontoführung • Kundenbeziehung
B	• wirtsch. Verhältnisse (50 %)		• Unternehmenssituation (50 %)	
C	• finanz. Verhältnisse (40 %)	• Marktstellung und wirtschaftliches Umfeld (36 %)		• Mangementqualität (24 %) → *Nachfolge*
D	• Wirtschaftliche Verhältnisse	• Markt/Branche (20 %)	• weitere Unternehmensentwicklung (20 %)	• Management (20 %) → *Nachfolge* • Kundenbeziehung (20 %)

Üblicherweise bildet die Nachfolge in den Basell II-konformen Ratingsystemen einen Unterpunkt des Hauptkategorie „Management" bzw. „Managementqualität". Abbildung 1 zeigt dies am Beispiel der Deutschen Bank. Managementqualität ist nach der Studie der DG Bank[6] das wichtigste Kriterium und nach der Studie von Groß et al.[7], die 40 der größten deutschen Banken umfasst, das zweitwichtigste Kriterium bei bankinternen Ratings. Die Nachfolgregelung zählt zu den qualitativen Ratingkriterien. Dies bedeutet jedoch nicht, dass ihre Bedeutung für die Güte der Ausfallprognose von untergeordneter Bedeutung ist. Das bestätigt beispielsweise die Studie von Grunert et al.[8] In dieser Studie wird bei vier

6 Vgl. DG Bank (2001), S. 14.
7 Vgl. Groß/Rockenfelt/Kolbeck/Nicolai (2002), S. 20.
8 Vgl. Grunert et al. 2005.

großen deutschen Kreditinstituten analysiert, in welcher Beziehung die internen Ratings zur Prognose von Kreditausfällen stehen. Dabei unterscheiden die Autoren zwischen rein finanzwirtschaftlichen, rein nicht-finanzwirtschaftlichen und kombinierten Ratings. Sie kommen zum Schluss, dass ein kombiniertes Ranking eine deutlich genauere Ausfallprognose erzeugt als ein rein finanzwirtschaftliches. Zu einem ähnlichen Ergebnis gelangt die Studie von *Lehmann*.[9] Basierend auf den Daten zu 20.000 kleinen und mittleren Unternehmen zeigt die Autorin, dass bankinterne Ratings, die qualitative Informationen mit einbeziehen, solchen Ansätzen überlegen sind, die sich allein auf quantitative, finanzwirtschaftliche Daten stützen: *„The model including qualitative information dominates the hard facts model in virtually all respects"*.[10]

Gleichwohl lässt sich aus den genannten Studien nicht ableiten, dass in den formalen Ratingsystemen deutscher Kreditinstitute Angaben zur Nachfolgeregelung eine gleichmäßig hohe Bedeutung besitzen.

In dem angeführten Risikoraster der Deutschen Bank macht der Aspekt maximal 3 von 75 Punkten aus. Auch der Blick in die einschlägigen Checklisten zur Vorbereitung auf den bankinternen Ratingprozess ergibt ein durchaus heterogenes Bild:

- Im Ratgeber von *Keiner*[11] findet sich in dem Feld Managementbewertung ein Absatz zur Unternehmensnachfolge. Der Blick ist hier vor allem auf die Qualifikation des Nachfolgers gerichtet. Der Unternehmer soll sich in diesem Zusammenhang fragen, ob der Nachfolger die persönliche und fachliche Eignung hat bzw. wie er systematisch auf die neue Führungsaufgabe vorbereitet werden kann. Begleitend müssen für alle Betroffenen angemessene und praktikable gesellschafts- und erbrechtliche Regelungen getroffen werden.
- Im von *Braun*[12] herausgegebenen Rating-Leitfaden für den Mittelstand spielt das Nachfolgethema eher eine untergeordnete Rolle. Im Unterbereich Führung wird es gemeinsam mit der Nachwuchsförderung behandelt. *Braun* stellt dabei drei Grundprinzipien einer geeigneter Nachfolgeplanung heraus: Der Nachfolgeprozess soll frühzeitig angestoßen werden, flexibel durchgeführt und in beiderseitiger Bereitschaft des Seniors und Juniors erfolgen.
- Im Ratgeber von *Grunwald et al.*[13] kommt das Nachfolgethema nicht vor.

9 Vgl. Lehmann (2003).
10 Vgl. Lehmann (2003), S. 1.
11 Vgl. Keiner (2001), S. 296.
12 Vgl. Braun (2001), Kapitel 7.6.2.2.
13 Vgl. Grunwald et al. (2001).

1. Finanzielle Verhältnisse

	schlecht/ nicht ausr.	noch aus- reichend	zufrieden- stellend	gut
	6	4	2	0
	3	2	1	0
...	3	2	1	0
	3	2	1	0
...	3	2	1	0
	3	2	1	0
...	6	4	2	0

Maximal 27 Punkte

Summe:

2. Marktstellung/Wirtschaftliches Umfeld

	schlecht/ nicht ausr.	noch aus- reichend	zufrieden- stellend	gut
...	3	2	1	0
	3	2	1	0
...	3	2	1	0
	3	2	1	0
...	6	4	2	0
	9	6	3	0

Maximal 27 Punkte

Summe:

3. Managementqualität

	schlecht/ nicht ausr.	noch aus- reichend	zufrieden- stellend	gut
– Nachvollziehbar langfr. Unternehmens-konzeption	6	4	2	0
– Erfahrung, Führungs- und Steuerungs-qualität	3	2	1	0
– Managementstruktur, -kontinuität, Nach-folgeregelung	3	2	1	0
– Qualität des Rechnungs- und Planungs-wesens	3	2	1	0
– Beziehung zur Bank (z.B. Informationverhal-ten, Kontoführung, Einhaltung von Zusagen)	6	4	2	0

Maximal 27 Punkte

Summe:

Abbildung 1: Risikoraster der Deutschen Bank
Quelle: Deutsche Bank (2001)

Ein Grund dafür, dass das Thema trotz seiner hohen Relevanz nicht immer explizit angesprochen wird, liegt möglicherweise darin, dass viele Kreditinstitute hinsichtlich qualitativer Daten eine ambivalente Haltung haben. Basel II unterstreicht wie angeführt den Stellenwert qualitativer Informationen weiter. Die Studie von *Groß et al.*[14] zeigt darüber hinaus, dass die Kreditinstitute die Aussagekraft dieser Information sehr wohl anerkennen. Wird dann jedoch nach der konkreten Gewichtung zwischen quantitativen und qualitativen Ratingfaktoren gefragt, dominierten vor allem bei den kleineren Kreditinstituten wieder die ersteren, unter anderem auch, weil diese Informationen sich zu niedrigeren Kosten erheben lassen.

Ein anderer Grund mag darin liegen, dass die Nachfolgeregelung nicht allein in den formalen Regelungen abgefragt wird, sondern auch in den informellen Prozessen, die Bestandteil der etwas umfassenderen Ratings sind, die sich an den externen Ratingverfahren orientieren. Bei der Nachfolgregelung handelt es sich, so *Keiner, „um eine intuitive, schwer quantifizierbare und kontrollierbare Bewertung der persönlichen Kreditwürdigkeit.“* [15] So misst auch *Hinrichs* von der externen Ratingagentur *Standard & Poor's* der Nachfolgeregelung vor allem im Rahmen der Management Meetings eine hohe Bedeutung zu: *„Die Nachfolge spielt mit Sicherheit eine bedeutsame Rolle. Vielleicht nicht so sehr, wer der Nachfolger ist, aber gibt es überhaupt eine Systematik, mit der diese Frage angegangen werden soll oder ist sie mehr oder weniger tabuisiert“*.[16]

Ein Hinweis darauf, das auch bei der bankinternen Bonitätsbeurteilung die Nachfolgeregelung ein Aspekt ist, der vor allem in informellen Gesprächen erörtert wird, liefert beispielsweise *Koch*[17], der in seiner Funktion als Vorstandsmitglied der Volksbank Rhein-Neckar den Prozess folgendermaßen beschrieb: *„Ganz wichtig die Nachfolgeregelung. Ist hier Vorsorge getroffen? Die Standardfrage hier lautet: Was passiert eigentlich, wenn dem Unternehmer was passiert – durch Krankheit oder Tod? Diese Dinge fließen hier mit ein, und wir haben dann folgende Vorgehensweise, dass der Firmenkundenbetreuer gehalten ist, zu diesen Fragen stichwortartig sein Ergebnis festzuhalten und dann eine Beurteilung abzugeben oder zumindest einen Vorschlag für eine Beurteilung. Dann passiert folgendes: Diese Information mit dem Vorschlag der Beurteilung wird im ‚Vier-Augen-Prinzip' unserem Ratinganalyst, praktisch jemanden, der anhand der aufbereiteten Informationen das Urteil noch einmal nachvollzieht, vorgelegt. Denn nur so, durch das Vier-Augen-Prinzip und eine Begründung, warum die Qualität des Management mit 1, 2 oder 3 oder 4 geratet wird, kann der Dritte die Bewertung nachvollziehen und noch einmal eine Plausibilitätsprüfung machen.“*

Mitunter zählt die Nachfolge zu den Hygienefaktoren in einem Ratingsystem. Das wird etwa bei dem Klassifizierungssystem der Dresdner Bank deutlich (siehe Tabelle 3). Defizite in diesem Bereich führen schnell zu einer deutlichen Abstufung. Akute Nachfolgeprobleme führen unmittelbar zu einer Einstufung als „höchstes Risiko“ (Klasse 8), was

14 Vgl. Groß/Rockenfelt/Kolbeck/Nicolai (2002).
15 Keiner (2001), S. 296.
16 Wimmer/Kolbeck (2002), S. 81.
17 Koch (2001), S. 46.

etwa gleichbedeutend ist mit einer „desolaten“ Finanzlage (ebenfalls Klasse 8). Umgekehrt führt aber eine sehr sorgfältige Nachfolgeregelung allein noch nicht zu einer sehr guten Bewertung.

Tabelle 3: Klassifikation der Dresdner Bank
Quelle: Dresdner Bank (2000)

	1 geringstes Risiko	2	3	4	5	6	7	8 höchstes Risiko
1) Tätigkeitsgebiet/ Brancheneinschätzung	...	...	...	...	...	...	...	...
2) Marktbedingungen/ Wettbewerbsposition	...	...	...	...	...	...	...	...
3) Managementeinschätzung	Hoch qualifiziertes Führungsteam, abolut verlässlich	Qualifiziertes Führungsteam, verlässlich	(hoch) qualifizierte Alleinleitung (absolut) verlässlich; Führungsteam ohne hervorzuhebende Besonderheiten	Alleinleitung ohne hervorzuhebende Besonderheiten: Führungsteam mit einzelnen Schwächen: mittel- bis längerfristig ungeregelte Nachfolge	Erfahrungsdefizite, erkennbare Schwächen, Imageprobleme: Mittelfristig ungeregelte Nachfolge	Unzuverlässig; Qualifikationsdefizite, deutliche Schwachpunkte Kurzfristig ungeregelte Nachfolge		überfordert erkennbare Fehlleistungen, Verfehlungen, Betrug; akute Nachfolgeprobleme
4) Ertragslage	...	...	...	...	...	...	...	...
5) Finanzlage	...	...	...	...	...	...	...	...
6) Vorwegangaben/ Prognosen	...	...	...	...	...	...	...	...
7) Kontoführung	...	...		...	...	...	...	...
8) Kundenverbindung/ Dauer der Kundenbeziehung	...	...	...	...	...	...	...	...
9) Rechtsform/ Identifikation	...	...	...	...	...	...	...	...

3. Nachfolgerating in Familienunternehmen

Es gibt in der Tat eine Reihe von Gesichtpunkten, die für die Relevanz der Nachfolgeregelung als qualitativen Bestandteil von bankinternen Ratings sprechen. Dazu zählen etwa:

1. Die Besonderheiten von Familienunternehmen: Der Generationenwechsel ist eine – vielleicht sogar die – kritische Phase im Lebenszyklus eines Familienunternehmens. Familienunternehmen sind Unternehmen, bei denen eine Familie durch Beteiligung im Management oder am Eigentum einen bestimmenden Einfluss auf die Entwicklung eines Unternehmens ausübt. Das können sowohl kleinere als auch größere Unternehmen wie Oetker, Merck oder Melitta sein. Die Besonderheiten dieser Unternehmensform liegen in der engen Verzahnung zweier an sich sehr unterschiedlicher Formen, der des Unternehmens einerseits und der der Familie andererseits. Diese enge Bindung von Familie und Unternehmen führt zu spezifischen Eigenheiten, die diese Unternehmensform sehr erfolgreich machen kann. Die Besonderheiten dieses Unternehmenstyps bergen auf der anderen Seite aber auch Risiken. Bei der Nachfolge kommt das Gefährdungspotenzial der engen Verzahnung von Familie und Unternehmen besonders zum Tragen. In dieser Phase verdichtet sich eine Reihe von Problemen, die nicht mit üblichen Führungswechseln zu vergleichen sind. Der Kommission der Europäischen Union zufolge ist für jeden zehnten Konkurs von KMU in Europa eine missglückte Nachfolgeregelung verantwortlich.[18]

2. Das Risiko eines Kreditausfalls hängt unmittelbar mit der Frage zusammen, welche Vorkehrungen für diese Phase getroffen werden. *Hennerkes* zur Folge ist in jedem zweiten Unternehmen der Nachfolgeprozess noch gar nicht geplant. Zu einem ähnlichen Ergebnis kommt die Studie von *PriceWaterhouseCoopers,*[19] nach der nur bei der Hälfte der befragten Unternehmen die Managementaufgaben klar abgegrenzt bzw. die Nachfolge- und Vertretungsregelungen dokumentiert sind. Zudem erfolgt fast ein Drittel aller Unternehmensübertragungen unfreiwillig, durch Tod, Unfall oder Handlungsunfähigkeit des Unternehmers.[20]

3. Indirekt hängen viele andere Ratingkriterien mit der Nachfolge zusammen. So ist zum Beispiel der gesamte Bereich der Managementqualität, der in vielen Ratingsystemen großen Raum einnimmt, davon mittelbar betroffen, aber teilweise auch die Kapitalstruktur eines Familienunternehmens.

18 Vgl. Hennerkes (1998), S. 374f.
19 Vgl. Hennerkes (2004), S. 266.
20 Vgl. PriceWaterhouseCoopers (2001), S. 16.

4. Internes Rating als Chance zur Gestaltung einer erfolgreichen Nachfolgeregelung

Das interne Rating kann zu einer erfolgreichen Gestaltung der Nachfolgeregelung beitragen. Die Vorbereitung auf ein Rating bietet einen guten Anlass, die Nachfolge zu thematisieren. Diese ist ein wichtiger Punkt, denn das Thema Nachfolge wird gerne verdrängt, mitunter sogar tabuisiert.[21] Aus psychologischer Sicht gibt es hierfür deutlich erkennbare Gründe. Der „Senior", der sich mit der Nachfolge beschäftigt, setzt sich auch mit seiner eigenen Endlichkeit auseinander. Die „Junioren" scheuen die Nagelprobe, bei der sich entscheidet, ob sie für die Nachfolge in Frage kommen. Dennoch ist eine derartige Verdrängung angesichts des hohen Risikos einer ungeregelten Nachfolge äußerst problematisch. Das jährliche Rating bietet die Chance, dass das Nachfolgeprojekt angestoßen wird und dies nicht nur in der Form eines Plans, der einmal aufgestellt wurde, sondern als ein Prozess der kontinuierlich mit den Banken diskutiert wird.

Durch die intimen Kenntnisse des Unternehmens und der möglichen Nachfolger kann der Firmenkundenberater ein wichtiger Begleiter im Nachfolgprozess werden. Denn in dem für Deutschland charakteristischen „Hausbanken-System" bestehen häufig jahrzehntelange (vertrauensvolle) Beziehungen zwischen Unternehmen und Banken. Zudem kann der Firmenkundenberater durch den stärkeren Fokus dieses Aspektes einen großen Erfahrungsschatz in dieser Thematik aufbauen. Im besten Fall kann dies zu einer positiven Bewertung und damit zu verbesserten Zinskonditionen führen. Zudem können Familienunternehmen, die sich frühzeitig intensiv mit der Thematik beschäftigen, mit einem „Pionierbonus" rechnen. [22]

Jedes Familienunternehmen ist einzigartig. Was in dem einen Unternehmen höchst erfolgreich ist, muss in dem anderen keineswegs gelingen. Daher muss jede Nachfolgelösung anhand der besonderen Situation des jeweiligen Unternehmens und der Familie gefunden werden. Trotz der Einzigartigkeit gibt es jedoch Herausforderungen, die jeder Unternehmer zu lösen hat, und typische Fallstricke, die es in Fragen der Nachfolge zu vermeiden gilt. Hieraus lassen sich hilfreiche Empfehlungen ableiten.[23]

Beachtung steuer- und erbrechtlicher Implikationen

Nachfolgeregelungen werden stark von steuer- und erbrechtlichen Fragen beeinflusst. Mit der rechtzeitigen Planung, wer für die Nachfolge in Frage kommt, muss auch immer die Klärung dieser finanziellen Fragen Hand in Hand gehen. Soll es eine vorweg genommene Erbfolge geben? Müssen andere Geschwister eine Ausgleichszahlung („Pflichtteil") erhalten? Soll die Alterssicherung Bestandteil der Nachfolgeregelung sein etc. Wird die Klärung dieser Fragen hinausgezögert, müssen oft Nachfolgeregelungen getroffen werden, bei denen Freibeträge nicht genutzt werden können und die mit hohen Belastungen für das Unternehmen oder den Erbnehmer verbunden sind.

21 Vgl. Nicolai (2004), S. 241.
22 Vgl. Kolbeck/Wimmer (2002).
23 Vgl. Wimmer/Gebauer, (2004).

Zukunftsperspektive für den Unternehmer

Der Unternehmer ist häufig von morgens bis abends und auch an Sonn- und Feiertagen in seinem Unternehmen. Verständlich, dass die Firma zum Lebenswerk geworden ist. Daher muss der Inhaber sich frühzeitig auf die persönliche Loslösung seiner bisherigen Aufgaben vorbereiten. Er muss den Zeitpunkt, die Art und Weise seines Ausscheidens aus dem Unternehmen sowie seine weitere Lebensgestaltung planen, um nicht in ein „tiefes Loch" zu fallen. Um diesen Schritt zu erleichtern, braucht der Unternehmer auch nach seinem Ausscheiden eine sinnvolle und verantwortungsvolle Tätigkeit, zum Beispiel als Berater für den Junior, im Beirat oder aber für ganz andere Projekte.

Auswahl des Nachfolgers nach Kompetenz

Bevor eine Person als Nachfolger ausgewählt wird, sollten die Übergebenden ein Kompetenz- und Anforderungsprofil entwickeln. Es ist nicht ungewöhnlich, wenn die Unternehmernachfolge nicht aus der eigenen Familie heraus gelöst werden kann. Nur drei von zehn Unternehmen bleiben in der zweiten Generation im Familienbesitz, in der dritten ist es nur noch eines von zehn. Das Beharren auf der Vorstellung, einen Kandidaten aus der eigenen Familie heraus benennen zu wollen, obwohl es niemanden gibt, der dafür fachlich und persönlich geeignet wäre, kann letztlich wieder den Bestand und die Zukunft des Unternehmens gefährden. Folgende Fragen können hiefür hilfreich sein: Welche Kompetenzen werden von einem Fremdmanager erwartet? Würde der (familieninterne) Nachfolger auch für geeignet gehalten werden, wenn er nicht aus der Familie stammte? Welche Personen spielen im Nachfolgeprozess eine zentrale Rolle? Wie würde der Kunde, Lieferant oder die Bank die geplante Übergabe bewerten? Sollte eine familiäre Nachfolge jedoch realistisch erscheinen, so haben sich auch Coachingmodelle bewährt. Auch kann der Einsatz eines Fremdgeschäftsführers in Erwägung gezogen werden, der als Partner des Nachfolgers und möglicherweise auch für eine Übergangszeit als Leitung agiert.

Der Nachfolger muss seinen eigenen unternehmerischen Weg gehen dürfen

Sollte ein Familienmitglied die Nachfolge des Unternehmers antreten, so muss es als „Original" seinen eigenen Weg gehen dürfen. Dies setzt allerdings voraus, dass man ihm vertraut und ihm auch zutraut, seinen Weg selbstständig zu gehen. Dies setzt auch voraus, dass er nicht nur gefördert, sondern auch gefordert wird.

Alternativen zur familiären Nachfolge

Auch wenn sich 70 Prozent der Familienunternehmer eine familieninterne Nachfolge wünschen, sind auch Alternativen zu berücksichtigen. Der Wunsch, das Unternehmen weiterhin in der Familie zu sehen, ist legitim und nachvollziehbar. Er sollte aber nicht dazu führen, dass Konflikte innerhalb der Familie auftreten, die sich letztlich auch negativ auf das Unternehmen auswirken, bzw. dass ein Nachfolger gewählt wird, der zwar nicht die Kompetenzen aufweist, aber aufgrund seines Familienstatus gewählt wird. Es gibt eine Reihe von Alternativen zur familiären Nachfolge, die es ermöglichen, den Fortbestand des Unternehmens in der Zukunft zu sichern. Zu diesen Alternativen zählen beispielsweise: Einsatz von Fremdgeschäftsführern, Stiftungslösungen, Unternehmensverkauf, Management-Buy-out.

5. Zusammenfassung

Aus Sicht eines Familienunternehmens spricht vieles dafür, ein bankinternes Rating nicht lediglich als eine Pflichtaufgabe zur Sicherung der Kreditwürdigkeit zu betrachten, sondern es aktiv als ein Managementinstrument einzusetzen. Das gilt in besonderem Maße für den Aspekt der Nachfolge, auch wenn sich die bankinternen Ratingsysteme bei der expliziten Berücksichtigung dieses Kriteriums durchaus unterscheiden. Es gibt eine Reihe von psychologischen Barrieren, die oftmals verhindern, dass diese Frage rechtzeitig und sorgfältig genug behandelt wird. Hier kann das Rating den notwendigen externen Impuls liefern, sich diesem Thema zu stellen. Es bietet einem Familienunternehmen auch die Chance zu signalisieren, dass es versteht, diese Aufgabenstellung mit der notwendigen Sachlichkeit zu bewältigen. Ein derartiger Umgang mit dem bankinternen Rating bedeutet auch eine veränderte Rolle des Firmenkundenbetreuers. Ob die Nachfolge tatsächlich hinreichend sorgfältig geregelt ist, lässt sich kaum allein mit formalen Checklisten überprüfen. Idealerweise führt der Firmenkundentreuer Management-Meetings durch, in denen er sich auch mit Fragestellungen beschäftigt, die auf der Schnittmenge zwischen Management, Familie und Eigentum liegen. Er befindet sich damit stärker in der Rolle eines Beraters, muss selbst unternehmerisch denken und auch die dafür notwendigen Kommunikationsfähigkeiten mitbringen.

Literaturhinweise

Beck, O./Kolbeck, C. (2004): Kreditrating im Wandel: Implikationen für die Beziehung von Banken und Unternehmen, Wittener Diskussionspapier, Heft 128.

Braun, P. (Hrsg.), 2001: Rating Leitfaden für den Mittelstand, Augsburg 2001.

Deutsche Bank (2001): Kreditnehmerbewertung durch die Deutsche Bank, Kunden Präsentation.

DG Bank (2001): Mittelstand im Mittelpunkt, Sonderthema: Rating mittelständischer Unternehmen.

Dresdner Bank (2000): Das Ratingsystem der Dresdner Bank im Überblick, Kundenpräsentation.

Füser, K. (2002): Die Neue Basler Eigenkapitalvereinbarung – Umsetzung der Eigenkapitalanforderungen für Kreditrisiken, unveröffentlichtes Folienmanuskript.

Grunwald, E./Grunwald, S. (2001): Bonitätsanalyse im Firmenkundengeschäft, Stuttgart 2001.

Gross, T./Rockenfelt, M. /Kolbeck, C./Nicolai, A. (2001): Deutsche Banken auf dem Weg zu Basel II, München: BCG (Studie) 2004.

GRUNERT, J./NORDEN, L. WEBER, M. (2005): The Role of Non-Financial Factors in Intenal Credit Ratings, in: Journal of Banking and Finance, S. 509–531.

HENNERKES, B.-H. (2004): Unternehmensnachfolge – Chance und Risiko, in: Zeitschrift für Organisation, S. 266–269.

HENNERKES, B.-H. (1998): Familienunternehmen sichern und optimieren, Frankfurt 1998.

KOCH, P. (2001): Rating aus dem Haus der Volksbanken, in: ifm (Hrsg.): Rating mittelständischer Unternehmen, S. 36–55.

KEIN, T. (2001): Rating für den Mittelstand, Frankfurt/ New York 2001.

KOLBECK, C./WIMMER, R. (2002): Finanzierung für den Mittelstand, Wiesbaden 2002.

NAGEL, K./STALDER, J. (2002): Rating – Bonität steigern, bessere Konditionen erreichen, Finanzierung sicherstellen, Landsberg 2002.

NICOLAI, A. (2004): Nachfolge in Familienunternehmen: In welche Zukunft blickt die neue Generationen? In: Zeitschrift für Organisation, S. 241.

PRESBER, R./STENGERT, U. (2002): Kreditrating, Stuttgart 2002.

PRICEWATERHOUSECOOPERS (2001): Fit für Rating? Studie, Eigenverlag 2001.

WIMMER, R./GEBAUER, A. (2004): Nachfolge in Familienunternehmen, Wittener Diskussionspapiere, Heft 135.

WIMMER, R./KOLBECK, C. (2002): Externes Rating – Interview mit Thorsten Hinrichs, in: Organisationsentwicklung, S. 74–83.

Rating als strategisches Tool des Familienunternehmens – günstige Kreditbeschaffung durch Bonitätsnachweis

Gert Sieger

1. Familienunternehmen in Deutschland

Familienunternehmen oder eignergeführte Unternehmen – die Begriffe werden wir im Folgenden synonym verwenden – sind die dominierende Unternehmensform in Deutschland. Sie unterscheidet sich maßgeblich von öffentlich-rechtlichen Unternehmen und von börsennotierten Publikumsgesellschaften: Bei ersteren ist der Staat Eigentümer, bei letzteren gibt es eine nicht zusammenhängende Zahl von Kleinaktionären, die mehr als 50 Prozent des Stammkapitals beherrschen. Den Familienunternehmen ist gemeinsam, dass sie eine begrenzte Zahl von Eigentümern haben, die zusammen zumindest 50 Prozent des stimmberechtigten Eigenkapitals beherrschen. Familienunternehmen unterscheiden sich in vielen Fragen der Corporate Governance von den beiden anderen Unternehmensformen. Dass staatliche Eigentümerinteressen und die dahinter stehenden politischen Einigungsprozesse von privaten Eigentümerinteressen abweichen, ist offensichtlich. Bei der großen Publikumsgesellschaft andererseits unterscheiden sich die Beziehung zwischen Eigentümern und der Leitungsfunktion völlig von einem eigentümergeführten Unternehmen. Es lohnt sich also zu erforschen, ob es unterschiedliche Gesetze in Familienunternehmen gibt und wie gegebenenfalls die Regelungen in diesen Unternehmen normativ geprägt werden sollen, und hier im Speziellen: Was unterscheidet Ratingprozesse in Familienunternehmen von denen in den genannten anderen Unternehmensgruppen?

2. Das Segment „Familienunternehmen" in Deutschland

Die Auseinandersetzung mit Familienunternehmen ist relevant: Es gibt nach einer Studie des BDI gemeinsam mit dem Institut für Mittelstandsforschung in Bonn 107.904 Industrieunternehmen in Deutschland. Davon sind 84 Prozent oder 90.431 Unternehmen von einem Eigner geführt.[1] Diese Zahlen schließen die Handwerksbetriebe und die Dienstleistungsunternehmen nicht ein, aber auch hier wird die deutsche Wirtschaft von Familienunternehmen dominiert. Es ist hinlänglich bekannt, dass die Familienunternehmen die meisten Beschäftigten in Deutschland haben und die größte Bruttowertschöpfung erzielen.

Für die Kapitalbeschaffung unterstellen die meisten Wirtschaftswissenschaftler, dass die Eigentümer und das Management getrennt sind. Im Vordergrund steht die reine Kapitalbeschaffung über den Kapitalmarkt. Im Familienunternehmen ist das die Ausnahme: Die

1 Vgl. o. V. (o. J.) Das industrielle Familienunternehmen. Kontinuität im Wandel, Untersuchung im Auftrag des Bundesverbandes der Deutschen Industrie e.V. (BDI) und der Ernst & Young AG Wirtschaftsprüfungsgesellschaft, S. 9 ff. sowie o. V. (o. J.) Der industrielle Mittelstand – ein Erfolgsmodell, Untersuchung im Auftrag des Bundesverbandes der Deutschen Industrie e.V. (BDI) und der Ernst & Young AG Wirtschaftsprüfungsgesellschaft, S. 9 ff.

Kapitalbeschaffung erfolgt überwiegend über die Innenfinanzierung und über Bankkredite. Im Familienunternehmen ist der enge Zusammenhang zwischen der Kapitalbeschaffungsfunktion des Unternehmens und der privaten Vermögenssphäre der Unternehmerfamilie von sehr viel größerer Relevanz. Viele Prämissen der Kapitalmarkttheorie greifen nicht: Der Familienunternehmer kann z.B. keine Leerverkäufe seiner Anteile tätigen, um in eine andere Risikoklasse mit Hilfe einer Verschuldung zu investieren. Die Märkte für kleinere börsennotierte Aktiengesellschaften funktionieren schon nicht – geschweige denn ein Markt für Kommanditanteile. Und viele Konflikte in Familienunternehmen entstehen, weil sich auf der Vermögensebene unterschiedliche Ausssichten über den auszuschüttenden Free-Cashflow entwickeln. Der geschäftsführende Gesellschafter steht nur zu oft im Konflikt mit dem nicht tätigen Gesellschafter.

Die moderne Kapitalmarkttheorie betrachtet alle Kapitalanlagen mindestens in einem drei-dimensionalen Raum. Neben der zeitlichen Verteilung der Cashflows sind sie charakterisiert durch die Parameter Ertrag und Risiko. Erst wenn Unvollkommenheiten in dieses Modell eingeführt werden, dann spielen andere Parameter wie die Liquidität eine Rolle. *Modigliani* und *Miller*[2] haben unter der Annahme vollkommener Märkte und den damit verbundenen Arbitragemöglichkeiten ein Theorem entworfen, das über lange Zeit zumindest von Praktikern nicht angenommen wurde. Es besteht in der bekannten Grundaussage, dass Finanzierungen den Wert eines Unternehmens nicht verändern. Vermutlich waren auch die meisten Finanzchefs tief gekränkt – bedeutet diese Aussage nicht, dass ihre Arbeit zumindest keinen Beitrag für die Wertsteigerung des Unternehmens leistet? In der Folge wurden in der neoklassischen Theorie die Erklärungsmodelle für Preise auf den Kapitalmärkten unter verschiedenen Annahmen entwickelt: Bei gleichen Prämissen – vollkommener Kapitalmarkt – kommen sie alle zum gleichen Ergebnis wie *Modigliani/Miller*, liefern aber in den weiterentwickelten Modellen einen Berechnungsalgorithmus für die Bestimmung von Risikoprämien.[3]

Ein Ergebnis der neoklassischen Finanzierungstheorie ist also, dass sich Preise für Risiko bilden. Die Renditen einer Unternehmensanleihe sind in diesen Modellen eine streng monotone Funktion des Risikos und des Verschuldungsgrades. Sie setzen sich zusammen aus dem Zins für eine sichere Anlage und einer Risikoprämie.[4] Für die Preisfindung von Unternehmenskrediten könnte das entscheidende Bedeutung erlangen, wenn die Probleme der Messbarkeit der Markt- und Geschäftsrisiken gelöst wären: Banken könnten den geforderten Zins für Unternehmenskredite in einer Art Preisliste veröffentlichen, in der das Geschäftsrisiko, der Verschuldungsgrad und der Kostensatz der Bank für die Bereitstellung der Kredite eingeht. Wenn das Geschäftsrisiko beeinflussbar ist, dann kann die Unternehmensleitung entscheiden, ob sie Kapital einsetzen möchte, die Geschäftsrisiken zu senken – um dafür einen niedrigeren Kapitalkostensatz zu erhalten.

Markt- und Geschäftsrisiken sind aber – zumindest für die überwiegende Anzahl der praktischen Anwendungen – bis heute nicht messbar. Die Praktiker mussten sich behelfen:

2 Vgl. Modigliani/Miller, (1958), S. 261 ff.

3 Vgl. Merton, (1974) S. 449 ff.

4 Vgl. für eine Übersicht Wilhelm (1982), S. 572 ff.

Für die Asset Allocation ist es von entscheidender Wichtigkeit, neben einer erwarteten oder auch vergangenen Rendite ein Risikomaß zur Verfügung zu haben. Neben den Risikomaßen, die die Schwankungen von gemessenen Kursen historisch erfassten, haben sich zunächst auf den angelsächsisch geprägten Anleihemärkten Ratingverfahren durchgesetzt: Sie beschreiben, wie hoch aus Sicht der Ratingagenturen die Wahrscheinlichkeit ist, dass eine fällige Zahlung ganz oder teilweise ausfällt, und wird sie auch nur verzögert geleistet. Damit hatten die Anleger zwei Parameter zur Verfügung, auf der sie ihre Anlageentscheidung treffen konnten: Ertrag und Risiko.

Gleiches gilt in den USA auch für Firmenkredite von Geschäftsbanken: Da die Banken in vielen Fällen ihre Kredite weiterverkauften, nutzte der Markt Ratingagenturen, um das Risiko der gehandelten Einzelkredite oder Portfolien abzuschätzen und auf diese Weise Preise für die Risikoprämien zu finden.

3. Transparenzanforderungen in Deutschland

In Deutschland haben sich völlig andere Strukturen in der Unternehmensfinanzierung herausgebildet: Deutsche Unternehmen finanzieren sich überwiegend nicht über organisierte Kapitalmärkte. In Deutschland waren folglich die Transparenzanforderungen an kleine und mittlere Familienunternehmen außerhalb der Kapitalgesellschaft[5] minimal: Nur für Publikumsgesellschaften und Gesellschaften mit beschränkter Haftung gab es überhaupt eine Verpflichtung zur Veröffentlichung von Ertrags- und Bilanzdaten. Das hat sich erst mit dem Bilanzrichtliniengesetz, dem Kapitalgesellschaften- und Co-Richtliniengesetz und der darauf folgenden Rechtsprechung geändert: Seitdem ist die GmbH & Co. KG als die meistgenutzte Rechtform deutscher Familienunternehmen publizitätspflichtig geworden, seit dem letztem Jahr wird die Publizitätspflicht von den Registergerichten auch durchgesetzt. Durch die verschwindende Bedeutung des deutschen Kapitalmarktes für deutsche Familienunternehmen gab es auch keinen Druck von Seiten des Kapitalmarktes, über die Ertrags- und Risikolage der Unternehmen zu informieren, also auch keine freiwilligen, durch Informationsasymmetrien begründeten Anreize zur Veröffentlichung.

Es kommt ein weiterer Punkt hinzu: Deutsche Banken steuerten ihr Aktivgeschäft weitgehend über Kreditrationierung. Unternehmen wurden im Wesentlichen anhand ihres Verschuldungsgrades und ihrer Finanzkraft in Risikoklassen gebündelt, in denen die Risikoaufschläge auf den sicheren Zins zzgl. des Verwaltungskostenaufschlages gleich waren. Damit hatten alle Unternehmen mehr oder weniger die gleichen, laufzeitbezogenen Zinsen. Zinsdifferenzen waren nach meiner Beobachtung eher auf eine mehr oder weniger gute Verhandlungsführung zurückzuführen, nicht auf individuelle Risiken. Durch dieses System der Kreditrationierung waren nicht nur die Unternehmen an kein System zur Risikomessung und Steuerung gewöhnt, auch in den Banken gab es keine systematische

5 Das hat sich erst durch das im Frühjahr 2000 in Kraft getretene Kapitalgesellschaften- und Co-Richtliniengesetz geändert, mit dem die Wirkungen der §§ 264 ff. HGB auf die GmbH & Co. KG übertragen wurden.

Auseinandersetzung mit der Thematik. Und es drängt sich der Eindruck auf, dass sich an dieser Tatsache trotz allen gegenteiligen Aussagen über Basel II bis heute nicht viel geändert hat: Risikoprämien werden nach meiner Beobachtung zumindest nicht mit individuellen Risiken der jeweiligen Kredittranche begründet, sondern mit dem Hinweis auf das vermeintlich defizitäre Kreditgeschäft der Bank. Und nach wie vor funktioniert der deutsche Kreditmarkt im Neugeschäft auch nur reibungslos im Bereich der Investment Grades. Zum Beispiel das Geschäft von so genannten Non Performing Loans – in den USA ein breites Segment der Kapitalmärkte – wird fast ausschließlich aus London heraus betrieben, in der Regel von amerikanischen und angelsächsischen Finanzintermediären. Nach Wissen des Autors hat die Deutsche Bank als einzige deutsche Großbank ein Team in London – das sich mit diesem Segment als Käufer auseinandersetzt. Gleiches gilt für das Neugeschäft mit Risikokrediten: Werden z.B. Anleihen von einem Unternehmen emittiert, dass ein Rating unterhalb des Investment-Grades hat, spricht die Presse in der Regel von Ramsch- oder Schrottanleihen (übersetzt aus der Phase hoch geleveragter Bondemissionen in den USA, die als Junk Bonds bezeichnet wurden).

Der deutsche Unternehmer hat wegen der speziellen Kapitalmarktsituation in Deutschland über Jahrzehnte sein Relationship Management zum Banker vorangetrieben – und umgekehrt. Banker pflegen ihre Aufsichtsrats- und Beiratsmandate, die Beziehung zum Kunden wird bewusst intim gehalten. Die Zinsstrukturen sind vermutlich für den Firmenkundenbetreuer ein großes Geheimnis, schon deswegen kann er sie kaum mit seinem Kunden diskutieren.

Nach Auffassung des Autors werden sich auch in Deutschland Risikoprämien durchsetzen, die sich am individuellen Risiko des Unternehmens bemessen. Bei den wenigen gehandelten Unternehmensanleihen und den Genussscheinen kann das heute schon beobachtet werden. Ob sich dieser Trend auch im Verhältnis der Unternehmer mit den Banken durchsetzen wird, muss man abwarten. Zumindest die Commerzbank hat verlauten lassen, dass sie diesen Weg gehen möchte. Die IKB als langfristige im Mittelstand engagierte Bank – die dieses Segment als einzige der großen Banken auch nie vernachlässigt hat – signalisiert einen ähnlichen Trend. Die IKB zumindest legt auch das Rating und die Ratingsystematik offen und erklärt es ihrem Kunden.

4. Ratingsysteme und Familienunternehmen

Nach Auffassung des Autors gibt es aber ein gravierendes Missverständnis in der Diskussion der Ratingsysteme: Angelsächsische Ratingsysteme versuchen, eine statistische Kreditausfallwahrscheinlichkeit zu ermitteln. Sie agieren als unabhängige Agenturen, die zwar hohe absolute Kosten verursachen, in der Regel nicht unter 50.000 Euro, sich aber sowohl der öffentlichen als auch der Diskussion mit dem Auftraggeber stellen. Banken setzen ihre so genannten Ratingsysteme ausschließlich dazu ein, ihre Aktivseite zu steuern und gegebenenfalls Problemkredite zu vermeiden. Wenn wir fragen, wie der Familienunternehmer Ratingsysteme einsetzen soll oder kann, dann muss zunächst geklärt werden, welche Ratingsysteme wir im Auge haben.

4.1 Ratingsysteme der Banken

Ratingsysteme der Banken steuern zukünftig die kreditindividuellen Risikozuschläge.[6] Spätestens dann muss sich der Unternehmer mit diesen Systemen auseinandersetzen. Neben den harten Faktoren – Bilanzdaten, GuV-Daten und Cashflow – spielen auch weiche Faktoren eine Rolle, wie das Beispiel der IKB zeigt. Hier werden Liquidität, Management, Wertschöpfung, Unternehmensumfeld und Bilanzpolitik als Parameter berücksichtigt.

Das Ergebnis wird meist in einem Schulnotensystem ausgedrückt. Während die erhobenen Finanzdaten das Ergebnis von Entscheidungen in der Vergangenheit sind, unterliegen die geschilderten weichen Fakten in der Regel in der Dispositionshoheit der Unternehmensleitung oder seiner Eigentümer. Der Unternehmer kann also einen Trade Off zwischen einer stärker den Bedürfnissen der Banken Rechnung tragenden Organisation und den Kapitalkosten messen.

Diese Zusammenhänge für ihn transparent zu machen, wird Aufgabe des Controllings im Familienunternehmen werden. Die Kapitalbeschaffungsfunktion wird sich stärker vom reinen Relationship Management zum Finanz- und Risiko-Controlling entwickeln. Die notwendige Auseinandersetzung mit den Beurteilungssystemen der Bank gilt für alle Unternehmen.

Simulationen mit dem IKB-System haben folgende Besonderheiten für Familienunternehmen gezeigt – vermutlich würden Simulationen mit anderen Banksystemen zu ähnlichen Ergebnissen führen:

1. Ceteris paribus erhalten Unternehmen, die kein Kontroll- oder Beiratsgremium haben, ein deutlich schlechteres Ratingergebnis. Das System straft das Fehlen eines Beirates oder sonstigen Kontrollgremiums sofort mit einer Herabsetzung ab. Das deutsche Familienunternehmen hat aber mehrheitlich keinen Beirat: Das IfM[7] hat für nur 27 Prozent aller Unternehmen einen freiwilligen Beirat ermittelt.
2. Das Fehlen einer Jahres- und Mehrjahresplanung führt zu einem c.p. schlechteren Ratingergebnis. Insbesondere in kleineren Familienunternehmen, aber auch in einigen großen (wie dem Vernehmen nach z.B. Aldi), gibt es keine mehrjährige Planung, oft auch keine Jahresplanung, geschweige denn eine Deckungsbeitragsrechnung.
3. Banken fragen in der Regel nach einer Nachfolgeregelung. In vielen – auch größeren Familienunternehmen bis hin zu großen, börsennotierten Unternehmen wie z.B. der

6 Es gibt hier starke Hinweise für unvollkommene Finanzmärkte. Gäbe es unbegrenzte Arbitragemöglichkeiten, dann müssten sich Marktpreise für Risikozuschläge bilden, im Gegensatz zu bankindividuellen Zuschlägen. Für einige Marktsegmente gibt diese Märkte, so genannte Credit Default Swaps, die insbesondere für Länderrisiken unter Banken gehandelt werden. Für Firmenkredite gibt es vermutlich auch wegen der hohen Informationskosten noch keinen CDS-Markt, der aber in Begriff ist, zu entstehen.

7 Vgl. o. V. (o. J.) Der industrielle Mittelstand, S. 79.

SIXT AG, ist das nicht geregelt oder wird zumindest nicht publiziert – was auch immer die Gründe sein mögen.

4. Generell sind die meisten Familienunternehmen in ihrer Bilanzierungspraxis steuergetrieben: Sie tendieren dazu, möglichst niedrige Gewinne auszuweisen. Publikumsgesellschaften mit einer engen Kommunikation zum Aktienmarkt sind das genaue Gegenteil: Sie versuchen, möglichst viel Ergebnis auszuweisen und sich als erfolgreich darzustellen.
5. Auch Banken wissen, dass der größte Wertvernichter in einem Familienunternehmen Streit[8] ist. Also wird nach Interessenkonflikten geforscht bzw. nach Lösungsansätzen, sollten diese bestehen.

Generell kann man sagen, dass Unternehmer wenig Interesse an externen Kontrollgremien haben: „Familienunternehmer ziehen signifikant seltener eine dauerhaft installierte externe Kontroll- und Beratungsinstanz hinzu als Unternehmen, die von Managern geleitet werden".[9] Sie sind weniger transparent – auch nach innen, und betreiben einen deutlich geringeren Kontrollaufwand als Großunternehmen. Oft ist das ein Erfolgsfaktor – der Unternehmer kann schnell entscheiden, er ist keine Rechenschaft schuldig. Es kann also meiner Meinung nach nicht pauschal entschieden werden, ob sich Familienunternehmen den von den Bankensystemen geforderten Strukturen unterwerfen sollen. Allerdings kann der Rat nur sein, sich mit den Fragen nach den weichen Faktoren auseinander zu setzen und dann explizit zu entscheiden, welchen Weg man gehen möchte – höhere Kapitalkosten zu akzeptieren oder Strukturen und Transparenz zu schaffen. In den meisten von mir beobachteten Fällen würde ein Mehr an Organisation und Struktur auch zu verbesserten Ergebnissen führen, sich also „rechnen".

4.2 Unabhängige Risikosysteme

Generell wird das Benchmarking des Geschäftsrisikos für ein Unternehmen eine wertvolle Information sein. Auch das gilt für Familienunternehmen ebenso wie für alle anderen Unternehmen. Bezüglich der oben geschilderten Spezifika der Familienunternehmen kann es zudem sehr aufschlussreich sein zu erfahren, wie sich die Risikoposition des Unternehmens verändert, wenn es Kontrollgremien einführt, eine Familienstrategie zur Streitvermeidung im Gesellschafterkreis einführt[10] oder seine Transparenz erhöht. Gerade wegen der unten noch näher zu diskutierenden hohen Bedeutung als Vermögensgegenstand ist es für den Unternehmer wichtig, sein Risk Management zu verbessern. Er zahlt auch bei kleineren Unternehmen ab etwa einer Umsatzgrößenordnung von 30 Mio. Euro schon Versicherungsprämien für Betriebsunterbrechungen. Ein systematisches Risikomanagement, dass mit einer hohen Wahrscheinlichkeit eine Insolvenz vermeiden kann, sollte ihm daher auch einen gewissen Betrag Wert sein.

8 Vgl. Hennerke, (2005) S. 58 ff.
9 Vgl. o. V. (o. J.) Der industrielle Mittelstand, S. 79.
10 Baus, (2004).

Familienunternehmen, insbesondere kleine Unternehmen, müssten eigentlich ein hohes Interesse an einem Markt für Risikoprämien haben: Jedes einzelne, aber auch Unternehmensverbünde sind alleine zu schwach, um gegenüber Banken eine Verhandlungsposition aufzubauen. Transparente Wettbewerbsstrukturen werden nur geschaffen, wenn Angebot und Nachfrage sich auf Märkten, nicht innerhalb von Institutionen ausgleichen.

Hinzu kommt, dass sich die Kapitalmarktmöglichkeiten für Familienunternehmen ständig verbessern. Die derzeitig von vielen Banken konzipierten Mezzanineprogramme z.B. kommen ohne ein externes Rating nicht aus: Die Unternehmen werden geratet ebenso wie der anschließend konstruierte Pool und die Junior-Tranche. Das von der HypoVereinsbank konzipierte Preps-Programm war das erste große Programm dieser Art und könnte der Beginn einer stärkeren Kapitalmarktorientierung für mittelständische Betriebe werden. Wenn es zu einer Standardisierung der Genussrechte kommt – analog den Aktien mit der sehr starken Standardisierung durch das AktG – dann werden diese Produkte demnächst auch umfangreich über Börsen gehandelt werden. In allen kapitalmarktorientierten Produkten ist zwingend ein unabhängiges Rating erforderlich.

5. Besonderheiten von Familienunternehmen beim Rating

Familienunternehmen unterscheiden sich von den anderen Unternehmensformen unter anderem dadurch, dass die persönlichen und familiären Ebenen eng mit den betrieblichen Ebenen verbunden sind:

- Das Unternehmen wird in der Regel für Erbschaftsteuern in Anspruch genommen. Anders als bei großen Kapitalgesellschaften sind eben die persönliche und die unternehmerische Finanzsphäre nicht voneinander getrennt. In aller Regel entnimmt der Erbe die Steuer seinem Kapitalkonto und belastet dadurch die Liquidität des Unternehmens. Ratingsysteme müssen diesem Umstand Rechnung tragen – es sei denn, der Unternehmer weist nach, dass für die Steuer außerhalb des Unternehmens vorgesorgt wurde.
- Ratingprozesse sollten prüfen, ob streitvermeidende Strukturen im Gesellschafterkreis geschaffen wurden: Durch eine Familienstrategie z.B. kann dies weitgehend gewährleistet werden.
- Die Gesellschaft kann auch durch Scheidungen finanziell in Anspruch genommen werden, wenn nicht entsprechende Eheverträge vorliegen.
- Eines der größten Risiken in einem Familienunternehmen ist die Unternehmernachfolge: Ist diese nicht gelöst, muss ein Ratingergebnis schlechter ausfallen. Und selbst wenn ein Nachfolger feststeht, ist noch lange nicht gewährleistet, ob er die richtige Wahl ist. Allerdings wird man durch die familiären Bindungen eine schlechte Wahl auch nicht mehr los – einen Vorstandsvertrag kann man hingegen relativ leicht auflösen.

- Ein guter Unternehmer wird vermutlich im Zeitablauf nicht schlechter, jedenfalls nicht plötzlich. Er ist auch nicht so einfach zu ersetzen wie ein Vorstand – neben den vertraglichen Bindungen gibt es emotionale und meist auch einen beherrschenden Einfluss über das Kapital. Also Hire and Fire aus der Laune eines Aufsichtsrates findet nicht statt – zumindest nicht auf der Führungsebene. Damit ist langfristig eine stabile, gute Führung gewährleistet.
- Bei Familiengesellschaften gibt es in der Regel keine Principal-Agency-Probleme: Der Familiengeschäftsführer ist anders als ein Vorstand ein Unternehmer, er haftet mit seinem ganzen oder zumindest mit weiten Teilen seines Vermögens. Dieser Tatsache wird in den meisten Ratingsystemen zu wenig Rechnung getragen. Die hohe Haftung führt zu risikoaversem Verhalten.
- Unternehmer haben wenig Anreiz, steuerliche oder handelsrechtliche Wahlrechte auszunutzen, um ein Ergebnis zu verbessern – zumindest dann nicht, wenn sie einigermaßen profitabel sind. Die Bilanzen von Familienunternehmen sind daher immer konservativer als diejenigen der Publikumsgesellschaften.
- Nach Eindruck des Autors berücksichtigen nur die kleineren Ratingagenturen diese spezifischen Risiken und Chancen der Familienunternehmen adäquat. Durch die starke Betonung der Finanzkraft spielt die absolute Größe beim Rating eine dominierende Rolle – damit sind die meisten Familienunternehmen im Ratingprozess benachteiligt.

6. Das Verhältnis von Unternehmen und Gesellschaftern

Familienunternehmer haben nach meinem Eindruck in der Regel über 90 Prozent ihres Vermögens in ihrem Unternehmen gebunden – leider liegen über Vermögenswerte und ihre Zusammensetzung keine Zahlen vor, es gibt auch keine statistischen Daten und nach Wissen des Autors erhebt auch keine Bank oder keine statistische Behörde diese Daten. Damit können wir nur über die Erfahrungen von uns und befreundeten Vermögensverwaltern und Bankern sprechen, die mir diesen Eindruck meist bestätigten.

Wenn diese Annahme stimmt, dann vernachlässigen Familienunternehmen einen Grundsatz der Vermögensanlage: Sie streuen ihre Risiken nicht. Das Rating des Familienunternehmens charakterisiert damit in hohem Masse auch das Risiko der Vermögensanlage der Unternehmerfamilie. Die seit Markowitz entwickelten theoretischen Modelle einer Risikostreuung, die Möglichkeiten, auch in dem Investorenpool „Unternehmerfamilie" individuelle Chancen-Risiko-Profile zu entwickeln, können wir praktisch nicht oder kaum beobachten. Es überwiegt die Tendenz, alle Familienmitglieder in einer Asset-Klasse zu binden und ihnen auch die Bestimmung über die Thesaurierungspolitik und die Leveragepolitik zu entziehen.

Mit einem systematischen Ratingprozess hätten Familienunternehmen die Möglichkeit, ihren Gesellschaftern die Ergebnisse und die erwartete Ausfallwahrscheinlichkeit darzustellen. Aus Sicht der nicht tätigen Gesellschafter wäre ein solches Instrument eine gute und vor allem auch leicht verständliche Kontrolle: Ein Absinken von A auf BBB+ mag ihn noch nicht beunruhigen, aber der Übergang vom Investment- in ein Non-Investment-Grade sicher schon.

Wenn das Unternehmen ein Emittentenrating erhält, dann kann der Vermögensgegenstand „Anteil am Familienunternehmen“ bewertet und mit alternativen, am Markt gehandelten Anlagen verglichen werden. Unter bestimmten Voraussetzungen können einzelne Gesellschafter dann auch Leerverkäufe tätigen, indem sie ihren Anteil verpfänden, Kredite aufnehmen und alternative Investitionen tätigen. Die Bank kann sich einen erheblichen Kontrollaufwand ersparen, wenn das Rating von einer seriösen und anerkannten Agentur erfolgt ist.

Gegebenenfalls mag es auch sinnvoll sein, die Anteile in zwei oder mehr unterschiedliche Risikoklassen aufzuteilen: Im institutionellen Geschäft erfolgt das üblicherweise, meist in Form eines „Wasserfalls“: Ein Portfolio wird insgesamt geratet und dann in eine Junior Note, eine Senior Note und eine Equity Note unterteilt. Die Senior Note kann selbst wenn das Gesamtportfolio Non-Investment-Grade ist als Investment-Grade konstruiert werden, etwas höhere Risiken muss die Junior Note tragen, die auch erst bedient wird, wenn die Senior Note bedient wurde usw.

Bei unterschiedlichen Risikopräferenzen im Gesellschafterkreis könnten beispielsweise Genussscheine mit fester Verzinsung, Vorzugsanteile mit bevorrechtigter, aber auch vereinbarter Höchstverzinsung und die übrigen Anteile ausgegeben werden. Gegebenfalls wollen ältere Gesellschafter nur noch bedingt an den Gesellschafterentscheidungen beteiligt werden, sie wollen aber eine stetige Ausschüttung erhalten – eher geringer als gegebenenfalls in der Vergangenheit, aber sicherer. Ratingergebnisse und die Begleitung von erfahrenen Risikomanagern können einen solchen Prozess absichern und bei der jeweiligen Preisfindung helfen. Die hier skizzierte Senior Note entspräche einer hochverzinslichen, weil unbesicherten Anleihe, die Junior Note einem Genussrecht und der Anteil einer Aktie: Für alle drei Anlageklassen ließen sich Referenzpreise finden.

Nach Auffassung des Autors liegt hier eine große Zukunft für das Unternehmensrating bei Familienunternehmen: Unternehmerfamilien sehen ihre Beteiligung viel zu wenig unter Vermögensgesichtspunkten. Die Beziehung zwischen Gesellschaftern und dem Unternehmen werden ausschließlich mit den Instrumentarien des Gesellschaftsrechts bearbeitet – ökonomische Sichtweisen und die Instrumente z.B. des Asset Managements kommen viel zu selten zur Anwendung.

Literaturhinweise

BAUS, K. (2004): Die Familienstrategie, Wiesbaden 2004.

HENNERKES, B.-H. (2005): Die Familie und ihr Unternehmen, Frankfurt/New York, S. 58 ff.

MERTON, R. C. (1974): On the pricing of corporate debt: The risk structure of interest rates, in: Journal of Finance, S. 449 ff.

MODIGLIANI, F./MILLER, H. M. (1958): The cost of capital, corporation finance and the theory of investment, in: American Economic Review, S. 261 ff.

O.V. (o. J.): Das industrielle Familienunternehmen. Kontinuität im Wandel, Untersuchung im Auftrag des Bundesverbandes der Deutschen Industrie e.V. (BDI) und der Ernst & Young AG Wirtschaftsprüfungsgesellschaft, Bonn.

O.V. (o. J.), Der industrielle Mittelstand – ein Erfolgsmodell, Untersuchung im Auftrag des Bundesverbandes der Deutschen Industrie e.V. (BDI) und der Ernst & Young AG Wirtschaftsprüfungsgesellschaft, Bonn.

WILHELM, J. (1982): Die Bereitschaft der Banken zur Risikoübernahme im Kreditgeschäft, Kredit und Kapital, S. 572 ff.

Teil III

Nachfolgerating und Nachfolgerrating

Rating im Kontext der familieninternen Unternehmensnachfolge – Erfahrungen und Empfehlungen aus der Unternehmenspraxis

Rainer Maria Wagner

1. Ausgangspunkt: familieninterne Nachfolge in Wissenschaft und Praxis

Die familieninterne Unternehmensnachfolge (mittlerweile zunehmend beeinflusst von externen Übergabealternativen) kann heute unbestritten als eine der wichtigsten Herausforderungen für kleine und mittlere Unternehmen (KMU) angesehen werden. Angesichts der ca. 71.000 Unternehmen und der damit verbundenen ca. 900.000 Arbeitsplätze, die jährlich zur Übergabe anstehen,[1] sollte diesem Bereich von jedem Unternehmer und allen damit befassten Gruppen oberste Priorität eingeräumt werden. Zudem sind bis heute viele Einzelaspekte der Nachfolge nur unzureichend erforscht, zu denen – aufgrund der Aktualität – sicherlich auch die Thematik Rating im Übergabeprozess zu zählen ist.

Wie der Titel erkennen lässt, versucht der vorliegende Beitrag, das spezifische Thema Rating und insbesondere das noch nahezu unbearbeitete Feld „Nachfolgerrating" im Generationenwechsel von der unternehmenspraktischen Seite her zu beleuchten. Eine nicht unlösbare Aufgabe für den Autor, ist er doch seit mehr als zwei Jahrzehnten bewusst Teil eines mittelständischen Familienunternehmens und hatte Gelegenheit, alle Facetten vom ersten Ferienjob während der Schulzeit bis zum späteren Eintritt in die Geschäftsleitung kennen zu lernen. Außerdem ist er selbst als designierter Nachfolger Teil eines Generationenwechsels, der schon einige Jahre andauert und in absehbarer Zeit „in die heiße Phase" geht.

Darüber hinaus soll auch der wissenschaftliche Hintergrund in den folgenden Ausführungen nicht gänzlich außer Acht gelassen werden, da der Autor auch hier auf Erfahrungswerte zurückgreifen kann. Im Rahmen der eigenen Dissertation, die in den Jahren 2000–2003 entstand, wurde das Thema familieninterne Unternehmensnachfolge theoretisch und empirisch intensiv betrachtet.[2] Interessanterweise war zum damaligen Befragungszeitpunkt (2001/2) bei insgesamt 28 Senioren und Junioren das Thema Rating im Nachfolgeprozess nur von nachgelagerter Relevanz. Dennoch sollen neben den eigenen Erfahrungen im Folgenden auch diese Hintergrundinformationen, die ebenfalls der Unternehmenspraxis entstammen, eine Rolle spielen.

Bis heute werden für mittelständische Unternehmen – einerseits sicherlich nicht zu unrecht – Defizite hinsichtlich der Vorbereitung auf Basel II und Rating konstatiert. Andererseits stellt auch die Unternehmensnachfolge selbst ein vielfach nur unzureichend organisiertes Themenfeld für kleine und mittlere Unternehmen dar. Dies lässt erahnen, dass der Zugang und die integrierte Behandlung beider Thematiken als nicht unproblematisch angesehen werden muss. Allerdings – so die Erfahrung des Autors – sind beide Bereiche seit längerem an Bedeutung zunehmende Bestandteile im praktischen Unternehmensalltag, auch wenn die externen Finanzierungspartner hier höchst unterschiedliche Schwerpunkte setzen, wie die Ausführungen in den folgenden Abschnitten zeigen werden.

1 Vgl. Institut für Mittelstandsforschung (IFM) Bonn (2005).
2 Vgl. Wagner (2003).

2. Aktuelle Aspekte zu Rating und Nachfolge(r) im Übergabeprozess

Die familieninterne Nachfolge ist ein hochkomplexer Prozess vielfach ineinander greifender Personengruppen und Systeme. Neben den sehr persönlichen, emotionalen Aspekten der Beteiligten sind betriebswirtschaftliche (insbesondere strategische), finanzielle, rechtliche und steuerliche Aspekte für den erfolgreichen Verlauf von Bedeutung.[3] Aufgrund der Ausrichtung des Beitrages muss die Vielfalt der Einflussgrößen zum Teil eingeschränkt werden, soll jedoch – wenn immer möglich – Berücksichtigung finden.

2.1 Familieninterne Nachfolge und Rating heute

Noch nach der Jahrtausendwende war das Thema Rating für KMU eine zukünftige Anforderung, mit deren Realisierung aufgrund des noch ausstehenden, relativ langen Zeithorizontes in nur beschränktem Umfang begonnen wurde. Ebenso verhielt es sich mit der Bedeutung der Nachfolge als Bestandteil des Ratings und damit als potentiellem Erfolgsfaktor einer entsprechenden Einschätzung des Unternehmens und letztendlich als Teilinstrument zur Beschaffung günstiger Kreditkonditionen. Eine Bewertung der Thematik, die heute als weitgehend überholt anzusehen ist, da die Finanzpartner der Unternehmen bereits seit mehreren Jahren begonnen haben, die Übergabe in ihre Ratingkriterien mit einzubeziehen. Es ist jedoch die Intensität und Nachvollziehbarkeit, mit der die Thematik verfolgt wird, als sehr unterschiedlich einzustufen. Zudem ist eine Unterscheidung zwischen internem und externem Rating zu treffen. Unter internem Rating wird im Allgemeinen die Einschätzung der Unternehmen durch die Banken im Rahmen von Basel II verstanden, während das externe Rating unabhängig von Kreditvergabewünschen oder Ähnlichem durch Ratingagenturen vorgenommen wird.

Internes Rating
Während Großbanken den Generationenwechsel mit eher aufwendigen und standardisierten Checklisten abfragen, zählen für kleinere Institute (insbesondere die Hausbanken) nach wie vor die intensive Kenntnis der Verhältnisse und Personen, sodass die explizite Erfassung der Nachfolgevereinbarungen oftmals nur am Rande erfolgt. Beide Verfahren weisen Vor- und Nachteile auf. Eine umfassendere Analyse erhöht sicherlich die Chancen eines tieferen Einblicks in die Vorbereitungen der Übergabe. Dennoch ist bei nicht ausreichender Kenntnis der Personen (zumindest Senior und Junior) auch mit intensiver anderweitiger Datenerhebung ein klares Bild über die Realisierungschancen der Nachfolge nur schwer zu erhalten. Einerseits wird die aus Sicht der Beteiligten eher informelle Behandlung dieses sensiblen Themas durch lange persönliche Bindungen als sehr positiv empfunden, andererseits verhindert aber durch die damit verbundene, potenzielle Ver-

3 Einen aktuellen Überblick hierzu bieten der Sammelband von Schlecht & Partner/Taylor Wessing (2004) sowie Lang-von Wins (2004), dieser insbesondere zu den persönlich-emotionalen Aspekten.

nachlässigung tieferer Analyse mitunter einen regelmäßig aktualisierten Einblick in den Stand der Nachfolgeplanung.

Diese Betrachtung fördert einen weiteren, sehr heiklen Punkt zutage, der in der Literatur vielfach nachgewiesen wurde. Die Auseinandersetzung des Seniors mit der Nachfolge an sich sowie insbesondere mit seinem eigenen Rückzugszeitpunkt kann als ein wesentlicher Erfolgsfaktor einer jeden Übergabe angesehen werden, ist jedoch gleichzeitig einer der kritischsten Punkte des gesamten Prozesses. Nur eine Minderheit der übergebenden Generation will sich zu diesem Themenbereich konkret festlegen bzw. äußern. Insofern gehen – auch große – Finanzinstitute diesen Bereich äußerst bedacht an, womit jedoch zumeist der Verzicht auf entsprechende Informationen verbunden ist. Umso mehr rückt dann der Nachfolger mit seinen Fähigkeiten in den Vordergrund, das Unternehmen – wann auch immer – weiterführen zu können (siehe dazu Abschnitt 2.2).

In den vielen Gesprächen des Autors mit externen Finanzpartnern über die letzten Jahre fiel zudem auf, dass nur in seltenen Fällen Aussagen darüber getroffen wurden, in welchem Ausmaß sich die Nachfolge auf potenzielle Ratings konkret auswirkt, bzw. welche Kriterien der Übergabe für ein positives Rating von besonderer Bedeutung sind. Hierzu scheint bei den Finanzinstituten selbst noch keine letztliche Klarheit zu herrschen, die jedoch wünschenswert wäre.

Externes Rating

Erst in den letzten Jahren ist eine vermehrte Diskussion der Thematik externes Rating in Verbindung mit KMU zu beobachten. Während interne Ratings aufgrund der Verpflichtung der Banken erstellt werden, ihre eigene Kreditsicherheit zu erhöhen, dienen externe Ratings einer umfassenden und objektiven Analyse des Ist-Zustandes und der Zukunftsfähigkeit des betrachteten Unternehmens, um die eigene Marktfähigkeit einzuschätzen oder alternative Finanzierungsformen (z.B. Beteiligungskapital, Forderungsverkauf) in Anspruch zu nehmen. Neben den großen Ratingagenturen (z.B. Standard & Poor`s) haben sich in den letzten Jahren einige Markteilnehmer (z.B. die Creditreform Rating AG) gegründet, die speziell für Mittelstandsunternehmen Ratingprogramme zu vertretbaren Kosten anbieten.[4] Je nach Umfang erfassen derartige Verfahren – ähnlich wie beim internen Rating – auch die Regelungen zum Generationenwechsel. Obwohl sich hierdurch gerade für KMU sehr interessante und niedrig verzinste Finanzierungsformen eröffnen, scheint die Zurückhaltung noch sehr hoch zu sein. Als Hauptgrund hierfür werden zumeist die nicht zu unterschätzenden und vor allem oftmals jährlich anfallenden Kosten genannt.

Einen zukunftsweisenden Zusammenhang zwischen externem Rating und der Nachfolge zeigt in diesem Zusammenhang *Lender*[5] auf. Er hält eine externe Unternehmensbewertung im Rahmen der Übergabe für unverzichtbar, da nur dadurch der grundsätzlich differente Blickwinkel von Senior (Vergangenheit) und Junior (Zukunft) objektiviert werden kann.

4 Vgl. z. B. Geisen/Demps/Schüller (2003), S. 39ff.
5 Vgl. Lender (2002), S. 25ff.

Konkret geht es darum, dass bei einer Übergabe die aktuellen Werte und Stärken ermittelt werden, was sich als relativ unproblematisch darstellt, sowie die grundsätzliche Zukunftsfähigkeit. Diese wiederum ist für den Junior von entscheidender Bedeutung, der in vielen Fällen einen monetären Beitrag an den Senior leistet und für sich generell eine gesicherte Zukunftsperspektive erkennen muss. *Lender* hat hierzu die auch mit mittelständischem Budget zu realisierende Technologie-Finanzanalyse“[6] entwickelt.

Führt man diese Idee fort, beeinflusst ein externes Rating – unabhängig von der für das Unternehmen in jedem Fall hilfreichen Gesamtanalyse – auch den Verlauf der Übergabe positiv, da sich hierdurch hinsichtlich der betriebswirtschaftlichen Aspekte für beide Generationen eine deutlich erhöhte Entscheidungssicherheit ergibt. Dieser Prozess wiederum wirkt sich positiv auf das interne Rating aus, da das Nachfolgekonzept tragfähiger wird.

Zusammenfassend lässt sich sicherlich sagen, dass heutige Ratings auch auf umfassend konzipierte Nachfolgekonzepte abstellen, auch wenn hinsichtlich des Detaillierungsgrades noch Uneinigkeit bzw. Diskussionsbedarf herrscht. Zudem sollten sich mittelständische Unternehmer generell (auch in Bezug auf die Nachfolge) intensiv mit den Möglichkeiten und vor allem den Chancen externer Ratings auseinandersetzen.

2.2 Der Nachfolger im Spannungsfeld der handelnden Akteure

Um sich der Person des Nachfolgers zu nähern, ist es in einem ersten Schritt nötig, seine Stellung im System der am Generationenwechsel Beteiligten zu bestimmen. Lange Zeit war die Forschung im Bereich der Nachfolge in hohem Maße auf die übernehmende Generation ausgerichtet, da diese als die vorwiegend entscheidende Personengruppe für das Gelingen der Übergabe angesehen wurde. Die weiteren Auseinandersetzungen mit der Thematik in den 1990er Jahren zeigten jedoch, dass dieser Ansatz zu kurz greift.[7] Vielmehr ist der Nachfolger Teil mehrerer komplexer, sich wechselseitig beeinflussender Systeme, wie Abbildung 1 verdeutlicht.

6 Vgl. Lender (2002), S. 42ff.
7 Vgl. z. B. Wagner (2003), S. 2ff.

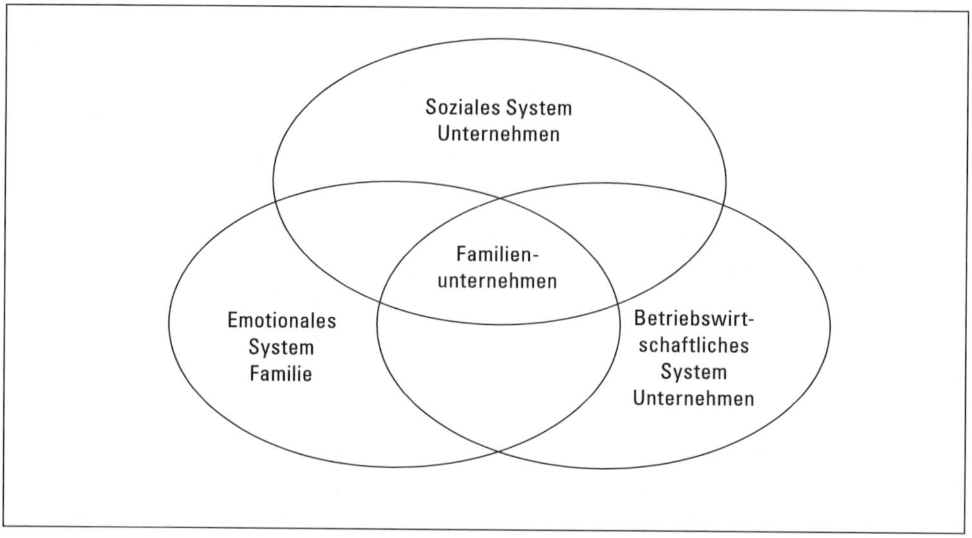

Abbildung 1: Emotionaler, sozialer und betriebswirtschaftlicher Kontext des Familienunternehmens
Quelle: Wagner 2003, S. 52.

Speziell das Familienunternehmen ist neben der rein betriebswirtschaftlichen Ausrichtung, der meist sehr persönlichen Beziehungen zu den Mitarbeitern und vielfach zu externen Partnern auch in hohem Maß durch den familiären Hintergrund geprägt. Während des Generationenwechsels wird das gesamte Beziehungssystem auf eine harte Probe gestellt, da sich viele persönliche Bindungen durch das absehbare Ausscheiden der Seniorgeneration verändern und neu formieren müssen. Insgesamt ist der weitere Verlauf von höchster Emotionalität geprägt, die oftmals als eigentlicher kritischer Erfolgsfaktor der Übergabe angesehen wird.

Der Junior selbst ist heute im Allgemeinen fachlich, und auch betriebswirtschaftlich sehr gut ausgebildet. Zumeist setzt er sich mit seiner zukünftigen Unternehmeraufgabe intensiv auseinander und reflektiert diese auch im eigenen persönlichen Umfeld. Dies fördert einerseits die positiven Chancen einer Übergabe, macht diese jedoch andererseits auch anspruchsvoller. So ist der Junior aufgrund seiner Ausbildung nicht unbedingt auf das elterliche Unternehmen angewiesen, da sich ihm auch entsprechende externe Karrieremöglichkeiten eröffnen. Dies verdeutlicht die oben schon angesprochene, notwendige Prüfung des Unternehmens auf seine Zukunftsfähigkeit.

Unterschiedlich wird die Stellung des Juniors im Verhältnis zum Senior eingeschätzt. In vielen Fällen wird – sofern nur diese beiden Hauptakteure betrachtet werden – der Junior nach wie vor als die entscheidende Figur im Generationenwechsel angesehen. Hintergrund ist der dem Senior oft attestierte Rückzug auf das Geschaffene, verbunden mit dem Unterlassen zukunftsfördernder Investitionen. Insofern wird ihm eine eher passive, bewahrende Haltung bis zum (meist viel zu lange hinausgezögerten) Ausscheiden unterstellt. Von diesem Standpunkt aus betrachtet, rechtfertigt sich die Konzentration auf den

Junior durchaus, für externe Partner (z.B. Banken) wird er damit zur entscheidenden Einflussgröße für die Zukunftseinschätzung der Unternehmen. Kommen wir wieder zum Thema Rating zurück, scheint es deshalb in der Tat geboten, sich mit den Möglichkeiten der qualifizierten Einschätzung der übernehmenden Generation auseinander zu setzen.

Dennoch ist hier ein wichtiger Aspekt zu ergänzen. Neuere Forschungen, auch die Dissertation des Autors, kommen zu dem Ergebnis, dass die Seniorgeneration gegen Ende ihrer Unternehmer-Laufbahn oft zu unrecht als „rückständig“ und eher hinderlich für die Zukunftsfähigkeit des Unternehmens angesehen wird. Ganz im Gegenteil kommt dem Senior oftmals die ganz entscheidende Funktion für das Gelingen der Übergabe zu. Es liegt an ihm, den Prozess grundsätzlich anzustoßen, mit entsprechenden Inhalten zu füllen und einen zeitlichen Rahmen zu fixieren. Auch ist er heute viel eher als früher bereit, noch entsprechende Investitionen zu tätigen, um das Unternehmen für seine Nachfolger „fit“ zu machen. Gleichwohl sind bei der Realisierung dieser zentralen Rolle der Senioren noch häufig Defizite zu beobachten, allen voran die schon mehrfach angesprochene Schwierigkeit, sich zurückzuziehen und damit verbunden die nur sehr unzureichende Auseinandersetzung mit dem „dritten Lebensabschnitt“, d.h. mit der Zeit nach dem aktiven Unternehmerleben.[8]

Positiv gesehen, fühlt sich die übergebende Generation heute mit 60 viel zu jung, um in den Ruhestand zu gehen. Dies hat oftmals zur Folge, dass die Nachfolger viel zu lange im Schatten des Seniors agieren, nur unzureichend eigenes Profil aufbauen oder selbst geschaffene Erfolge vorweisen können. Es verlängert den Generationenwechsel zum Teil erheblich, wirkt sich belastend auf die Motivation zur Übernahme aus und führt vielfach zu ausgeprägten emotionalen Belastungen und Konflikten.

Dennoch macht es Sinn, nun den Versuch zu unternehmen, Dimensionen zu erarbeiten, anhand derer der Nachfolger genauer einzuschätzen ist. So ist er ja definitiv „der Mann der Zukunft“. Berücksichtigt werden müssen bei einem solchen Vorhaben jedoch – wie oben gezeigt – neben dem Senior eine Vielzahl weiterer Einflussgrößen, die auf die übernehmende Generation und schlussendlich auf eine erfolgreiche Übergabe einwirken.

3. Ansätze zur Entwicklung eines Nachfolgerratings

Die beiden folgenden Abschnitte sind zugegebenermaßen etwas pointiert formuliert und verstehen sich als Hinführung zu einer möglich Systematik nachfolgerorientierter Kriterien, die dann auch auf die weiteren an der Übergabe beteiligten Personen bzw. Notwendigkeiten eingehen soll. Sie spiegeln jedoch sehr prägnant die jahrelangen Erfahrungen des Autors in seiner Eigenschaft als Nachfolger eines mittelständischen Familienunterneh-

8 Vgl. z. B. Wagner (2003), S. 188 ff.

mens wie auch in seiner wissenschaftlichen Arbeit während der Praxisinterviews wider. Denn letztlich entscheidet für externe Finanzpartner im Rahmen von Ratinggesprächen zu dieser Thematik in hohem Maße die persönliche Kompetenz und Ausstrahlung der beiden Hauptakteure der Übergabe. Denn zumeist sind es nur diese beiden Personen(gruppen), die in direkter Kommunikation mit den externen Partnern stehen und mit diesen eine tiefere Beziehung aufbauen. Gleichwohl können solche Gespräche sehr unterschiedlich akzentuiert sein, wie nachfolgend veranschaulicht werden soll.

Wenn man sich einmal den praktischen Ablauf eines Banken-Jahresgesprächs, in dem es um das Rating geht, vergegenwärtigt, stehen hier heute vorwiegend Zahlen und Fakten im Vordergrund. Bilanzkennzahlen, betriebswirtschaftliche Auswertungen und mehrjährige Businesspläne werden deutlich intensiver hinterfragt und diskutiert, als dies noch vor fünf bis zehn Jahren der Fall war.

Aber – und dies ist das Entscheidende – die in der Zwischenzeit auch im Bereich der Nachfolge ausgebildeten Firmenkundenbetreuer der externen Finanzpartner hinterfragen das Zahlenwerk oft sehr subtil, um die qualitativen Ratingkriterien bestimmen zu können. Es geht unter anderem um die Detaillierung der Unternehmensphilosophie und -strategie, innovative Konzepte und Produkte, Anpassung der Organisation, Mitarbeiterführung und Führungskräfte, Internationalisierungstendenzen und vor allem um das ganz spezifische Marktumfeld des Unternehmens. Gerade hier sind die externen Partner auf eine genaue Einschätzung und die Kompetenz ihrer Gesprächspartner angewiesen, da die allgemein zugänglichen Marktdaten zumeist nur in begrenztem Umfang eine echte Einschätzung der weiteren Aussichten des Unternehmens zulassen. Innerhalb dieser Bereiche nun offenbart sich sehr oft das Verhältnis zwischen Junior und Senior bzw. die grundsätzliche Tragfähigkeit des Nachfolgekonzeptes.

3.1 Der Senior ratet den Nachfolger

Diese Situation lässt Erinnerungen an die Zeiten des patriarchalischen, autokratischen Führungsstils aufkommen, kann aber durchaus auch auf eine intensive, wenn auch übertriebene Fürsorge des Seniors für den Junior zurückzuführen sein. Praktisch laufen solche Ratinggespräche dergestalt ab, dass der Senior nahezu der alleinige Wortführer ist.

Im ungünstigen Fall stellt er tatsächlich den „Übervater" dar, der auch in höherem Alter bei genauerem Hinsehen die alleinige Verantwortung trägt, alle Fäden zieht und alle tiefergehenden Fragen selbst beantwortet (entweder weil nur er die Antworten kennt oder weil er vermeiden will, dass der Junior „etwas Falsches sagt"). Der Junior wird in solchen Fällen zwar offiziell als Nachfolger präsentiert, die Gesprächspartner erkennen jedoch sehr schnell, dass er eine nur unwesentliche Rolle im Unternehmen spielt (so erst kürzlich bei einem 68-jährigen, sehr erfolgreichen Geschäftspartner und dessen potenziellem Nachfolger zu beobachten gewesen, ebenso wie der nur wenige Wochen alte Kommentar eines weiteren 66-jährigen Geschäftspartners. Auf die Frage nach seinem Rückzug und die Übernahme der Geschäfte durch seinen 43-jährigen Sohn meinte dieser, er werde weitermachen, solange es ihm Spaß mache und es seine Gesundheit erlaube und außerdem „sei der Junge noch nicht so weit“...).

Im günstigeren Fall ergibt sich eine ähnliche Gesprächsführung, die Dominanz des Seniors ist jedoch weit weniger ausgeprägt. Denn Letzterer hat eine sehr positive Meinung über seinen Nachfolger und bemüht sich seit Jahren intensiv und umfangreich um ein tragfähiges Nachfolgekonzept. Auch trägt die übernehmende Generation sichtbar Verantwortung im Unternehmen, wenn auch nicht für wirklich entscheidende Bereiche. Gleiches gilt für Zukunftsvisionen oder –strategien. Der Senior antwortet oft für den Junior, lässt aber zumindest erkennen, dass er den Nachfolger für fähig hält und selbst willens ist, sich zu gegebener Zeit zurückzuziehen.

Dennoch ist es in beiden Fällen für externe Partner kaum möglich, sich ein klares Bild über die Nachfolgesituation zu verschaffen. Sicherlich können die Qualifikationen des Juniors, dessen Werdegang und Zukunftsvorstellungen etc. abgefragt werden, die Qualitäten als Nachfolger des Unternehmens bleiben jedoch großteils im Dunkeln.

Solange die Zahlen und Strategien des Unternehmens positiv sind und der Unternehmer selbst noch nicht in hohem Alter ist, muss sich diese Situation nicht notwendigerweise negativ auf das Nachfolgerating auswirken, für die Bankenpartner bleibt ja noch Zeit, die Entwicklung weiter zu beobachten. Dennoch wird wohl – sofern diese Situation anhält – eine negative Bewertung des Übergabekonzeptes die Folge sein. Denkt man einen Schritt weiter, kann diese Vorgehensweise zukunftsbedrohende Ausmaße für mittelständische Unternehmen annehmen, da irgendwann die Risikoeinstufung aufgrund unklarer Nachfolgeverhältnisse zu hoch wird und damit notwendige Kredite schlichtweg zu teuer eingekauft werden müssen oder gar nicht mehr gewährt werden.

Leider sind die oben geschilderten Gespräche nach Erfahrungen des Autors und nach Aussage vieler entsprechender Fachleute heute immer noch häufig anzutreffen, allerdings mit zunehmender Tendenz in Richtung des im folgenden Abschnitt zu behandelnden, positiveren Senior-Junior-Verhältnisses.

3.2 Der Nachfolger ratet sich selbst

Die aktive Beteiligung des Nachfolgers in Ratinggesprächen soll nun nicht als die umgekehrte Situation zum vorhergehenden Abschnitt missverstanden werden. Dem Autor ist auch kein entsprechender Fall aus der Praxis bekannt, in dem der Junior „die Zügel“ allein in der Hand hält. Denkbar ist dies allenfalls kurz vor dem endgültigen Rückzug des Seniors, wenn dieser an derartigen Gesprächen nur noch als „beisitzende Autorität“ teilnimmt.

Vielmehr spiegelt diese Vorgehensweise die von den externen Finanzpartnern gewünschte und von der Wissenschaft seit langem geforderte, positive Wechselbeziehung zwischen Senior und Junior wider. So wird es als notwendig angesehen, dass der Junior bereits einige Jahre vor der Übernahme im elterlichen Unternehmen eine Führungsposition annimmt und dann schrittweise mehr Teilbereiche eigenverantwortlich gestaltet. Nur so hat er die Möglichkeit, sich selbst zu profilieren, aktiv zum Unternehmenserfolg und den zukünftigen Weichenstellungen beizutragen und schlussendlich auch innerhalb der Organisation „seinen“ Platz zu finden.

Nach den Erfahrungen des Autors legen externe Finanzpartner hohen Wert darauf, dass sowohl Unternehmer, als auch Nachfolger sich detailliert zu Vision und Strategie, zum Marktumfeld und zu den längerfristigen Zukunftseinschätzungen äußern können. Auch wird immer wieder nachgefragt, ob hierzu unterschiedliche oder gar konträre Meinungen bestehen. Letzteres kann durchaus als positiv angesehen werden, wenn z. B. die Übergabe in absehbarer Zeit ansteht und der Junior dann – meist mit Billigung des Seniors – zumindest zum Teil neue Wege beschreitet.

Auch hat der Junior in solchen Fällen erst die Möglichkeit, seine eigentlichen Stärken, seine Persönlichkeit und seine Stellung im Unternehmen zu offenbaren. Als optimal kann sicherlich die Situation angesehen werden, wenn die junge Generation bereits einen bestimmten Prozentsatz der Unternehmensaktivitäten (abhängig vom Zeitrahmen des Generationenwechsels) wirklich eigenverantwortlich leitet. Der Großteil der externen Finanzpartner wird sich sehr positiv an Gespräche erinnern und dies im Rating entsprechend vermerken, in denen sich die Generationen immer wieder „die Bälle zuspielen“. Konkret bedeutet dies, dass der Senior – wenn es um Bereiche geht, die er bereits abgegeben hat – ganz bewusst die Kompetenz und die Aussagefähigkeit diesbezüglich an seinen Sohn oder seine Tochter weitergibt, wohingegen sich die junge Generation dann, wenn es sich um noch aktive Aufgaben des Seniors handelt, entsprechend zurückhält. Auch lassen solche Gespräche einen deutlich tieferen Einblick in das Verhältnis der Generationen untereinander zu, da die offenere Gesprächskultur auch die Offenheit unter allen Beteiligten erhöht.

Nur am Rande bemerkt: Diese Form des Miteinanders der Generationen ist nicht nur für Nachfolgeratings, sondern auch für den geschäftlichen Markterfolg von unschätzbarem Vorteil. So bauen viele Mittelständler ihre Aktivitäten auf wenige potente Kunden auf, zu denen sie sehr tiefe Beziehungen pflegen. Doch gerade diese wichtigen und oftmals großen Kunden sind heute aufgrund der sich ständig wandelnden Unternehmensumwelt mehr denn je auf eine zukunftsorientierte und damit kalkulierbare Partnerschaft angewiesen. Sie reagieren in höchstem Maße sensibel auf Dissonanzen innerhalb der Unternehmerfamilie und sind aufgrund ihrer Beziehungen zum Unternehmen meist besser hierüber informiert, als die Inhaber glauben. Sicherlich sind bereits viele tausend Kunden-Lieferanten-Beziehungen an solcherlei Problemen zerbrochen – mit mehr oder weniger dramatischen Konsequenzen für das mittelständische Unternehmen. Und schlimmer noch, die wirklichen Beweggründe sind wohl nur in den wenigsten Fällen offensichtlich geworden. Denn trotz enger Beziehungen werden die Abnehmer nur in Ausnahmefällen offen mit ihren Lieferanten über das nach wie vor heikle Thema Nachfolge und die daraus eventuell resultierenden Belastungen für die Geschäftsbeziehung sprechen.

Zusammengefasst ist deutlich geworden, dass eine aktive Rolle des Juniors innerhalb der Ratinggespräche als Voraussetzung für eine sinnige Erfassung des Nachfolge(r)-Konzeptes durch externe Partner angesehen werden kann. Gleichzeitig wird erst dadurch eine Annäherung an die Idee des Nachfolgerratings möglich. Zudem kann davon ausgegangen werden, dass in diesem Zusammenhang auch der Senior eine wichtige Rolle spielt. Ohne dessen offenen Umgang mit dem Junior ist die Leistungsfähigkeit des Nachfolgers wohl nur unzureichend erfassbar.

Um nun einen ersten Ansatz zu diesem Thema zu entwickeln, ist es notwendig, den in Abschnitt 2.2 angesprochenen, vielschichtigen Bezugsrahmen des Familienunternehmens nochmals aufzugreifen und in die Entwicklung zentraler Dimensionen auch die bisher noch nicht behandelten Größen zu integrieren. Dies soll im nächsten Abschnitt erfolgen.

3.3 Versuch einer Systematisierung

Bei nochmaliger Betrachtung von Abbildung 1 fällt auf, dass in den bisherigen Ausführungen das familiäre System nur beschränkt auf Senior und Junior betrachtet wurde. Außerdem wurde das „soziale System Unternehmen" nur am Rande durch die externen Partner betrachtet. Ausgeblendet wurde bisher das Beziehungssystem im Unternehmen, insbesondere die für die Zwecke dieses Beitrages vor allem relevanten Beziehungen der Mitarbeiter zur Unternehmerfamilie.

Beim intrafamiliären Kontext mittelständischer Familienunternehmen ist auf häufig auftretende Geschwisterkonflikte hinzuweisen, vor allem, wenn der potenzielle Nachfolger noch nicht endgültig benannt ist. Außerdem ist der Einfluss weiterer Familienmitglieder nicht zu unterschätzen, auch wenn sie gar nicht aktiv im Unternehmen mitarbeiten. Zu denken ist hierbei an die Partnerinnen oder Partner der Nachfolgegeneration als „heimliche Entscheidungsträger im Hintergrund".[9] Schließlich spielt auch die Unternehmergattin oftmals eine bedeutende Rolle innerhalb der Nachfolge, einerseits als Moderatorin und Schlichterin, andererseits aber auch als „Zünglein an der Waage" bei weitreichenden Entscheidungen, wie z.B. dem Rückzugszeitpunkt des Seniors.

Die Betrachtung der Beziehungen der Unternehmerfamilie zu den Mitarbeitern im Betrieb stellt insbesondere auf die soziale Kompetenz des Juniors ab. Hier ist von besonderer Bedeutung, ob der Junior während der Übergabephase entsprechende Kompetenz und Akzeptanz gegenüber den Führungskräften und Mitarbeitern aufbauen kann, sodass funktionierende Beziehungssysteme erhalten bleiben und veränderungsbedürftige behutsam modifiziert werden. Hilfreich für den Nachfolger ist hierbei eine eigene „Geschichte" im Betrieb, also eventuell die frühere Mitarbeit auch in den Fertigungsbereichen (z.B. während der späteren Schulzeit oder des Studiums), sodass er auch hier als Vorbild fungieren kann. Gemeinsam ist diesen Aspekten jedoch die relativ schwierige Erfassbarkeit. Einblicke in die Unternehmerfamilie ergeben sich allenfalls

9 Gerke-Holzhäuer (1998), S. 79.

durch sehr langjährige Kenntnis der Familienmitglieder und deren Werdegang. Hier sind die Hausbanken traditionell im Vorteil. Etwas einfacher, dennoch in der Tiefe ebenfalls nur selten zu erarbeiten, sind die Beziehungsverhältnisse speziell des Juniors zu den Mitarbeitern und Führungskräften. Hier sind die Führungskräfte der ersten und gegebenenfalls der zweiten Führungsebene aussagefähige Informationsquellen. Diese müssten jedoch ohne Beisein der Inhaber befragt werden, um greifbare Ergebnisse zu erhalten. Auch dies wird sich in der Praxis eher selten realisieren lassen. Dennoch sollte versucht werden, auch diese Einflussgrößen – wenn immer möglich – zu erfassen, da solche emotionalen Komponenten schon viele Nachfolgeprozesse in letzter Konsequenz zum Scheitern gebracht haben.

Bevor nun eine systematische Aufstellung potenzieller Dimensionen eines Nachfolgerratings und deren Indikatoren vorgestellt wird, soll noch auf einige Voraussetzungen hingewiesen werden, die aus Sicht des Autors unverzichtbar für das Gelingen eines solchen Vorhabens gegeben sein sollten:

- Ein Nachfolgerrating macht nur Sinn, wenn der Nachfolger endgültig definiert ist, der Übergabezeitpunkt absehbar ist (d. h. der Rückzug des Seniors findet in einem Zeitrahmen von ca. drei bis fünf Jahren statt) und sich beide Generationen hierüber einig sind. Steht die konkrete Nachfolge erst deutlich später an, verändern sich die gewonnenen Informationen aufgrund der zu erwartenden Veränderungen der internen und externen Unternehmensumwelt im Verlauf der Jahre signifikant.
- Der Nachfolger muss bereits eine wesentliche Führungsfunktion im Unternehmen innehaben, die er eigenverantwortlich gestaltet. Häufig wird vorgeschlagen, dass der Junior hier sein anfängliches Gewicht auf den Vertrieb legt, da die Kunden letztendlich das Überleben des Unternehmens sichern.
- Es muss eine offene und weitgehend konfliktarme Gesprächskultur zwischen Senior und Junior vorhanden sein. Zudem muss auch der Nachfolger in alle wichtigen Unternehmensentscheidungen und Zukunftspläne involviert sein und hierzu Aussagen treffen können. In hohem Maße vertiefend sind diesbezüglich Einzelgespräche mit den Generationen. Dies erfordert jedoch eine sehr sensible Handhabung.

Als zentrale Dimensionen eines Nachfolgerratings schlägt der Autor auf Basis der bisherigen Ausführungen die drei Einzelbereiche persönliche, fachliche und soziale Kompetenz vor.[10] Die Untergliederung der Führungsfähigkeit in diese Art Kriterien ist nicht grundsätzlich neu. Sicherlich finden sich zum Teil ähnliche Kategorien in bereits existierenden Ratingunterlagen der Kreditinstitute oder Ratingagenturen. Versucht werden soll jedoch eine dem Autor so bislang noch nicht bekannte Zuordnung von nachfolgerelevanten Indikatoren zu den ermittelten Dimensionen, die eine treffende Beurteilung der Eignung des Nachfolgers zur Übernahme eines mittelständischen Familienunternehmens ermöglichen. Eingearbeitet sind neben praktischen Erfahrungen auch die wesentlichen wissenschaftlichen Erkenntnisse zur Nachfolgeforschung der letzten Jahre. Tabelle 1 versucht eine Systematisierung der Dimensionen inklusive der zugehörigen Indikatoren sowie der

10 Vgl. hierzu Freund (2000), S. 56 ff.

Tabelle 1: Zentrale Dimensionen, Indikatoren und Informationsquellen eines Nachfolgerratings

Dimension 1: Persönliche Kompetenz	
Indikatoren	Informationsquellen (neben Senior und Junior)
• Ausbildung – Schule, handwerklich-technische Bildung, Studium, Auslandsaufenthalte, Sprachkenntnisse, Weiterbildungen	• Zeugnisse, Zertifikate
• Berufserfahrung – innerhalb und außerhalb des Unternehmens (inklusive Praktika) • Stärken-Schwächen – Profil	• Arbeitszeugnisse, Führungskräfte
• Reflexion des Unternehmertums für sich selbst und innerhalb der eigenen Partnerschaft • Risikoneigung	• Unternehmerfamilie
Dimension 2: Fachliche Kompetenz	
• Aktuelle Position und Aufgabenspektrum im Unternehmen – Anteil an der Geschäftsleitung – Erfolgreich realisierte Projekte – durchgeführte Zukunftsinvestitionen • Markt- und Branchenkenntnisse	• Führungskräfte, Organigramm
• Konkretes Gegenwarts- und Zukunftskonzept des zu übernehmenden Unternehmens	• Als Vergleichsmaßstab ggf. Daten der Branchenverbände und -organe
• Strategie- und Zukunftsorientierung allgemein, Umgang mit neuen Technologien und neuen Medien	• Strategiepapiere, Unternehmensleitsätze, Produktunterlagen, etc.
Dimension 3: Soziale Kompetenz	
• Verhältnis zum Senior und innerhalb der Familie (Unternehmerfamilie und eigene Partnerschaft)	• Familienmitglieder
• Führungsstil und Verhältnis zu den Mitarbeitern	• Führungskräfte, Mitarbeiter
• Verhältnis zu externen Partnern	• Finanzpartner, Lieferanten, Kunden
• Bezug zum Unternehmen – Motivations- und Identifikationsniveau, – Vorbildfunktion	• Führungskräfte, Mitarbeiter

Quelle: Eigene Zusammenstellung

potenziellen Informationsquellen für externe Partner (neben ausführlichen Gesprächen mit Senior und Junior, die vorausgesetzt werden).

Als Trennlinie zwischen der persönlichen und fachlichen Kompetenz wurde in etwa der Zeitpunkt der Übernahme der Geschäftsleitungsposition durch den Nachfolger im Unternehmen gewählt. So werden alle vorhergehenden Erfahrungen eher als persönlichkeitsbildende und *nachfolgevorbereitende* Themen verstanden, denen dann die *nachfolgerelevanten* Bereiche fachliche und im übergeordneten Sinne soziale Kompetenz zur Übernahme der eigenverantwortlichen Unternehmerfunktion folgen.

Betrachtet man die Informationsquellen neben Senior und Junior näher, fällt – wie schon angedeutet – auf, dass sich die Datenerhebung von der persönlichen über die fachliche bis zur sozialen Kompetenz als zunehmend schwieriger erweist. So ist die Ansprache von Führungskräften noch in gewisser Weise vorstellbar. Weitere Familienmitglieder oder Kunden bzw. Lieferanten können hingegen aus Sensibilitätsgründen und oder aufgrund des hohen Aufwandes wohl nur selten in einen solchen Prozess integriert werden.

Offen bleiben im Moment die Gewichtung der einzelnen Dimensionen sowie deren konkrete Bewertung. Aufgrund der Ausführungen ist zu erwarten, dass dem Themenbereich fachliche Kompetenz wohl die höchste Bedeutung zukommen wird. Dies hängt damit zusammen, dass die nachfolgevorbereitenden Kenntnisse und Fertigkeiten nicht zwingend die zukünftige Unternehmereignung determinieren müssen. Zudem wird die Bedeutung der Indikatoren zur sozialen Kompetenz, deren Wichtigkeit sicherlich in keiner Weise zu unterschätzen ist (vgl. hierzu auch die Ausführungen des nächsten Abschnittes), durch die nur in geringem Umfang vorhandene Erhebungsmöglichkeit deutlich geschmälert.

Insgesamt sollten die erarbeiteten Dimensionen in jedem Ratinggespräch soweit als möglich erfasst werden, um den Fähigkeiten und Intentionen des Nachfolgers und damit auch der Tragfähigkeit des Übergabekonzeptes an sich möglichst nahe zu kommen.

4. Ausblick: Nachfolger- oder Nachfolgerating als Zukunftsansatz?

Sicherlich erfordert es noch einige Anstrengungen und Diskussionen, um die in diesem Beitrag „angerissene" Systematik zu verfeinern und zu verändern, um schlussendlich zu einer zielgerichtet umsetzbaren Erhebungsunterlage zum Nachfolgerrating zu gelangen. Der Autor ist sehr gespannt auf die weiteren diesbezüglichen Schritte in Wissenschaft und Praxis.

Jedoch muss angesichts der nach wie vor unbefriedigenden Situation der Nachfolge als Ganzes in Deutschland die Frage gestellt werden, ob nicht zuallererst ein „Seniorrating" bzw. ein wirkliches Nachfolgerating anzudenken ist.

Denn obwohl sich die Informationen und die öffentlichen Diskussionen zum Generationenwechsel auf wissenschaftlicher und unternehmenspraktischer Seite innerhalb der letzten zehn Jahre geradezu exponentiell vervielfältigt haben, plant bis heute nur eine Minderheit der Seniorunternehmer ihren eigenen Rückzug langfristig und mit der gebotenen Intensität. Dazu kommt, dass nur etwa zwei Drittel der Übergaben planmäßig aus Altersgründen erfolgen. Etwa jeder vierte Nachfolgefall tritt unplanmäßig ein, z. B. aufgrund eines Unfalls oder einer schweren Krankheit des Unternehmers.[11] In beiden Fällen, d. h. also in der überwiegenden Mehrheit aller potenziellen Übergaben, wäre aktuell ein Nachfolgerrating, selbst wenn es als Erhebungsinstrument bereits detailliert ausgearbeitet wäre, gar nicht vorhanden. Denn die meisten Unternehmer haben trotz Basel II und internem Rating bislang offensichtlich nur geringen Druck seitens ihrer externen Finanzpartner verspürt, die planmäßige Übergabe sinnvoll zu regeln, von der unplanmäßigen ganz zu schweigen. Insofern hätte in diesen Fällen – wie in Abschnitt 3.3 bei den Voraussetzungen ausgeführt – die Erstellung eines Nachfolgerratings wahrscheinlich noch gar nicht stattgefunden.

Hieraus lässt sich ableiten, dass der grundlegende Stellenwert der Nachfolge vor allem innerhalb des internen Ratings der Banken spürbar gesteigert werden muss. Das externe Rating würde aufgrund seines noch geringen Verbreitungsgrades kaum zu einer Verbesserung führen. Es besteht somit Handlungsbedarf insbesondere für die Kreditinstitute, die aufgrund ihrer Nähe und des unmittelbaren Zugangs zu den Unternehmen hier sicherlich ein deutlich sensibleres Bewusstsein und vor allem die Erarbeitung entsprechender Konzepte bewirken könnten.

Die geschilderte Situation ist rational kaum erklärbar. Eigentlich müsste jeder Unternehmer wissen, dass er aufgrund fehlender Nachfolgekonzepte sein Kreditrating über kurz oder lang deutlich verschlechtert, woraus sich unter Umständen nicht unerhebliche Probleme bei der notwendigen Kapitalbeschaffung ergeben können. Hier tritt ein weiterer, schwerwiegender Problempunkt der Nachfolge zutage. Seit mehreren Jahren weisen ver-

11 Vgl. Kayser (2004), S. 17ff.

schiedene Untersuchungen darauf hin, dass nicht die betriebswirtschaftlichen, steuerlichen oder rechtlichen Regelungen den eigentlichen Erfolgsfaktor der Unternehmensnachfolge bilden, sondern die emotionalen Aspekte und hier insbesondere die bereits angesprochene Auseinandersetzung des Seniors mit seinem eigenen Ausscheiden. Offensichtlich genießt er – vollkommen zu Recht – im fortgeschrittenen Alter die Früchte seiner Arbeit und kann sich nur mit Widerwillen mit der Idee anfreunden, bereits mit 50 oder früher über seinen Rückzug nachzudenken. Unter Umständen ist es für ihn mit einem Zeichen von Schwäche verbunden, eine eigene schwere Krankheit einzuplanen oder in relativ jungen Jahren bereits das „Rentnerdasein" zu antizipieren. Dies wiederum erklärt die diesbezügliche Zurückhaltung der Kreditinstitute, denn bei aller mehr oder weniger ausgeprägten Abhängigkeit mittelständischer Unternehmen von den Banken sind es doch die Unternehmer als deren Kunden, die auch in hohem Maße in diesem Marktbereich für Umsatz und Ertrag sorgen.

Es stehen somit alle mit der Nachfolge befassten Organisationen, auch öffentliche Stellen, in der Pflicht, hier weiter positives Bewusstsein zu schaffen. Vor allem muss die Tatsache in den Vordergrund rücken, dass der Unternehmer mit der Regelung der Nachfolge sich selbst nichts nimmt, sondern vielmehr einen wichtigen Beitrag zur Erhaltung der deutschen Wirtschaftskraft mit den damit verbundenen Arbeitsplätzen leistet.

Vor diesem Hintergrund müssen auch die weiteren Überlegungen zum Nachfolgerrating gesehen werden. Die Konzeption einer exakteren Einschätzung der übernehmenden Generation ist angesichts der immer stärker auf die Zukunft ausgerichteten Unternehmensführung sicherlich unverzichtbar. Allerdings sind die Realisierungschancen untrennbar mit der notwendigen Intensivierung der Bemühungen zur Gesamtkonzeption der Unternehmensnachfolge verbunden. Um die in der Überschrift dieses Abschnittes gestellte Frage zu beantworten: Sowohl das Nachfolge-, als auch das Nachfolgerrating erfordern auch weiterhin höchste Aufmerksamkeit.

Literaturhinweise

FREUND, W. (2000): Familieninterne Unternehmensnachfolge, Wiesbaden 2000.

GEISEN, B./DEMPS, J./SCHÜLLER, R., (2003): Rating, hrsg. v. d. kfw Bankengruppe, Frankfurt a.M. 2003.

GERKE-HOLZHÄUER, F. (1998): Heimliche Entscheidungsträger im Hintergrund – Die Rolle der Familienmitglieder, in: Sobanski, H./Gutmann, J. (Hrsg.): Erfolgreiche Unternehmensnachfolge, Wiesbaden 1998, S. 79–94.

INSTITUT FÜR MITTELSTANDSFORSCHUNG (IFM) BONN (2005): IFM Bonn berechnet die Statistik der Unternehmensnachfolge neu, unter: www.ifm-bonn.org, Rubrik Statistik.

KAYSER, G. (2004): Lösung zur Unternehmensnachfolge bei mittelständischen Unternehmen in Deutschland und Europa, in: Schlecht & Partner/Taylor Wessing (Hrsg.): Unternehmensnachfolge – Handbuch für die Praxis, Berlin 2004, S. 17–24.

LANG-VON WINS, T. (2004): Der Unternehmer, Berlin/Heidelberg 2004.

LENDER, F. (2002): Zukunftspotentiale im Mittelstand: Ein unbearbeitetes Feld für das Rating von Mittelstandsunternehmen, in: Ders. (Hrsg.): Unternehmensnachfolge – Zeitbombe der Zukunft? Interdisziplinäre Lösungsansätze für den Mittelstand, Betriebswirtschaftliche Kolloquien der Fachhochschule Hof, Bericht Nr. 2, Hof 2002, S. 23–48.

SCHLECHT & PARTNER/TAYLOR WESSING (Hrsg., 2004): Unternehmensnachfolge – Handbuch für die Praxis, Berlin 2004.

WAGNER, R. (2003): Unternehmensnachfolge in mittelständischen Familienunternehmen vor dem Hintergrund aktueller ökonomischer Wandlungsprozesse, Diss., Dortmund und Augsburg (Bezugsquelle: Bitte Mail an brigitte.rotter@topstar.de) 2003.

Elementare Aspekte bei der Beurteilung von Nachfolgeprozessen aus Sicht des Finanzinvestors

Max Burger-Calderon

1. Nachfolge in Deutschland – Kontinuität oder Neuausrichtung?

Der Generationswechsel entscheidet heute und im kommenden Jahrzehnt über die zukünftige Entwicklung eines zentralen Teils der deutschen Wirtschaft. Bricht man die Gesamtprognose auf kleinere Einheiten herunter, so müssen in Deutschland täglich 200 Unternehmen die Nachfolge regeln. Dabei geht es um die Bestandssicherung der Betriebe ebenso wie um den Erhalt des Vermögens der Eigentümer. Es steht die Altersversorgung der Gründergeneration zur Diskussion, eventuell die Neuordnung von Beteiligungsverhältnissen und die Wahrung der oft unterschiedlichen Interessen von Familienangehörigen. Angesichts der Tatsache, dass der Mittelstand für rund die Hälfte des Bruttosozialprodukts und fast 75 Prozent der Beschäftigten steht, geht es beim Generationswechsel nicht zuletzt auch um den Erhalt und die zukünftige Schaffung einer großen Zahl von Arbeitsplätzen. Zu den Herausforderungen der Nachfolgeregelung gehört gleichzeitig auch die Optimierung der damit verbundenen steuerlichen Belastung. Der Zugriff des Fiskus wiederum kann das Unternehmen und die am Generationswechsel Beteiligten – unabhängig von der letztlich gefundenen Lösung – vor erhebliche Liquiditätsprobleme stellen. Ebenso kann Finanzierungsbedarf allein schon aus der Tatsache entstehen, dass für einen potenziellen Käufer – beispielsweise aus dem Management des Betriebs oder auch von externer Seite – die notwendigen Mittel zum Erwerb erst einmal beschafft werden müssen. Wie auch immer die Nachfolge im Einzelfall gestaltet wird: Der Faktor Finanzierung kann eine erhebliche Rolle spielen und ist in einem Planungsprozess möglichst frühzeitig zu berücksichtigen.

Nach wie vor streben die Entscheider in eigentümergeführten Unternehmen vorrangig eine familieninterne Lösung für den Generationswechsel an. Liquidität muss in diesen Fällen für die Zahlung von Erbschaftsteuern, möglicherweise fällige Abfindungen und nicht zuletzt für den Kaufpreis, den vielleicht Sohn oder Tochter an die Vorgänger bezahlen, bereitstehen. Neben dem Übergang im Kreis der Familie zeichnet sich heute aber auch ein deutlicher Trend zu externen Lösungen ab. Einer aktuellen Studie der Hochschule Aalen zufolge messen Unternehmer mit noch nicht geklärter Nachfolge dem Erhalt der familiären Kontrolle über die Firma keine vorrangige Bedeutung mehr bei. In den meisten Fällen liegt das daran, dass keine Nachkommen vorhanden sind, die Kinder noch nicht das notwendige Alter erreicht haben oder diese ganz einfach andere berufliche Wege gehen wollen. Der Unternehmer muss dann nach potenziellen Investoren Ausschau halten und sich infolge dessen einer externen Beurteilung stellen. Inwieweit ein anderes Unternehmen tatsächlich zum Erwerb und der Zahlung des gewünschten Preises bereit ist, hängt von dessen jeweiligen strategischen Interessen und der Marktlage ab. Die Eigenständigkeit der alten Firma, ihre geschaffenen Strukturen und vielleicht auch der Standort und die Arbeitplätze aber werden in diesem Fall den Interessen eines solchen Erwerbers untergeordnet und drohen nicht selten verloren zu gehen. Eine andere Alternative ist der Erwerb durch einen langjährigen, bereits in einer Führungsfunktion gut mit dem Unternehmen vertrauten Mitarbeiter. Ebenso kommen auch erfahrene Manager, die über einen Management-Buy-in (MBI) den Weg in die Selbstständigkeit suchen, als Käufer in Frage. Da bei diesen Interessenten aber in der Regel die vorhandenen Eigenmittel bei weitem nicht ausreichen, stellt sich auch hier wieder die Finanzierungsfrage. Der traditionelle Bankkredit allein wird nur in den seltensten Fällen weiterhelfen. Das liegt nicht nur an der aktuellen und wohl auch für die Zukunft programmierten geschäftspolitischen Zurückhaltung der Geldhäuser im Firmenkreditbereich. Eine rein mit dem herkömmlichen Kredit finanzierte Nachfolgeregelung schränkt darüber hinaus infolge der laufenden Zins- und Tilgungsbelastung – und nicht zuletzt auch durch die Unsicherheit bezüglich der langfristigen Finanzierungsmöglichkeiten – die Beweglichkeit des Unternehmens und damit die geschäftlichen Chancen erheblich ein. Angesichts dieses Szenarios bieten die von Beteiligungsgesellschaften entwickelten Lösungsmodelle im Zusammenhang mit der Nachfolgeregelung eine zunehmend interessante Alternative.

2. Private Equity als Finanzierungsalternative

Private Equity steht für außerbörsliches Beteiligungskapital, das vor allem für Unternehmen in Großbritannien und den USA schon seit Jahrzehnten eine selbstverständliche und weit verbreitete Form der Finanzierung darstellt. Beteiligungsgesellschaften sammeln für speziell zu diesem Zweck geschaffene Fonds große Kapitalsummen bei institutionellen Anlegern wie Versicherungen, Pensionsfonds oder Industrieunternehmen ein. Diese Investoren erwarten bei Laufzeiten der Fonds von bis zu zehn Jahren eine überdurchschnittliche Rendite, die aus der Wertsteigerung der mit ihrem Geld finanzierten Firmen resultiert. Aufgrund der mit Private Equity möglichen Gestaltungsmöglichkeiten können die Kapital suchenden Unternehmen die von den Investoren bereit gestellten Finanzierungen über maßgeschneiderte Modelle flexibel zum Erreichen ihrer individuellen Ziele nutzen. Diese Beweglichkeit kommt dem breiten Spektrum der im Zuge einer Nachfolgeregelung denkbaren Lösungen entgegen. Zeitlich gesehen reicht die Skala vom schrittweisen Ausstieg des Unternehmers bis hin zum kurzfristig angestrebten Verkauf seiner gesamten Anteile. Private Equity-Gesellschaften können mit entsprechenden Konstruktionen beiden Zielen gerecht werden. Sie sind in der Lage, einen anspruchsvollen Preis zu zahlen und darüber hinaus bei entsprechenden Zielvorstellungen den Erhalt des Unternehmens samt seiner typischen Strukturen zu garantieren. Je nach Vorgabe des Unternehmers übernehmen sie Minderheits- oder Mehrheitsbeteiligungen. Will sich der Eigentümer nur teilweise oder im Verlauf einiger Jahre Schritt für Schritt von seinem Lebenswerk trennen, kann er sich über eine Rückbeteiligung auch selbst wieder im Unternehmen engagieren. Er profitiert dann ebenso wie der Finanzinvestor in den folgenden Jahren von der gemeinsam angestrebten Wertsteigerung des Unternehmens. Private Equity kann über spezielle Varianten des Leveraged-Buy-outs (LBO) in besonderem Maße zum Erreichen dieses Ziels beitragen. Durch die Hereinnahme des bereitgestellten Kapitals – aber auch durch die damit verbundenen zusätzlichen Finanzierungsspielräume bei der Bank – ist das Unternehmen in der Lage, in die für den weiteren Erfolg notwendige Größenordnung hineinzuwachsen. Private Equity stellt darüber hinaus sein eigenes Netzwerk mit weit reichenden Kontakten zur Verfügung, unterstützt das Unternehmen in Aufsichtsrats- oder Beiratsfunktionen und hilft als quasi kostenloser Berater bei der Professionalisierung oder der Personalsuche. Entscheidet sich ein Unternehmer für den mit Hilfe von Beteiligungskapital finanzierten Management-Buy-out (MBO), kann er den Betrieb in bewährte Hände geben, die sowohl mit den gewachsenen Strukturen wie auch dem Beziehungsgeflecht zu den Kunden bestens vertraut sind. Das Management erwirbt in diesem Fall zu Vorzugskonditionen selbst Anteile und ist so zusätzlich für die weitere Entwicklung motiviert. Der Finanzinvestor kann im Zuge eines Owner's-Buy-out (OBO) aber auch lediglich die Anteile jener Familienmitglieder übernehmen, die an einer weiteren Teilhabe an der Unternehmensentwicklung künftig nicht mehr interessiert sind. Der stärker engagierte Familienstamm dagegen realisiert vielleicht nur einen Teilverkauf zur Sicherung des Privatvermögens und behält seine beherrschende Rolle im Unternehmen bei. Steht der endgültige Übergang in den Ruhestand an, kann der Eigner gemeinsam mit dem Finanzinvestor den Verkauf der Firma als Ganzes anstreben. Über das von Apax Partners entwickelte ReCap-Modell schließlich hat die Eigentümerfamilie aber auch die Option, zu einem späteren Zeitpunkt – zum Beispiel wenn die Kinder das für den Einstieg ins Geschäftsleben notwendige Alter erreicht haben – die Anteile der Beteiligungsgesellschaft zurückzukaufen.

3. Voraussetzungen für eine Beteiligung durch Finanzinvestoren

Die European Private Equity & Venture Capital Association (EVCA) hat in einer Studie europaweit eine Reihe ausgewählter MBOs und MBIs der Jahre zwischen 1994 und 2003 näher unter die Lupe genommen. Demnach hätten knapp ein Drittel der Befragten ohne Beteiligungskapital keine adäquate Lösung für den Generationswechsel gefunden. In etwa ebenso hoch war der Anteil derjenigen, für die Private Equity der einzige Weg zur unabhängigen Weiterführung der Unternehmen war. Die Studie macht darüber hinaus deutlich, dass die Beteiligungsgesellschaften das Wachstum und die Entwicklung im Anschluss an den Buy-out weiter vorantreiben. Umgekehrt heißt das aber auch: Vor einem Engagement wollen Finanzinvestoren möglichst genau wissen, ob entsprechendes Potenzial vorhanden ist. Ein Anstieg von Umsätzen, Cashflow beziehungsweise Gewinnen muss von vornherein allein schon mit Blick auf die Verbindlichkeiten als realisierbar erscheinen. Denn ein Buy-out basiert in der Regel auf einem Finanzierungsmix aus Fremd- und Eigenkapital. Die spätere Tilgung des Fremdkapitals aus dem laufenden Cashflow bewirkt in den Folgejahren dann den mit einem LBO verbundenen Hebeleffekt, der wiederum zur Steigerung des Unternehmenswerts beiträgt. Eine starke Marktposition, hohe Rezessionsbeständigkeit und eine überzeugende Firmenhistorie, die das gewünschte

Potenzial erkennen lassen, sind deshalb grundsätzliche Voraussetzungen für das Interesse des Private Equity-Investors. Je besser und professioneller die Firma geführt wird, desto wahrscheinlicher ist die Bereitschaft zur Beteiligung. Als Konsequenz daraus sollte das Unternehmen, beziehungsweise der Eigentümer, seinerseits aber auch eine hohe Bereitschaft zur Transparenz mitbringen, um die genannten Stärken nachzuweisen.

Ein erheblich höheres Maß an offener Information fordern heute auch die Banken von ihren Firmenkunden in Form verfeinerter Ratings. Denn die mit dem Kürzel Basel II verbundenen neuen Eigenkapitalvorschriften zwingen die Geldhäuser, sich bei der Kapitalunterlegung ihrer Firmenkredite stärker als bisher an den individuellen Risiken zu orientieren.

Mit Hilfe verfeinerter Ratings wird heute deshalb die individuelle Bonität der Unternehmen weit genauer als in früheren Jahren unter die Lupe genommen. Basel II jedoch ist nichts anderes als der Versuch, objektive Kriterien anzulegen. Unternehmen mit guter Bonität können als Konsequenz daraus mit eher günstigen Konditionen rechnen, für unterdurchschnittlich benotete Firmen dagegen wird die Kreditbeschaffung schwerer oder zumindest teurer. Sie können andererseits aus der Ratingbeurteilung Ansatzpunkte für Verbesserungen ableiten. Basel II trägt insofern auch Züge einer Unternehmensberatung. Übertragt man diese Logik wiederum auf die Beschaffung von Beteiligungskapital, so könnte ein auf den Informationsbedarf von Private Equity ausgerichtetes Rating den Firmen auch in diesem Bereich weiterhelfen. Ein Familienunternehmen weiß dann aufgrund der den Ratingprozess bestimmenden Faktoren, an welchen objektiven Kriterien es gemessen wird, und kann sich dem entsprechend auch vorbereiten. Damit wiederum könnten gerade in Zeiten eines künftig vielleicht wieder knapperen Angebots an Beteiligungskapital die Chancen auf eine Partnerschaft mit Finanzinvestoren steigen.

4. Die Rolle der Nachfolgeregelung im klassischen Ratingprozess

Mit Blick auf die Kreditfinanzierung beurteilt das Rating die wirtschaftliche Fähigkeit eines Unternehmens zur rechtzeitigen und vollständigen Erfüllung seiner Zahlungsverpflichtungen. Die Einstufung erfolgt dabei nach einer genau definierten Ratingskala, die einen einheitlichen Rahmen schafft. Kurz gesagt: Das Unternehmen weiß, woran es gemessen wird. Die Erkenntnisse aus einer solchen, per se auch auf die zukünftigen Fähigkeiten ausgerichtete Beurteilung dienen aber nicht nur dem Kreditgeber. Sie können auch zur Optimierung betrieblicher Prozesse und als Kommunikationsinstrument gegenüber Geschäftspartnern und nicht zuletzt den Mitarbeitern genutzt werden. Neben den Hard Facts, zu denen unter anderem die Bilanzanalyse, Kennzahlen zu Cashflow, Rentabilität und Vermögen sowie die Daten zur aktuellen Geschäftsentwicklung (Umsatz- bzw. Kosten, Auftragslage etc.) gehören, spielen bei einem modernen externen Rating die Soft

Facts eine mindestens ebenso wichtige Rolle. Beispielhaft für relevante Einflussfaktoren seien hier

- die Qualität der Marktbeobachtung und die Marktentwicklung,
- die Preise, die Qualität und das Image der Produkte sowie die Innovationsfähigkeit in diesem Bereich,
- Managementqualität,
- die Wettbewerbssituation und Konkurrenzintensität,
- die Entwicklung der Branche und des gesamtwirtschaftlichen Umfelds,
- die Fähigkeit zu professioneller Kontrolle und Planung sowie
- das Investitionsverhalten des Unternehmens (Planung, Ausrichtung, Umsetzung)

genannt. Ein ganz wesentliches Kriterium ist heute darüber hinaus die Frage, ob und wie ein Unternehmen auf die Nachfolge vorbereitet ist. Dabei geht es nicht nur darum, dass Tod oder Krankheit den Unternehmer plötzlich und quasi über Nacht aus dem Geschäftsleben reißen können. Ist für solche Fälle nicht Vorsorge getroffen, beispielsweise durch testamentarische Verfügungen und indem ein Mitglied der Familie oder ein langjähriger Mitarbeiter auf die unverzügliche Übernahme der Geschäfte vorbereitet ist, so wird bei einem solchen Ereignis schnell auch die Firma zum Notfall. Dass der schnell eintreten kann, belegt die oben genannte Studie der Hochschule Aalen. Demnach hatten bei kleinen und mittleren Unternehmen 60 Prozent der Befragten die Nachfolgefrage noch nicht geklärt. In der Gruppe der 55- bis 60-jährigen Unternehmer waren es sogar 71 Prozent. Es ist daher nicht verwunderlich, dass die Frage nach einer existierenden Nachfolgeregelung elementarer Bestandteil des Bankenratings ist. Dies gilt umso mehr, als auch unabhängig von Extremfällen wie Tod und Krankheit der Generationswechsel eine langfristige mehrjährige Planung notwendig macht. Dabei gehören frühzeitig die bisherige wie auch die zukünftige Strategie, die unterschiedlichen Interessen der Familienmitglieder und deren Auswirkung auf die Geschäftspolitik oder die Möglichkeiten der Einarbeitung von Nachfolgern zu Lebzeiten auf den Prüfstand.

Ein speziell auf die Nachfolge ausgerichtetes Rating jedoch muss aus Sicht einer Beteiligungsgesellschaft einer ganzen Reihe weiterer Anforderungen gerecht werden. Es darf nicht nur untersuchen, ob überhaupt Vorkehrungen für den Generationswechsel getroffen wurden. Als Partner, der sich mit eigenem Kapital engagiert, will der Finanzinvestor auch die ganz besonderen Chancen und Risiken kennen, die im betreffenden Fall aus dem speziellen Wertesystem und den Verflechtungen unterschiedlicher Interessen bei Familienunternehmen resultieren.

5. Spezielle Anforderungen an ein Nachfolgerating

5.1 Grundsätzliche Ansatzpunkte bei der Beurteilung von Familienunternehmen

Auch ein auf den Generationswechsel ausgerichtetes Rating muss sich an der Zukunftsfähigkeit und den Erfolgsfaktoren des Unternehmens orientieren. Die speziellen Ressourcen und Fähigkeiten ebenso wie die Vorteile und Herausforderungen eigentümergeführter Unternehmen hat *Mühlebach* in einer theoretischen Konzeption unter dem Titel „Familyness als Wettbewerbsvorteil" umfassend dargestellt und auf den aktuellen Stand gebracht. Eine Erfolg versprechende Strategie von Familienunternehmen muss demnach – basierend auf einem „Drei-Kreise-Modell" – eine mehrdimensionale Konstellation berücksichtigen. Es sind dies die drei Subsysteme Unternehmen, Familie und Eigentum, die wiederum jeweils über einen eigenen Lebenszyklus verfügen. Eine besonders ergiebige Quelle für Chancen und Konflikte entsteht in jenen Bereichen, an denen sich diese drei Kreise überschneiden: Solche Schnittpunkte entstehen unter anderem durch

- das Familienmitglied, das im Unternehmen arbeitet,
- das gemeinsame Vermögen, das sich Geschwister und/oder weitere Verwandte teilen,
- das Kapital, das Familienmitglieder in das Unternehmen investieren beziehungsweise,
- die Rendite, die Familienmitglieder aus dem investierten Kapital erwarten.

Mit besonderen Risiken und Chancen ist aber auch immer dann zu rechnen, wenn sich – wie weiter unten näher erörtert – Qualität und Ausgestaltung der drei Einflussfaktoren Unternehmen, Eigentum und Familie im Zeitablauf ändern. Der zeitliche Aspekt spielt jedoch bereits bei den grundsätzlichen Eigenschaften von Familienunternehmen eine Rolle. So bewirken die starke, von der Familie geprägte Unternehmenskultur und der Blick auf die nächste Generation eine ungewöhnlich lange strategische Perspektive. Der Lehrstuhl des Instituts für Familienwesen an der Universität Witten/Herdecke bescheinigt den eigentümergeführten Unternehmen aufgrund seiner Studien zudem die besondere Fähigkeit zur langfristigen Kooperation mit Geschäftspartnern und eine entsprechende Bindung von Kunden und Lieferanten. Allerdings resultiert aus der besonderen Konstellation die potenzielle Fähigkeit zum schnellen Handeln. Die flachen Hierarchien und die persönliche Vertrautheit der Handelnden auf der Führungsebene und häufig auch in anderen Firmenbereichen fördern die Flexibilität und kurze Entscheidungswege. Die Bündelung von Eigentum und Management in einer Person, so bestätigt es ein Forschungsprojekt des F.A.Z.-Instituts, fördert zusätzlich die Handlungs- und Entscheidungsfähigkeit. Ein Nachfolgerating wird jedoch auch die besonderen potenziellen Risiken der „Familyness" berücksichtigen. Außerordentlich gefährlich etwa kann ein emotional bedingter Hang zum „Nepotismus" werden. Gemeint ist damit die Besetzung wichtiger betrieblicher Positionen durch Familienmitglieder, auch wenn es diesen an den dafür notwendigen Fähigkeiten und Kenntnissen mangelt. Nicht nur Fehlentwicklungen im Betrieb, sondern auch die Abwanderung unzufriedener kompetenter Mitarbeiter sind die mögliche Folge. Nicht minder gefährlich wird es, wenn Familienkonflikte auf die Firma übertragen werden. Das besondere Verhältnis zwischen Vater und Sohn kann dafür ebenso Auslöser sein wie Zwistigkeiten zwischen Geschwistern oder Familienstämmen. Gesellschafter, die Tag für Tag in das operative Geschäft involviert sind, werden unter Umständen andere Zielvorstellungen mitbringen als jene, die sich lediglich mit Kapital engagieren. Anders ausgedrückt: Im Schnittfeld von drei Systemkreisen findet sich unter Umständen eine andere Denkweise als bei der Überschneidung von nur zwei Kreisen. Das kann positive Auswirkungen haben, wenn sich unterschiedliche Denkweisen gegenseitig kreativ ergänzen. Es kann aber auch zu verhängnisvollen Folgen führen, wenn unterschiedliche Vorstellungen zu Strategie, Investitionen oder zur Ausschüttungspolitik Auslöser langwieriger Streitigkeiten sind. Die Konsequenz sind dann letztlich Investitionsstaus oder unternehmerisch falsche Entscheidungen. Nicht zuletzt sei darauf verwiesen, dass die Unternehmenskultur nicht nur motivierend wirkt, sondern im negativen Fall auch zur Erkenntnisbarriere hinsichtlich möglicher betrieblicher Verbesserungen, Innovationsprozesse und Marktveränderungen werden kann. Was in der Vergangenheit gut war, muss aber nicht zwangsläufig auch für die Zukunft richtungsweisend sein.

Zum Aufbau beziehungsweise den Einstieg in ein Nachfolgerating könnten die genannten Grundstrukturen samt ihrer potenziellen Chancen und Risiken bereits Hinweise für ein Bewertungssystem geben. Zusammengefasst hier noch einmal die Kriterien für positive und negative Effekte aus der Konstellation Familienunternehmen:

- Familiärer Zusammenhalt und Unternehmenskultur bewirken langfristige strategische Planung, Kundenbindung und flexibles Handeln.
- Emotionen und familiär bedingte Interessen können zu Nepotismus, Investitionsstaus und Fehlentscheidungen führen und die Entwicklung ebenso beeinträchtigen wie eine „überholte" Unternehmenskultur.

Eine klare Aussage für die Bewertung des Generationswechsels freilich liefert erst die tiefergehende, detaillierte und auch die Unternehmensumwelt berücksichtigende Analyse.

5.2 Potenziale des Familienunternehmens in Bezug auf sein Wettbewerbsumfeld

Ein Nachfolgerating sollte deutlich machen, wie das Unternehmen auf alle Eventualitäten im Zuge des Generationswechsels vorbereitet ist. Wie bereits oben erwähnt, wirken sich Veränderungen der Familien- und Eigentumsverhältnisse auch auf die Möglichkeiten und Verhaltensweisen des Unternehmens aus. Konsequenterweise ist die bestehende Strategie auf ihre Gültigkeit dann ebenso zu überprüfen wie die Chancen und Risiken eines möglichen Strategiewechsels. Will man solche dynamischen Prozesse bewerten, ist eine systematische Beurteilung der vorhandenen Ressourcen in Bezug auf das Wettbewerbsumfeld unumgänglich. Eine SWOT-Analyse (Strength-Weakness-Opportunities-Threats) erfasst zu diesem Zweck einerseits systematisch die Chancen und Bedrohungen aus der Umwelt einerseits sowie die Stärken und Schwächen des Unternehmens andererseits. Zu den entscheidenden Parametern im Umfeld gehören die Markt- und Wettbewerbsentwicklung, insbesondere das Verhalten der konkurrierenden Anbieter, der Kunden und der Lieferanten. Nicht zuletzt sind mögliche Bedrohungen durch Ersatzprodukte und neue Konkurrenten zu berücksichtigen. Eine solche Analyse verdeutlicht zum einen interne Schwächen und liefert damit Ansatzpunkte zur Verbesserung. Zum anderen können die besonderen und vielleicht einzigartigen Stärken und Ressourcen nach ihrer systematischen Erfassung eventuell noch intensiver eingesetzt werden, um zusätzliche Marktchancen zu realisieren.

Viele dieser Ressourcen und Erfolgsfaktoren können auf der Familyness basieren, die sich im Zeitverlauf jedoch verändert. Als Folge daraus können Stärken verloren gehen, ebenso gut aber auch Schwächen abgebaut werden. Ein wesentliches Kriterium einer Ratingbeurteilung kann deshalb die Frage sein, inwieweit der Familienfaktor noch intakt ist, beziehungsweise durch ein gezieltes Family-Management gefördert wird. Will der Nachwuchs überhaupt in die Fußstapfen der Eltern treten? Ziehen die Eigner Geld aus dem Unternehmen oder wird in die betriebliche Zukunft investiert? Ein systematisches Family-Management stellt neben der Beantwortung solcher Fragen regelmäßig und ganz konkret die gemeinsame Identität und Zielsetzung, aber auch das gegenseitige Vertrauen und die Rollenverteilung innerhalb der Familie auf den Prüfstand. Die Qualität dieses auf den Verwandtenkreis bezogenen Managements könnte aufgrund der beschriebenen Kriterien bewertet werden. Darüber hinaus sollte das Rating in einem nächsten Schritt dann nach den strategischen Konsequenzen fragen, die aus einer möglichen Veränderung des Familieneinflusses resultieren.

5.3 Erfolgsfaktoren auf dem Prüfstand

Da aus der Familyness sowohl Vor- wie auch Nachteile entstehen, können Veränderungen im Familienkreis sowohl positive wie negative Wirkungen zur Folge haben. Eine nähere Analyse bietet sich vor allem anhand der folgenden Kriterien an.

5.3.1 Innovationsfähigkeit

Die Fähigkeit zur Entwicklung innovativer Technologien, Produkte und Produktionsprozesse bildet häufig die Basis für den Aufstieg erfolgreicher Mittelständler. *Mühlebach* nennt als Beispiele den Backpulver-Erfinder Oetker und Heraeus, den Pionier der Platinverarbeitung. Die Fähigkeit zur innovativen Weiterentwicklung über Generationen hinweg zeichnet nach ihrer Analyse auch die „Hidden Champions" von heute aus. *Wimmer* sieht in dieser bei aller Tradition andauernden Kraft zur Erneuerung, nicht zuletzt resultierend aus dem Willen zu eigenständigem Handeln, gar einen quasi in den Betrieb eingebauten „genetischen Code". Doch gerade die starke Konzentration auf die eigene technische Kompetenz birgt auch Fallstricke. Zum Beispiel dann, wenn die Weiterentwicklung nicht den Bedürfnissen des Marktes entspricht und/oder wenn gleichzeitig Aspekte des Marketings oder des Finanzmanagements vernachlässigt werden.

5.3.2 Finanzierung

Hinsichtlich der – zumindest in der Vergangenheit – eingesetzten Formen der Finanzierung lassen sich im deutschen Mittelstand klare Prioritäten festmachen, aber auch die Ursachen vieler aktueller Probleme ablesen. Tendenziell hat die Innenfinanzierung Vorrang vor der Außenfinanzierung. Bei letzterer wiederum wird das Abrufen von Fremdkapital gegenüber der Einbeziehung von Private Equity vorgezogen. Die Vorliebe für die Innenfinanzierung hat ihre Ursache in dem für den Mittelstand typischen Streben nach Unabhängigkeit. Die traditionelle Neigung zum Bankkredit beruht zu einem Gutteil – wie die aktuelle Diskussion zeigt – auf der früher nicht unbedingt nach adäquaten und differenzierenden Risikomaßstäben gestalteten Geschäftspolitik der Banken. Sie ist in Deutschland aber auch historisch bedingt. Nach dem Zweiten Weltkrieg war hier die Eigenkapitalbasis zerstört. Der Wiederaufbau wurde deshalb mit Fremdkapital – anfangs aus dem Marshall-Plan, später dann aus Bankkrediten – finanziert und daran hat man sich gewöhnt. Wenn nun aber – sei es aufgrund konjunktureller und wettbewerbsbedingter Entwicklungen oder aus familieninternen Gründen – die Innenfinanzierung schwierig und aufgrund der eingangs genannten Tendenzen das Angebot auf der Kreditseite knapp wird, so drohen ernsthafte Probleme. Die Studie des F.A.Z.-Instituts bestätigt es. Demnach zählen der fehlende Zugang zu externem Kapital sowie die damit einher gehende Beeinträchtigung der Wachstumsfähigkeit beziehungsweise -geschwindigkeit zu den größten Nachteilen von Familienunternehmen. Im Betrieb kommt es nicht zu den notwendigen Investitionen und auf der Eignerseite gerät im Extremfall das Privatvermögen in Gefahr. Dass dies auch den Generationswechsel erheblich behindern würde, liegt auf der Hand. Ein externes Rating kann hier mit Blick auf ein frühzeitiges Gegensteuern unter Umständen erhebliche Unterstützung bieten. Es sollte eventuelle Defizite offenlegen, zu einer Neuorientierung anregen und die möglicherweise notwendigen Maßnahmen deutlich machen. Erfolgreiche unternehmerische Autonomie ist heute auch aus Sicht *Wimmers* ohne finanzielle Unterstützung von außen häufig gar nicht mehr möglich. Darüber hinaus sollte im Rahmen eines Ratings klar werden, dass die Hereinnahme von Beteiligungskapital, ja nicht einmal ein Börsengang zwangsläufig mit dem Verlust des beherrschenden Einflusses der Familie verbunden sein muss. Die Erfolgschancen aber steigen allemal. Aufgrund ihrer Bilanzstruktur und der Umsatzentwicklung gehörten eigentümerdominierte Gesellschaften an der Börse in den letzten Jahren zu den erfolgreichsten Unternehmen. Mit dem vom Center for Entrepreneurial Studies (CEFS) gemeinsam mit der Deutsche Börse AG entwickelten German Entrepreneurial Index (GEX) sind die Wertzuwächse von relativ jung an der Börse etablierten Eigentümerunternehmen heute direkt nachvollziehbar. Die Einführung dieses Börsenbarometers sollte in Zukunft das Interesse der Investoren auch für noch nicht an der Börse notierte Unternehmen zusätzlich beflügeln. Die positiven Effekte der mit Private Equity finanzierten Nachfolgeregelungen bestätigt zudem die EVCA-Studie. Bei den untersuchten MBOs/MBIs sind Umsätze, Gewinne und Mitarbeiterzahl nach der erfolgten Transaktion deutlich gestiegen. Die Firmen konnten darüber hinaus neue Märkte erobern und ihre Exporte erheblich ausbauen.

5.3.3 Managementorganisation und Mitarbeiter

Die zentralen Führungspersonen stammen bei einem Großteil des Mittelstands aus dem Kreis der Familie. Das in Jahren und Jahrzehnten gewachsene Vertrauen, Kontinuität im Verhältnis zu den Geschäftspartnern und die offene Kommunikation unter den Familienmitgliedern fallen dabei naturgemäß auch bei der Nachfolgeregelung positiv ins Gewicht. Stammt der Nachfolger aus dem Familienkreis, so kann dieser schrittweise in das Unternehmen hineinwachsen und dabei im Idealfall gleichzeitig die Erfahrungen und Kontakte seines Vorgängers übernehmen. Nicht selten aber hat die Konzentration auf eine Person und der Stolz auf das bisher Geleistete zu einem autoritären Führungsstil, mangelnder Bereitschaft zur Teamarbeit und nicht zuletzt der Unterschätzung neuer Herausforderungen oder veränderter Marktbedingungen geführt. Die neuen Ideen des Nachfolgers wiederum, der sich mit einer komplexeren Umwelt konfrontiert sieht, werden ignoriert oder nicht akzeptiert. Nicht zuletzt, so warnt *Mühlebach*, droht als Folge eines etablierten Patriarchats der Hang zur Selbstüberschätzung. Steht kein Nachfolger aus dem Verwandtenkreis zur Verfügung und ist somit zwangsläufig eine externe Nachfolgeregelung notwendig, kann eine solche Hybris unter Umständen zu einem noch schwerwiegenderen Problem werden: Denn wer die konstruktive Diskussion nicht gewöhnt ist, empfindet Gegenargumente von Externen – auch wenn sie von potentiellen Partnern kommen – im Extremfall regelrecht als Angriff auf die eigene Person. Eine von Apax Partners in Kooperation mit dem CEFS und dem KfW-Stiftungslehrstuhl für Entrepreneurial Finance an der TU München durchgeführte Studie hat die psychologischen Bruchstellen beim Dialog zwischen Familienunternehmen und Private Equity näher untersucht. Unternehmer befürchten demnach in diesem Zusammenhang häufig einen Verlust der Kontrolle über ihr Lebenswerk. Sie sehen den Finanzinvestor als eiskalten Controller, den lediglich die Renditegier bewegt. Mehr noch: Die Hereinnahme eines Beteiligungspartners wird als Eingeständnis von Schwäche oder Bedrohung der Firmenidentität empfunden, konstruktive Kritik als Angriff auf das Selbstwertgefühl. Hinter diesen Befürchtungen stehen nicht nur – angesichts des in der Vergangenheit hin und wieder mangelhaften Einfühlungsvermögens der Beteiligungsbranche sogar nachvollziehbare – menschliche Verhaltensweisen, sondern ganz einfach auch Wissensdefizite. Die Konsequenz daraus: Der Informationsbedarf, psychologisch bedingte Barrieren und nicht gerechtfertigte Vorurteile in Bezug auf Beteiligungskapital könnten ebenfalls Bestandteil eines Nachfolgeratings sein.

5.4 Analyse der Handlungsalternativen

5.4.1 Defizitanalyse

Das beratende Element eines Ratings führt im Idealfall zur Diskussion von Handlungsalternativen. Für den Finanzinvestor gehört die Analyse dieser Optionen zum selbstverständlichen Geschäft. Der Unternehmer seinerseits sollte erkennen können, ob und inwiefern für ihn es sinnvoll ist, den Dialog auch mit externen Managern, Beratern oder Kapitalgebern wie einer Private Equity-Gesellschaft zu suchen.

Aufgrund der Analyse der Marktperspektiven und aller anderen relevanten Einflussgrößen der Unternehmensumwelt einerseits sowie der Ressourcen des Unternehmens andererseits sollte bei der Diskussion der künftig in Frage kommenden Strategiealternativen zunächst klar werden,

- welche Hindernisse einer optimalen Nutzung der Chancen entgegenstehen und
- welche Gefahren den künftigen Unternehmenserfolg gefährden könnten.

Sind die Defizite erkannt, sind die zu ihrer Beseitigung notwendigen Maßnahmen und Ressourcen zu determinieren. Das Unternehmen kann versuchen, diese selbst zu entwickeln, es kann sie aber auch am Markt einkaufen. Zu diskutieren ist dann aber auch, ob und inwieweit die dafür notwendigen Mittel im Unternehmen und auf Seiten der Eigentümer vorhanden sind.

5.4.2 Gestaltungsmöglichkeiten auf der Management- und Kontrollebene

Vor dem Hintergrund der Nachfolgerechnung kommt – etwa mit Blick auf fehlende Eigenmittel oder die Sicherung des privaten Vermögens – der Verkauf des gesamten Unternehmens ebenso in Betracht wie die Trennung einzelner Familienmitglieder von ihren Anteilen.

Fällt die Nachfolgeplanung in eine Wachstumsphase oder ist diese – etwa aufgrund erfolgskritischer Kriterien oder einer Marktkonsolidierung – absehbar, so bietet sich insbesondere die Öffnung des Unternehmens für externes Kapital und eventuell auch eine stärkere Besetzung der Führungsebene mit Managern von außen an. Erfahrungsgemäß bei Familienunternehmen steigt mit dem Umsatzwachstum der Professionalisierungsbedarf ebenso wie die Bereitschaft, Führungskräfte von außen zu engagieren. Parallel zu diesem Schritt und einer zunehmenden Komplexität des Geschäfts wächst die Notwendigkeit eines sachverständigen und nicht ausschließlich mit Familienmitgliedern besetzten Aufsichtsrats oder Beirats. Auch Beteiligungsmanager stehen für Mandate in solchen Kontrollgremien zur Verfügung. Sie können in dieser Funktion zudem als Sparringspartner und Berater fungieren und bringen eine zusätzliche, objektive Sichtweise in die unternehmerische Strategiediskussion ein. Im Zuge der Planung des Generationswechsels unterstützen sie auf Wunsch zudem die Suche nach einem geeigneten Nachfolger – unabhängig davon, ob der aus dem Kreis der Familie oder von außen kommt.

5.4.3 Gestaltungsmöglichkeiten im Familien- und Gesellschafterkreis

Bei bereits über mehrere Generationen gewachsenen Familienunternehmen und entsprechend weit verzweigten Gesellschafterverhältnissen („Cousin-Konsortium“) stehen oft Schwierigkeiten bei der Mehrheitsfindung und ein ausgeprägtes Traditionsbewusstsein notwendigen Veränderungen im Wege. Die erwähnte Sorge um den Kontrollverlust verhindert darüber hinaus ein Bemühen um Transparenz und wirkt deshalb ebenfalls als Barriere für neue Ideen. Der Generationswechsel ist jedoch erfahrungsgemäß eine günstige Gelegenheit, solche Hindernisse grundsätzlich zu diskutieren. Mögliche Lösungen gibt es zu Genüge. Als Handlungsalternative im Falle eines Cousin-Konsortiums bietet sich der Anteilsverkauf der nicht im operativen Geschäft engagierten Familienmitglieder an, an deren Stelle beispielsweise ein Finanzinvestor treten könnte. Darüber hinaus helfen regelmäßige Meetings und/oder die Installation einer Familiensatzung, komplexe Entscheidungen besser zu beherrschen. Die Nachfolgeproblematik kann zudem Anlass geben, die bestehende Familienphilosophie zum Thema zu machen. Die Spannbreite reicht vom Ansatz des „Business first“ – bei dem die Interessen des Unternehmens absoluten Vorrang haben – bis hin zum „Family first“, bei dem die Harmonie und Bedürfnisse der Familie an erster Stelle stehen. In der Praxis jedoch wird in der Regel eine Philosophie innerhalb dieser beiden Extrempole angestrebt und umgesetzt („Family Business“). Die im Einzelfall gefundene Einordnung entscheidet dann letztlich auch darüber, welche Bedeutung der Wertsteigerung des Unternehmens beigemessen wird.

5.4.4 Gestaltungsmöglichkeiten auf der unternehmensstrategischen Ebene

Nach der Beurteilung dieser eng mit den Eigentümer- und Familienverhältnissen verbundenen Optionen kann ein Rating die in der Zukunft möglichen unternehmerischen Alternativen untersuchen und bewerten. Für Finanzinvestoren spielt dabei die Chance einer herausgehobenen Marktstellung und die klare Unterscheidung von anderen Wettbewerbern eine herausragende Rolle. Zu einer positiven Bewertung in der Ratingskala führen unter anderem

- die Differenzierung hinsichtlich Qualität, Preis, Vertriebsmöglichkeiten, Image etc.,
- eine dominante Stellung im Markt bzw. in Marktsegmenten,
- Innovationsfähigkeit, die eine starke Marktstellung erwarten lässt.

Ebenso kann im Zuge der Nachfolge die Optimierung der internen betrieblichen Strukturen und Prozesse ein Mehr an Effizienz bewirken und damit Potenzial für Wertsteigerungen darstellen. Das gilt auch für die Frage, ob und inwieweit durch eine Konzentration auf die Kernkompetenzen einerseits oder eine angemessene Diversifikation andererseits Zusatznutzen zu erzielen sind.

Besondere Chancen liegen nicht zuletzt in bislang nicht genutzten Multiplikatoreffekten. Sie lassen sich durch eine Ausdehnung auf internationale Märkte ebenso realisieren wie durch die Übertragung von Vertriebs- und Herstellungsvorteilen oder besonderen Marken- und Imagestärken auf neue Produkte.

6. Perspektiven eines Ratings für Nachfolgeprozesse

Eine Beurteilung der Nachfolgeplanung muss sich grundsätzlich mit den besonderen Gegebenheiten in Familienunternehmen befassen und somit die Verflechtung von Familie, Vermögen und Betrieb berücksichtigen. Gegenstand des Ratings dürfen dabei nicht einzelne Personen sein. Es geht vielmehr um die Qualität der Vorbereitung auf den Generationswechsel und die Berücksichtigung aller dabei relevanten Kriterien und möglichen Ereignisse. Zu den Anforderungen an ein qualifiziertes Rating sollten wie in anderen Bereichen auch die Fähigkeit zur objektiven Analyse und Einordnung, aber auch eine transparente und genaue Darstellung gehören. Finanzinvestoren werden ihre Entscheidungen unabhängig von der Einführung eines solchen Ratings auch in Zukunft aufgrund der für sie schon heute relevanten Kriterien treffen. Nichtsdestotrotz könnten mit einer derart spezifischen Beurteilung die Chancen für einen Dialog zwischen Investoren und Familienunternehmen zunehmen. Aus Sicht des Unternehmers bietet ein solcher Ratingprozess zudem die Gelegenheit, die eigene Nachfolgeplanung gründlich auf den Prüfstand zu stellen.

Literaturhinweise

Achleitner A., Poech A. (2004): Familienunternehmen und Private Equity: Die psychologischen Bruchstellen, München 2004.

Hennerkes B. (2005): Die Kontinuität in der Familie ist nicht der höchste Wert in „Süddeutsche Zeitung“ vom 14.4. 2005.

Mühlebach C. (2004): Familyness als Wettbewerbsvorteil Bern 2004.

Nagl A. (2004): „Was ist wenn ich aufhöre?“ – die Nachfolgeregelung in Klein- und Mittelstandsunternehmen, Studie der Hochschule Aalen und des Instituts für Unternehmensführung München 2004.

Nagl A. (2005): Der Businessplan, Wiesbaden 2005.

Noel G. (2005): Europas Mittelstand: mit Private Equity in die nächste Generation in „VentureCapital Magazin“ 3/2005.

Wimmer R. (2004): Vortrag „Bayerische Mittelstandsgespräche“, München 2004.

Rangeln und Raten? – Von der Möglichkeit, zukünftige Unternehmer und Unternehmerinnen einzuschätzen

Ekkehard Kappler

1. Unternehmensnachfolge(rInnen)-Alltag

1.1 Die geprüfte Gesellschaft

Rating hat Konjunktur. Evaluierung soll allenthalben die Effizienz getroffener Maßnahmen überprüfen und verbessern helfen. Nach Controlling wird besonders öffentlich gerufen, wenn Politiker sicherstellen wollen, dass das Misstrauen der Wähler gegenüber den politischen Entscheidungen und ihrer Realisierbarkeit sich in Grenzen hält. Auditing, Monitoring sind weitere Schlagworte aus diesem Repertoire, die es in den letzten Jahren zu Ruhm und Prominenz gebracht haben. Nicht zuletzt wurde das Interesse durch Basel II angeheizt. Diese Regulierungsmaßnahme sollte ursprünglich sicherstellen, dass Banken nicht zu risikoreich Kredite vergeben. Es wird aber befürchtet, dass besonders kleine und mittlere Unternehmen aufgrund von Risikoeinschätzungen durch die Banken schwerer zu Darlehen kommen bzw. infolge von Risikozuschlägen wesentlich höhere Zinsen zu zahlen haben werden.

Natürlich gibt es auch Warnungen. Man muss deshalb nicht auf das Evaluieren verzichten. Wichtig ist, die Ergebnisse solchen Tuns nicht zu überschätzen. In der Regel werden die Resultate auch noch mit Schlagworten wie objektiv, wertfrei, transparent, wahr, apolitisch, gültig und anderen schönen Eigenschaften gegen die Kritik, die die Grenzen der Evaluierung benennt, zu immunisieren versucht. Um es vorweg zu sagen: Die Grenzen zu benennen, heißt nicht und soll nicht heißen, dass die mit den genannten Verfahren und Vorgehensweisen verbundenen Unzulänglichkeiten benannt werden, um die Verfahren abzuschaffen. Die Verfahren sollen nur in Kenntnis ihrer Gefahr betrachtet und entsprechend reflektiert und behutsam, heuristisch, benutzt werden. Denn: Alle Bewertung ist und bleibt subjektiv. Das Messen, Zählen und Wägen reicht nicht, wenn im sozialen Zusammenhang beurteilt und bewertet werden soll.

Es ist kein Zufall, dass das Buch *„The Audit Society“,*[1] wäre es denn ins Deutsche übersetzt, den schönen mehrdeutigen Titel „Die geprüfte Gesellschaft“ tragen könnte. Die damit hervorgerufenen gesellschaftsrechtlichen Assoziationen und mehr oder weniger unliebsame schulische Erinnerungen sind nur zwei denkbare Reaktionen. Nicht wenige werden gelegentlich die Erfahrung gemacht haben, dass Prüfungen mitunter fast an Körperverletzung – zumindest mentale – grenzten. Und schließlich mag aus dem Dunstkreis möglicherer Bedeutungen dieses Titels von *Michael Power* auch noch der Bezug zu den biblischen Prüfungen, womit definitiv Plagen gemeint waren, aufleuchten. Der Autor Michael Power zeigt in seinem Buch den Irrglauben vor unumstößlichen Ergebnissen bei Wirtschaftsprüfung, Evaluierung und ähnlichen „Mess- und Zertifizierungsanstrengungen“. Der Untertitel heißt: *„Rituals of Verification“*. Rating oder Raten?

Wenden wir uns nun dem Nachfolgerating vorsichtig und mit folgenden Fragen zu: Welche Rollen spielen Bankenrating und externes Rating im Kontext der Familienachfolge? Ist ein

1 Power (1997).

Nachfolge(rInnen)rating überhaupt denkbar? Was könnten verträgliche Eingangsgrößen sein? Was zeigt die Bestandsaufnahme der Unternehmenspraxis? Gibt es Empfehlungen für Unternehmer und Unternehmerinnen, Nachfolger und Nachfolgerinnen?

1.2 Die Praxis der Unternehmensnachfolge

Aus der Praxis lässt sich zunächst die Vielfalt der Erscheinungsformen lernen, und aus ihr lassen sich Fragen generieren, deren Beantwortung ein „Bild“ der Situation zeichnet, das dem scheinbar rationalen Kalkül überlegen sein kann, es auf jeden Fall ergänzen sollte.

Beispiel 1:
„So,“ sagte der Firmenkundenbetreuer, „Sie brauchen für das Unternehmen, das Sie vor sechs Wochen von Ihren Eltern übernommen haben, ein größeres Darlehen und eine Erhöhung der Kreditlinien.“

„Ja. Ich muss das Unternehmen ...“

„Ich habe Sie schon verstanden“, unterbrach den neuen Unternehmer der Bankangestellte. „Nur, was haben Sie für Sicherheiten? Sehen Sie, Ihr Wunsch ist für mich nicht überraschend. Es ist der Wunsch, der fast immer an uns herangetragen wird, wenn der Unternehmer in einem Familienbetrieb wechselt. Aber da müssen wir vorsichtig sein. Mit Ihrem Herrn Vater haben wir seit Jahren vertrauensvoll und gut zusammengearbeitet. Das war gewissermaßen eingespielt. Nun will ich nicht unterstellen, dass das nicht so weitergehen könnte, aber dennoch, wir kennen uns doch noch gar nicht. Das Vertrauen in Ihren Herrn Vater war ja auch nicht von Anbeginn da. Es ist gewachsen mit seinen Erfolgen.“

Der Unternehmer lächelte: „Natürlich höre ich es gern, wenn Sie Gutes über meinen Vater sagen. Aber nun hat er ja gerade das Unternehmen übergeben, weil er die neuen Entwicklungen nicht mehr vorantreiben kann. Heute sind ganz andere unternehmenspolitische Maßnahmen nötig, um nicht zu sagen notwendig. Um aus dem Produktionsunternehmen, das angesichts der Textilindustrie in Ostasien hier keinen Standort mehr hat, weiterführen zu können, muss ich es in ein Handelsunternehmen umwandeln, was erhebliches Kapital benötigt, da die Umsätze natürlich erst einmal vorfinanziert werden müssen.“

„Da haben Sie sich ja ganz schön was vorgenommen. Ich bin schon gespannt darauf. Wenn Sie das schaffen, haben Sie alle Aussicht auf verbesserte Konditionen.“

„Aber ich brauche den Kredit jetzt!“

„Jetzt wird es schwierig werden, Ihnen den zuzusagen.“

Beispiel 2:
Alles war bestens für die Nachfolge geplant. Zwar war der eine Sohn wohl ausgestiegen, eher grün bis links, aber der andere hatte Betriebswirtschaftslehre im Ausland studiert,

im Inland promoviert und war nun schon drei von den geplanten zehn Jahren in einem vergleichbaren Unternehmen mit rund vierhundert Beschäftigten erfolgreich tätig. Alles lief bestens.

Und dann der Schock. Magenkrebs. Bei einer Routineuntersuchung festgestellt. In einem ganz frühen Stadium. Beim Vater. Die einzige sichere Therapie: Totaloperation des Magens. Risiko: Tod. Chancen: Ja, einigermaßen, aber nur bei diesem radikalen Eingriff.

Verlauf. Am Wochenende vor der Operation sitzen der Vater, die Mutter, die beiden Söhne und die Tochter sprach- und ratlos in der Wohnung. Verständlich, dass die Stimmung trüb ist. Bis die Mutter vorschlägt, das Worst-case-Szenario durchzuspielen. Sie arbeiten alle bis spät in der Nacht daran. Das Ergebnis ist überraschend. Die Mutter und die Tochter übernehmen die Handels- und Dienstleistungsaktivitäten. Der vermeintlich grüne Sohn übernimmt das Geschäftsleitungssekretariat. Der Betriebswirt wird Marketingverantwortlicher.

Der Vater überlebt die Operation und ist nach ca. zwei Jahren der Stoffwechselanpassung und der Anpassung seiner Lebensgewohnheiten wieder ziemlich fit. Er kommt in die Firma zu einer Geschäftsleitungsbesprechung und erkennt das Unternehmen kaum wieder. Er fährt nachdenklich nach Hause. Nicht ganz leichten Herzens aber bestimmt entschließt er sich am nächsten Morgen und nach einem intensiven Gespräch mit seiner Frau, nicht wieder in dem Unternehmen aktiv zu werden und übernimmt stattdessen eine Aufgabe in einer Krebsstiftung.

Beispiel 3:
„Jetzt bin ich es leid. Ich werfe das Handtuch. Immer wenn ich eine neue Anordnung treffe, rennen die alten Mitarbeiter zu meiner Mutter und lassen sich dafür Absolution erteilen, dass sie die Anordnung nicht befolgen. Soll sie doch den Laden wieder übernehmen!" Ganz so schnell hat der Nachfolger dann doch nicht aufgegeben. Er hat eingesehen, dass seine Mutter nichts anderes mehr kannte als die Firma, die sie fast dreißig Jahre geführt hatte. Also musste sie nun wieder etwas anderes kennen lernen. Der Nachfolger rief ihre Freundinnen an. „Ladet sie doch mal wieder zu euerem Kartennachmittag ein oder ins Kino oder ins Konzert oder zu einem Museumsbesuch oder zu einem Wellnesswochenende. Ich schicke euch auch die Theater- oder Konzertkarten, wenn ihr mir sagt, wo ihr hingehen wollt." Die Freundinnen machten mit.

Nach einem knappen Jahr wollte der Sohn seine Mutter, die inzwischen nicht mehr in ihrem Büro auftauchte, das sie aber bei der Übergabe behalten hatte, in einer Firmenangelegenheit sprechen. Er rief sie also zu Hause an und wollte einen Termin.

„Wozu denn?"

„Ich brauche deinen Rat in einer Firmenangelegenheit."

„Ich glaube nicht, dass ich dir da raten kann und dass ich das überhaupt will. Ich habe auch gar keine Zeit, denn ich fliege gleich für zwei Wochen nach Madeira. Im Übrigen habe ich mich jetzt schon lange nicht mehr um die Firma gekümmert. Da weiß ich gar nicht mehr, was los ist. Du bist jetzt der Boss. Ach ja, dass ich es nicht vergesse, du kannst auch mein Büro anders verwenden. Ich brauche es nicht mehr.“ Resozialisierung gelungen.

Beispiel 4:
Nach einem Vortrag über Unternehmensnachfolge wurde der Vortragende von einem älteren Ehepaar angesprochen und gefragt, ob er sie beraten könne. Sie wären ein Familienunternehmen und wollten es in absehbarer Zeit ihrem jüngeren Sohn übergeben. Der ältere, der es schon übernommen hatte, hatte die Übernahme rückgängig gemacht. „Das klappt offensichtlich mit uns nicht. Übergebt es lieber dem Kurt. Aber macht nicht dieselben Fehler wie bei mir“, war sein Rat an die Eltern. Das ergab den Grund ihrer Frage. Der Coachingprozess läuft noch.

Beispiel 5:
Das Hotel steht in einem wunderschönen Tal in Südtirol. Es ist alteingesessen und wird vom Eigentümer seit über fünfzig Jahren geführt. Er hat mit seiner Frau gerade goldene Hochzeit gefeiert. Er ist sechsundachtzig. Die „Kinder“, ein Sohn und eine Tochter, sind fünfundvierzig und vierzig Jahre alt. Der Sohn ist gut situierter und etablierter Bankkaufmann in Wien. Die Tochter, gelernte Hotelfachkauffrau und Magistra der Betriebswirtschaftslehre, führt praktisch das Hotel von der Rezeption aus. Sie hat in mehreren großen internationalen Hotels gearbeitet, in zwei davon auch in leitender Position. Nun ist sie seit knapp zwei Jahren zu Hause, weil der Vater Hilfe brauchte. Er macht die Honneurs bei den Gästen, etwas zu altmodisch ihrer Meinung nach. Vor allem lässt er keine Änderung zu, soweit er nicht – beispielsweise durch seine Bank – dazu gezwungen wird. So hat die Tochter doch einigen Spielraum gewonnen. Zu Bankverhandlungen des Vaters darf sie allerdings nicht mit. Dass sie allein auch zu Bankverhandlungen geht, weiß er nicht.

Mehrmals hat sie die Frage der Übergabe in den letzen vier Monaten anzusprechen versucht. Die Mutter hat das nicht ungern gehört, aber der Vater hat schroff reagiert. Beim dritten Versuch hat er gesagt, sie, die Tochter, möge sich das aus dem Kopf schlagen. Das Hotel bekäme der Sohn. Nur ein Mann könne so ein Hotel führen. Deswegen führe ja auch er nach wie vor die Bankverhandlungen. Die würden zwar immer schwerer (die Tochter wusste warum), aber der Sohn wäre ja ein Bankmann und würde es denen dann schon zeigen.

Der Sohn wiederum hat keinerlei Interesse daran, seinen Beruf in Wien aufzugeben. Er ist ebenfalls dafür, dass seine Schwester das Hotel übernimmt. Aber der Vater bleibt stur. Daraufhin sucht sich die Tochter eine Führungsposition in einem bedeutenden Hotel einer internationalen Hotelkette. Sie sagt das dem Vater. Er hat nur einen Satz als Kommentar: „Dann musst Du eben gehen.“

Kurz darauf kündigt die Bank die Kredite. Das Hotel wird verkauft. Die Mutter ist traurig und telefoniert ab und zu mit ihrer Tochter, wenn der verbitterte Vater nicht im Haus ist.

Das Tal ist noch immer wunderschön und im Frühjahr blühen die Obstbäume in der Sonne und unter dem blauen Himmel weißer als notwendig.

Beispiel 6:
In einem Seminar einer deutschen Landesbank für Firmenkundenbetreuer kleiner und mittlerer Unternehmen wird über die Beurteilung des Managements diskutiert. Der Seminarleiter hat einen Aufsatz aus einer Bankzeitschrift mitgebracht. In diesem Aufsatz werden ca. dreißig Kriterien für die Managementbeurteilung genannt. Mit Punkten versehen und gewichtet ergibt sich ein Wert, der Auskunft über die Qualität des Managements einer Firma geben soll. Das entspricht in etwa der Vorgehensweise wie bei der Arbeitsplatzbewertung in einem Industriebetrieb.

Auf die Fragen des Dozenten, was sie denn von diesem Ratingvorschlag hielten, ob er ihnen bekannt sei, wer schon damit oder mit ähnlichen Verfahren gearbeitet hätte usw. schauen alle Teilnehmer stumm vor sich auf den Tisch. Schließlich beginnt ein Mutiger: „Ich kannte diesen Vorschlag noch nicht, aber andere, die ihm sehr ähnlich scheinen. Einmal habe ich es auch versucht, damit zu arbeiten. Aber es ist völlig schief gegangen. Einer meiner besten Kunden, bei dem auch gar kein Kreditrisiko bestand, wurde durch das Verfahren völlig abgewertet, und wenn ich nach dem Verfahren gegangen wäre, gäbe es diesen Kunden vermutlich nicht mehr – zumindest nicht mehr bei unserer Bank. Alles Theorie. Da musste ich mir schon anders helfen." Nun wurden auch andere munter und berichteten von ähnlichen Erfahrungen. Sie würden solche theoretischen Überlegungen für völlig nutzlos halten.

Aber ob man denn nicht das Management im Auge haben müsse, wenn es um die Frage des Risikos und der Sicherheit für Kredite gehe, fragte der Leiter. Das schon, man wolle ja nicht lauter schlechte Kredite haben und dann das Theater mit der Verwertung der Sicherheiten. Da müsste man schon einigermaßen einschätzen können, was das Management auf dem Kasten habe. Im Übrigen seien viele von ihnen schon lang Firmenkundenbetreuer in einem bestimmten Segment und da kenne man schließlich inzwischen seine Pappenheimer. Beispielsweise sei es nicht nur im Familienunternehmen, aber da ganz gewiss, besonders wichtig, auf das Alter des Unternehmers zu achten und die Nachfolgefrage zu bedenken bzw. zu klären. Nicht nur dass ein Testament da wäre, sondern auch was darin stehen würde, wäre wichtig. Auch müsse man sehen, wer als Nachfolger in Frage käme und was getan würde, um den Nachfolger aufzubauen. Wenn der auch schon im Geschäft wäre, könnte man ja auch einen persönlichen Eindruck von ihm gewinnen, was natürlich wesentlich informativer wäre als die bloße Kenntnis über Ausbildung und Studium. Schließlich würde man ja auch wenigstens etwas mitbekommen, wie er mit seinen Leuten umginge.

So kamen langsam – der Dozent spielte ein wenig die Hebamme – einige Beurteilungskriterien für das Management ans Tageslicht, die die unterschiedlichsten Erfahrungen der anwesenden Firmenkundenbetreuer spiegelten und das Repertoire aller erweiterten.

Beispiel 7:
Im Frühjahr 2005 ist Basel II in aller Munde. So heißt auch ein Handbuch, das von Deloitte herausgegeben ist. „Basel II. Handbuch zur praktischen Umsetzung des neuen Bankenaufsichtsrechts.“[2] In dem Aufsatz „Kommunikation von internen Ratings mit den Kreditnehmern“,[3] der in diesem Buch enthalten ist, werden der qualitativen Beurteilung knapp drei Seiten eingeräumt. Die Managementbeurteilung, die sich den Themen Unternehmensführung, Informationspolitik und Controlling zuwenden soll[4], ist auf einer halben Seite angesprochen. Zum Thema Nachfolge findet sich der Satz: „Auch Nachfolgefragen fließen bei gegebener Altersstruktur des Managements in die Bewertung mit ein.“[5]
Der gesamte Aufsatz umfasst knapp 16 Seiten in dem Buch mit insgesamt 629 Seiten.

Natürlich kann man unterstellen, dass andernorts mehr zu diesem Thema gesagt wird. Zumindest aus Bankensicht (die Autoren des Aufsatzes sind Bankangestellte) scheint aber wohl der Stellenwert der Management und Nachfolgebetrachtung im Rating zu Basel II im Vergleich mit den dinglichen Kreditsicherungsmaßnahmen gering zu sein.

Beispiel 8:
Die Nachfolger hatten die Übernahme erfolgreich hinter sich gebracht. Sie lebten etwas aufwendiger als ihr Vorgänger. Das missfiel einem Bankdirektor. Dieser rief beim Vater an: „Es erhöht nicht gerade unser Vertrauen, wenn ihre Söhne mit jungen Frauen im offenen Cabriolet quietschvergnügt durch die Stadt fahren.“ Der Vater war im wahrsten Sinne des Worts sprachlos. Er besuchte einen Freund und fragte, was er tun solle. Der Freund: „Bist du der Unternehmer oder Geschäftsführer dieses Unternehmens oder hast du übergeben?“ – „Nun, du warst doch bei der Übergabe vor zehn Monaten dabei. Ich habe mit dem Unternehmen nichts mehr zu tun.“ – „Dann ist ja alles klar. Sag das doch dem Banker auch. Du hast doch ohnehin mit dem Aufbau des Teddybärmuseums genug unternehmerische Aufgaben um die Ohren.“

Beispiel 9:
Der Vortragende; ein sehr erfolgreicher Manager, redete vor den von der Sparkasse geladenen mittelständischen Unternehmern über strategisches Management, Leitbilder, Führungsgrundsätze, Früherkennungssysteme, schwache Signale, Mitarbeiterführung, Konflikthandhabung u. ä. Ich saß hinter einem 68-jährigen Textilunternehmer, der demnächst an seinen Sohn übergeben wollte, und hörte, als er sich seinem Nachbarn zuwandte, zwangsläufig mit: „Alles Theorie. Wenn ich das alles hätte bedenken müssen, wäre aus der Firma nie etwas geworden. Das Geld liegt auf der Straße. Man muss es nur aufheben. Visionen! Controlling! Der Controller bringt mir nicht einen Auftrag mehr, aber er kostet und kostet. Hat nicht schon *Abs* gesagt: Wer zu viele Visionen hat, sollte

2 Deloitte (2005).
3 Frick/Schönherr (2005), S. 489–504.
4 An anderer Stelle werden genannt: Managementstruktur, Fachliche Qualifikation, Nachfolgeregelungen, Einflussnahme beratender Gremien, Bewertung des Strategieprozesses, Qualität der für das Rating vorgelegten Unterlagen, Qualität des Planungsprozesses. Frick/Schönherr (2005), S. 502.
5 Frick/Schönherr (2005), S. 496.

besser zum Arzt gehen?!" Ich hüstelte ein wenig. Er war still, und ich konnte wieder dem Vortragenden folgen. Freilich: Ich kannte das Unternehmen. Sein äußerer Eindruck war nicht berauschend. Es hatte den Sprung vom Textilbetrieb klassischer Prägung zum Produzenten von Industrietextilien, Plastikmatten usw. oder zum Handelsunternehmen nicht geschafft. Und die Hemdchen und Söckchen strickten sich die Menschen in fernen Ländern inzwischen selbst – und auch für uns. Ob das gut gehen würde?

Der Sohn übernahm die Firma und ging – nachdem es ihm nicht gelungen war, frisches Kapital für die Firma aufzutreiben – nach sechs Wochen gemeinsam mit dem Betriebsratsvorsitzenden zum Konkursrichter. Der Übernehmer hatte schon ein Unternehmen saniert. Hier war er ohne Chancen. Vermutlich wäre er gar nicht eingestiegen, hätte er nicht seinem Vater vertraut. Der Blick in die Bücher kam zu spät. Es gab keine Möglichkeit zur Rettung nach jahrelangen Unterlassungen in der Personalpolitik, in der Produktpolitik, in der Strategieentwicklung und in der Mitarbeiterführung. Die Pseudostrategie „Mehr von dem Guten" hatte versagt. Die finanzielle Krise war nicht der Grund für das Scheitern. Sie ist nur das aufflackernde Irrlicht der verbrannten Ressourcen, die eine Unternehmensführung zugrunde gerichtet hat, die ihrer Aufgabe nicht mehr gewachsen war.

2. Hoffnungen und Ent-Täuschungen bei der Nachfolge(rInnen)beurteilung

Die Beispiele ließen sich wohl unendlich fortsetzen.[6] Und aus Beispielen lässt sich eine Menge lernen. Allerdings haben Beispiele in den Augen vieler Menschen den Nachteil, dass sie scheinbar beliebig sind, kein Muster erkennen lassen, keine Gesetzmäßigkeiten, an die man sich halten könnte, abzuleiten gestatten. Insbesondere freilich gilt, dass jeder Unternehmernachfolgefall ein individueller Fall ist. Ob Familienunternehmen oder nicht, die Konstellation der betroffenen und beteiligten Personen wird immer unterschiedlich sein, auch in Abhängigkeit von denjenigen, die sie betrachten und beurteilen. Da ist es nur allzu verständlich, wenn die beteiligten Menschen nach einer Hilfestellung suchen. Alle Legitimation und alle Rechtfertigung der letztendlich getroffenen Entscheidung sollen möglichst durch ein Verfahren gedeckt sein, das Willkür ausschließt. Die Bewertenden schließen freilich auf diese Weise – bewusst oder unbewusst – auch persönliche Verantwortung aus. Mit einem Verfahren kann man sich verfahren, aber dann trägt eben das Verfahren die Schuld. Immerhin hat man es nach bestem Wissen und Gewissen ausgewählt, und es entspricht dem State of the Art.

Im Übrigen sind die Beispiele gar nicht nur so gewürfelt und scheinbar willkürlich. Ein Muster lassen sie fast alle erkennen. Es wird gerangelt und geraten, beraten und verraten, vertraut und misstraut. Rating und Ranking, Camouflage und Ränkespiel sind einge-

6 Zahlreiche ausführliche Beispiel finden sich in Kappler/Laske (1999); vgl. auch Siefer (1996), Kappler (1997), S. 419–440. Vgl. auch Mueller-Harju (2002), Habig/Berminghaus (2004).

schlossen. Auf jeden Fall wird meist zu wenig miteinander geredet. Und die Hoffnung ist manchmal übermächtig, dass formale Regelungen erbrechtlicher, gesellschaftsrechtlicher, vermögensrechtlicher, gewerberechtlicher, berufsrechtlicher, sozialversicherungsrechtlicher, steuerrechtlicher Art sowie die Klärung der Nachfolgehaftung und möglicher Förderungen Konflikte und unerfreuliche Auseinandersetzungen verhindern können. Solche Hoffnung ist verständlich. Nicht zuletzt wegen der unübersichtlichen Situation mit nicht selten extremer Gemengelage und vielfältigen Interessen ist nicht anderes zu erwarten. Ein Verfahren, das hier Klarheit schaffen könnte, ist ein nur zu gut verständlicher Wunschtraum. Freilich, einfach soll es auch sein und nicht viel kosten. Und Angebote gibt es genug. Für Rechtfertigungen „genügen" die angebotenen Verfahren. Zur Konflikthandhabung können sie beitragen. Die menschlichen, psychologischen, psychosozialen Dimensionen der Unternehmernachfolge bilden sie nicht ab und nehmen sie nicht auf. Objektivität können sie nicht liefern, denn ihr Kern ist Bewertung.

Wer als Unternehmer in einem kleinen oder mittleren Unternehmen in Verfahren denkt, wird als erstes auf das Ratingverfahren der Hausbank stoßen. Es ist besonders von kleineren Banken zur zwingenden Voraussetzung jeder Kreditgewährung gemacht worden. Wenn die Nachfolge(rInnen)bewertung mit eingeschlossen werden soll, muss man sich ansehen und schauen, was dort verlangt wird. Grundsätzlich geht es bei der psycho-sozialen Familiendynamik, um die es sich bei Unternehmernachfolge handelt, nicht um formale Definitionen und Abgrenzungen, sondern um die gemeinsame Klärung der Positionen aller Beteiligten. Das ist so schwierig, weil es, allen Hoffnungen und Beteuerungen zum Trotz, um einen Bruch in einer Unternehmensentwicklung geht, persönlich, personell, strategisch, führungstechnisch und nicht selten finanziell.

Unternehmer(Innen)nachfolgebeurteilung, das zeigen die Beispiele, ist mehrdimensional. Versucht man Überschriften für die Beispiele zu bilden, wird das rasch deutlich:

(1) Unternehmernachfolge und Finanzbedarf
(2) Die perfekt geplante Nachfolge und der nicht planbare Einfluss
(3) Resozialisierung einer ehemaligen Unternehmerin
(4) Begleitete Übergabe
(5) Altersstarrsinn und Kontinuitätsfantasien
(6) Rating oder Erfahrung
(7) Basel II und die Managementbeurteilung
(8) UnternehmerInnen bleiben immer UnternehmerInnen
(9) Unterlassungssünden

Kurz und dennoch bereits vielfältig ist diese Skizze der Themen, die bei der Unternehmernachfolge und ihrer Beurteilung vorzufinden sind. So werden auch viele meinen, dass es eben mehr oder weniger Zufall ist, was sich in einem konkreten Fall als relevant erweist. Dazu ist zweierlei zu sagen. Zum einen ist der Zufall eine Erfindung. Er ist etwa seit den Zeiten von Aristoteles eingeführt in den abendländischen Diskurs. Was Logik und Metrik nicht zu erklären vermögen, gilt als Zufall. Damit aber ist der Zufall nichts anderes als der Hinweis auf unzureichende Theorie und entsprechend unzureichende Erklärung einer

Situation, eines Prozesses oder eines Zusammenhangs. Zum anderen gibt es diese nicht hinreichend auf eine Erklärung zurückzuführenden Situationen täglich, und sie sind täglich zu bewältigen. Das gilt eben auch bei der Nachfolgerbeurteilung. Aus dieser Sicht ist der „Zufall" nicht selten ein „Frühwarnsystem".

Den verständlichen Wünschen und Hoffnungen auf Entlastung von Beurteilungsentscheidungen und persönlichen Bewertungen kommen die Ratingverfahren entgegen, die in diesem Band ausführlich beschrieben werden. Das Bankenrating ist in diesem Zusammenhang eine erste Heuristik. In den Fällen, in denen die Macht bei der Bank und nicht beim kleinen Unternehmen liegt, ist dieses in erster Linie auf Kreditsicherung durch dingliche Absicherung abzielende Verfahren unvermeidbar mitzumachen. Es fixiert wie andere Ratingmodelle eine Messlatte. Allerdings ist diese Beurteilungsseite nur das eine Ende der Messlatte. Das andere Ende wird erst in der konkreten Betrachtung des konkreten Falles sichtbar, z.B. durch internes Rating, vor allem aber durch entsprechende qualitative Aussagen. Die sich auf diese Weise zeigenden Differenzen sind nicht bedauerliche Defizite des Beurteilungsverfahrens. Sie können vielmehr als Anknüpfungspunkte für weitere bewertende Überlegungen genutzt werden. Das entspricht in etwa dem Vier-Augen-Prinzip bzw. seiner Ausweitung.

Leider tritt an dieser Stelle sehr häufig eine wesentliche Beeinträchtigung des Beurteilungs- und Lernerfolges von Ratings ein. Rating verführt zum Ranking. Und die Benchmarkinghoffnungen werden auch durch diverse Beratungsfirmen angeheizt. Das ist gefährlich, weil in aller Regel abstrakt. Nichts ist gegen das Vergleichen vorzubringen. Dagegen verdeckt die scheinbare Rangordnung eher die Oberflächlichkeit ihres vermeintlichen Inhalts durch das Versprechen, sagen zu können, was besser und was schlechter ist. Die Frage nach „besser oder schlechter" erzeugt keinen Informationsgehalt und damit auch keine Lern- und Fortschrittsmöglichkeit. Nur die Frage „Was macht den Unterschied aus, und wie kommt er zustande?" gibt Anregungen für konkretes Handeln. Wobei auch zu beachten ist, dass konkretes Handeln sowohl den Vergleichsgegenstand als auch das Vergleichsverfahren meinen kann.

Dass die Wünsche nach einfacher Legitimation und Rechtfertigung durch Verfahren vo
den Ratings nicht erfüllt werden können, liegt an der Vielgestaltigkeit der Einflussgröße
Es reicht eben nicht aus, nur den Nachfolger einem Test zu unterziehen. Die Situation
Unternehmens, das übernommen oder übergeben werden soll, muss in einer eind
lichen Systemanalyse betrachtet werden. Nicht selten finden sich dann die „Leich
Keller", die man andernfalls möglicherweise dem Nachfolger zurechnet.

Die Nachfolgesituation kann umso günstiger beurteilt werden,

- je stabiler die wirtschaftliche Lage des Unternehmens ist,
- je klarer die Testamentsformulierungen sind,
- je besser der oder die Übernehmende bereits mit der Situation des Unternehmens, seinen Kunden, Lieferanten, Banken und sonstigen Stakeholdern vertraut ist,
- je umfassender die Ausbildung und die Erfahrung in vergleichbaren Betrieben ist,

- je klarer der Nachfolger seine Vorstellungen über Strategie, Organisationsstruktur und Kapitalstruktur bereits zu Beginn benennen kann,
- je sicherer ist, dass die Mitarbeiterinnen und Mitarbeiter „den Neuen" akzeptieren,
- je klarer das Verhältnis zwischen Alt und Neu geregelt werden konnte,
- je deutlicher ist, dass der Vorgänger losgelassen hat und gelassen den neuen Entwicklungen zuschaut,
- je spannungsfreier die Übergabe geregelt werden konnte,
- je weniger Angst der Vorgänger um seine Altersversorgung hat

usw.

Nach all dem und noch vielem mehr, was für die Unternehmernachfolge wichtig ist, lässt sich fragen und muss gefragt werden. Frühzeitig! Zum Teil Jahre vor dem Nachfolgetermin. Lange vor dem Übergabe-/Übernahmetermin werden nämlich die strategischen und personalpolitischen Unterlassungssünden begangen, die beim Nachfolgeantritt so oft erheblichen Kapitalbedarf und unter Umständen den Konkurs auslösen. Strategische und personalpolitische Versäumnisse, z.B. aufgrund der fantasielosen Nichtbeurteilung „alles läuft gut, also streben wir nach mehr von dem Guten!", sind keine Dellen in der Entwicklung und lassen sich daher auch mit viel Geld in der Regel nicht kurzfristig ausbügeln.

Viele der genannten Beispiele ergeben keine so genannten „harten" Kriterien, was nur heißt, dass sie sich in der Regel nicht bzw. nur unzureichend in Zahlen ausdrücken lassen. Aber sie lassen sich argumentativ sehr wohl ins Spiel bringen, und ihre Bedeutung ist hart. Es hilft wenig, wenn die Bewertungs- und Beurteilungsprobleme durch formale Ratingmodelle, die etwa den Verfahren der formalen Arbeitsplatzbewertung gleichen, kaschiert werden. Der Facettenreichtum der Nachfolgesituation verlangt die Betrachtung der Facetten, die detaillierte Untersuchung der Lupenreinheit, der Brillanz, der Farbe, des „Gewichts". Der Facettenreichtum und die vielfältigen Dimensionen der Nachfolgesituation schließen jedes Saldieren aus. Was sagt es denn, wenn am Ende als Bewertung für die Nachfolgesituation „42" steht?! Jeder Saldo verschleiert, und jede Zahl erhält und erhellt nur Bedeutung, wenn ihre Entstehung nachvollziehbar ist.

Dass an dieser Stelle Hoffnungen enttäuscht werden, ist nur zu verständlich, wenn durch die Verfahren des Ratings in Beurteilungs- und Bewertungssituationen Entlastung erwartet wurde. Enttäuschung lässt sich nur durch Ent-Täuschung aufheben. Worin täuschen wir uns, wenn wir Ratingverfahren überbewerten? Wir verdrängen ihren Konventionencharakter, weil wir auf Wahrheit hoffen, die die lästige Aufgabe des Begründens überflüssig macht. Begründen und Beurteilen sind aber immer schon Be-Gründen und Be-Urteilen und entsprechend konfliktträchtig. Wir verdrängen auch den Verdrängungscharakter von Ratingverfahren, wenn wir sie verabsolutieren, weil wir nicht alles breit treten wollen, und weil wir wissen, dass auf Argumente aus einer Sicht meist Argumente aus einer anderen Sicht folgen. Wir hätten gern Objektivität, um nicht entscheiden zu müssen, und damit endlich diese Diskussion aufhört. Aber wir können nur zwischen diesen beiden Möglichkeiten wählen: Verfahren als Konvention (unter Umständen auch als Schlichtung durch einen zu bestimmenden Dritten) oder Versuche zur Einigung und zum Konsens im Gespräch.

Wer sich zutraut, die Prämissen eines Ratingverfahrens voll zu durchschauen – zu Risiken und unerwünschten Nebenwirkungen fragen sie Statistiker und Mathematiker[7] – überlasse sich den Verfahren.

Wer

- nachdenklich bleibt bezüglich aller formalen Heuristiken und Entscheidungshilfen,
- den emotionalen Gehalt von Unternehmernachfolgen erkennt,
- weiß, dass Kommunikation viele Aspekte enthält, ganz sicher neben, eigentlich vor dem Inhalt vor allem den Beziehungsaspekt, dessen Unterschätzung jeden Inhalt kippen kann,
- nach einem geeigneten Zeithorizont für die Übergabe/Übernahme sucht,
- davon ausgeht, dass der/die NachfolgerIn nicht zwangsläufig „folgen muss", sondern mitunter anderes als bisher im Sinn haben kann,

sollte Begleitung, Beratung, Coaching, auch die Heuristik formaler Verfahren nicht grundsätzlich ablehnen, sondern reflektiert als bedenkenswerte Stützen in einem unabweisbar interaktiven Prozess betrachten, der alle Betroffenen einschließt, auch wenn nicht immer alle zustimmen werden.

3. Ein wenig Theorie zur Evaluierung bei Unternehmensnachfolge(rInnen)

Die Evaluierungsforschung unterscheidet heute vier Generationen.[8] Ursprünglich wurden Beurteilungen eingeführt, um einen allgemein als wahr geltenden Wissensbestand abzufragen (erste Generation). Das vorgegebene Wissen (der Katalog der Ratingdimensionen), das normativ als Faktenwissen zu beherrschen/anzuwenden ist, soll überprüft werden. Es geht um die Effektivität der Verfahrensanwendung. Wird es wirklich so gehandhabt wie es vorgeschrieben ist? Der wissenschaftliche Ansatz der vermeintlich exakten Naturwissenschaften soll auf menschliche Situationen, Bewertungs- und Austauschprozesse angewandt werden. Systematisierungen und Standardisierungen der abzufragenden Inhalte und Taxonomien konstruierter Ähnlichkeiten sollen eine Effizienzsteigerung (auch in Organisationen) ermöglichen. Typisch im Unternehmensbereich sind dazu die Vorschläge des Taylorismus. Der Grundgedanke ist, dass es weitgehend vorgegebene Faktoren der

7 Wie in jedem mathematischen Beweis mindestens eine nicht beweisbare Annahme steckt, so ist Bewertung nicht ohne das bewertende Subjekt möglich. Wird nach intensiver Ausbildung der Bewertenden von unterschiedlichen Personen in einem konkreten Fall in etwa die gleiche Bewertung abgegeben, sind sie nicht objektiv, sondern besonders gut auf die in der Ausbildung vermittelte Konvention eingestellt.

8 Vgl. zum Folgenden vor allem Guba/Lincoln (1989) und Habersam (1997) S. 136 ff., denen die folgenden Ausführungen weitgehend entnommen sind. Dabei stimme ich voll mit der Erkenntnis Habersams überein, dass die ursprünglich eher schulisch, curricularorientierte Evaluierungsdiskussion und ihre Ausprägungen mit großem Gewinn zur Verbesserung von Controllingvorgehensweisen genutzt werden kann.

Physis und der Psyche der zu Bildenden sind, die bestimmte Leistungen hervorzubringen gestatten. Wer nicht gut genug ist, um den vorgegebenen Kriterien zu genügen, hat eben nicht das Zeug dazu.

In der ersten Evaluierungsgeneration bleibt der Inhalt der vorgegebenen Curricula, ist er einmal aufgenommen, weitgehend statisch. Die Bedeutung der Curricula als Rahmenbedingung für den ablaufenden Bildungs-, Bewertung- und Beurteilungsprozess werden nicht thematisiert. Erst in der zweiten Evaluierungsgeneration beschäftigte man sich mit der Gleichwertigkeit unterschiedlicher Bewertungs- und Beurteilungssysteme. Die Zielformulierungen des jeweiligen Beurteilungssystems werden zum Referenzpunkt des Messens. Damit war natürlich die Frage aufgeworfen, wer bestimmt die Ziele und die Verhaltensweisen, die sich verlässlich darauf beziehen (lassen)? Im Falle der Unternehmernachfolge lässt sich leicht einsehen, dass die Zielvorstellungen von Vorgänger, Nachfolger, Stakeholdern und bewertenden Dritten sehr unterschiedlich sein können. Zwar bleibt bei diesem Erkenntnisstand die Grundeinstellung erhalten, dass sich objektiv und exakt messen ließe, aber den offenen Curricula und den disponiblen Messverfahren folgt nahezu zwangsläufig immer größere Methodenvielfalt. Gewonnen wird in jedem Fall die Möglichkeit zur „Abweichungsanalyse": Unterstellt man, dass unterschiedliche Bewerter bzw. Bewertungsmethoden Unterschiedliches sehen, so können durch die Analyse des differenzierenden Outcomes Anhaltspunkte für unterschiedliche Einflussgrößen auf die beobachtete Situation gewonnen werden. Daran lassen sich differenzierendere Beurteilungen knüpfen. Es zeigte sich auch, dass man von der mehr oder weniger isolierten Bewertung und Beurteilung einzelner Personen abkommt und zur Programmbeurteilung übergeht. Ziel wird, die Lernkontexte zu verbessern („Mehr Chancen für alle!"). Das bedeutet, sich von der Vorstellung zu verabschieden, dass allein individuelle Schwächen oder Stärken dafür ausschlaggebend seien, welche Leistung hervorgebracht werden kann.

Wenn die Frage „Messen wir die Dinge richtig?" durch die Frage „Messen wir die richtigen Dinge?" ergänzt wird, erweitert bzw. verändert/dynamisiert man nicht nur das inhaltliche Spektrum der zu bewertenden Gegenstände und Umstände, sondern begegnet auch der „Gleichmacherei" standardisierter Testverfahren. In der dritten Evaluierungsgeneration wird erkannt, dass lokale Gegebenheiten, inhaltliche Unangemessenheit der Test-Scores sowie die fast unabdingbar primär ex-post aus der bisherigen Erfahrung bestimmten Betrachtungsweisen eine zeitnahe und zukunftsgerichtete Betrachtung nicht unwesentlich behindern. Die Wertfreiheitsillusion fällt. Die Folge ist eindeutig: Beurteilungsfähigkeit, Judgement sind Forderungen an Bewerter und Beurteiler, denen logischerweise das Aus der Vorstellungen von einem neutralen Beobachter vorgegebener „Objectives" und Abläufe folgt.

Es sind vor allem drei zentrale Problemfelder, die den beschriebenen drei Evaluierungsgenerationen anhaften. *„Managerialism"*[9] bezeichnet eine Beziehung zwischen Auftraggeber und Beurteiler, die machtgeprägt ist (der Auftraggeber will seine Interessen berücksichtigt sehen, der Beurteiler will Nachfolgeaufträge), ohne dies zu thematisieren.

9 Vergleichbar dem *„Taylorismus"*, der im Rahmen des Betriebsführungsdiskurses eine ungute Rolle spielt.

In der dritten Evaluierungsgeneration wird zwar die Wertfrage aufgeworfen, doch bleibt die Gefahr des *„Wertemonismus'"* bestehen, da nicht automatisch gefragt wird, wessen Werte in die Bewertung mit einfließen. Konzeptualisieren ließe sich das nur, wenn Wertepluralismus als politischer Akt zur Sprache käme. Im Fall der Unternehmernachfolge sind in diesem Zusammenhang zum Beispiel die Fragen der Kontinuitätsfantasien des Vorgängers, der Familienwerte bei der Bestimmung des Nachfolgers angesprochen – oder nicht. Praktisch bedeutsam werden deshalb in diesem Fall besonders die Familienkonferenz oder die Firmen- bzw. Managerkonferenz[10] als spezielle Beispiele einer Transaktionsanalyse. Die ersten drei Generationen der Evaluationsdebatte sind durchgängig belastet durch die Axiome der Rationalität, der Objektivität, der Gesetzmäßigkeit im Sinne *Newtonscher Naturwissenschaft*, der Wahrheit, der Neutralität der Beurteiler und der Subjekt-Objekt Trennung von Beurteilern und Beurteiltem. Zusammenfassend wurde dafür von *Guba/ Lincoln* der Begriff *„Cartesianismus"* geprägt.

Ist man sich im Klaren darüber, dass beispielsweise „Triple A" (AAA) keine Messung, sondern eine Einstufung durch Experten darstellt, auf die von den Eingestuften – je nach Machtposition – inhaltlich und/oder politisch reagiert werden kann, wird deutlich, dass die Praxis dieser Bewertungen bereits von vermeintlich objektiven Messungen Abstand genommen hat.[11] Wert und Bewertung entstammen nicht absoluten Maßstäben, sondern bezeichnen in einer Situation außerordentlich vernetzter Einflussgrößen immer eine Relation zu anderen Elementen der Situation. Was eine Information ist, ist, bleibt und wird immer wieder aufs Neue kontextabhängig. „Dies ist nicht gleichbedeutend mit der Abkehr von Tests, lediglich mit einer Abkehr von vorgefassten Beschränkungen dieser Art der Datenerhebung"[12] und der Datenbewertung sowie -beurteilung. Worum es dann gehen muss – und nur gehen kann –, ist, den Kontext und den Text im Kontext zu verstehen zu versuchen. Im positiven Fall kann dies nicht zu einer absoluten Wahrheit führen, aber zum gegenseitigen Verständnis und zur Verständigung. Dass sehr unterschiedliche Informationsquellen und -verfahren denkbar und möglich sind, um der Komplexität des Kontextes annähernd gerecht zu werden, versteht sich dann nahezu von selbst.

Evaluierung und die Bewertung der Unternehmernachfolge laufen damit auch in der wissenschaftlichen Betrachtung des Kommunikationszusammenhangs präzise auf das zu, was die erfolgreiche Praxis bereits in vielen Fällen tut: Der Beurteiler geht verstehensorientiert an seine Aufgabe heran. Als sokratische, mäeutisch Methode wird dies beschrieben: Hebammenkunst. Die Fremdbewertung ist neben eine Eigenbewertung zu stellen. Bewerter und Bewertete (also etwa Vorgänger, gedachter Nachfolger und Berater/ Moderator/Mediator/Coach/Firmenkundenbetreuer, vielleicht auch andere Familien oder einiger ihrer Mitglieder, „die es hinter sich haben") interpretieren gemeinsam die Unterschiede der vorliegenden Einschätzungen und Bewertungen und suchen nach den

10 Vgl. z.B. Gordon (1972) und (1979).

11 Zu bedenken ist – bekräftigend – in diesem Zusammenhang auch, dass insbesondere schlechte Beurteilungen eine Tendenz zur Self-fullfilling Prophecy haben. Gelegentlich zielt erst die Beurteilung den, die Beurteilten hinunter. An dieser Stelle konvergieren nicht selten der Charakter von Beurteilung und Gerücht auf fatalste Weise.

12 Habersam (1997) S. 161.

Gründen (z. B. den Unterschieden in der Betrachtung, die den Unterschied machen) für die abweichenden Sichtweisen. Anschließend beraten sie ebenfalls gemeinsam und auf jeden Fall mit denen, die die zu findenden Konsequenzen realisieren sollen, welche Konsequenzen daraus zu ziehen sind. Der Gedanke der Leitfragen wird somit prozessorientiert gewendet (zumindest im Bayrischen): „Miteinander reden, bringt d'Leit z'samm: D'Leit fragn!" Statt formaler Rechenartistik: Interaktion, Kommunikation sind die Antwort auf die Komplexität der Situation. Einstufung statt Verrechnung. Die Letztverantwortung ist nicht formal abzugeben. Die damit aufgeworfene ethische Frage ist in erster Linie durch wertbewusstes[13] Rating zu handhaben.

Literaturhinweise

CZWERNICH, D./GUGGENBERGER, B./SCHWARZ, M. (2005) (Hrsg.): Handbuch der österreichischen Familienunternehmen. Führung. Sicherung. Expansion. Wien 2005.

DELOITTE (2005) (Hrsg.): Basel II. Handbuch zur praktischen Umsetzung des neuen Bankenaufsichtsrechts. Berlin 2005.

FRICK, K./SCHÖNHERR, F. (2005): Kommunikation von internen Ratings mit den Kreditnehmern. In: Deloitte (2005) (Hrsg.): Basel II. Handbuch zur praktischen Umsetzung des neuen Bankenaufsichtsrechts. Berlin 2005, S. 489–504

GORDON, TH. (1972): Familienkonferenz. Die Lösung von Konflikten zwischen Eltern und Kind. Hamburg 1972.

GORDON, TH. (1979): Managerkonferenz. Effektives Führungstraining. Hamburg 1979.

GUBA, E./LINCOLN, Y. S. (1989): Fourth Generation Evaluation, Newbury et al 1989.

HABERSAM, M. (1997): Controlling als Evaluation. Potenziale eines Perspektivenwechsels. München und Mering 1997.

HABIG, H./BERNINGHAUS, J. (2004). Die Nachfolge im Familienunternehmen ganzheitlich regeln. 2. Aufl. Berlin et al 2004.

HUBER, H./LEITNER, R. (2004): Die Unternehmensnachfolge. Ein Leitfaden für die Praxis. 2., aktualisierte und erweiterte Auflage. Wien 2004.

JÄGER, U. (2003): Wertbewusstes Controlling. Weiche und harte Faktoren integrieren. Wiesbaden 2003.

KAPPLER, E. (1997): Unternehmernachfolge. In: Pfohl, H.-C. (Hrsg.): Betriebswirtschaftslehre der Mittel- und Kleinbetriebe – größenspezifische Probleme und Möglichkeiten zu ihrer Lösung, 3. neubearb. Auflage, Berlin 1997, S. 419–440.

KAPPLER, E./LASKE, ST. (1999): Unternehmernachfolge. 2. überarbeitete Aufl. Freiburg 1999.

13 Zur Unterscheidung von wertbewusst und wertorientiert vgl. Jäger (2003). Es nützt nichts, wenn man Controllern, Bewertern, Evaluatoren, Wirtschaftsprüfern und Revisoren, Firmenkundenbetreuern und Beratern usw. moralinsauer edle Werte predigt, die sie bei ihrem Tun berücksichtigen sollen. Entscheidend ist eher die (Selbst-)Reflexion in Bezug auf die Werte und Wertungen die bisher eigenes Tun und Handeln geprägt haben, wenn man für sich die Frage beantworten will „Warum denke ich so wie ich denke? Warum handle ich so wie ich handle?"

KLEINE, S.B. (2004): Familienunternehmen. Theoretische und empirische Grundlagen. 2. Aufl. Wiesbaden 2004.

MUELLER-HARJU, D. (2002): Generationswechsel im Familienunternehmen. Mit Emotionen und Konflikten konstruktiv umgehen. Wiesbaden 2002.

PETER, K. (2005): Externes Rating – Praxisbericht eines mittelständischen Unternehmens. In: Deloitte (2005) (Hrsg.): Basel II. Handbuch zur praktischen Umsetzung des neuen Bankenaufsichtsrechts. Berlin 2005. S. 341–349.

POWER, M. (1997): The Audit Society. Oxford 1997.

SIEFER, TH. (1996): „Du kommst später mal in die Firma!“ – Psychosoziale Dynamik von Familienunternehmen. Heidelberg 1996.

Geregelte Nachfolge im Ratingprozess – eine Standortbestimmung aus der Beratungspraxis

Birgit Felden/Patrick Adams

1. Einleitung: Unternehmensnachfolge und Rating

Die Qualität und die Kompetenzen der Unternehmensführung sind vor allem im Mittelstand für den Erfolg oder Misserfolg eines Betriebs entscheidend – dieser Realität trägt das Rating aller Kreditinstitute Rechnung und unterzieht den Unternehmer, seine Führungskompetenz und seine strategischen Fähigkeiten einer eingehenden Prüfung. Das Ergebnis dieser Prüfung, die Beurteilung der Unternehmensführung und des Managements, zählt zu den entscheidenden Bewertungskriterien im Ratingprozess. Doch die Führung eines Unternehmens kann nicht nur von höchst unterschiedlicher Qualität sein, sie ist darüber hinaus auch von den Risiken Krankheit, Alter oder Tod bedroht. Scheidet ein Unternehmer aus seinem Betrieb aus – sei es freiwillig oder unfreiwillig – entsteht eine Managementlücke, die adäquat geschlossen werden muss. Gelingt dies kurz- bis mittelfristig nicht, ist der Fortbestand des gesamten Betriebs gefährdet.

Das geplante oder ungeplante Ausscheiden des Managements stellt also einen wesentlichen Risikofaktor für das Unternehmen dar. Eine strukturierte Nachfolgeregelung kann dieses Risiko minimieren, indem sie Maßnahmen, Termine und Akteure bestimmt, die einen reibungslosen Wechsel von einem Unternehmer zum nächsten gewährleisten. Es handelt sich hier um eine Regelung, die für den freiwilligen Austritt des Managements aus dem Betrieb vorgesehen ist. Für den Fall seines plötzlichen Ausscheidens ist ein Notfallplan das Mittel der Wahl, um einen vergleichbaren Risikopuffer zu schaffen.

Regelungen für die systematisch zu planende Unternehmensnachfolge und für den eventuell eintretenden Notfall sind deshalb ein wichtiger Bestandteil des Ratingkriteriums „Unternehmensführung und Management". Geprüft wird, ob und wie für den geregelten Fall und für den Notfall Vorkehrungen getroffen wurden, um den Fortbestand des Unternehmens zu gewährleisten. Bislang gibt es allerdings keine verbindliche Antwort auf die Frage, wann eine Nachfolge bzw. ein Notfall als „geregelt" zu bezeichnen ist. Was bedeutet eine geregelte Nachfolge für ein mittelständisches Unternehmen? Welche Kriterien kann ein Kreditinstitut zugrunde legen, um eine möglichst objektive Einstufung dieses Ratingmerkmals vornehmen zu können? In einem bankinternen Ratingverfahren werden die Risikofaktoren eines Unternehmens und in summa die Wahrscheinlichkeit eines Kreditausfalls beurteilt. Es müsste also festgestellt werden, welche für die Beurteilung der Ausfallwahrscheinlichkeit relevanten Bewertungskriterien durch eine Nachfolgeregelung wie und in welchem Umfang beeinflusst werden. Sind diese Faktoren bekannt, ist evident, welche Unternehmensbereiche durch die Notfall- bzw. Nachfolgeregelung abgesichert sein müssten. Auch die Notfall- bzw. Nachfolgeregelung und ihre jeweiligen betrieblichen Konsequenzen sollten also einem Rating unterzogen werden, einem Nachfolgerating. Nur wenn dieses Nachfolgerating zu dem Schluss kommt, dass für den Fortbestand des Betriebs in den relevanten Bereichen die richtigen Weichen gestellt wurden, können die Nachfolge als geregelt und der Notfall als „geplant" betrachtet werden.

2. Das Ausscheiden des Unternehmers als Risikofaktor

Gerade in eigentümergeführten Betrieben nimmt das Management eine zentrale Rolle ein und trägt die Verantwortung für den Erfolg oder Misserfolg des Unternehmens. Für kleinere Betriebe gilt sogar, dass es in der Regel keine zweite Führungsebene gibt: Mit dem Ausscheiden des Unternehmers fällt das komplette Management weg, der Betrieb steht führungslos da.

Das Management bestimmt zum einen die Marschrichtung des Unternehmens. Seine strategischen Überlegungen werden in lang-, mittel- und kurzfristige Ziele übersetzt, die dem ganzen Unternehmen, aber auch seinen einzelnen Bereichen als Orientierung dienen. Ein Ausscheiden des Unternehmers ist riskant, da das Unternehmen seine zentrale Steuerungsstelle verliert. Ersatz ist für diese Kompetenzlücke nur schwer zu finden – häufig sind die Visionen und Wünsche hinter der Strategie zu individuell, als dass hier nahtlos angeschlossen werden könnte.

Zum anderen hat das Management eine wichtige Funktion im Bereich der Mitarbeiterführung. Besonders in mittelständischen Unternehmen ist die Personalführung stark durch die Unternehmerpersönlichkeit geprägt, woraus sich spezifische Risiken ergeben. Wenn der Unternehmer ausscheidet, verlassen einzelne Kompetenzträger den Betrieb ebenfalls – ein Know-how-Abfluss, der den Zukunftserfolg des Unternehmens unter Umständen gefährden kann. Diese Abwanderungstendenz ist vor allem in kleinen Betrieben zu beobachten, wenn die Beziehung zwischen Arbeitgeber und Arbeitnehmer sehr ausgeprägt ist und der Mitarbeiter nicht an das Unternehmen, sondern an den Unternehmer gebunden ist. Die Beratungspraxis hat gezeigt, dass das Risiko, dass diese Mitarbeiter das Unternehmen verlassen, dann am größten ist, wenn der Nachfolger nicht diese persönliche Kommunikation bieten kann. In solchen Fällen spielt das Gehaltsniveau meist eine untergeordnete Rolle. Je größer das Unternehmen ist, desto geringer wird dieser Einfluss des Unternehmers und seines Führungsstils auf die Mitarbeiter. Personalabteilungen übernehmen dann diesen Part und „neutralisieren" das Verhältnis, sodass eine Abwanderung von Personal aus Anlass eines Managementwechsels das Unternehmen in der Regel nicht gefährdet.

Schließlich sind die Betriebsinhaber oftmals auch in das operative Geschäft eingebunden. Vor allem in kleineren Unternehmen betreut der Unternehmer die größeren Kunden selbst. Dadurch entsteht oftmals eine kritische Abhängigkeit, denn die Praxis hat gezeigt, dass die Kundenbindung vor allem bei einem schnellen Ausscheiden des Unternehmers leidet. Eine andere, aber ähnlich gefährliche Abhängigkeit entsteht, wenn sich der Unternehmer als Ingenieur um die Entwicklung der Produkte und damit um die technische Zukunftsfähigkeit des Unternehmens kümmert.

In beiden Fällen – der vertrieblichen wie der technischen Dominanz des Unternehmers – kann jedoch einfacher Ersatz geschaffen werden als für den Bereich der strategischen Unternehmensführung. Familieninterne Nachfolger beispielsweise, die den Willen und das Können zur Führung haben, denen jedoch fachliche Qualifikationen fehlen, können diese durch einen Meister oder einen Produktionsleiter ergänzen und damit das Risiko der Kompetenzlücke abfedern. Doch welche Konsequenzen sich auch immer aus der Übertragung ergeben – das Risiko ist letztlich determiniert durch das Ausscheiden des Managements.

3. Die Bewertung des Risikos

Das Ausscheiden des Managements stellt also vor allem in kleineren Betrieben aus verschiedenen Gründen ein nicht unerhebliches Risiko dar. In der Theorie des Risikomanagements wird ein Risiko als Wagnis beschrieben oder als Möglichkeit, dass eine Handlung oder Aktivität einen Schaden oder Verlust zu Folge hat.[1] Diese Risiken – von denen viele auf das Unternehmen einwirken, unter anderem eben auch in Form des geplanten oder ungeplanten Ausscheidens des Managements – gilt es abzufedern. Die Theorie des Risikomanagements schlägt dafür folgende Vorgehensweise[2] vor:

- Das Risiko identifizieren.
- Das Risiko analysieren.
- Das Risiko messen und bewerten.
- Das Risiko begrenzen und steuern.

Nachdem das Ausscheiden des Managements als Risiko identifiziert und analysiert worden ist, sollte es demnach bewertet werden. Dies kann anhand der beiden Parameter „Eintrittswahrscheinlichkeit“ und „Schadensausmaß“ geschehen, wobei wie folgt definiert wird: Je höher die Eintrittswahrscheinlichkeit oder das zu erwartende Schadensausmaß, desto größer das Risiko für das Unternehmen.

Steht die Bewertung fest, sind in einem nächsten Schritt Maßnahmen zur Begrenzung oder Steuerung des Risikos zu ergreifen. Die Regelungen für den Notfall wie für den Normalfall einer Unternehmensübertragung müssen sich an diesen Vorgaben messen lassen.

3.1 Die Wahrscheinlichkeit des Ausscheidens des Managements

Bei der Beantwortung der Frage nach der Eintrittswahrscheinlichkeit sollen alle Möglichkeiten in Betracht gezogen werden, die es dem bisherigen Management unmöglich machen, das Unternehmen weiter zu führen. Die Anlässe dafür können sehr verschieden

1 Vgl. Keitsch (2004), S. 4.
2 Vgl. Keitsch (2004), S. 15.

sein und sie können vom Willen des Unternehmers abhängen oder nicht. Im besten Falle scheidet der Unternehmer auf eigenen Wunsch aus dem Unternehmen aus: Vielleicht weil er Jüngeren die Chance zur Verwirklichung ihrer Ideen geben möchte oder einen Gewinn aus der Veräußerung seines Unternehmens ziehen will. In diesem Fall sind das Ausscheiden und auch der Zeitpunkt des Austritts aus dem Betrieb frei bestimmbar und beeinflussbar. Es gibt aber auch Anlässe, zu denen ein Unternehmer ungeplant aus dem Betrieb herausgerissen wird. Der gravierendste Fall ist sicherlich sein Ableben. Doch auch Krankheiten oder Unfälle können der Grund dafür sein, dass der Unternehmer über einen längeren Zeitraum oder gar für immer unfähig wird, sein Unternehmen zu führen. Neben körperlichen Ursachen können die Gründe auch psychischer Natur sein. So steigt z.B. jährlich die Zahl psychischer Erkrankungen wie Depressionen oder „Burn out". All diesen Ursachen ist gemein, dass der Zeitpunkt des Ausscheidens nicht im Vorfeld zu erkennen oder zu beeinflussen ist.

Bereits diese kurze Aufzählung von Anlässen zeigt, dass das Unternehmen permanent vom Ausscheiden des Unternehmers bedroht ist – und zwar nicht nur dann, wenn er ein gewisses Alter erreicht. Die Eintrittswahrscheinlichkeit erhöht sich sicherlich mit dem Alter des Unternehmers. Mag die Unfallwahrscheinlichkeit bei jüngeren Menschen unter Umständen noch höher sein, so steigt die Wahrscheinlichkeit, zu erkranken oder aus Altersgründen ausscheiden zu wollen, mit zunehmender Anzahl an Lebensjahren. Daher ist es nicht verwunderlich, wenn Banken die Nachfolgeregelung ab einem gewissen Alter des Unternehmers ansprechen.

Doch ist das Kriterium „Alter" nicht der einzige Faktor, der die Eintrittswahrscheinlichkeit beeinflusst. Lebensstil, Vorlieben oder auch der Zufall können dafür sorgen, dass der Unternehmer plötzlich aus dem Unternehmen ausscheidet. Die Eintrittswahrscheinlichkeit ist also weder messbar noch vorherzubestimmen. Dass ein Unternehmer eines Tages aus dem Betrieb ausscheiden wird, gilt als sicher – der Zeitpunkt, wann genau dieser Fall eintreten wird, ist allerdings nur sehr schwer zu bestimmen. Der Planbarkeit sind natürliche Grenzen gesetzt. Ein Unternehmer, der sich zu Ruhe setzen will, wird nicht ewig darauf warten (können), dass er einen Nachfolger findet. Ein Übernehmer, der seit Jahren nur die Rolle des Kronprinzen spielen darf und eine andere Chance geboten bekommt, wird diese aller Wahrscheinlichkeit nach nutzen und den Betrieb ohne Nachfolger zurück lassen. Unnötig zu sagen, dass es unmöglich ist, Krankheiten oder dem Tode aus dem Wege zu gehen. Obwohl gerade vor dem Hintergrund der derzeitigen Fitness- und Wellnesswelle viele Menschen auf ihre Gesundheit achten, kommt es immer wieder vor, dass kerngesunde Menschen plötzlich an Krebs erkranken. Allerdings wird mancher Raucher 80 Jahre alt. Eine sicherlich überspitzte Darstellung, die jedoch deutlich macht, dass es im Einzelfall schwierig ist, die Eintrittswahrscheinlichkeit zu prognostizieren.

Die Konsequenz hieraus: Sicherlich beeinflusst die Eintrittswahrscheinlichkeit das Risiko. Da der Unternehmer aber mit Sicherheit irgendwann aus dem Betrieb ausscheidet, der Zeitpunkt dieses Ausscheidens – wenn überhaupt – jedoch nur schwer zu ermitteln ist, ist es offenbar erforderlich, die Eintrittswahrscheinlichkeit bei der Bewertung des Risikos auszuklammern. Und damit wird die Beurteilung des Risikos für den Faktor „Ausscheiden des Managements“ auf den Parameter des möglichen Schadens begrenzt. Die neue Formel lautet also: Je höher der mögliche Schaden, desto höher das Risiko.

3.2 Das Ausmaß des Schadens beim Ausscheiden des Managements

Es geht also darum, den Schaden für das Unternehmen beim Ausscheiden des Managements zu minimieren. Dass ein Schaden eintreten kann, ist dabei nicht nur eine theoretische Frage. Laut einer Studie des Instituts für Mittelstandsforschung in Bonn von 2004 werden 8,3 Prozent der Unternehmen, die ihre Nachfolge zu regeln haben, in 2005 mangels Nachfolger stillgelegt.[3] Doch was genau bedeutet „Schaden“ in diesem Zusammenhang?

Wie skizziert kann das Ausscheiden des Managements in schlimmster Konsequenz den Fortbestand des Betriebs gefährden, wenn die Führungspositionen von keiner anderen Person ausgefüllt werden können. Neben diesem „größten anzunehmenden Unfall“ können bestimmte Unternehmensbereiche vom Ausscheiden des Managements betroffen sein, ohne dass dadurch der Fortbestand des Unternehmens gefährdet ist. Ein eventueller Schaden könnte dann zum Beispiel durch signifikante Umsatzeinbrüche entstehen, wenn Großkunden bedingt durch die Nachfolge ihren Geschäftspartner wechseln.

Weitere potenzielle Schadensquellen sind auch für die Unternehmerfamilie auszumachen. Gerade mittelständische Unternehmen sind oftmals wesentliche Einkommensquelle der Unternehmerfamilie. Geht der Betrieb unter, fällt meist auch die Haupteinkommensquelle der Familie aus, was fatale Folgen haben kann. Bei einem Unfall des Unternehmers, der seine Berufsunfähigkeit oder sogar den Tod zur Folge hat, ist die Unternehmerfamilie somit nicht nur emotional getroffen, sondern muss sich auch um ihre finanzielle Zukunft sorgen. Beide Faktoren zusammen können wiederum eine verständliche Kopflosigkeit zur Folge haben, die vernünftige Maßnahmen zur Rettung des Betriebs verhindert. Auch diese Aspekte gilt es bei der Nachfolge- und Notfallplanung zu berücksichtigen. Für eine Bank entsteht allgemein dann ein Schaden, wenn sie ihre Forderungen nicht oder nicht zur gewünschten Zeit zurück erhält (Ausfallrisiko und Liquiditätsrisiko). Im Hinblick auf das Kriterium „Nachfolge- bzw. Notfallregelung“ bedeutet dies, dass ein Schaden entsteht, wenn der Betrieb die Kredite bedingt durch das Ausscheidens des Unternehmers nicht mehr oder nicht fristgerecht zurückzahlen kann. Da die Rückzahlung der Kredite direkt an den zukünftigen Erfolg des Unternehmens gebunden ist, entsteht auch aus dieser Perspektive ein Kreditverlust und somit ein Schaden für die Bank durch den Existenzverlust und die finanziellen Risiken des Betriebs.

Die Rückzahlung der Kredite wird allerdings in den meisten Fällen neben dem in Zukunft generierten Cashflow auch durch Kreditsicherheiten abgesichert. Die Praxis zeigt jedoch,

3 Vgl. IfM Bonn (2004), S. 87.

dass diese selten ausreichen, um den kompletten Kreditausfall zu decken und die Restschuld zu tilgen. Es entsteht also dann ein finanzieller Schaden für die Bank, wenn nicht genügend Cashflow erwirtschaftet wird (z.B. eben auch in jenem Fall, wenn das Unternehmen durch das Ausscheiden des ehemaligen Managements „nur" vorübergehende Umsatzeinbußen zu verzeichnen hat) und/oder die Kredite nicht in angemessener Höhe abgesichert sind.

Um den Schaden, der durch das Ausscheiden des Managements entsteht, zu vermeiden oder möglichst gering zu halten, muss das Risiko – so die Theorie des Risikomanagements – begrenzt und gesteuert werden. Strukturierte und umfassende Maßnahmenpläne mit Regelungen für den Normal- und auch den Notfall können diese Begrenzung und Steuerung leisten. Die Nachfolge kann somit nur dann als geregelt bezeichnet werden, wenn der Fortbestand des Unternehmens durch diese Pläne gesichert wird.

Um die Ausfallwahrscheinlichkeit von Krediten und damit die Zukunftsfähigkeit bzw. Bonität eines Unternehmens zu bewerten, wurden Ratingsysteme entwickelt. Die Wirksamkeit von Nachfolge- bzw. Notfallplanung kann daher unter dem hier betrachteten finanziellen Blickwinkel danach beurteilt werden, welche Bewertungskriterien des Ratings durch eine Notfall-/ Nachfolgeregelung betroffen sind bzw. beeinflusst werden.

Ein anderer Ansatz wäre, die gesamte Nachfolgeregelung einem gesonderten Rating zu unterziehen. Die Bonität eines Unternehmens wird durch klassische Ratingverfahren bewertet, in denen die Nachfolgeregelung nur ein Kriterium unter vielen ist. Eine unzureichende bzw. nicht vorhandene Nachfolgeregelung allein kann jedoch schon ausreichen, um den Fortbestand des Betriebs zu gefährden. Somit könnte ein Ratingverfahren entwickelt werden, das es erlaubt, die Zukunftsfähigkeit eines Unternehmens einzig anhand der Nachfolgeplanung zu bestimmen. Die Ausarbeitung eines solchen Verfahrens würde allerdings den Rahmen dieses Werkes sprengen, sodass sich vorliegender Beitrag darauf konzentriert, den Einfluss der Nachfolgeregelung auf die verschiedenen Bereiche herkömmlicher Ratingverfahren zu untersuchen.

4. Der Einfluss der Unternehmensnachfolge auf die Ratingkriterien

Alle Ratingverfahren beinhalten einen qualitativen und einen quantitativen Part. Der quantitative Part beschäftigt sich mit den Finanzergebnissen des Unternehmens. Hier geht es vor allem um die Generierung und Bewertung von Kennzahlen. Im qualitativen Part finden sich unter anderem Angaben zur Marktsituation, der Organisation des Unternehmens und zur Qualität des Managements. Neben diesen Faktoren werden noch andere Elemente wie beispielsweise das Informationsverhalten des Unternehmens bewertet.

Bei einer spontanen Beurteilung scheint das Kriterium „Nachfolgeregelung" zunächst nur das Management und dessen Bewertung im Rating zu beeinflussen. Doch es gibt noch eine Reihe weiterer Kriterien, die mittel- und unmittelbar von einer Nachfolgeregelung betroffen sind. Wie bedeutend oder unbedeutend ist beispielsweise die Auswirkung einer geregelten bzw. nicht geregelten Nachfolge auf die quantitativen Faktoren? Dieser Frage ist in einem ersten Schritt nachzugehen.

Beispielhafter Ausgangspunkt der Analyse sei das Ratingsystem der Sparkassenorganisation; die folgenden Denkansätze können jedoch auch auf die Ratingsysteme anderer Institute übertragen werden.

4.1 Die Auswirkungen der Nachfolgeregelung auf die quantitativen Faktoren

Im Sparkassenrating wie auch in den meisten anderen Ratingverfahren werden die Unternehmenszahlen im quantitativen Part aus drei verschiedenen Blickwinkeln betrachtet: hinsichtlich der Finanzlage, der Vermögenslage und der Ertragslage. Im Rahmen einer Unternehmensnachfolge werden diese quantitativen Größen vor allem durch die Übertragung des Vermögens beeinflusst, zu der auch die Finanzierung der Übernahme zu zählen ist.

4.1.1 Finanzlage

Mit der Analyse der Finanzlage wird die Liquidität des Betriebs bewertet. Wird ein Unternehmen dauerhaft illiquide, hat dies in der Regel eine Insolvenz zur Folge.

Die Praxis zeigt, dass viele mittelständische Unternehmer nur wenig oder gar nicht für ihren Ruhestand vorgesorgt haben. Deshalb ist eine – die Liquidität des Betriebs belastende – Altersversorgung des Übergebers aus dem Unternehmen häufig die einzige Möglichkeit, um diese Vorsorgelücke zu schließen. Diese Konstellation ist vor allem bei einer familieninternen Übergabe durch Schenkung anzutreffen. Sie beeinflusst das Rating in der Regel negativ.

Im Falle einer Vererbung oder Schenkung des Betriebs kann es darüber hinaus zu der Konstellation kommen, dass ein Managementnachfolger bestimmt wird, während die anderen Nachfahren nur am Kapital des Unternehmens beteiligt werden, aber dadurch ebenfalls Gelder aus dem Unternehmen erhalten. In anderen Fällen kann die Erbregelung vorsehen, dass Abfindungen aus dem Unternehmen gezahlt werden. In diesem Zusammenhang muss auch bestehenden Pflichtteilsansprüchen eine erhöhte Aufmerksamkeit geschenkt werden: Besteht ein Berechtigter auf seinen Pflichtteil, ist auch dieser ungeplante Liquiditätsabfluss aus den Mitteln des Unternehmens zu begleichen und wird damit ratingrelevant.

In der Praxis ebenfalls häufig anzutreffen ist die Nachfolgeregelung durch eine Trennung von Kapital und Management. In diesem Fall gehen nur die Unternehmensführung, nicht aber Kapitalanteile, Wirtschaftsgüter oder Immobilien auf den oder die Übernehmer über. So können beispielsweise die Immobilien oder auch die Maschinen im Besitz des Übergebers bleiben und vom neuen Unternehmer gepachtet werden. Oftmals gehen Güter des Anlagevermögens auch auf andere Erben über. Diese Lösungen wirken sich nicht nur auf die Liquidität des Unternehmens, sondern auch auf seine Kapitalstruktur aus.

Steht kein familieninterner Nachfolger zur Verfügung, wird die Übergabe in vielen Fällen familienextern durch einen Verkauf an einen „fremden" Manager (MBI) oder an Nachwuchskräfte aus dem eigenen Haus (MBO) gestaltet. Auch in diesen Fällen muss das Finanzierungsproblem gelöst werden. Da der Übernehmer nur selten über die notwendigen Mittel verfügt, muss der Kauf aus anderen Quellen finanziert werden. Eine Möglichkeit ist, die Kaufsumme aus dem erwirtschafteten Cashflow zu refinanzieren. Wenn dieser nicht ausreicht, sind gängige Außenfinanzierungen, zusätzliche Eigenkapitalfinanzierungen (stille und/oder offene Beteiligungen) oder Sonderformen der Finanzierung zur Liquiditätssteigerung erforderlich.

4.1.2 Ertragslage

Die Ertragslage eines Unternehmens wird daran gemessen, welcher Teil der Gesamtleistung nach Abzug des Aufwands effektiv als Ergebnis verbleibt. Welche Auswirkungen kann eine Nachfolgeregelung also auf den Umsatz bzw. die Aufwendungen haben?

Im schlechtesten Fall sind einige Kunden an die Person des Unternehmers gebunden und verschwinden mit seinem Wegfall – in der Beratungspraxis wird ein solcher Betrieb als „nicht übergabefähig" bezeichnet. Im besten Fall erschließt der Nachfolger neue Märkte und steigert dadurch den Umsatz.

Für viele Unternehmen spielt die Größe „Materialaufwand" eine wesentliche ertragsbestimmende Rolle. Gerade bei Übertragungen, die abrupt und ohne eine sorgfältige Planung erfolgen, ist zu beobachten, dass günstige Einkaufskonditionen, die vom Alt-Unternehmer ausgehandelt werden konnten, aufgrund des schnellen Wechsels nicht auf den Übernehmer übergehen. Natürlich kann sich der Materialaufwand durch die Wahl anderer Lieferanten auch zum Positiven verändern: Wo der Übergeber aus Loyalität an alten Geschäftsbeziehungen festgehalten hat, nutzt der Nachfolger vielleicht neue Lieferwege und Lieferanten, die zu günstigeren Konditionen liefern.

Wiederholt zu beobachten ist der Fall, dass der Personalaufwand vor dem Ausscheiden des Unternehmers im Vergleich zu anderen Betrieben relativ hoch war. Ein möglicher Grund dafür: Langjährige Mitarbeiter wurden trotz sinkender Produktivität weiterhin im Unternehmen beschäftigt. Wie verhält sich nun der Nachfolger diesen Mitarbeitern gegenüber und welche Auswirkungen hat das auf den Personalaufwand? Dieser Aspekt lässt sich nur unter Berücksichtigung der gesamten Personalpolitik beurteilen.

Eine weitere kritische Größe ist der Mietaufwand. Abhängig davon, wie die Nachfolgeregelung gestaltet ist, kann der Mietaufwand abrupt ansteigen: zum Beispiel wenn

Management und Kapital getrennt werden und das Unternehmen die Betriebsgebäude nach der Übertragung mietet. Generell wirkt sich ein gestiegener Mietaufwand negativ auf das Ratingergebnis aus. Es stellt sich allerdings die Frage, ob diese Bewertung bei der Prüfung einer Nachfolgeregelung nicht nuancierter ausfallen muss. Unter Umständen ist es nämlich gerade die „Pacht-Lösung", durch die der Fortbestand des Unternehmens gesichert werden kann.

Ähnliche Aussagen können für den Zinsaufwand getroffen werden. Je nach Art der Nachfolgefinanzierung und der Rechtsform steigt dieser deutlich an. Aber auch hier kann gerade diese Entwicklung die Folge einer für den Fortbestand des Unternehmens notwendigen Maßnahme sein.

An diesen exemplarischen Einzeldarstellungen wird deutlich, dass die Ertragslage des Unternehmens von einer Nachfolgeregelung in der Regel nachhaltig beeinflusst wird.

4.1.3 Vermögenslage

Die Vermögenslage umfasst die Zusammensetzung der Kapitalstruktur sowie die Bindung des Kapitals in Anlage- und Umlaufvermögen. Diese Verhältnisse werden vor allem durch die Gestaltung der Vermögensübertragung bei der Nachfolgeregelung beeinflusst.

Die Art der Nachfolgeregelung bestimmt zum einen, welches Anlagevermögen dem Betrieb dauerhaft zur Verfügung steht. Zum anderen hat die Finanzierung der Nachfolge – wie schon unter dem Punkt „Finanzlage" skizziert – Auswirkungen auf das Verhältnis zwischen Eigen- und Fremdkapital und somit auf die Bilanzstruktur.

4.1.4 Fazit

Im Hinblick auf das quantitative Rating stehen also vor allem die Gestaltung der Vermögensübertragung, Einbußen oder Steigerungen im Ertrag sowie die Finanzierung der Übertragung im Mittelpunkt. Die Auswirkungen dieser Aspekte sind jeweils vor dem Hintergrund der Veränderung der Liquidität, der Ertragslage und der Kapitalstruktur zu beurteilen.

In einem zweiten Schritt sind nun die Zusammenhänge zwischen dem Kriterium „Nachfolgeregelung" und dem qualitativen Rating zu analysieren. Welche Faktoren – neben dem Faktor „Management", dessen Abhängigkeit evident ist – sind in diesem Bereich betroffen?

4.2 Qualitative Faktoren

Zu den qualitativen Faktoren gehören im Rating die Angaben, die nicht aus den Jahreszahlen oder einer betriebswirtschaftlichen Auswertung des Unternehmens hervorgehen. Im Rating der Sparkassen werden beispielsweise das Kontoverhalten, das Alter der Kundenbeziehung oder auch eine bestehende Nachfolgeregelung bewertet.

Hinzu kommen Angaben zur Planung und Steuerung, zu Markt und Produkt und zur Unternehmensführung. Während sich das quantitative Rating auf die Vergangenheitszahlen stützt, ist das qualitative Rating verstärkt auf die zukünftige Entwicklung des Unternehmens ausgerichtet. Die eher weichen Faktoren werden vorwiegend durch die geplante Übertragung der Führungsverantwortung und weniger durch die Vermögensübertragung beeinflusst.

Ein Betrieb kann, wie eingangs erläutert, in vielen Bereichen unmittelbar, in anderen Bereichen jedoch nur mittelbar von der Person des Unternehmers abhängig sein. Eine erfolgreiche Nachfolgeregelung sollte darauf abzielen, dass Bedingungen geschaffen werden, die das Management ersetzbar bzw. austauschbar machen. Dies gilt sowohl für die Führungs- wie auch für die operative Ebene.

In dem Maße, wie die Abhängigkeit des Unternehmens vom Unternehmer sinkt, reduziert sich auch das Risiko für den Fortbestand des Betriebs und somit das Schadensausmaß für die Unternehmerfamilie und die Banken. Die Abhängigkeit wird außerdem in dem Maße reduziert, wie die Fähigkeiten der Nachfolger steigen, die Aufgaben des Managements zu übernehmen.

Neben dem Management als Bewertungskriterium hat die Nachfolgeregelung aber auch Einfluss auf weitere Bereiche des qualitativen Ratings. Vor allem in kleineren Unternehmen sind Planung und Controlling oftmals als Führungsaufgaben definiert und werden als solche durch das Management wahrgenommen. Die Unternehmensführung nimmt die Unternehmensplanung vor, legt bestimmte Ziele fest und kontrolliert deren Einhaltung mit Hilfe des Controllings. Mitunter werden diese Führungsaufgaben auch nicht systematisch erarbeitet und schriftlich fixiert, sondern vielmehr aus dem Bauch heraus gelöst. Dann entsteht durch das Ausscheiden des Unternehmers oder bei der Übertragung des Betriebs eine Führungslücke, die durch adäquate Instrumente geschlossen werden muss. Die Festlegung der Produktpalette und der Zielmärkte sind in vielen, vor allem aber in kleineren Unternehmen originäre Aufgabe des Managements. Seine Branchenkenntnis und Einschätzung der Situation sind die Grundlage der strategischen Entscheidungen. Seine Innovationskraft ist der Motor des Betriebs. Fällt der Unternehmer aus, kann das Tagesgeschäft womöglich aufrecht erhalten werden, strategische Weichen werden von den verbleibenden Personen jedoch nicht gestellt.

Für den qualitativen Bereich lassen sich demnach folgende relevante Kriterien ableiten:

- die Abhängigkeit des Betriebs vom Unternehmer,
- die Fähigkeiten des Nachfolgers, das Unternehmen erfolgreich zu leiten,
- die Auswirkungen der Unternehmensnachfolge auf die Unternehmensstrategie, die sich im Produktportfolio und in den Märkten widerspiegelt, auf denen das Unternehmen aktiv ist,
- Planung und Controlling und deren Implementierung im Betrieb.

Da das quantitative Rating auf bisher erzielten Ergebnissen basiert und somit vor allem die Vergangenheit bewertet, macht sich das Ausscheiden des Unternehmers in diesem Bereich erst zeitversetzt bemerkbar. Im qualitativen Bereich des Ratings lassen sich die Risiken einer geplanten oder ungeplanten Nachfolgeregelung in der Regel früher abbilden.

5. Die Sicherung des Unternehmens durch Nachfolge- und Notfallplanung

„Geregelte Nachfolge" darf nicht alleine die Mitarbeit des Unternehmersohnes oder die Erstellung eines Unternehmertestamentes bedeuten – die bisherigen Überlegungen haben gezeigt, dass die umfassende Einschätzung einer Nachfolgeregelung wesentlich komplexer ist. Eine objektive Bewertungshilfe für die Frage „Ist die Nachfolge geregelt oder nicht?" ist also dringend gefordert. Die notwendigen Prüfkriterien lassen sich daraus ableiten, welche Aspekte eine systematische Nachfolge- bzw. Notfallplanung abdecken sollte. Eine systematische Nachfolgeplanung orientiert sich am Dreischritt Bestandsaufnahme – Zieldefinition – Festlegung von Maßnahmen. Bevor ein Nachfolgekonzept erarbeitet werden kann, muss also zunächst eine Bestandsaufnahme der bestehenden Situation vorgenommen werden. Plakativ formuliert geht es dabei vor allem um folgende Fragen:

- Hat der Übergeber für seine Zukunft vorgesorgt und ist er bereit, das Unternehmen loszulassen?
- Ist ein Nachfolger vorhanden und dieser geeignet und willig, das Unternehmen weiterzuführen?
- Ist das Unternehmen reif für eine Übertragung?

Viele mittelständische Unternehmer sind neben der bereits erwähnten fehlenden Altersvorsorge finanzielle Abhängigkeiten aufgrund der Übernahme persönlicher Haftung für den Betrieb eingegangen. Deshalb muss für die Übertragung des Vermögens eine Lösung gefunden werden, die dem Unternehmer einen sicheren neuen Lebensabschnitt garantiert, das Unternehmen jedoch nicht übermäßig belastet. Neben der finanziellen Absicherung des oder der Übergeber ist die Fähigkeit, „loslassen" zu können, Voraussetzung für eine erfolgreiche Nachfolgeregelung. Hierzu muss der Unternehmer Pläne und konkrete Ziele für die Zeit nach der Übertragung entwickeln.

Ob ein Nachfolger tatsächlich geeignet ist, den Betrieb zu übernehmen, hängt in erster Linie von seiner fachlichen und persönlichen Qualifikation ab. Es empfiehlt sich daher, ein Anforderungsprofil zu erstellen, also jene Fähigkeiten zu listen, die notwendig sind, um das Unternehmen erfolgreich zu führen. Dieses Profil wird dann mit dem Qualifikationsprofil der Nachfolgekandidaten verglichen. Eventuell auftretende fachliche Qualifikationslücken können durch entsprechende Fortbildungen geschlossen werden. Lücken bei der unternehmerischen oder persönlichen Qualifikation sind schwerer zu schließen: Je nach Größe des Unternehmens muss dann eine personelle Ergänzung vorgenommen werden.

Auch das Unternehmen muss auf die Nachfolge vorbereitet sein. Ist es übergabereif im oben dargestellten Sinne? Aufgrund der Dominanz des Unternehmers in KMU sollte bei der Nachfolgeplanung frühzeitig damit begonnen werden, das bisherige Management langsam von den Mitarbeitern, den Lieferanten und Kunden zu lösen und den oder dic Nachfolger ebenso behutsam einzuführen. Daneben sollte gewährleistet sein, dass das Unternehmen auch den finanziellen Belastungen einer Nachfolgeregelung standhält. Ist der Cash-Flow zum Beispiel ausreichend, um vorübergehend zwei Unternehmerfamilien oder einen gewünschten Kaufpreis zu finanzieren?

Die Bestandsaufnahme sowie der Abgleich und die Synchronisierung der verschiedenen Ziele der Beteiligten münden in ein Nachfolgekonzept, das die Übertragung von Management und Vermögen regelt. Als Nachfolgefahrplan werden die verschiedenen Maßnahmen mit festen Zuständigkeiten und Terminen fixiert.

Über den systematischen Nachfolgefahrplan hinaus und unabhängig vom Alter des jeweiligen Managements muss der Betrieb auf den plötzlichen Ausfall des Unternehmers vorbereitet sein.

Ein derartiger Notfallplan beinhaltet zum Beispiel die Übertragung von (Bank-) Vollmachten und die Benennung der zuständigen Ansprechpartner, um die Handlungsfähigkeit des Unternehmens zu erhalten, oder enthält wichtige Vereinbarungen mit Kunden oder Lieferanten (Ansprechpartner, Nachlässe usw.). Vor allem Regelungen und Betriebsgeheimnisse (z.B. bestimmte Rezepturen), die bislang nur mündlich existieren, sollten hier schriftlich dokumentiert sein. Weiter sind die Zuständigkeitsbereiche des Managements festzulegen, sowie klare Vertretungsregeln, die festlegen, wer diese Tätigkeiten im Notfall übernimmt. Gegebenenfalls muss eine Notprokura ebenso vorgesehen werden wie sonstige Vollmachten, ohne die der normale Geschäftsbetrieb nicht aufrecht erhalten werden könnte.

In der Praxis empfehlen wir die Zusammenstellung eines Notfall-Handbuchs, in dem alle wichtigen Unterlagen zu finden sind, so z.B. auch ein notarielles Testament zur Regelung des Erbes. Es sollte so gestaltet sein, dass es die Unternehmensführung klar regelt und die Familie absichert. Außerdem darf das Unternehmen nicht durch Zahlungsansprüche (z. B. aus Pflichtteilsansprüchen oder Erbengemeinschaften) gefährdet werden.

Bestehen ein Notfallplan und eine Nachfolgefahrplan, reicht deren bloße Existenz allerdings nicht aus, um den Schaden, der durch das Risiko des geplanten bzw. ungeplanten Ausscheidens des Unternehmers entstehen kann, zu mindern. Die Planungen müssen daraufhin geprüft werden, ob sie dazu beitragen können, den möglichen Schaden zu steuern bzw. zu begrenzen und dadurch den Fortbestand des Unternehmens sichern helfen. Hier kann also von einem Nachfolgerating im eigentlichen Sinne gesprochen werden.

6. Das Nachfolgerating

Zusammengefasst hat eine Nachfolgeregelung Auswirkungen auf folgende Bereiche:

- das Management, das durch die Abhängigkeit des Unternehmens vom bisherigen Unternehmer und den Fähigkeiten des Nachfolgers beeinflusst wird,
- die Unternehmensstrategie, die sich auch in der Planung und dem Controlling sowie dem Produktportfolio und der Marktpolitik niederschlägt,
- die Liquiditätslage,
- die Ertragslage,
- die Vermögenslage.

Ein Nachfolgerating muss also die Auswirkungen der Notfall- und Normalfallplanung auf diese für den Fortbestand des Unternehmens kritischen Bereiche beurteilen. Dabei sind die Unterschiede zwischen Notfallplan und Nachfolgefahrplan zu berücksichtigen. Bei der Bewertung des Notfallplans wird davon ausgegangen, dass das bisherige Management abrupt ausfällt, wohingegen bei der Nachfolgeregelung annahmegemäß ein gewisser Zeithorizont zur Verfügung steht.

Die unterschiedlichen Inhalte der Notfall- und Normalfallplanung werden in Tabelle 1 exemplarisch verdeutlicht.

Die Notfallplanung konzentriert sich auf Maßnahmen, die den Grad der Abhängigkeit des Betriebs vom Management und die finanziellen Risiken des ungeplanten Ausfalls senken sollen. Die finanziellen Auswirkungen gehen aus der Erbregelung hervor und sollten in einer exemplarischen Finanzplanung überprüft werden.

Der Nachfolgefahrplan, der den Normalfall regelt, hingegen muss sämtliche Unternehmensbereiche abdecken. Im Gegensatz zur Notfallplanung ist der Zeitpunkt des Austritts zumindest als geplantes Datum bekannt. Alle Maßnahmen können also zeitlich eingeordnet und damit die Auswirkungen für den Betrieb mit einer gewissen Präzision geplant werden. Die Auswirkungen der Normalfallplanung können somit im Gegensatz zur Notfallplanung in einem Geschäftsplan dargestellt werden. Dieser Geschäftsplan gilt als Grundvoraussetzung für die Finanzierung der Nachfolge durch Dritte (Banken usw.) und sollte die Situation des Unternehmens während der Nachfolgephase und auch für die Zeit danach darstellen:

Ein erster Punkt, der aus diesem Geschäftsplan hervorgehen sollte, ist eine Darstellung, wie die Leitungs- und Lenkungsaufgaben übertragen werden sollen, damit das Unternehmen am Ende dieses Prozesses unabhängig vom bisherigen Management geführt werden kann.

Ein weiteres Element ist die strategische Planung. In den meisten Fällen verfolgt der Nachfolger eine andere Strategie als der Übergeber: Die Auswirkungen dieser Strategie auf die Erträge des Unternehmens (Umsatzplanung, Kostenentwicklung etc.) sollten aus diesem Geschäftsplan eindeutig hervorgehen.

Tabelle 1: Vergleich Notfallplan und Nachfolgeregelung

	Notfallplan	**Nachfolgeplanung**
Auswirkungen auf die Liquidität	geht aus der bestehenden Erbregelung hervor	geht aus der geplanten Vermögensübertragung und deren Finanzierung hervor sowie aus den Plänen bzw. Notwendigkeiten des (potenziellen) Nachfolgers, nach der Übernahme zu investieren
Auswirkungen auf die Vermögenslage (auch im Hinblick auf die Kreditbesicherung)		
Auswirkungen auf die Ertragslage	nicht enthalten	geht aus den strategischen Überlegungen des Nachfolgers hervor (Geschäftsplan)
Abhängigkeit vom bisherigen Unternehmer	geht aus den Regelungen zur Erhaltung der Handlungsfähigkeit des Unternehmens hervor	geht aus den Regelungen für die Übertragbarkeit der Funktionen und Kontakte des Unternehmers hervor
Fähigkeiten des Nachfolgers und strategische Ziele	geht nicht direkt aus der Planung hervor, da es in der Regel noch keinen definitiven Nachfolger, sondern lediglich Stellvertreterregelungen gibt	geht aus dem Abgleich des Anforderungs- mit dem Qualifikationsprofil hervor

Eine ausführliche Finanzplanung gibt Aufschluss über die Finanzierung der Übernahme, die notwendigen bzw. gewünschten Investitionen sowie über die Vermögenssituation nach der Übertragung.

Schließlich spielt die Persönlichkeit des Nachfolgers eine bedeutende Rolle bei der Beurteilung der Nachfolgeregelung. Der Geschäftsplan enthält üblicherweise ein Qualifikationsprofil der Übernehmer, das aus Bankensicht überprüft werden muss.

Um einen Nachfolgefahrplan adäquat bewerten zu können, reichen schriftliche Unterlagen in Form eines Geschäftsplanes daher nicht aus. Sie sind zu ergänzen durch persönliche Gespräche mit Übernehmern und Übergebern, die Informationen zu den Kernkriterien (Liquidität, Vermögen, Ertrag, Abhängigkeit vom Unternehmer und Fähigkeit und Strategie des Nachfolgers) vermitteln.

Hinzu kommt: Die Unternehmenssituation verändert sich im Laufe der Zeit, weshalb eine getroffene Bewertung immer wieder angepasst werden muss. Eine Notfallplanung, die vor zehn Jahren erstellt wurde, wird zum heutigen Tage kaum noch Gültigkeit haben.

Selbst die Nachfolgeregelung als solche ist nicht statisch – erst recht nicht, wenn sich ihre Umsetzung über mehrere Jahre erstreckt. Auch bei gut geplanten Nachfolgeregelungen kommt es vor, dass die Umsetzung von der Planung abweicht. Deshalb ist es unumgänglich, die Nachfolgeplanung vor und während des laufenden Nachfolgeprozesses zu überprüfen und gegebenenfalls anzupassen.

7. Die geregelte Nachfolge

Ist ein Unternehmen nur unzureichend auf das geplante oder ungeplante Ausscheiden seines Managements vorbereitet, kann ein Schaden, der sich aus defizitären Notfall- oder Nachfolgereglungen ergibt, für drei Bereiche definiert werden. Da sind zum einen die finanziellen Einbußen, die sowohl von der Bank wie auch von der Unternehmerfamilie getragen werden müssen. Zum anderen kann das Ausscheiden des Managements die Änderung von persönlichen Kreditsicherheiten zur Folge haben. Schließlich kann der Schaden als „Gesamtschaden" für die Unternehmerfamilie, die Hausbank, die Mitarbeiter und die regionale Wirtschaft beschrieben werden: nämlich dann, wenn der Betrieb untergeht und mit ihm der Familienbesitz, die Arbeitsplätze, Steuereinnahmen etc.

Ob eine Nachfolge als geregelt bezeichnet werden kann oder nicht, kann nach den vorliegenden Erörterungen insbesondere an den potenziellen finanziellen Einbußen gemessen werden, die Unternehmerfamilie und Bank erleiden. Daneben hat vor allem das ungeplante Ausscheiden des Managements andere, oftmals auch emotionale Folgen (Wegfall der Familientradition usw.), die jedoch nicht in die hier vorgenommene Risikobewertung der Nachfolgeregelung eingeflossen sind.

Eine Verschlechterung der Ratingeinstufung eines Unternehmens ist die Konsequenz einer erhöhten Kredit-Ausfallwahrscheinlichkeit für die Bank. Diese Wahrscheinlichkeit entspricht auch dem finanziellen Risiko der Unternehmerfamilie. Im Hinblick auf das Kriterium „geregelte bzw. nicht geregelte Nachfolge" ist jedoch dann keine Verschlechterung des Ratingergebnisses zu erwarten, wenn die Nachfolgeplanung alle diskutierten qualitativen und quantitativen Kriterien abdeckt und sie betriebsindividuell so regelt, dass der Fortbestand des Unternehmens im Fall eines geplanten bzw. ungeplanten Ausscheidens des Managements gewährleistet ist. Darüber hinaus ist von der Bank das Risiko zu prüfen, ob durch die vorgesehenen erbrechtlichen Regelungen persönliche Kreditsicherungen der Übergeber-Generation unter Umständen entfallen.

Auf diese Weise kann der Schaden vor allem eines geplanten Ausscheidens des Managements wie von der Theorie des Risikomanagements gefordert „begrenzt und gesteuert" werden, sodass die Unternehmensnachfolge als geregelt und die Ratingbeurteilung in diesem Punkt als positiv gelten kann. Die Eintrittswahrscheinlichkeit – also der genaue Zeitpunkt des Ausscheidens des Managements – kann hingegen nicht geplant werden. Aus diesem Grund muss eine vollständige risikopräventive Nachfolgeregelung darüber hinaus einen Notfallplan enthalten, der die Handlungsfähigkeit und Fortführung des Unternehmens auch im Fall eines ungeplanten Ausscheidens des Managements garantiert.

Literaturhinweise

KEITSCH, D. (2004): Risikomanagement, 2. Aufl., Stuttgart 2004, S. 4–15.

IFM BONN/FREUND, W. (2004): Unternehmensnachfolgen in Deutschland – Neubearbeitung der Daten des IfM Bonn, in: Jahrbuch zur Mittelstandsforschung 1/2004 – Schriften zur Mittelstandsforschung Nr. 106 NF, Bonn 2004, S. 87.

Rolle der geregelten Nachfolge im Rating und Einsatz von Ratingsystemen im Zuge der Nachfolge

Ottmar Schneck

1. Nachfolgeproblematik in Ratingsystemen

Dass die Frage nach der Unternehmensnachfolge in jedem Ratingprozess und jedem Ratingsystem enthalten ist, wird jeder verstehen, der vor allem inhabergeführte und mittelständisch geprägte Unternehmen kennt. Gerade in diesen Unternehmen scheint ein beachtliches Risiko darin zu bestehen, dass weder Vertretungs- noch Ausfallpläne vorliegen, wenn der Unternehmer mit Schlaganfall oder Herzinfarkt, nicht mehr dem Unternehmen zur Verfügung steht.

1.1 Rating als Prognose der Insolvenzwahrscheinlichkeit

Der Begriff des Ratings ist nicht einheitlich definiert. Nachfolgerating noch weniger, sollte sich aber als Ableitung vom Ratingobjekt darstellen lassen. Zusammenfassend handelt es sich beim Rating um einen Beurteilungs- bzw. Abschätzungsvorgang über die Insolvenz- also Ausfallwahrscheinlichkeit eines Schuldners (Probability of Default, PD).

Ursprünglich wird der Begriff Rating aus dem englischen Verb „to rate" abgeleitet, was so viel bedeutet wie einschätzen bzw. bewerten. Das Nomen „Rate" kann mit Verhältniszahl oder Quote übersetzt werden. Wir verwenden daher den Begriff, wie er ursprünglich im angloamerikanischen Sprachraum schon Mitte des neunzehnten Jahrhunderts im Zusammenhang mit der Bonitätseinstufung von Schuldnern verwendet wurde, nämlich der Bewertung der Ausfallwahrscheinlichkeit eines Schuldners. Im deutschsprachigen Raum wurde diese Art des Ratings (Credit Rating) bisher reduziert auf die Ausfallwahrscheinlichkeit von Schuldtiteln (z.B. Anleihen), bei denen zwar auch der Emittent zu bewerten ist, aber das Produkt bzw. Wertpapier im Vordergrund stand. Während die Klassifizierung von Finanztiteln oder auch ganzer Fonds üblicherweise dem Rating zugeschrieben wurde, ist ein Rating eines einzelnen Schuldners bzw. Kreditnehmers aus individueller Sicht neu. Dies ist darauf zurückzuführen, dass die so genannten neuen Eigenkapitalvorschriften für Banken, kurz Basel II, eben diese individuelle Kreditrisikoprüfung verpflichtend vorsehen.

Unter dem Begriff Rating kann dann sowohl der Ratingprozess, also das Verfahren zur Bewertung einer Bonität des Schuldners als auch das Ergebnis bzw. das Ratingurteil verstanden werden. Das Ratingsymbol in Form von Buchstaben und/oder Zahlen stellt ein Urteil dar, wie hoch die Ausfallwahrscheinlichkeit des Kredites dieses Unternehmens aufgrund bisher gesammelter Erfahrungen ist. An den Finanzmärkten hat sich ein Katalog von Ratingsymbolen, die später näher beschrieben werden, zu einem international anerkannten Zeichensatz zur Beschreibung des Risikopotentials von Finanztiteln entwickelt.

Während sich die traditionelle Kreditwürdigkeitsprüfung im Wesentlichen auf den handelsrechtlichen Jahresabschluss des Kreditnehmers, konkret auf die Bilanz, in der ein Kaufmann gemäß § 242 Abs. 1 Satz 1 Handelsgesetzbuch (HGB) „... das Verhältnis seines Vermögens und seiner Schulden ..." darzulegen hat, bezieht, werden im Rahmen des

Ratings neben diesen quantitativen Faktoren auch so genannte soft facts, also qualitative Faktoren berücksichtigt. Und ein ebensolches qualitatives Merkmal oder Kriterium ist sicher die Frage nach der Unternehmensnachfolge.

1.2 Die Notwendigkeit von Ratings für alle Unternehmen

Die Eigenkapitalvereinbarung für Banken, kurz *Basel II* genannt, ist der Ausgangspunkt der Diskussion um Ratings und deren Auswirkungen auf das Kreditgewerbe und die Unternehmen. In Zeiten zunehmender Liberalisierung und Globalisierung der Märkte sowie des technischen Fortschritts hat sich an den Finanzmärkten in den letzten Jahren ein Prozess tiefgreifender Veränderungen vollzogen, der sich auch auf die traditionellen Bankgeschäfte auswirkt. Angesichts der steigenden Zahl von Unternehmensinsolvenzen und damit der erhöhten Ausfallrisiken von Kreditengagements für Banken werden heute vermehrt Anstrengungen unternommen, um die Stabilität der Finanzmärkte besser abzusichern. Dabei steigen die Anforderungen an das Kredit- und Risikomanagement von Banken und Unternehmen gleichermaßen.

Mit dem bankenaufsichtsrechtlichen Regelwerk *Basel I,* welches seit 1978 die Mindesteigenkapitalunterlegung bei Banken bisher bestimmte, sollte nach der Ölkrise und den damaligen Bankpleiten (vgl. Herstattbank) der zunehmenden Komplexität und dem steigenden Risikogehalt der Bankgeschäfte Rechnung getragen werden. Da offenbar diese Regelung nicht mehr ausreicht, um die weiter gestiegenen Risiken von Kapitalgebern abzufangen, hat der Baseler Ausschuss den Entwurf des neuen Regelwerks, kurz *Basel II,* vorgelegt. Im Mittelpunkt der neuen Regel *Basel II* steht die Aussage, dass das haftende Eigenkapital einer Bank sich stärker an den individuellen Risiken der vergebenen Kredite orientiert.

Diese individuelle Risikodefinition jedes Kreditengagements soll mit einem Rating festgestellt werden. Dies soll sich von der bisherigen Bonitätsanalyse einer Bank dadurch unterscheiden, dass viel mehr Kriterien in die Risikomessung einbezogen werden und der persönliche Einfluss eines Kreditsachbearbeiters (Subjektivität) minimiert wird. Standardisierte Methoden und Skalierungs- bzw. Scoringverfahren sollen diese Objektivität und Trennschärfe ermöglichen.

Die Bank für internationalen Zahlungsverkehr hält dabei dezidiert fest, dass sich die Regelungen von Basel I durchaus bewährt haben und in der Vergangenheit auch die Risiken in der Bankenlandschaft aufgefangen haben. Doch kam mit der Zeit die Kritik auf, dass der pauschale Ansatz, acht Prozent auf alle Kredite, unabhängig von deren individuellem Risiko als haftendes Eigenkapital vorzuhalten, nicht differenziert genug sei und von den Banken z.B. durch den Einsatz von so genannten Kreditderivaten relativ leicht umgangen werden konnte. Kreditderivate sind Absicherungsinstrumente von Risiken im Kreditgeschäft, die aber meist nicht in der Bilanz ausgewiesen werden müssen und so die Bonität eines Kreditgebers bzw. einer Bank deutlich verändern können. Sichert so z.B.

eine Bank für eine andere Bank ein Risiko durch ein Kreditderivat (z.B. Swap, Option, Future, Forward vgl. Glossar) ab, so steigt deren Risiko, ohne dass dies auf der Aktivseite der Bilanz zum Ausdruck kommt und letztlich auch nicht von Basel I erfasst werden kann. Treten dann die Risiken ein, so würde die nach Basel I vorgesehene Eigenkapitalquote nicht ausreichen, um den Schaden zu decken. Derartige Bankschieflagen waren in den letzten Jahren zahlreich zu beobachten.

Durch Basel II sollen also nun die Eigenkapitalanforderungen stärker an den tatsächlichen und individuellen Risiken der Kreditinstitute ausgerichtet werden. In Zukunft werden die Banken bei der Kreditvergabe eine sehr viel stärkere Differenzierung nach der Bonität der Schuldner vornehmen müssen. Und dies eben bei allen Kreditnehmern, d.h. bei allen Unternehmen unabhängig von deren Größe und Rechtsform. Dass dabei die Ratingsysteme nach diesen Kriterien differieren können, ist klar.

1.3 Der Einsatz von Ratingsystemen und die Frage nach der Nachfolge

Jedes Rating muss unter normalen Bedingungen routinemäßig durchführbar und intersubjektiv überprüfbar sein. Damit soll gewährleistet werden, dass im Ratingprozess eine hohe Standardisierung und Effizienz erreicht werden kann.

Dies ist bei Banken insbesondere, aber auch bei Ratingagenturen im Speziellen, häufig durch den Einsatz von Ratingsoftware zu gewährleisten.

Da es sich bei jedem Rating trotz aller Standardisierungsbemühungen letztlich um einen subjektiven Prozess handelt und daher auch das Ergebnis nie in aller Totalität objektiv sein wird, ist das Vorhandensein messbarer Indikatoren sehr wichtig. Bei den zu messenden Indikatoren muss es sich um empirisch beobachtbare, klar und eindeutig abgrenzbare Merkmale handeln. Die Auswahl der Ausprägung bzw. Skalierung eines Indikators sollte daher eindeutig möglich sein. Dies kann durch die Hinterlegung von Hilfetexten oder eindeutigen Merkmalen je Indikator erfolgen. Wenn also z.B. bei einer qualitativen Fragestellung *(„Wie hoch ist die Abhängigkeit von den Lieferanten?“)* der Messindikator ordinal skaliert ist (z.B. Ausprägungen in Zehn-Punkte-Schritten von sehr niedrig bis sehr hoch) und die ordinale Skala wiederum eindeutig den Ratingsymbolen zugeordnet ist, so werden sowohl die Anforderung der Messbarkeit also auch die der intersubjektiven Überprüfbarkeit der Fragestellung erfüllt.

Wenn also nach dem Kriterium Nachfolgeplanung gefragt wird, sollte auch dieses Merkmal ordinal skaliert und messbar in eine Frage gekleidet sein. Bei dem marktführenden Ratingtool für Unternehmen, R-Cockpit™ wird die Frage nach der Nachfolge wie folgt gestellt: *„Besteht für die Geschäftsleitung eine Nachfolgeplanung, wenn ja, welche?“*. Es werden dann 6 Antwortmöglichkeiten vorgegeben bzw. mit einem Schieberegler kann ein Scoringwert zwischen 0 Punkte und 100 Punkte eingegeben werden. Die Nachfolgefrage ist dabei eingebettet in das Kapitel Unternehmensführung mit insgesamt 15 Fragen, welches wiederum eines aus zehn Kapiteln ist. Die Relativität der Frage zum Gesamtergebnis sollte aber nicht darüber hinwegtäuschen, dass so manch andere Fragen damit verknüpft sind, so z.B. nach dem Alter des ranghöchsten Managers oder der Frage nach einem Beirat. Ein typischer inhabergeführter und patriarchalischer Fall wird daher nicht nur bei der einen Frage im Rating schlecht abschneiden, sondern sicher bei mehreren kohärenten Fragen negative Punkte ernten.

2. Ratingsysteme für die Nachfolgeproblematik

Während klar wurde, dass in Ratingsystemen die Frage nach der Nachfolgeregelung stets eine Rolle spielt, ist umgekehrt die Frage erlaubt, ob ein Ratingsystem in einem Unternehmen zur Nachfolgeplanung nützlich ist. Gerade Ratingtools, die Unternehmern die Augen für diese Problematik öffnen, dürften geeignet sein, um eben diesen Planungsprozess in Gang zu bringen.

2.1 Anforderungen an Ratingsyteme

Ratingsysteme sollten stets objektiv, reliabel und valide sein. Unter der Objektivität eines Ratingsystems verstehen wir den Grad, in dem die Ergebnisse eines Ratingprozesses unabhängig von der Person des Untersuchenden sind. Die Ratinganalysten dürfen im Idealfall keinerlei Einfluss auf das Ratingurteil haben, welches ja gerade objektiv, also sachlich und unabhängig vom Untersucher sein sollte. Dies scheint zunächst widersinnig, da doch Ratinganalysten eben genau solche Urteile zu fällen haben. Wir sollten hier allerdings von dem objektiven Erfahrungsschatz und dem subjektiven und individuellen Einfluss des Ratinganalysten unterscheiden. Ersterer wird Basis eines Ratingurteils vor allem bei qualitativen Faktoren sein. Letzterer ist durch das System, z.B. durch Plausibilitätsfragen auszuschließen. Gerade bei der Frage nach der Unternehmensnachfolge kann die Plausibiliät mit den verwandten Fragestellungen nach Alter, Beirat, Vertretungsregelung hilfreich sein.

Die Reliabilität ist der Grad der Genauigkeit, mit dem ein bestimmtes Merkmal gemessen wird. Dabei ist es allerdings zunächst gleichgültig, ob der Test dieses Merkmal auch zu messen beansprucht. Ein Rating ist dann reliabel, wenn die mit seiner Hilfe erzielten Ergebnisse das untersuchte Unternehmen genau, das heißt fehlerfrei beschreiben bzw. auf der jeweiligen Testskala lokalisieren. Diese Genauigkeit betrifft aber lediglich den beobachteten Messwert und nicht auch seinen Interpretationswert, also nicht die Frage, ob auch das gemessen wird, was gemessen werden soll.

Im Unterschied zur Reliabilität gibt die Validität schließlich den Grad der Genauigkeit an, mit der das Ratingsystem die Merkmale auch tatsächlich misst, die es zu messen vorgibt.

In der Tat ist diese Validität bei einem Rating nicht einfach festzustellen, denn gerade sein Hauptzweck, eine Aussage über die Fähigkeit eines Schuldners abzugeben, ob dieser seine finanzielle Verpflichtungen termingerecht und vollständig erfüllen kann, kann mit absoluter Sicherheit erst nach der Erfüllung bzw. Nichterfüllung dieser Zahlungs- oder Leistungsverpflichtungen abgegeben werden.

Wir können lediglich anhand von empirischen Untersuchungen und aufgrund theoretischer – sachlogischer wie begrifflicher – Erwägungen entscheiden, ob ein Rating seine Aufgaben mit einer gewissen für uns akzeptablen Wahrscheinlichkeit zu erfassen vermag.

Ein anderes Verfahren zur Messung der Validität wäre die kriterienbezogene Validität. Damit ist die Korrelation mit einem Außenkriterium gemeint, das vom Test unabhängig erhoben wird. Ein solches Kriterium könnte in der Praxis z.B. der Eintritt von Leistungs- und Zahlungsstörungen während der Kreditlaufzeit sein. Die Aufnahme derartiger Außenkriterien in das Ratingsystem ist daher nicht nur sinnvoll, sondern auch notwendig.

2.2 Einsatz von Ratingsystemen bei Nachfolgeplanungen

Ratingsoftware zur Abbildung eines Ratingprozesses bzw. zur Generierung einer Ratingnotation nach internationalem Vorbild wie z.B. bei Standard & Poors gibt es nicht viele in Deutschland. Eines der bekanntesten und meistverkauftesten Ratingprogramme ist R-Cockpit™. Dass gerade Steuerberater und Wirtschaftsprüfer auf dieses Programm zurückgreifen, hat sicher seine Gründe darin, dass das Programm speziell für den beratenden Beruf konzipiert und somit für diese Zielgruppe leicht anwendbar ist, d.h. gerade in den häufigen Nachfolgeplanungen mit eingesetzt wird.

Das Programm R-Cockpit™ umfasst in seiner Vollversion ein Rating mit qualitativem Teil und einer Bilanzanalyse sowie der Möglichkeit zu einer Unternehmensbewertung nach der Discounted Cashflow-Methode, einem Modul Risk Map, bei dem die Risiken im Unternehmen transparent gemacht werden (vgl. KonTraG), einem Modul Rating S, dass die Ratingauswertung der Sparkassen nachvollzieht, sowie einem Modul Patent- & Markencheck, welches das Rating unter Einbezug der immateriellen Vermögensgegenstände abbildet.

R-Cockpit™ kann intuitiv und logisch aus dem Programm heraus bedient werden. Häufig sind zusätzliche Hilfetexte durch Fragezeichensymbole hinterlegt. R-Cockpit™ erzeugt automatisch ein Ratinggutachten, das in MS-Word problemlos weiterverarbeitet und formatiert werden kann. Mit Hilfe der im Programm enthaltenen Branchendatenbank können Unternehmenskennzahlen mit den jeweiligen Branchenwerten verglichen werden (Benchmarking). Die Ratingnotation („AAA“ bis „C“) entspricht dem international üblichen Standard. Sie ist damit klar verständlich und transparent in andere Ratingnotationssysteme übertragbar. Farbliche Markierungen in den Auswertungscharts und ein Ampelsystem bei der Ratingauswertung weisen auf mögliche Problemfelder hin. Die im Bilanzrating erhobenen Daten ermöglichen eine Unternehmensbewertung nach dem Discounted Cashflow-Verfahren „auf Knopfdruck“.

Der Unternehmer selbst bzw. sein Berater kann nun simulieren, wie sich das Rating und damit seine Kreditkonditionen verbessert, wenn er die Fragestellungen insbesondere im Bereich der Unternehmensführung und hier eben der Nachfolgeregelung differenziert beantworten kann.

2.3 Nutzen eines Ratings für Nachfolger

Wenn nun ein Steuerberater, ein Nachfolger im Nachfolgeprozess oder der Unternehmer selbst mit einer validen Ratingsoftware eine Ratinganalyse vornimmt, so erwachsen hier erfahrungsgemäß zahlreiche Nutzenpotenziale.

Das Rating beinhaltet ja sowohl eine Stärken-Schwächen-Analyse als auch eine Bewertung der quantitativen Bilanzwerte. Gerade für eigentümergeführte, kleine Unternehmen hat der Einbezug qualitativer Fragestellungen, z. B. zur Qualität der Geschäftsführung, den Vorteil, dass auch die Leistungen und Ideen des Eigentümers analysiert und offengelegt werden. Ratings stellen damit das ganze Unternehmen inklusive dem Eigentümer auf den Prüfstand. Zahlreiche betriebswirtschaftlich relevante und für die Zukunft des Unternehmens entscheidende Faktoren werden objektiv analysiert und unter dem Aspekt des Risikos bewertet. Die Analysen des neutralen Analysten zeigen Stärken und Schwächen sowie Chancen und Risiken sämtlicher Unternehmensbereiche auf.

Da ein gutes Rating als Voraussetzung ein gewisses Maß an Transparenz verlangt, kann es Verbesserungspotenziale sichtbar machen und bietet dem Management die Möglichkeit, aufgedeckte Schwachstellen zu beseitigen. Zu ratende Unternehmen erhalten meist vor dem Ratingtermin im Hause einen Fragenkatalog zugesandt, bei dessen Beantwortung zur Vorbereitung des Ratingtermins bereits Probleme angesprochen werden oder zumindest eine Problemsensibilisierung erfolgt.

Ratings ermöglichen es, die Bilanz gründlich zu überprüfen. Gerade aus der quantitativen Analyse der Vermögens-, Finanz- und Ertragslage lassen sich Risiken, die langfristig zur finanziellen Schieflage führen können, ableiten. Mit Bilanzkennzahlen, insbesondere der Kapitalstrukturrelation, der Ertragskapitalrelation oder künftige finanzielle Liquiditätsgrade sollten dem Unternehmen Risiken deutlich machen. Auch bei aller Kritik an vergangenheitsorientierten Bilanzdaten muss deren Relevanz für die Sensibilisierung finanzieller Risiken herausgestellt werden.

Der Unternehmer ist somit in der Lage, wie auch schon oben erwähnt, interne Schwachstellen zeitiger zu erkennen und ein internes Risikomanagement voranzutreiben. Dazu gehören neben einer umfassenden Risikoidentifikation, einer kritischen Risikoanalyse und der nachvollziehbaren Risikogewichtung vor allem die optimale Handhabung, Kontrolle und Überwachung der Risiken. Die ausführliche Dokumentation der Ergebnisse des gesamten Risikomanagement-Prozesses stabilisiert nicht nur die Bonität, sondern eröffnet neue Handlungsspielräume für den geschäftlichen Erfolg. Der Unternehmer kann bei der Konfrontation mit den nackten Zahlen und einer reellen Risikoeinschätzung objektive und zielgenaue Entscheidungen treffen. Ein Rating kann hierbei genutzt werden, Risiken zu prüfen und über ein Bewertungsraster einzuordnen, um der Gefahr entgegenzuwirken, Entscheidungen aus dem Bauch heraus zu treffen.

Letztlich richten Banken bei der Kreditvergabe ihr Augenmerk in Zukunft vermehrt auf die spezifische Unternehmenssituation, bewerten Chancen und Risiken sowie die Solvenz des Unternehmens. Sowohl Banken als auch Investoren verlangen zunehmend aussagekräftige Informationen über die Risiken ihrer Kreditvergabe, da der Wettbewerb um knappe finanzielle Mittel innerhalb der Unternehmerlandschaft groß ist. Steigender Konkurrenzdruck unter den kreditsuchenden Unternehmen um knappe finanzielle Mittel ist der Auslöser für den Wunsch der Investoren nach aussagekräftigen Anlageinformationen (Investor Relations).

Ein gutes Rating stärkt die Verhandlungsposition gegenüber Kreditgebern entscheidend, wenn es um das Aushandeln von günstigeren Kreditkonditionen geht. Da der Kampf von Seiten der Kreditgeber um gut geratete Kunden längst begonnen hat, wird es daher ergänzend zum oben genannten Investor Relationship künftig wichtig sein, ein Rating gestütztes „Banking Relationship" zu pflegen. Sauber und verständlich aufbereitete und transparent zugängliche Präsentationen von Ratingergebnissen bieten den Vorteil einer offensiven Finanzkommunikation gegenüber den Banken.

Auch der Wechsel zu einem anderen Kreditinstitut ist mit einem Rating leichter möglich. Ist einem Kreditantrag ein Rating beigefügt, wird die neue Bank eher dazu bereit sein, diesen zu prüfen, wenn sie bereits einen Hinweis über dessen möglichst gute Kreditwürdigkeit in Händen hält.

Potenzielle Investoren, wie z.B. Venture-Capital-Gesellschaften, nutzen schon heute das Ratingurteil als Risikobeurteilung. Gerade in der Nachfolgediskussion oder bei Gesellschafterwechseln werden VC-Gesellschaften, Investmentbanken oder Private Equity-Gesellschaften eingeschaltet. Das Rating kann für diese Gesellschaften in zweierlei Hinsicht dienen. Zum einen kann es den häufig sehr schwierigen Prozess der Suche nach neuen Investoren für das Unternehmen erleichtern. Zum anderen lohnende Investitionsmöglichkeiten durch mögliche Geldgeber unterstützen und vereinfachen. Hierbei sind insbesondere ortsfremde ausländische Geschäftspartner zu nennen, die sich beim Aufbau neuer Geschäftsverbindungen und Kooperationen ihre Entscheidungsfindung auf ein anerkanntes und nachvollziehbares Rating stützen.

Das Rating ist sehr geeignet, um das Unternehmen in der Öffentlichkeit gegenüber den Finanzmedien und der Wirtschaftspresse darzustellen. Auch wenn keine aktive Kommunikation betrieben wird, kommt es ständig zu einer Bewertung und Begutachtung von Dritten. So kann das Rating dazu genutzt werden um Spekulationen und Vermutungen den Nährboden zu entziehen, da es Offenheit durch objektive Daten signalisiert. Das Vertrauen in eine solide Unternehmensführung wird durch die Veröffentlichung nachhaltig gestärkt.

Sicherlich könnten hier weitere Zielgruppen einer ratingorientierten Finanzkommunikation genannt werden. Wenn ein Unternehmen seine Bonität nicht nur zur Nabelschau, sondern als offensives Public Relations Instrument nutzt, wird sich dies langfristig immer auf Image und Konditionen auswirken.

Literaturhinweise

BRAAK, H. (2001): Basel II und die Auswirkungen auf die Kreditbereitstellung für den Mittelstand durch die Banken, in: IBWF (Institut für Betriebsberatung, Wirtschaftsförderung und -forschung e.V.) (Hrsg.), Baseler Akkord und die Auswirkungen auf die Finanzierung des Mittelstands, Unterlagen zur Fachtagung vom 18.05.2001.

BÜSCHGEN, H./EVERLING, O. (Hrsg.) (1996): Handbuch Rating, Wiesbaden 1996.

EVERLING, O. (2001): Rating – Chance für den Mittelstand nach Basel II, Wiesbaden 2001.

EVERLING, O. (2004): Kreditwürdige Mandanten als Ziel, in: Heft 6, 2004, S. 56–58.

FÜSER, K. (2000): Intelligentes Scoring und Rating – Moderne Verfahren zur Kreditwürdigkeitsprüfung, Wiesbaden 2000.

GLEISSNER, W. (2002): Leitfaden Rating: Basel II: Rating-Strategien für den Mittelstand, München 2002.

GOTTSCHALK, P. (2004): Besser gewappnet, Die Zusammenarbeit des VDA mit Prof. Dr. Schneck; Rating, in: Automobil Industrie, Heft 4, 2004, S. 18.

KIESER, D. (2004): Bei Schwachstellen springt die Ampel auf Rot, Rüstzeug fürs Kreditgespräch. in: Industrieanzeiger, 39/2004.

PRESBER, R. (2002), Kreditrating – Eine Chance für mittelständische Unternehmen, Stuttgart 2002.

SCHNECK, O.: (2002), Finanzierung – Eine praxisorientierte Einführung mit Fallbeispielen, Frankfurt a. M. 2002.

SCHNECK, O.: (2003a), Rating, Wie sie sich effizient auf Basel II vorbereiten können, München 2003.

SCHNECK, O.: (2003b) Bilanzkennzahlen als Rating-Faktoren, in: RATINGaktuell, Heft 2, S. 14–16.

SCHNECK, O.: (2003c) Rating aus dem Rechner, in: Cash, Heft 9, S. 8.

SCHNECK, O.: (2003d) Bewertung des Goodwill, eine Herausforderung für das Rating, in: DSWR, Heft 8, S. 225–228.

SCHNECK, O./EVERLING, O. (2004): Rating ABC, (2004) Wiesbaden 2004.

SCHNECK, O./ENGELS, R.: Softwaregestützte Kreditratings in der Versicherungswirtschaft, (2005) in: Everling u.a. Versicherungsrating, Wiesbaden 2005.

SCHNECK, O.: (2004a) Das Hausbankprinzip ist tot, in: Infomarkt, Heft 8, S. 1–3.

SCHNECK, O.: (2004b) Basel II hat begonnen, in: Bundesanzeiger, Heft 6, S. 5.

SCHNECK, O.: (2004c) Anforderungen an ein Existenzgründerrating, in: Kredit & Ratingpraxis, Heft 5, S. 1–3.

SCHNECK, O.: Sovereign Credit Rating, (2004) in: Kredit & Ratingpraxis, Heft 4, S. 1- 3.

Ein Rating zur Abbildung der Nachfolgesituation

Paul Stämpfli

1. Einleitung

Das Konzept eines Nachfolgeratings ist aus der Erfahrung zahlreicher Nachfolgeregelungen aus der Schweiz entwickelt worden. Anfänglich stellte sich bei jedem Projekt immer von neuem die Frage, wie die Unternehmensnachfolge am besten anzugehen sei. Daraufhin wurden die Kriterien systematisch zusammengetragen, welche eine Unternehmensnachfolge positiv oder negativ beeinflussen. Aus den daraus gewonnenen Erkenntnissen wurde das System des ganzheitlichen Nachfolgeratings entwickelt.

Weil sich ein Nachfolger vor allem dafür interessiert, wie sich der zukünftige Wert seines Investments entwickeln wird, wurde der Wertbildungsprozess ins Zentrum dieser Überlegungen gestellt. Dieser wird qualitativ in einem Unternehmensprofil dargestellt. Ergänzend dazu werden die Risiken, welche den Wertbildungsprozess negativ beeinflussen oder sogar zu Fall bringen können, in einem Risikoprofil dargestellt. Als drittes Element wird das Umfeld, welches für die Realisierung der Nachfolge von Bedeutung ist, in einem Nachfolgeprofil abgebildet. Dieses Profil zeigt jene Punkte auf, welche sich unabhängig vom Unternehmens- und Risikoprofil positiv oder negativ auf die Nachfolge auswirken können.

Wer im Nachfolgegeschäft tätig ist, weiß, dass ein gutes Unternehmensprofil noch keine Garantie für eine erfolgreiche Nachfolge ist, wenn andere Kriterien nicht erfüllt sind. Andererseits ist eine unbefriedigende finanzielle Situation kein Hindernis, einen Nachfolger zu finden. Es ist deshalb ein Irrtum anzunehmen, dass sich die Unternehmensnachfolge alleine über die Finanzen steuern ließe.

Das System steht vor der Einführung und wurde in mehreren Pilotratings auf seine Praxistauglichkeit überprüft. Wie bei einem Eisberg ist für den Kunden nur der kleinere Teil ersichtlich. Dieser wird hier auszugsweise dargestellt. Der größere Teil spielt sich im Hintergrund ab und wird weitgehend automatisch abgewickelt. Dieses Ratingsystem wurde für Nachfolgeregelungen bei Familienunternehmen entwickelt, welche an familienexterne Führungskräfte übertragen werden sollen. Für familieninterne und Business-to-Business-Nachfolgen spielen andere Kriterien eine Rolle, welche hier nicht abgebildet werden.

Am Schluss eines Nachfolgeprozesses wird das Unternehmen (meistens) verkauft. Personen, Produkte, Kunden, Lieferanten, Sachanlagen, Risiken, Chancen, Wettbewerber und vieles mehr werden zu einem monetären Wert verdichtet. Auch wenn der Businessplan alle wichtigen Fragen beantwortet und die Unternehmensbewertung nach bewährten Methoden durchgeführt wurde, bleiben oft zahlreiche Fragen offen:

- Welche Risiken können die Nachfolge erschweren?
- Wie hoch wird die Nachfrage nach dem Unternehmen sein?
- Welche Anforderungen sollen an den Nachfolger gestellt werden?
- Wie sollen die Verhandlungen mit potenziellen Interessenten geführt werden?
- Wie flexibel soll die Preisgestaltung sein?
- Über welchen Zeitraum soll die Stabübergabe erfolgen?

Solche und weitere Fragen werden durch ein Nachfolgerating dokumentiert und beantwortet.

2. Nutzen eines Nachfolgeratings

Der Vollzug des Generationenwechsels ist eine der letzten wichtigen Aufgaben eines Unternehmers. Deshalb lohnt es sich, diese mit der gleichen Sorgfalt anzugehen, wie er es sich von anderen Projekten gewohnt ist, z.B. der Erschließung neuer Märkte oder den Ersatzanschaffungen für den Maschinenpark. Die Unternehmensnachfolge ist selbst für ein kleineres Unternehmen zu komplex, als dass diese nebenher nach Feierabend gelöst werden kann. Das Nachfolgerating liefert dem Unternehmer die Planungs- und Entscheidungsgrundlagen für den Nachfolgeprozess, das Anforderungsprofil für den Nachfolger sowie die Argumente für die Verkaufsverhandlungen, damit die Transaktion im Interesse des Verkäufers abgeschlossen werden kann.

Der erwartete Verkaufspreis wird oft aus dem Gefühl heraus und ohne Kenntnis der Marktsituation durch den Unternehmer festgelegt. Für den Verkaufsprozess wäre es deshalb fatal, solche Preisvorgaben ohne Grundlage in die Verhandlung einzubringen. So entstehen die leidigen „Weglaufpreise", welche nach jeder Runde nach unten rutschen, weil dem Verkäufer die Argumente fehlen, um sein Unternehmen richtig darzustellen. Dieser Entwicklung zu entgehen, dient die systematische Darstellung des Unternehmens im Kontext der Nachfolge. Man braucht gar kein Prophet zu sein, um vorauszusagen, dass die Transaktion mit einem Nachfolgerating erfolgreicher abgewickelt werden kann also ohne eine solche systematische Analyse. Die Qualität der Nachfolge bezieht sich nicht nur auf den Preis, auch auf die fachliche und menschliche Qualifikation des Nachfolgers, den gewünschten Zeitpunkt oder die Weiterführung einer Unternehmenskultur, welche den Erfolg bisher maßgeblich geprägt hat. Solche nichtfinanziellen Kriterien können für einen Unternehmer wichtig sein, vor allem wenn das Unternehmen seinen Namen trägt.

Über die definitive Ausgestaltung des Kaufvertrags entscheiden in den meisten Fällen nicht die finanziellen Aspekte, sondern emotionale und nichtmonetäre Erfolgsfaktoren. Einige Beispiele aus der Praxis, welche die Transaktion maßgeblich beeinflussen, vermögen diesen Punkt zu erklären.

- Unternehmenspräsentation (nicht nur auf dem Papier, auch vor Ort),
- Chancen-Risiko-Profil des zu verkaufenden Unternehmens,
- Dringlichkeit, mit welcher der Verkäufer die Transaktion abschließen will/muss,
- Zeitdruck des Kaufinteressenten (in beiden Fällen gilt: hoher Zeitdruck = höhere Abschlussbereitschaft),
- alternative Investments, welche der Kaufinteressent zur Auswahl hat,
- Finanzierungsmöglichkeiten des Kaufinteressenten,
- Möglichkeit, den Kaufpreis zeitlich gestaffelt zu begleichen,

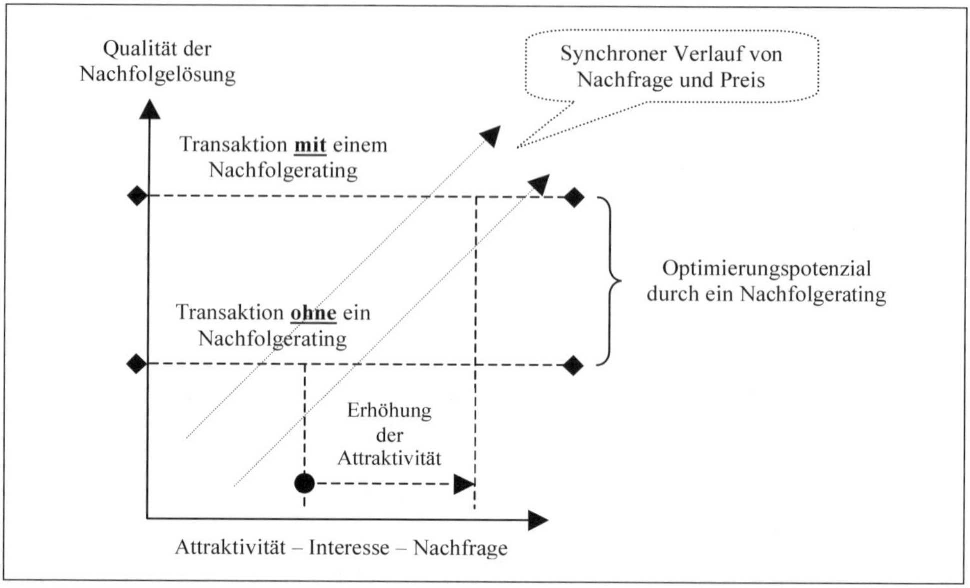

Abbildung 1: Zusammenhang zwischen Attraktivität und Qualität der Nachfolge

- Garantieerklärungen des Verkäufers,
- Verhandlungsgeschick beider Parteien,
- Sympathien zwischen Verkäufer und Käufer,
- Beziehung des Kaufinteressenten zur Branche des zu verkaufenden Unternehmens.

3. Inhalt des ganzheitlichen Nachfolgeratings

Drei Module ergeben zusammen das ganzheitliche Nachfolgerating:

1. Das Unternehmensprofil
2. Das Risikoprofil
3. Das Nachfolgeprofil

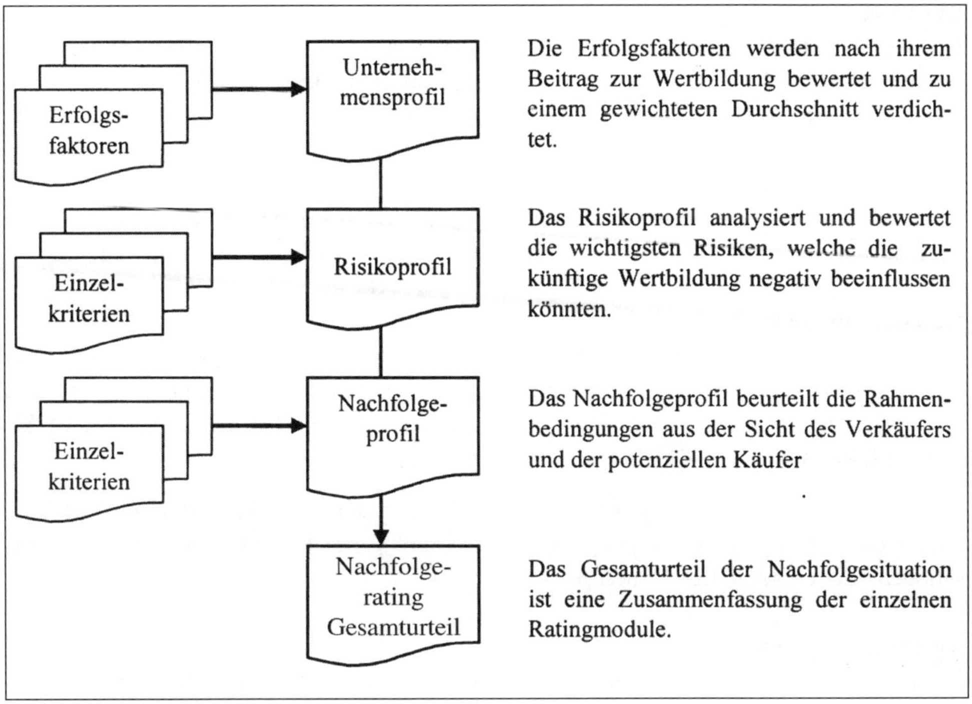

Abbildung 2: Inhalt des Nachfolgeratings

Kaum eine Nachfolgesituation gleicht der anderen. Die zahlreichen Kriterien, welche eine Nachfolgeregelung beeinflussen, sind ohne systematische Darstellung nicht mehr zu überblicken.

3.1 Das Unternehmensprofil

Das Unternehmensprofil ist auf die Wertbildung eines Unternehmens ausgerichtet. Auf der Basis von Ursache-Wirkungs-Bedingungen werden die Erfolgsfaktoren bewertet. Die finanzielle Situation eines Unternehmens ist nur so gut wie die zahlreichen Wertreiber, welche das Untenehmen in einem unsichtbaren Netzwerk verbinden. Deshalb stehen die Finanzen auch nicht im Zentrum der Beurteilung, denn sie sind das Resultat und nicht die Ursache des Erfolgs.

Das Unternehmensprofil liefert die Ergänzung zur quantitativen Unternehmensbewertung mit der qualitativen Begründung. Die Unternehmensbewertung wird in diesem Zusammenhang nicht betrachtet und ist auch nicht Gegenstand des Nachfolgeratings. Die Beurteilung der Erfolgsfaktoren erfolgt nach einem Raster, welches deren Dokumentation, Umsetzung und Bedeutung für die zukünftige Wertbildung erfasst.

Die Vision

Die Vision enthält die Formulierung der Geschäftsidee, welche dem Unternehmen zu Grunde liegt. Die Vision gibt den Rahmen für die Identität des Unternehmens. Sie enthält Aussagen über die Produkte, Märkte, Kunden, Technologien und den Wettbewerb. Die Vision ist der erste Meilenstein auf dem Weg zum Erfolg. Die Vision mittelständischer Unternehmen wird oft intuitiv umgesetzt. Auch wenn eine solche nicht ausformuliert vorgefunden wird, wird das Unternehmen trotzdem danach geführt. Aspekte einer Vision können sein: Geschäftsidee, Produkte, Dienstleistungen, Märkte, Corporate Identity.

Geschäftsmodell

Der schnelle Wandel der Märkte, Technologien und Konsumgewohnheiten erfordert die Festlegung strategischer Prinzipien und Prozesse. Die Spielregeln geben Auskunft über die Wirkungskette zum Erfolg. Das Geschäftsmodell definiert den Rahmen der Unternehmensaktivitäten und wie Erträge generiert werden.

Beispiele von Inhalten des Geschäftsmodells können sein: die Skalierbarkeit; die Einbindung von E-Strategien, Nutzung von Netzwerken, Vertriebsstrukturen (eigene Organisationen oder unabhängige Händler).

Kernkompetenzen

Die Kernkompetenzen eines Unternehmens bestimmen die Wettbewerbsvorteile gegenüber anderen Unternehmen. Kernkompetenzen sind ein Bündel von materiellen und immateriellen Assets und Fähigkeiten, welche unternehmensweit und funktionsübergreifend vorhanden sind, verschiedene Disziplinen integrieren, eine schwer nachzuahmende Brücke zu den Kundensegmenten bilden und einzigartige Kundenvorteile ermöglichen. Kernkompetenzen sind wertvoll, nachhaltig und mittelfristig nicht substituierbar oder kopierbar. Fehlende Kompetenzen können durch strategische Allianzen erschlossen werden.

Beispiele von Kernkompetenzen können sein: Branchenkompetenz, Technologiekompetenz, Vertriebskompetenz, Prozesskompetenz.

Strategien

Die Strategien definieren die zukünftige Position des Unternehmens gegenüber den Mitbewerbern. Es gibt mehrere Strategien, mit welchen man sich vom Wettbewerb abheben kann: Die Strategien haben einen wichtigen Einfluss auf den Gewinn und damit direkt auch den Unternehmenswert.

Beispiele von Strategien können sein: Kostenführerschaft, Produktdifferenzierung, Schnelligkeit, Servicemanagement, Sortiment.

Prozesse

Die Prozesse sind die Brücke zwischen Strategie und Implementierung. Sie übersetzen die Zielsetzungen in tägliche Routinen. Die Prozesse sind als Wertkette zu definieren. Diese beginnt bei den Zulieferanten und endet bei den Kunden. Die Prozesse sind in Haupt- und Teilprozesse zu unterteilen.

Beispiele von wichtigen Prozessen können sein: Produktentwicklung, Fertigung, Vertrieb, Logistik.

Organisation
In der Organisationsstruktur werden die Prozesse verankert. Erfolgreiche Unternehmen haben flexible Strukturen, die fließend und vernetzt sind. Flexible Organisationsstrukturen sind schwieriger zu führen als traditionelle mit fix definierten Funktions- und Führungsbereichen. Die Organisation schließt auch das Management der Outsourcingpartner und strategischen Allianzen ein.

Beispiele von positiven Organisationskriterien können sein: Standorte, Führungsstruktur, Aufsichtsorgane, IT-Systeme, Fertigungsinfrastruktur.

Kultur
Die Kultur verstärkt oder schwächt die Wirkungen der Struktur. Sie umfasst alle Fragen des Verhaltens, der Kommunikation und des Wertsystems. Das Maß der erfolgsorientierten Entlohnung der Mitarbeiter ist ein Gradmesser der Kultur. Sie manifestiert sich indirekt auch im Erscheinungsbild des Unternehmens. Kultur kann man nicht verordnen, sie wird gelebt und ist der innere Kompass, an welchem sich alle Mitarbeiter ausrichten. Kultur und Struktur gleichen sich gegenseitig aus. Mehr Struktur bedeutet weniger Kultur und vice versa. Bei der Nachfolge kann die Kultur eine zentrale Rolle spielen. Sie bestimmt unter anderem das Tempo, mit welchem Veränderungen umgesetzt werden können.

Beispiele einer guten Kultur können sein: Teamkultur, Mitarbeitermotivation, interner Wissenstransfer, Unternehmensgeist.

Finanzen
Die Finanzen sind das Spiegelbild des Wertbildungsprozesses. Sind die Vision, Strategie, das Geschäftsmodell, die Prozesse, Organisation, Kultur und das Risikoprofil top, sind in der Regel auch die Finanzen top. Finanziell gesunde Unternehmen sind auch gut gegen externe Risiken gewappnet, welche kurzfristig schwer zu kompensieren sind, z.B. der Verlust eines wichtigen Kunden mit allen Konsequenzen auf den Cashflow und Gewinn. Wichtige Finanzkennzahlen sind: Gesamtumsatz, Umsatz pro Mitarbeiter, Ebitda, Cashflow, Investitionen, Eigenkapitalquote, Liquidität.

3.2 Das Risikoprofil

Das Wort Risiko stammt aus dem frühitalienischen Wort „risco“, die Klippe, die es zu umschiffen gilt. Risiken sind eng mit unserer Existenz in einer Welt verbunden, die wir nie vollständig beherrschen können. Risiken treten als Folge der Unangemessenheit oder des Versagens von internen Verfahren, Menschen oder Systemen oder von externen Ereignissen ein.

Jedes Unternehmen hat sich zudem zu fragen, wie es sich nachhaltig von seinen Mitbewerbern unterscheiden soll oder kann. Es gibt in keinem Unternehmen Antworten auf diese Frage, die nicht mit Risiken verbunden sind. Denn nachhaltige Differenzierung bedeutet, Kundenbedürfnisse bereits dann zu erkennen, wenn sie noch nicht klar artikuliert sind. Risiken und Chancen sind deshalb eng miteinander verbunden. Das eine ist nicht ohne das andere möglich. *Aristoteles* brachte es auf den Punkt: „*Zur Wahrscheinlichkeit gehört auch, dass das Unwahrscheinliche eintritt*".

Mit dem Risikoprofil werden jene Risiken identifiziert, welche den zukünftigen Wertbildungsprozess behindern oder sogar zu Fall bringen können. Die Bewertung berücksichtigt die Eintretenswahrscheinlichkeit und die mögliche Schadenshöhe. Im nachstehenden Quadrat werden die Zusammenhänge dargestellt. Durch Multiplikation der beiden Faktoren (1, 2, 3) erhält man die Risikokennzahl, mit welcher man auf einfache Weise die Risiken quantitativ bewerten kann. Risiken mit der Kennzahl 6 und 9 sind besonders kritisch und können eine Nachfolge zu Fall bringen. Ein hohes Risiko mit einer hohen Schadenshöhe kann beispielsweise der mögliche Wegfall eines strategischen Kunden sein. Oder die durch hohe Rohstoffpreise (Rohöl, Stahl) verursachten Mehrkosten können nicht auf die Verkaufspreise abgewälzt werden. Solche und andere Risiken wird kaum ein Nachfolger ohne Gegenleistung auf seine eigene Rechnung übernehmen. Abfedern lassen sich solche Risiken durch das Transaktionsmodell, indem bestehende Risiken beim Verkaufspreis abdiskontiert werden.

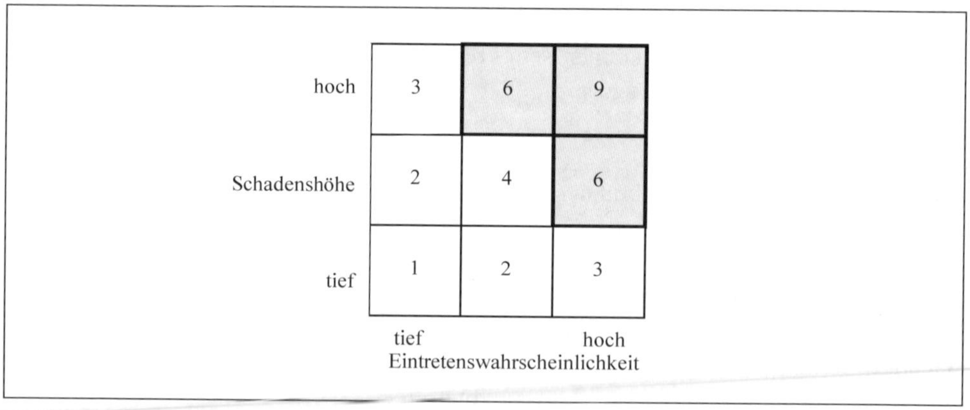

Abbildung 3: Darstellung der Risikobeurteilung

Die Beurteilung der Risiken gehört in jeden Businessplan. Man unterscheidet diese nach internen und externen Risiken. Die internen Risiken kann man mit einem guten Qualitätssystem, einer hoher Motivation der Mitarbeitenden und einem effizienten Controlling aktiv beeinflussen. Externen Risiken können die Unternehmen nicht direkt, sondern indirekt durch ein Frühwarnsystem und vorbeugende Maßnahmen begegnen.

Tabelle 1: Interne und externe Risiken – Beispiele

Interne Risiken	**Beispiele**
Finanzwirtschaftliche Risiken	Forderungsausfälle, zu geringes Eigenkapital
Forensische Risiken	Veruntreuung, Spionage zu Gunsten der Konkurrenz
Leistungswirtschaftliche Risiken	Qualitätsmängel (Ausschuss, Haftungsansprüche)
Marketing- und Vertriebsrisiken	Verlust eines bedeutenden Kunden
Reputationsrisiken	Fehlverhalten von Führungskräften
Personelle Risiken	Wechsel von Know-how-Trägern zur Konkurrenz
Strategische Risiken	Erschließung neuer Märkte
Technische Risiken	Brand-, Explosionsfälle
Externe Risiken	**Beispiele**
Gesellschaftliche Risiken	Änderung der Kaufgewohnheiten
Marktrisiken	Auftreten neuer Anbieter
Politische Risiken	Neue Gesetze (Umweltauflagen)
Technologische Risiken	Neue Technologien (Digitalfotografie)
Umweltrisiken	Naturereignisse (Erdbeben, Überschwemmungen)
Volkswirtschaftliche Risiken	Steigende Zinsen oder Rohstoffpreise

Weitere Risiken können sein: Substitutionsgefahr durch andere Produkte, Komplexität der Prozesse, Produktrückrufe, Haftungsrisiken, Unterbruch von Lieferungen wegen Streik, Epidemierisiken (z.B. Salmonellen), Integrationsprobleme bei IT-Projekten, Konventionalstrafen bei Terminüberschreitungen usw.

3.3 Das Nachfolgeprofil

Unabhängig vom Unternehmens- und Risikoprofil entscheiden schlussendlich das Umfeld und Transaktionsmodell über den Abschlusserfolg einer Nachfolgeregelung. Vordergründig mag immer der Preis die Ursache sein, wenn ein Abschluss scheitert. Lakonisch heißt es dann, man habe sich über den Preis nicht einigen können. Bevor wir uns mit diesem Thema beschäftigen, leihen wir uns einen Gedanken bei *J.W. Goethe* aus: *„Das was bedenke, doch mehr bedenke wie"*. Damit kommen wir der Sache schon etwas näher. Der Preis ist nie die Ursache, er ist immer Wirkung. Fragen wir uns also, wie ein Preis zustande kommt. Dann stellen wir fest, dass er sich immer aus einer Anzahl nichtmonetärer und emotionaler Faktoren zusammensetzt. Auch beim Autokauf entscheiden meistens emotionale Gründe für oder gegen einen Kauf. Vielleicht ist es das Design, das Interieur, die Motorisierung, das vermittelte Prestige, die Wirtschaftlichkeit. Es ist eine schwer zu definierende Summe von Kriterien, welche für einen Kaufentscheid den Ausschlag geben. Das Nachfolgeprofil ist das Instrument dazu, die bestimmenden Kriterien sichtbar zu machen und zu bewerten.

Am Schluss dieses Abschnittes werden einige Praxisbeispiele dargestellt, wie sich eines oder mehrere der nachstehenden Kriterien zusammen als Hindernis bei der Nachfolge ausgewirkt haben.

Branche

Die Branche steht bei der Beurteilung eines Nachfolgeprojekts meistens ganz zu oberst. Einerseits bedingt durch die eigene Ausbildung und Praxiserfahrung, andererseits aber auch durch das wirtschaftliche Umfeld sowie die Wahrnehmung aus dem persönlichen Umfeld und den Medien. Jeder Wirtschaftszweig ist externen Kräften ausgesetzt, welche die Entwicklung eines Unternehmens beschleunigen oder bremsen können. Branchen in entwicklungsfähigen Märkten haben es leichter, einen Nachfolger zu finden als solche in einem gesättigten Umfeld. Kennzeichen von gesättigten Märkten sind meistens Überkapazitäten beim Angebot, höherem Wettbewerb und tieferen Preisen. Dass diese Aspekte einen Kaufinteressenten nicht zu einem Investment einladen, ist verständlich. Unternehmen aus Problem-Branchen bietet sich oft als einzige Möglichkeit nur der geordnete Rückzug durch eine Liquidation.

Emotionalität

Jeder Mensch ist eine Persönlichkeit mit einer eigenen Würde, einer eigenen Ausstrahlung und einer ihm eigenen Leistungsfähigkeit. Ähnlich ist es auch bei einem Unternehmen. Ist ein Unternehmen in einer Branche tätig, welche öffentlich wenig oder eher negativ wahrgenommen wird, ist es wichtig, dieses emotional positiv darzustellen, damit sich überhaupt jemand dafür interessiert. Statt das Unternehmen allgemein zu beschreiben, können einzelne Produkte oder auch die Kunden in den Vordergrund gestellt werden. Die erste Hürde, die bei der Kontaktnahme mit möglichen Nachfolgeinteressenten übersprungen werden muss, ist nämlich jene der Emotionalität. Erhält man schon nach dem Blindprofil eine Absage und fragt nach deren Grund, heißt es oft lakonisch, die Branche interessiert mich nicht oder für das betreffende Unternehmen fehle die Begeisterung.

Transaktionsmodell

Das Transaktionsmodell wird durch den Verkäufer bestimmt und ist ein zentraler Eckpfeiler einer Nachfolgetransaktion. Zum Transaktionsmodell gehören

- die Möglichkeit des zeitlich gestaffelten Kauf des Unternehmens,
- die Flexibilisierung des Kaufpreises in Abhängigkeit der Erreichung gewisser Ziele,
- die Möglichkeit, den festgelegten Kaufpreis gestaffelt zu zahlen,
- die Sicherheiten, welche für später zu zahlenden Kaufpreistranchen zu stellen sind,

- die Gewährung von Garantien durch den Verkäufer,
- der Antritt der Verantwortung durch den Nachfolger,
- die Regelung verschiedener Randbedingungen (z.B. Mietverträge für die Nutzung von Immobilien, welche beim Verkäufer verbleiben, weitere Funktionen des Verkäufers).

Die Praxis zeigt zu diesem Thema die unterschiedlichsten Ansichten von Verkäufern und Kaufinteressenten. Wenn ein Kaufinteressent nur beschränkte Eigenmittel zur Verfügung hat, ist er darauf angewiesen, dass er mit dem Verkäufer ein flexibles Zahlungsmodell vereinbaren kann. Allerdings möchte ein Verkäufer, wenn er seinem Nachfolger einen Teil des Kaufpreises „stehen" lässt, wiederum nicht auf ein gewisses Mitspracherecht verzichten. Solche und andere Abhängigkeiten sind Bestandteil des Transaktionsmodells, welches stark durch gegenseitige Sympathien und Vertrauen zwischen Verkäufer und Käufer beeinflusst wird.

Kapitalbedarf

Wirtschaftlich erfolgreiche Unternehmen sind für die Nachfolge attraktiv. Sind sie zudem aus einer Branche, welche vom Markt hoch bewertet wird, haben solche Unternehmen ihren Preis. Ein hoher Kapitalbedarf reduziert die Nachfrage, was nach gängiger Lehre wiederum auf den Kaufpreis drücken kann. Zum Ausgleich fehlender Eigenmittel sind die Möglichkeiten von Co-Investoren, traditionellen Bankfinanzierungen und/oder die gestaffelte Tilgung des Kaufpreises zu prüfen. Co-Investoren können aus dem persönlichen Umfeld des Käufers kommen oder sind Beteiligungsgesellschaften, welche auf die Finanzierung von Nachfolgelösungen spezialisiert sind. Für traditionelle Bankfinanzierungen ist auf die gängige Praxis zu verweisen. Die Möglichkeiten der flexiblen Kaufpreistilgung werden im Transaktionsmodell geregelt.

Der Zeitpunkt der Nachfolge

Den richtigen Zeitpunkt für den Generationenwechsel gibt es nicht. Was aber mit Bestimmtheit gesagt werden kann, ist, dass zahlreiche Nachfolgelösungen zu spät in Gang gesetzt werden. Mancher Unternehmer trägt das Problem der Nachfolge während längerer Zeit mit sich herum, ohne dies nach außen mitzuteilen. Diese Situation führt zu innerer Unsicherheit, lähmt die Motivation und verhindert die Inangriffnahme notwendiger Veränderungen. Das ist auch einer der Gründe, weshalb viele Unternehmen in der Phase eines Abschwungs verkauft werden. Wenn sich die Ertragslage verschlechtert, wird die latente Bereitschaft für den Generationenwechsel zur dringenden Notwendigkeit. Dann ist es meistens schon sehr spät, mit der Wirkung, dass eine erstbeste Lösung akzeptiert werden muss.

Standortattraktivität

Ähnlich wie auf dem Immobilienmarkt, wo der Preis weitgehend vom Standort bestimmt wird, verhält es sich auf dem Nachfolgemarkt. Ökonomisch hängt das von der Nachfrage ab, welche in Zentrumslagen höher ist als in Randregionen. Die Standortattraktivität ist deshalb für die Unternehmensnachfolge ein nicht zu vernachlässigender Faktor. Die

Standortattraktivität hat einen direkten Einfluss auf den Zeitaufwand, welcher für die Nachfolge eingesetzt werden muss.

Immobilien
Auch bestens ausgestattete Immobilien sind, wie es der Name sagt, immobil. Ein Verkauf kann meistens nur über einen längeren Zeitraum realisiert werden. Der Stolz eines Unternehmers über die eigene Liegenschaft kann sich beim geplanten Verkauf als Hindernis erweisen. Wenn ein Nachfolger schon strategische Überlegungen im Kopf hat, welche er nach dem Antritt des Eigentums umsetzen möchte, kann eine Immobilie die Transaktion verhindern. Flexibilität ist in der globalisierten Wirtschaft ein Wettbewerbsvorteil. Deshalb führt eine Immobilie in den meisten Fällen zu einem höheren Risikozuschlag beim Kapitalisierungszinssatz. Ein höherer Risikozuschlag bedeutet auch einen tieferen Wert. Immobilien sollten deshalb wenn immer möglich vom Betriebsvermögen abgespalten und an den neuen Eigentümer vermietet werden.

Anforderungen an die Fachausbildung und Branchenkenntnisse
Bei kleineren Unternehmen ist es oftmals ausschlaggebend, dass der Unternehmer selber der Fachspezialist und Branchenkenner ist. Generalisten sind dort weniger gefragt, weil es der Markt so erwartet. Enge Anforderungen an die Fachausbildung oder die Branchenherkunft des Nachfolgers schränken die Suche nach geeigneten Kandidaten aber ein.

Know-how-Transfer vom alten zum neuen Eigentümer
Unternehmen, welche auf hohem Niveau spezialisiert sind, erfordern nicht nur die entsprechende Fachausbildung und Branchenerfahrung. Für den Nachfolger ist es auch äußerst wichtig, dass er das spezifische Know-how innerhalb einer vernünftigen Zeitspanne auf sich übertragen kann. Ist anzunehmen, dass der Know-how-Transfer deutlich länger als ein Jahr dauern könnte, wird die Risikoabschätzung durch den Kaufinteressenten schon deutlich schwieriger.

Vertragsbindungen
Jedes Unternehmen ist mehr oder weniger von Verträgen mit Dritten verbunden, Arbeitsverträge mit Mitarbeitern, Kreditverträge mit Banken, Mietverträge für Immobilien, Leasingverträge für Anlageobjekte, Abnahmeverträge mit Lieferanten, Liefer- und Serviceverträge mit Kunden. Für einen Nachfolger ist es deshalb wichtig, alle bestehenden Verträge mit ihren Leistungen, Preisen und Fristen zu kennen. Zahlreiche Gründe können dafür maßgebend sein, eine Nachfolge zu erschweren. Wenn für ein Geschäftslokal an bestem Standort der Mietvertrag in einem Jahr ausläuft, wird kaum ein Nachfolger einsteigen, ohne dass der Mietvertrag vorzeitig verlängert worden ist. Oder für die eigene Logistik besteht ein längerfristiger Mietvertrag, der Nachfolger möchte aber zur Verbesserung der Wirtschaftlichkeit die Logistik an einen Dritten auslagern. Auch in diesem Fall wird es notwendig sein, die Vertragssituation zu klären, bevor das Unternehmen verkauft wird. Oder man sucht einen anderen Nachfolger, der die bestehenden Bedingungen akzeptiert und/oder der Verkäufer berücksichtigt die Vertragssituation beim Verkaufspreis.

Verfügbarkeit des bisherigen Eigentümers

Die Begleitung und der Know-how-Transfer, vor allem in kleineren Unternehmen, wo alle Fäden beim Eigentümer zusammenlaufen, sind für einen Nachfolger von großer Wichtigkeit. Die richtige Form und Zeitdauer der Zusammenarbeit zwischen altem und neuem Eigentümer ist deshalb für den erfolgreichen Übergang zentral. Bei Unternehmen mit einer klaren Stellvertreter-Regelung ist dieses Kriterium weniger aktuell.

Alternative Nachfolgeprojekte

Fast jedes Unternehmen, welches zu verkaufen ist, steht im Wettbewerb mit anderen Nachfolgeprojekten. Trotz einem wenig transparenten Nachfolgemarkt wird sich jeder Kaufinteressent für ein Unternehmen andere Möglichkeiten anschauen. Einem Kaufinteressenten, der zwei Mio. Euro zur Verfügung hat, sollte mit wenigen Worten glaubhaft dargelegt werden können, weshalb er sein Geld gerade hier und nicht anderswo investieren soll.

Außereuropäische Märkte

Unternehmen, welche ihre Leistungen hauptsächlich in außereuropäischen Märkten verkaufen, oder dort sogar noch Niederlassungen haben, finden schwieriger einen Nachfolger als solche, die im bekannten Europa tätig sind. Nicht in erster Linie die Angst vor fremden Kulturen spielt dabei die ausschlaggebende Rolle, sondern die politischen und rechtlichen Rahmenbedingungen in manchem Schwellenland.

Mögliche Änderung der Technologien

In technologisch orientierten Branchen dreht sich das Innovationskarussell mit hoher Geschwindigkeit. Wer die Nase nicht ganz vorne hat, kann schnell ins Hintertreffen kommen. Deshalb wird jeder Interessent eines Technologieunternehmens prüfen, wie sich die Basis- oder Anwendungstechnologien in den nächsten Jahren verändern könnten.

3.4 Praxisbeispiele

Zu einigen der vorgenannten Kriterien wird je ein Beispiel aus der Praxis in Stichworten dargestellt. Dies zum Verständnis, wie sensibel Nachfolgelösungen sein können und wie wenig es oft braucht, um eine Transaktion zu erschweren.

Branche

Ein Einrichtungshaus (Möbel des gehobenen Bedarfs) mit hohem Bekanntheitsgrad sollte altershalber verkauft werden. Dank Internet können die gleichen Produkte auch günstiger im Ausland gekauft werden. Der Markt ist gesättigt, ein Konzentrationsprozess ist im Gang. Die Firma wurde zu einem Euro angeboten. Zu finanzieren wäre einzig das Warenlager, dieses noch mit einem deutlichen Preisabschlag. Trotz längerem Suchen konnte kein Käufer gefunden werden, auch kein Mitbewerber, er sich damit einen weiteren Standort zukaufen wollte. Die Liquidation steht bevor.

Transaktionsmodell
Ein Unternehmer, der sein vom Großvater gegründetes Unternehmen (Wertvorstellung zwei Mio. Euro) verkaufen wollte, stellte die Bedingung, dass der Nachfolger zuerst ein Jahr bei ihm auf Probe arbeiten solle, bevor er sich entscheide, ihm das Unternehmen zu verkaufen. Jemand, der zwei Mio. Euro finanzieren kann, wird sich auf eine solche Bedingung nicht einlassen. Das wollte der Inhaber nicht einsehen und bestand auf seinem Modell. Das Unternehmen steht seit Jahren ohne Erfolg zum Verkauf.

Zeitpunkt der Nachfolge
Der Inhaber eines Unternehmens mit hohen Anforderungen an die Kreativität fühlte sich ausgebrannt. Er suchte zuerst während fast zwei Jahren selber einen Nachfolger. Als die Zeit enger wurde, zog er sich einen Berater zu. Ihm teilte er kurzfristig mit, dass er noch maximal drei Monate zuzuwarten gedenke, dann werde er liquidieren. Trotz dem engen Zeitfenster konnte ein Nachfolger gefunden werden. Der Verkaufspreis entsprach in etwa dem Liquidationserlös. Wäre die Nachfolgeplanung schon vor zwei Jahren in professionelle Hände übertragen worden, wäre der zu realisierende Verkaufspreis um einen deutlichen Faktor höher ausgefallen.

Standortattraktivität
Das Unternehmen in einem wirtschaftlichen und geografischen Randgebiet konnte trotz hohem Interesse am Unternehmen schlussendlich nur mit einem hohen finanziellen Abschlag verkauft werden, weil kaum jemand bereit war, in diese Region umzuziehen. Erschwerend wirkte sich zudem aus, dass das Unternehmen in einer eigenen Immobilie war. Diese abzutrennen und separat zu verkaufen, war auch nicht möglich. Deshalb war es auch nicht möglich, den Standort mittelfristig zu verlegen.

Immobilien
Ein Unternehmen, welches mechanische Präzisionsteile fertigt, verdiente während Jahren gutes Geld. Damit wurde eine Immobilie finanziert, welche eher einem repräsentativen Bürohaus entspricht als einer mechanischen Fertigung. Der Inhaber hat das Pensionsalter seit einigen Jahren überschritten und sucht seit längerem einen Nachfolger. Ohne Erfolg, denn die Immobilie ist ein Mehrfaches Wert als der Betrieb. Eine Trennung kommt für den Inhaber auch nicht in Frage. Weil sich gesundheitliche Probleme bemerkbar machten, hat der Inhaber für die operative Führung einen Geschäftsführer eingestellt. Damit ist eines der Problem gelöst, das größere davon aber nur aufgeschoben. Hier wäre zu empfehlen, die Immobilie und Betrieb zu trennen und getrennt anzubieten. Damit wäre der Sache besser gedient, als das Problem auszusitzen.

Anforderungen an die Fachausbildung und Branchenkenntnisse
Der Inhaber eines Engineeringunternehmens mit über 30 Ingenieuren in einer speziellen Nische suchte seinen Nachfolger. Aufgrund der Situation kam dafür nur ein Hochschul-Ingenieur mit internationaler Verkaufserfahrung in Frage. Das Unternehmen hat eine eigene moderne Immobilie, arbeitet für einen Kunden mit einer Kapazitätsauslastung von

einem Drittel und ist in einer Randregion angesiedelt. Trotz intensiver Suche wurde kein Nachfolger gefunden, der die an ihn gestellten Erwartungen erfüllte. Deshalb spielten die anderen Kriterien, welche die Nachfolge zusätzlich erschweren können, noch gar keine Rolle. Dem Unternehmen wäre zu empfehlen, das Konzept eines Management-Buy-outs zu prüfen. Es hat einige gut qualifizierte Führungskräfte, welche das Unternehmen als Team übernehmen könnten.

Know-how-Transfer vom alten zum neuen Inhaber

Ebenfalls ein Engineeringunternehmen im weiteren Verpackungsbereich sucht einen Nachfolger. Der Inhaber hat sich international eine hohe Erfahrung aufgebaut. Einen direkten Stellvertreter gibt es nicht. Obwohl das Unternehmen von den finanziellen Rahmenbedingungen her äußerst interessant ist, konnte sich niemand entschließen, dort einzusteigen. Der Inhaber hätte den Übergang noch während eines Jahres begleitet. Keiner der Interessenten traute sich aber zu, das Know-how innerhalb dieser Zeit zu erlernen. Wahrscheinlich müsste auch hier während zwei bis drei Jahren ein Nachfolger aufgebaut werden, der das Unternehmen über einen Management-Buy-out übernimmt.

Langfristige Verträge

Ein Unternehmer hatte im Hinblick auf die Nachfolge die Immobilien vom operativen Unternehmen getrennt und in sein Privatvermögen übernommen. Das Immobilienkonzept war auf den betreffenden Unternehmenszweck ausgerichtet. Eine andere Verwendung wäre nicht ganz einfach möglich. Der Inhaber verlangte einen Mietvertrag über zehn Jahre. Von dieser Forderung musste er rasch herunterkommen. Drei Jahre wurden noch akzeptiert. Die Transaktion kam schlussendlich mit fünf Jahren und einem Abschlag auf dem Verkaufspreis zustande. Der Standort war auch nicht gerade ideal, was im Hintergrund für das zögerliche Interesse auch noch eine Rolle spielte.

Verfügbarkeit des bisherigen Inhabers

Ein Unternehmer Ende der Fünfzig wollte den vorgezogenen Ruhestand im Süden genießen. Sein Unternehmen stellt technische Produkte her. Es fand sich niemand als Nachfolger, weil der Inhaber als Know-how-Träger kurzfristig nicht mehr zur Verfügung stehen würde. Den Verkauf an ein Branchenunternehmen lehnt der Inhaber ab, weil er davon ausgeht, dass er dort nicht den erwarteten Verkaufserlös erhalten würde. Der Inhaber braucht aber einen gewissen Betrag, um den vorgezogenen Ruhestand zu finanzieren. Somit wird der sonnige Süden vorderhand ein Traum bleiben.

Außereuropäische Märkte

Ein Unternehmen im Anlagenbau war traditionellerweise auf verschiedene Schwellenländer ausgerichtet. Er verfügte dort seit Jahrzehnten über exzellente Beziehungen. Die politischen und rechtlichen Unsicherheiten sowie die für Europäer oft schwer durchschaubaren Beziehungsnetze waren Gründe dafür, dass trotz intensiver Suche kein Nachfolger gefunden werden konnte. Der Unternehmer hat die Verkaufsabsicht vorerst aufgegeben und hofft, dass sich irgendwann eine geeignete Nachfolgelösung ergibt. Dem Unternehmer wäre zu empfehlen, die Firma aufzuspalten und Einzelbereiche anderen Unternehmen, welche in diesen Ländern tätig sind, zum Kauf anzubieten.

Mögliche Änderung der Technologien

Ein Unternehmen, welches technische Produkte für die Warenerkennung und -kennzeichnung herstellt, konnte nicht verkauft werden, weil die anfänglich interessierten Nachfolgekandidaten befürchteten, dass die Technologie des RFID (Radio Frequency Identification) die aktuelle Technologie überspringen und damit überflüssig machen könnte. Das Unternehmen steht immer noch zum Verkauf.

Fazit

Aus den vorstehenden Praxisbeispielen kann herausgelesen werden, dass Firmeninhaber ihre Vorstellungen und Ideen oft gegen den Markt durchzusetzen versuchen. In den meisten Fällen erhält der Verkäufer am Schluss einen geringeren Erlös als wenn er von Anfang an ein marktfähiges Konzept angeboten hätte. Nicht vergessen werden darf auch die Beeinträchtigung der Lebensqualität, wenn der Unternehmer im Pensionsalter weiterarbeiten muss, nur weil er mit seinem Konzept keinen Nachfolger gefunden hat.

4. Bewertung des Nachfolgeratings

Alle Erfolgsfaktoren und Einzelkriterien der drei Profile werden nach einem Punktesystem bewertet. Die Eins steht für die höchste Qualität oder Ausprägung, die Sechs für die schlechteste. Ähnlich dem Investment-Grade von Standard & Poor's oder Moody's gilt ein gewichtetes Mittel von maximal 3.5 Punkten als noch gute Qualifikation des Unternehmens für eine Nachfolge. Wie bei Junk Bonds haben höhere Bewertungen eine geringere Nachfrage und einen deutlichen Risikoabschlag auf dem Preis zur Folge. Die Nachfolgesituation wird aufgrund der gewichteten Punktezahl nach folgender Skala beurteilt:

1.00 – 1.50 Punkte =	ausgezeichnet
1.51 – 2.50 Punkte =	sehr gut
2.51 – 3.50 Punkte =	gut (Investment-Grade)
3.51 – 4.50 Punkte =	befriedigend
4.51 – 5.50 Punkte =	nicht befriedigend
5.51 – 6.00 Punkte =	unverkäuflich

Zusätzlich zu diesem Gesamturteil werden alle Einzelkriterien des Risiko- und Nachfolgeprofils mit einer Beurteilung höher als drei einzeln aufgeführt. Jedes davon kann trotz einem Gesamturteil innerhalb des Investment-Grades alleine oder in Kombination mit einem anderen die Nachfolge verhindern.

Nachfolgend wird kurz dargestellt, wie die einzelnen Kriterien beurteilt werden. Für das Unternehmensprofil besteht ein Standardkatalog von Erfolgsfaktoren. Für die Beurteilung eines Unternehmens werden nur jene bewertet, welche für die Wertbildung des betreffenden Unternehmens auch maßgebend sind. Für ein Handelsunternehmen, welches keine eigenen Produkte herstellt, ist der F+E-Prozess nicht zu beurteilen, weil es keinen solchen braucht. Der Analyst hat in jedem Einzelfall zu entscheiden, welche Faktoren er zu bewerten hat und welche nicht. Die Finanzdaten werden an Hand vergleichbarer Branchenunternehmen bewertet. Fehlen solche Informationen, stützt sich der Analyst auf die eigene Beurteilungskraft ab, was er für das betreffende Unternehmen als vorzüglich oder unbefriedigend bewertet. Für das Risikoprofil werden die Risiken nach den beiden Kriterien der Eintrittswahrscheinlichkeit und möglichen Schadenshöhe bewertet. Als Beurteilungsmaßstab gilt die Skala, wie stark ein Risiko den Wertbildungsprozess in der nahen Zukunft beeinflussen wird. Risiken mit einer Beurteilung von eins bis drei sind normale Risiken, mit welchen ein Unternehmen normalerweise zu leben hat. Risiken mit einer höheren Punktezahl sind vertieft zu beurteilen und allenfalls vor einem Unternehmensverkauf so zu regeln, dass diese zurückgestuft werden können.

Praxisbeispiele

Um die Praxistauglichkeit zu überprüfen, wurden mehrere Pilotratings aufgrund der Faktenlage erstellt. Einige Unternehmen wurden erst nachträglich nach dem Verkauf bewertet. Es wurden auch keine zusätzlichen Interviews geführt oder Unterlagen eingesehen. Es hat sich herausgestellt, dass die Ratings die tatsächlichen Nachfolgesituationen gut dargestellt haben. Der größte Nutzen, der aus einem solchen Nachfolgerating gezogen werden kann, ist die Transparenz. Die Suche nach dem „richtigen“ Nachfolger kann optimiert werden, Fehlläufe werden vermieden und wertvolle Zeit wird eingespart. Die Argumente für die Verkaufsverhandlungen werden im Rating systematisch dargelegt. Auch auf der emotionalen Ebene sind Vorteile auszumachen. Es liegt nämlich in der Natur der Sache, dass ein Unternehmer, der sein ganzes Leben lang für seine Firma gearbeitet hat, diese anders wahrnimmt als ein externer, von der Geschichte unbelasteter Kaufinteressent. Der Ratingbericht antizipiert die späteren Erfahrungen in der Praxis und erspart dadurch dem Unternehmer manche persönliche Enttäuschung. Nachstehend werden sechs Unternehmen in wenigen Stichworten dargestellt (siehe Tabelle 2).

Tabelle 2: Kurzdarstellung von Pilotratings

Firma	Unternehmens-profil	Risikoprofil	Nachfolge-profil	Gesamt-rating	Eckdaten der Transaktion
A	gut	gut	befriedigend	gut	Projektgeschäft = schwache Nachfrage; Dank zukunftsorientierter Marktnische und weiterer Mithilfe des alten Eigentümer wurde trotzdem der Wunschpreis realisiert. Zeitraum: 9 Monate.
B	befriedigend	befriedigend	befriedigend	befriedigend	Geografisch ungünstig gelegen; eigene Immobilie = schwache Nachfrage; enge, aber sympathische Nische; Die Transaktion konnte nur mit einem erheblichen Preisabschlag vollzogen werden; Zeitraum: 18 Monate.
C	Unbefriedigend	befriedigend	gut	befriedigend	Gute Marktnische; hervorragende Infrastruktur, aber schlechter Ertrag durch zu hohe Fixkosten; Turnaroundmaßnahmen waren teilweise noch im Gang; die Transaktion wurde zu 100 Prozent über ein Earn-out-Modell abgeschlossen; für den Nachfolger interessante Möglichkeit, aber riskant. Zeitraum zwei Monate
D	gut	gut	gut	gut	Ungünstige Finanzierungsstruktur; langfristiger Mietvertrag; enge Nische = mäßige Nachfrage; dank guter Marktstellung wurde die Transaktion mit mittlerem Preisabschlag abgeschlossen; Zeitraum: 18 Monate
E	gut	gut	gut	gut	Kleinunternehmen, schmale Nische, treue Kundschaft, Inhaber besucht die Kunden = mäßige Nachfrage; ideal für Verkäufertyp mit kleinerem Investitionsbudget; Transaktion wurde mit flexiblem Preismodell abgeschlossen; Zeitraum: 6 Monate
F	sehr gut	befriedigend	befriedigend	befriedigend	Internationales Projektgeschäft in schmaler Nische mit hohen Anforderungen an Know-how; der Inhaber ist zu keinem Earn-out-Modell bereit; den „theoretischen" Unternehmenswert will er bar bezahlt haben; Zeitraum: 18 Monate ohne Erfolg.

Alleine aufgrund des Ratings kann nicht auf den Verkaufserfolg geschlossen werden. Die kritischen Faktoren des Risiko- und Nachfolgeprofils sind ebenso wichtig. Bei den Pilotratings sind drei darunter, für welche die gesamte Nachfolgesituation mit „befriedigend" ausgewiesen wurde. Eines davon brauchte 18 Monte bis zum Verkauf, eines nur zwei Monate und eines konnte nach 18 Monaten Verkaufsbemühungen noch nicht verkauft werden. Wenn die Zusatzinformationen berücksichtigt werden, kommt man der Sache schon näher. Für jenes Unternehmen, welches innerhalb von zwei Monaten verkauft werden konnten, spielte auch das Glück eine Rolle. Nach dem ersten Kontakt zwischen Verkäufer und Kaufinteressent passten die meisten Anforderungen und Erwartungen miteinander überein.

5. Bericht

Der Auftraggeber erhält ein Gesamturteil und einen Detailbericht, in welchem alle Erfolgsfaktoren und Einzelkriterien der drei Profile erläutert, beurteilt und mit Empfehlungen ergänzt werden. Der Bericht ist stark standardisiert und wird daher personenunabhängig nach dem gleichen Raster dargestellt.

Beispiel für das Gesamturteil:

Nachfolgerating der Firma ABC
Aufgrund der durchgeführten Analysen wird das Unternehmen wie folgt beurteilt:

Die ganzheitliche Nachfolgesituation wird mit dem Prädikat „gut" beurteilt
(die gewichtete Punktezahl erreicht 3.2)

Die Einzelratings erhalten die folgenden Bewertungen:

Unternehmensprofil	gut
Risikoprofil	gut
Nachfolgeprofil	befriedigend

Das folgende Risiko ist besonders hervorzuheben:
Aufgrund vorliegender Informationen soll der Mitbewerber L durch B übernommen werden. Dadurch würde sich der Wettbewerb erheblich erhöhen, welchem kurzfristig nur mit Preismaßnahmen zu begegnen wäre. Die bisher gute Wirtschaftlichkeit könnte unter diesem Umstand leiden. Der erhöhte Margendruck müsste durch verschiedene Maßnahmen aufgefangen werden.

Beim Nachfolgeprofil sind die folgenden Kriterien besonders hervorzuheben:

Branche: Als Folge des Globalisierungsdrucks wird die Branche einem erhöhten Wettbewerbsdruck (siehe auch Risiken) ausgesetzt. Die Unsicherheiten, welche damit verbunden sind, erschwert die Suche nach einem Nachfolger.

Immobilien: Zum Geschäftsvermögen gehören betriebliche Immobilien. Der Inhaber wünscht sich von diesen auch zu trennen. Das erschwert die Transaktion. Allenfalls müssen zwei Käufer gefunden werden, einer für das operative Geschäft und der andere für die Immobilien. Diese müssen allenfalls für eine Übergangszeit aus dem Unternehmen herausgelöst und später verkauft werden. Die Steuerfolgen sind dabei zu beachten.

Zeithorizont: Der Gesundheitszustand des Inhabers ruft nach einer raschen Lösung. Es gibt dazu zwei mögliche Alternativen, diesem Umstand Rechnung zu tragen: Ein flexibles Preismodell oder eine Zwischenphase mit einem externen Unternehmensleiter.

6. Zusammenfassung

Was früher eine Selbstverständlichkeit war, dass ein Kind das Unternehmen des Vaters weiterführen wird, ist heute weitgehend vorbei. Im Zeitalter der Individualisierung nimmt der Trend zur familieninternen Nachfolge ab. Die junge Generation will eher ihre eigenen Ziele verfolgen als in die Fußstapfen der Eltern zu treten. Deshalb nehmen die familienexternen Nachfolgen kontinuierlich zu. Eine familienexterne Nachfolge ist meistens schwieriger zu vollziehen als eine solche innerhalb der eigenen Familie. Ein externer Interessent betrachtet ein Unternehmen kritischer und ohne jegliche Rücksichtnahme auf familiäre Bande. Deshalb ist es wichtig, die Weichen dann zu stellen, solange noch ein Spielraum dafür besteht, diese oder jene Maßnahmen umzusetzen und die Ausgangslage für die Nachfolge zu verbessern.

Ein Nachfolgerating entkoppelt die emotionalen Aspekte von den Sachfragen und bringt die Erfahrungen des Marktes in die Nachfolgeplanung ein. Es gibt dem Unternehmer die Grundlagen in die Hand, sich mit den maßgebenden Fragen der Nachfolge auseinanderzusetzen. Auf alle Fragen der Kaufinteressenten ist er vorbereitet und kann sein Unternehmen mit den richtigen Argumenten präsentieren.

Der Unternehmer, der gewohnt ist, Projekte auf Herz und Nieren zu prüfen, wird feststellen, dass das Projekt Unternehmensnachfolge in punkto Rentabilität keinem anderen nachstehen wird, wenn es rechtzeitig und sorgfältig geplant wird.

Teil IV

Controlling und Corporate Governance

Bankenrating und externes Rating der Unternehm*er*nachfolge – Nur ein weiterer Ratingansatz in der Praxis der Finanzwirtschaft?

Andreas Oehler

1. Unternehm*er*[1] im Kontext der Corporate Governance & Control

1.1 Von der Neo-Klassik zur realitätsnahen einzelwirtschaftlichen Perspektive

Aus der Perspektive der neo-klassischen Wirtschaftstheorie existieren die aufgeworfene Fragestellung und die damit verbundenen Problembereiche genau genommen nicht. Insofern könnte dieser Beitrag enden, bevor er angefangen hat. Die neo-klassische Modellwelt kennt z.B. keinen Regelungsbedarf in der Form der Informationsverarbeitung und -verbreitung mit Ratings und vernachlässigt damit die Praxisprobleme. Diese Sichtweise unterstellt vielmehr Wirtschaftssubjekte, die zukunftsorientiert in dem Sinne handeln, dass sie ihre Ressourcen (inklusive Humankapital) über ihre gesamte (erwartete) Lebenszeit rational im Sinne der Erwartungsnutzentheorie einsetzen, entsprechend sensitiv auf Veränderungen der Umweltbedingungen reagieren und alle verfügbaren relevanten Informationen, zu denen sie im übrigen ungehinderten, kostenlosen Zugang haben, vollkommen eigenständig verarbeiten. Ein Wirtschaftssystem und jedes Unternehmen in ihm versteht man dann als ein Geflecht vollständiger Verträge mit Fremdfinanziers, Beschäftigten, Kunden, Lieferanten und anderen Kontraktpartnern (z.B. auch dem Staat). Nur die Kontrakte mit den Eigenfinanziers gelten als offen oder unendlich, das heißt, die Shareholder[2] haben einen Anspruch auf den residualen Zahlungsstrom nach Ausschüttung bzw. Auszahlung gemäß der vertraglichen Verpflichtungen. Die so genannten und inzwischen eingedeutschten „agency problems" existieren annahmegemäß nicht, weswegen die Maximierung der „residual returns", das heißt hier auch des (residualen) Shareholder Value, mit der (gesamtwirtschaftlichen) Allokationseffizienz gleichbedeutend ist. Aus dieser Sicht haben dann auch alle (institutionellen) Regeln der Unternehmenssteuerung und -kontrolle (Corporate Governance & Control), soweit sie überhaupt Modellgegenstand sein müssen, ausschließlich die Interessen der Eigenfinanziers zu schützen und zu fördern.

Die Annahmen der neo-klassischen Modellwelt wie das Rationalitätspostulat und die idealisierte Unsicherheit (alle haben faktisch das gleiche „Wirtschaftsmodell" im Kopf)[3] und die Prämisse des vollkommenen und vollständigen Kapitalmarktes im Gleichgewicht[4] bedeuten dann z.B., dass Finanzierungsentscheidungen und mit ihnen verbunden

1 Mit allen im Text verwendeten Personenbezeichnungen sind stets beide Geschlechter gemeint.

2 Hier im unverbrauchten Sinne: die Eigentümer eines Anteils = Anteilseigner.

3 Rational werden die Erwartungen der Marktteilnehmer dann genannt, wenn die Art und Weise wie alle Akteure („der Markt") ihre Erwartungen über die bewertungsrelevanten Determinanten bilden und in ihre Entscheidungen des Kaufs, Verkaufs oder des Haltens von Beständen umsetzen, dazu führen, dass genau diejenigen Marktpreise zustande kommen, die von den Marktteilnehmern erwartet werden.

4 Ein vollkommener Kapitalmarkt besteht dann, wenn der Preis, zu dem ein Zahlungsstrom (ein Vermögensgegenstand) zu einem Zeitpunkt gehandelt wird, für jeden Marktteilnehmer – unabhängig, ob Käufer

z.B. auch Finanzinstitutionen, wie Banken, Versicherungen oder Ratingagenturen, aber auch institutionelle Regelungen, wie die Rechtsformen der Unternehmen, irrelevant sind. Es existieren demnach keinerlei Reibungsverluste, dies bedeutet beispielsweise, dass die Beträge, die Anleger bei einer Emission zahlen, dem Emittenten vollständig zufließen und umgekehrt, die späteren Zahlungen des Emittenten die Anleger ungeschmälert erreichen. Wirtschaftssubjekte werden eher als sich unter Umwelteinflüssen entwickelnde Klone des Prototyps „homo oeconomicus", denn als eigenständig denkende und handelnde Individuen angesehen. Allerdings lässt sich neben erheblichen Zweifeln am Realitätsgehalt der Annahmen gleichzeitig eine hohe deskriptive Relevanz der Institutionen und Regeln der Wirtschaftspraxis aufgrund empirischer Regelmäßigkeiten nicht leugnen.

Die reale Wirtschaftswelt und die neuere, einzelwirtschaftlich und informationsökonomisch orientierte Wirtschafts- und insbesondere Finanzierungstheorie kennt dagegen zwei zentrale Problemfelder.[5]

- Es besteht regelmäßig keine Symmetrie in den Vertragsbeziehungen (ex interim) sowie bei ihrer Anbahnung (ex ante) und Abwicklung (ex post).
  - Während bereits schon vor Vertragsschluss die unter den bekannten Begriffen „hidden information" oder Qualitätsunsicherheit bestehenden Informationsasymmetrien wirken,
  - erschweren während der Kontraktlaufzeit zusätzlich Gestaltungsasymmetrien die Zusammenarbeit der Vertragspartner. Moral Hazard und Hold Up sind die Folgen.[6]
  - Schließlich bereiten nach Vertragsende oder -abbruch Betroffenheitsasymmetrien Probleme, die zusätzlich mit mangelnder Kontrolle oder Verifizierbarkeit verknüpft sein können.[7]
- Verlässt man das „Reservat" der Klone eines „homo oeconomicus", so weitet sich der Blick auf beschränkt rationales Verhalten von Wirtschaftssubjekten. Entsprechend dem neueren Paradigma der Behavioral Economics & Finance[8] ist von einer Bounded Rationality auszugehen. Vereinfachend formuliert meint dieser Ansatz, (genügend) gute Entscheidungen unter Nutzung der extern verfügbaren Informationsstruktur zu treffen.[9]

---

oder Verkäufer – gleich und gegeben ist. Es gibt keine Transaktionskosten und kein einzelner Investor kann durch seine Entscheidungen Marktpreise (Kurse, Zinssätze) beeinflussen. Alle Marktakteure haben gleichen ungehinderten Marktzugang. Ein Kapitalmarkt ist vollständig, wenn jeder beliebige Zahlungsstrom (Vermögensgegenstand) gehandelt werden kann, unabhängig davon, welche zeitliche Struktur und Unsicherheit er aufweist.

5 Vgl. Oehler/Unser (2002), Kap. III.2 und die dort zitierte Literatur.

6 Wobei die letztgenannte Verhaltensweise auch in ex ante symmetrischen Informationsszenarien auftreten kann, wenn unvollständige Verträge unterstellt werden.

7 Standardmäßig werden zur Reduzierung der Asymmetrien und ihrer Konsequenzen in den drei genannten Kategorien Signaling und/oder Screening, anreizkompatible Verträge und präventive Maßnahmen (im Falle von Fremdfinanzierungskontrakten: gläubigerschützende Maßnahmen) empfohlen (zur weiteren Erörterung vgl. Oehler/Unser (2002)).

8 Für einen Überblick vgl. Oehler (1995) und (2000).

9 Hierzu gehören entscheiderseitig angepasste Methoden, um die meisten Aufgabenstellungen zu handhaben, insbesondere Wiedererkennungs-, Erkenntnis- und Reflektionsprozesse, die eine zukünftige Informations-

Beide Aspekte, die Asymmetrien in den Vertragsbeziehungen und die begrenzte Rationalität der Wirtschaftssubjekte, sind für die weitere Erörterung systematisch zu berücksichtigen.

1.2 Corporate Governance & Control und Unternehm*er*

Im Rahmen eines solchen einzelwirtschaftlich und informationsökonomisch orientierten Ansatzes kann die Gesamtsituation der Corporate Governance & Control eines Unternehmens oder Projektes mit samt den unmittelbaren (Shareholder, Stakeholder im engeren Sinne) und den mittelbaren Anspruchsgruppen (Stakeholder im weiteren Sinne) wie in Abbildung 1 verdeutlicht werden. Die Art der Darstellung ist dabei zugleich wertschöpfungs- und kernkompetenzorientiert.[10] Sie berücksichtigt damit auch eine funktionale Sicht, anstatt nur die rein institutionelle Perspektive der nominellen Adressaten zu pflegen, die für eine inhaltliche Erörterung, z.B. zum Rating und zur Bedeutung und Wirkung des Unternehm*ers*, zu kurz greift. Gleichzeitig wird eine Systematisierung im ökonomischen Sinne möglich.

Eingebettet in die Unternehmensumwelt mit ihren in der Regel nur mittelbaren Stakeholdern des Rechtsrahmens (Fiskus, Aufsicht etc.), der Konkurrenz, der Öffentlichkeit/ Medien, der NGOs sowie – hier besonders relevant – der Finanzintermediäre (s.u.) wird das Unternehmen als Geflecht investitions- und finanzierungspolitischer Strategien und Maßnahmen im Wesentlichen durch zwei Determinanten bestimmt:

- Die Bereitstellung von Finanzierungsmitteln und die damit verbundenen Kontrakte als Erfolgs- und Risikoteilungsregeln und
- die Bereitstellung des für die Wertschöpfung relevanten Wissens (Intellektuelles Kapital) in Form des Strukturellen Kapitals und des Humankapitals.[11]

Das Strukturelle Kapital hat sowohl einen externen (Beziehungskapital) als auch einen internen Fokus (Organisationskapital). Das Humankapital umfasst die individuellen Fähigkeiten und die Leistungsbereitschaft der Mitarbeiter und Führungskräfte als personenbezogene Potenziale und deren kombinierte Fähigkeiten und Leistungsbereitschaft als Portfolio (Kollektivpotenzial) sowie dem Verbund zum Strukturellen Kapital.

---

suche verringern sowie Heuristiken, die diese Suche steuern und ihr Ende bestimmen und (einfache) Entscheidungsregeln, die die verfügbaren, gefundenen Informationen nutzen. Andererseits ist die Struktur der Mechanismen und Methoden an die Struktur der Informationen im Umfeld anzupassen. Nur wenn die Heuristiken an bestimmten Umfeldbedingungen orientiert sind, folgt begrenzt rationales Handeln.

10 Zu beiden Ansätzen und zu ihrer Integration vgl. Oehler (2005a), Kap. 2, S. 673 ff. sowie Dreyer/Oehler (2002).

11 Zur weiteren Erörterung vgl. weiter unten, Abschnitt 3 und Dreyer/Oehler (2002).

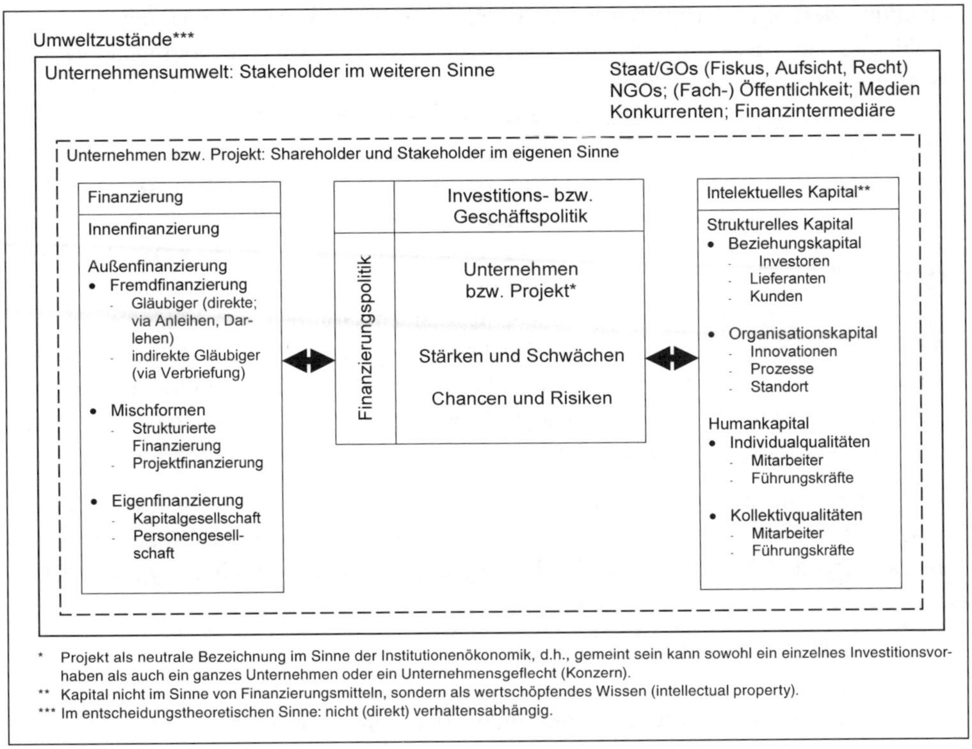

Abbildung 1: Corporate Governance & Control – funktionelle Zusammenhänge und Adressaten (Quelle: Eigene Darstellung)

In der Finanzierungssphäre lässt sich die Vielzahl der Kontrakte idealtypisch mit den vier Kriterien[12] laufende Erträge, Rückzahlungsbetrag, Mitwirkungs- und Kontrollrechte (Gestaltung) und Rechtsstellung im Insolvenzverfahren (Betroffenheit) in die beiden Gruppen der Eigenfinanzierung und der Fremdfinanzierung einteilen. Aus institutionenökonomischer Sicht bezeichnen die beiden ersten Kriterien die Erfolgsteilungsregeln und die beiden zuletzt genannten Aspekte die Risikoteilungsregeln einer Vertragsgestaltung.[13] Eigen- und Fremdfinanzierung stellen also lediglich verschiedene spezifische Vertragskonstruktionen dar, die die Erfolgs- und Risikoteilungsregeln unterschiedlich gewichten.

12 Vgl. Bitz (2002).

13 Im Unterschied zur traditionellen neo-klassischen Sichtweise widmet sich die neuere, einzelwirtschaftlich und informationsökonomisch orientierte Finanzierungstheorie den hinter dem „Vollzug" der unmittelbaren Tauschakte stehenden Einigungs- und Kooperationsprozessen und -problemen. Der Fokus einer ganzen „Familie" theoretischer Ansätze, die auf der Neuen Institutionenökonomik aufbauen, liegt auf den voneinander abweichenden Informationsständen der Vertragspartner bezüglich der bewertungsrelevanten Eigenschaften der gehandelten (Markt-) Objekte und der ordnungsgemäßen Vertragsabwicklung.

Fremdfinanzierung ist dann vereinfachend durch eine vereinbarte Erfolgsteilung (Anspruch auf Tilgung und Zins, oft unabhängig vom Erfolg des Projektes) ohne nominellen Gestaltungseinfluss und mit einer Gläubigerstellung im Insolvenzfall charakterisiert (Vermögensanspruch vorrangig vor Gesellschaftern). Eigenfinanzierung dagegen ist durch eine erfolgsabhängige Beteiligung am Gewinn und am Liquidationserlös (Eigentumsrechte), (volle) Geschäftsführungskompetenz (Verfügungsrechte) sowie lediglich Restansprüche in der Insolvenz und gegebenenfalls die Haftung mit dem Privatvermögen gekennzeichnet. Hinzu kommt die Vielfalt der realen Ausgestaltungs- oder Mischformen der Eigen- und Fremdfinanzierung (z.B. strukturierte Produkte oder die Projektfinanzierung). Eine eindeutige und handhabbare Abgrenzung der beiden Gruppen von Finanzierungsverträgen wird nur möglich, wenn auf die Rechtsstellung im Insolvenzverfahren abgestellt wird, wonach jene Kontrakte, bei denen der Finanzmittelgeber im Insolvenzverfahren die Rechtsstellung eines Gläubigers innehat, als Fremdfinanzierung und Finanzierungsparten ohne Gläubigerstatus für Finanzmittelgeber als Eigenfinanzierung definiert werden.

Die gewählte einzelwirtschaftliche und institutionenökonomische Perspektive bedeutet für die in Abbildung 1 genannten Beziehungen entsprechende Informations-, Gestaltungs- und Betroffenheitsasymmetrien. Solche Agency-Probleme bestehen typischerweise zwischen

- Eigen- und Fremdfinanziers,
- Eigenfinanziers,
- Eigenfinanziers und Führungskräften (und Mitarbeitern), wenn Eigentum und Verfügungsmacht getrennt sind,
- Eigenfinanziers und Führungskräften einerseits und Kunden oder Lieferanten andererseits,
- Fremdfinanziers verschiedener Kontrakte (indirekte versus direkte; neue versus alte) oder zu potenziellen Gläubigern,
- Führungskräften (und Mitarbeitern),
- Shareholdern oder Stakeholdern im engeren Sinne und Stakeholdern im weiteren Sinne, insbesondere zu GOs, NGOs oder Finanzintermediären (z. B. Informationsbedarfsintermediären wie Ratingagenturen).

Das Ausmaß und der Umfang der Lösung solcher Asymmetrien bestimmt neben allgemeinen technologischen, wirtschaftlichen, rechtlichen und politischen Rahmenbedingungen zentral den Status quo der Stärken und Schwächen als auch die potenziellen Chancen und Risiken. Auf dieser Grundlage kann nun noch die besondere Rolle des Unternehm*ers* beleuchtet werden, auf dessen Nachfolge sich entsprechend der Zielsetzung des Beitrages der später zu entwickelnde Ratingansatz beziehen wird. Abbildung 2 fokussiert in diesem Sinne in Weiterführung der Abbildung 1 auf die Unternehm*er*charakteristika im Kontext der Corporate Governance & Control.

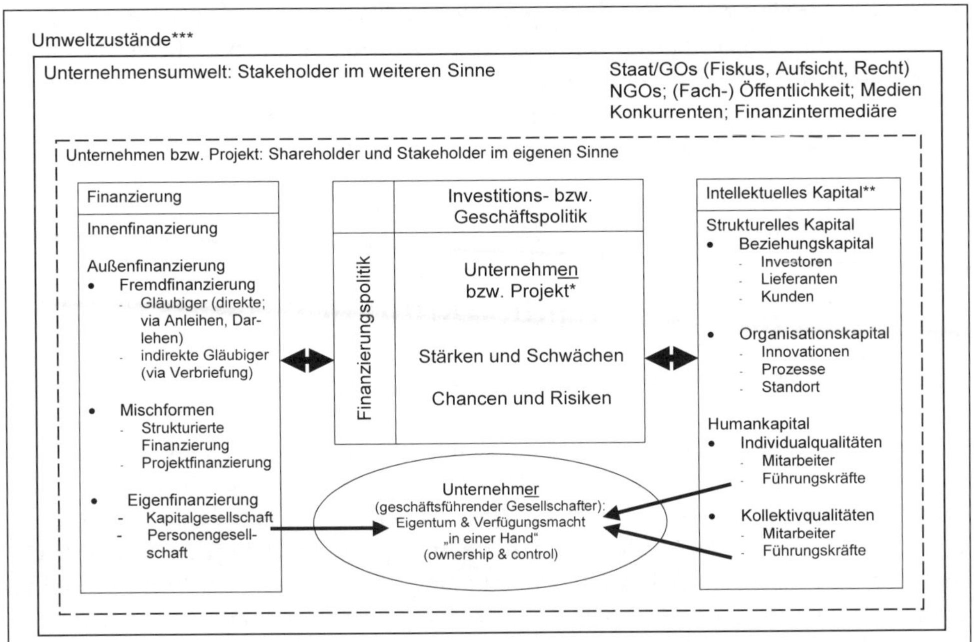

* Projekt als neutrale Bezeichnung im Sinne der Institutionenökonomik, d.h., gemeint sein kann sowohl ein einzelnes Investitionsvorhaben als auch ein ganzes Unternehmen oder ein Unternehmensgeflecht (Konzern).
** Kapital nicht im Sinne von Finanzierungsmitteln, sondern als wertschöpfendes Wissen (intellectual property).
*** Im entscheidungstheoretischen Sinne: nicht (direkt) verhaltensabhängig.

Abbildung 2: Der Unternehm*er* in der Corporate Governance & Control
(Quelle: Eigene Darstellung)

Unternehm*er* sind demnach dadurch charakterisierbar, dass sie als geschäftsführende Gesellschafter Eigentumsrechte und Verfügungsmacht in einer Person vereinigen. Diese institutionenökonomische Überlegung gilt unabhängig von der Rechtsform. Mit Blick auf die genannten Asymmetrien bzw. Konfliktfelder steht der Unternehmer direkt im Spannungsfeld der beiden zentralen Determinanten der Gestaltung der Investitions- und Finanzierungspolitik des Unternehmens, nämlich der Finanzierung und dem Intellektuellen Kapital.

Er stellt als Eigenfinanzier (und Eigentümer) unmittelbar seine Individualqualitäten als Führungskraft zur Verfügung und leistet einen entscheidenden Beitrag zum Mitarbeiter- und Führungsportfolio. Darüber hinaus wirkt er damit persönlich im Rahmen des Verbundes des Humankapitals mit dem Strukturkapital an dessen Erhalt und Aufbau mit, z.B. bei der Gestaltung der Beziehungen zu Lieferanten und Kunden oder in der Förderung von Innovationen und der Strukturierung von Prozessen.

Auf der Finanzierungsseite trägt er nicht nur das Shareholder-Risiko, gegebenenfalls unter Einschluss des Privatvermögens, sondern er hat als Agent „seines" Projektes oder Unternehmens grundsätzlich einen Informations- und Gestaltungsvorteil gegenüber den Prinzipalen des Projektes, seien es nun Fremdfinanziers oder weitere Eigenfinanziers.

In ähnlicher Weise könnte die Erörterung für die übrigen Stakeholder weiter geführt werden. Um aber den Fokus des Rating nicht aus den Augen zu verlieren, bleibt die Diskussion auf die bereits genannten zentralen Akteure beschränkt. Nach einem kurzen Abschnitt zur Kennzeichnung des Ratings widmet sich Abschnitt 3 dann der Unternehm*er*perspektive, mit dem Fokus auf der Regelung seiner Nachfolge als Regelfall wie auch als Notfall.

2. Risiko, Kreditrisiko, Rating und die Akteure

2.1 Risiko, Kreditrisiko und Rating

In der Finanzierungssphäre werden die genannten Finanzkontrakte wesentlich dadurch charakterisiert, dass die Leistung des Finanzmittelgebers und die Gegenleistung des Finanzmittelnehmers (z.B. in Form von Zins, Tilgung, Dividende) zeitlich divergieren, letztgenannte also teilweise erheblich später erbracht wird. Hier liegt ein wichtiger Unterschied zu den meisten Gütern und Dienstleistungen.[14] Die aus dieser Vorleistung eines Finanzmittelgebers resultierende Gefahr, dass dessen finanzwirtschaftliche Zielgröße (z.B. der Zahlungsstrom aus Zins und Tilgung oder aus Dividenden) von dessen subjektivem Referenzwert (z.B. vertraglich vereinbarter Zahlungsstrom aus Zins und Tilgung oder erwarteter Dividendenstrom sowie Wert- bzw. Kursentwicklung) negativ abweicht, lässt sich als Risiko des erwarteten, versprochenen oder gegenzuleistenden Zahlungsstroms definieren.[15] Bezogen auf Fremdfinanzierungsverträge, die in der Regel Gegenstand des Ratings sind (s.u.), umfasst das dann als Gläubigerrisiko oder Kreditrisiko bezeichnete Risiko die drei Tatbestände, dass

- die Gegenleistung (Zins, Tilgung etc.) nicht oder nur teilweise gezahlt werden (Ausfallrisiko),
- die Gegenleistung nicht termingerecht fließt (Terminrisiko oder Liquiditätsrisiko),
- gestellte Sicherheiten wertmäßig ganz oder teilweise nicht zur Verfügung stehen (Sicherheitenrisiko oder Verwertungsrisiko).

Entsprechend wird der erwartete Verlust (Expected Loss, EL) aus einem Engagement üblicherweise aus der Ausfallwahrscheinlichkeit (Probability of Default, PD), der tatsächlichen Ausfallhöhe (Loss Given Default, LGD; auch Loss Severity) und dem ausfallgefährdeten Betrag (Exposure at Default, EAD) berechnet.[16] Die Größen PD (und gelegentlich LGD) sind dabei zur Risikoquantifizierung des Schuldners bzw. Emittenten (Issuer-Rating), die Größen LGD und EAD zur Quantifizierung des Risikos eines einzelnen Engagements

14 Gegenleistung gleichzeitig oder auch vorher (Anzahlung).

15 Vgl. Oehler/Unser (2002).

16 Unter der Annahme statistischer Unabhängigkeit der Risikoparameter durch Multiplikation. Die eigentliche Risikogröße stellt aber gemäß Definition der unerwartete Verlust (*Unexpected Loss*, UL) als Ausmaß der Abweichungen vom EL dar. Zur weiteren Erörterung im Rahmen des Kreditrisikomanagements, z.B. auch der Portfoliobetrachtung, siehe Oehler/Unser (2002).

bzw. Vertrages (Facility-Rating) geeignet, weshalb eine Abweichung zwischen beiden möglich ist.

Im hier gewählten ökonomischen, insb. finanzwirtschaftlichen Kontext stellt Rating grundsätzlich ein Verfahren dar, die Ausfallwahrscheinlichkeit eines Engagements (oder eines ganzen Portfolios) zu quantifizieren; es wird also in der Regel allein auf die PD abgestellt.[17] Ausgangspunkt ist zumeist eine multiattributive und additive Bewertung ausgewählter Einzelmerkmale (Bewertung und anschließende gewichtete Zusammenfassung) analog eines Scoring und die nachfolgende Zuordnung des Punktwertes zu einer Klasse (Punkteintervall), die eine bestimmte Ausfallwahrscheinlichkeit repräsentiert.[18] Die Klasse selbst wird dann meist ebenfalls als Rating bezeichnet, was einer modernen, dienstleistungsorientierten Sicht entspricht.[19]

Die im Rating verwendbaren Merkmale können eher quantitativen bzw. finanzwirtschaftlichen („hard facts“; z. B. Kennzahlen zur Vermögens- und Kapitalstruktur sowie zur Liquiditäts-/Cashflow- und Ertragslage) oder eher qualitativen bzw. nicht-finanzwirtschaftlichen Charakter haben („soft facts“; Qualität des Struktur- und Humankapitals, z. B. Marktposition, Managementqualität).[20] Die Güte eines Ratingsystems wird in erster Linie[21] aufgrund seiner Trennschärfe beurteilt. Es ist dann umso besser, je stärker die Spreizung bzw. das Auseinanderziehen der Wahrscheinlichkeitsprognosen in Richtung der Extreme 0 Prozent (kein Ausfall) und 100 Prozent (Ausfall) gelingt.[22] Ratings können als so genannte interne Ratings für die eigenen Zwecke eines Finanziers, insbesondere einer Bank oder eines anderen Finanzintermediärs (s.u.), gestaltet und genutzt [Kundenmanagement (Akquisition, Bindung), Risikomanagement (Vorsorge, Sicherheiten, Überwachung, Portfolio, Aufsicht), Erlös- und Kostenmanagement (Konditionen)] oder als so genannte externe Ratings Dritten zur Verfügung gestellt werden (delegierte Risikoeinschätzung, z. B. gerade auch im Rahmen des Kreditrisikotransfers via Verbriefung, strukturierter

17 Klärungsbedürftig ist jeweils, ob hier oder im Kontext der LGD auch Recovery Rates berücksichtigt worden sind.

18 Vgl. hierzu und zu weiteren Verfahren und Problemen der Schätzung von Ausfallwahrscheinlichkeiten bei Oehler/Unser (2002).

19 Prozess und Ergebnis; vgl. Dreyer/Oehler (2002). Zu weiteren allgemeinen Aspekten des Rating, z.B. zu Verfahren der Kriteriengewinnung und Gewichtung, Ausprägungsarten oder der informationsökonomischen Einordnung vgl. Oehler/Voit (1999) und Oehler/Unser (2002) sowie die dort zitierte Literatur.

20 Zur weiteren Erörterung vgl. weiter unten, Abschnitt 3. Die Begriffe quantitativ/finanzwirtschaftlich und qualitativ/nicht-finanzwirtschaftlich werden jeweils synonym verwendet, um dem üblichen Sprachgebrauch zu folgen und damit kommunikationsfähig zu bleiben. Die durch die Gleichsetzung bedingten Unschärfen (qualitative finanzwirtschaftliche Aspekte) sind dabei in Kauf zu nehmen.

21 Weitere Beurteilungsmaßstäbe sind die Gegenüberstellung der Ausfälle in den „guten“ Ratingklassen (Ausfalldominanz), das Ausmaß der Konzentration der Ausfälle in den „schlechten“ Ratingklassen (Lorenzkurve) und der direkte Vergleich der Prognosen mit den eingetretenen Ereignissen (Abweichungsmaße); vgl. Krämer (2001), vgl. auch Deutsche Bundesbank (2003), Engelmann et al. (2003).

22 Die bloße *Kalibrierung*, also wenn langfristig tatsächlich x Prozent der Engagements ausfallen, die mit einer Ausfallwahrscheinlichkeit x Prozent eingestuft worden waren, stellt die notwendige, aber nicht die hinreichende Bedingung für die Güte der Prognose dar. Erst die Aufteilung bzw. Spezifizierung der Engagements auf Gruppen möglichst unterschiedlicher Ausfallwahrscheinlichkeiten (die langfristig realisiert werden), erlaubt „gute“ Prognosen. Die theoretische Exaktheit von zwei Gruppen mit null Prozent und 100 Prozent wird in der Praxis allerdings nicht erreicht.

Produkte, Kreditderivate). Hieraus ergeben sich nicht nur weitere Prinzipal-Agenten-Beziehungen mit den genannten Asymmetrien, sondern vor allem greifen Ratingsysteme unmittelbar beeinflussend in Wirtschaftsentscheidungen ein: Sie schaffen die Wirklichkeit, die zu messen sie vorgeben („self-fulfilling prophecy"). Die „Gerateten" gestalten ein System, das dem Idealbild der Konstrukteure („Rater") zu entsprechen sucht. Im institutionenökonomischen Sinne signalisieren Ratings einen Vertrauensschwund gegenüber dem ursprünglichen Agenten bzw. Schuldner. Rating lässt Vertrauen jedoch nicht überflüssig werden, sondern tauscht lediglich die Zielgruppen aus, auf die es zu richten ist, nämlich die Auswahl der „Rater" und die „Rater" selbst.

2.2 Die Akteure des Rating: Finanzintermediäre, insbesondere Kreditinstitute und Ratingagenturen

Arbeitsteiliges Wirtschaften erfordert in der Regel einen Ausgleich zwischen dem Finanzbedarf einzelner Wirtschaftssubjekte, der so genannten Finanzmittelnehmer, und dem Anlagebedarf anderer Wirtschaftssubjekte, der so genannten Finanzmittelgeber. Unternehmen, deren primärer Geschäftszweck auf diesen Ausgleich gerichtet ist, werden als Finanzintermediäre im engeren Sinne bezeichnet: insbesondere Banken, Investmentfonds, Versicherungen.[23] Als Anlageleistung nehmen sie einerseits Zahlungsmittel von originären Finanzmittelgebern gegen das Versprechen späterer Rückzahlung entgegen und stellen andererseits solche Zahlungsmittel als Finanzierungsleistung wiederum gegen das Versprechen späterer Rückzahlung zur Verfügung. Kernelement ist dabei, dass ein potenzielles Anspruchs- und Verpflichtungsverhältnis zwischen Finanzmittelgebern und Finanzmittelnehmern durch zwei eigenständige Verträge mit dem Finanzintermediär ersetzt wird. Hierbei werden die bekannten Transformationsleistungen bezüglich des Informationsbedarfs, des Betrages („Losgröße"), der Fristen und/oder des Risikos erbracht.

Darüber hinaus erscheint es angesichts des Standes der Literatur und der realen Erscheinungsformen angemessen, den Begriff des Intermediärs weiter auszulegen und auch solche Unternehmen als Finanzintermediäre zu bezeichnen, die Kontrakte zwischen Finanzmittelgebern und Finanzmittelnehmern überhaupt ermöglichen oder einfacher und kostengünstiger herbeiführen. Solche Institutionen lassen sich als Finanzintermediäre im weiteren Sinne bezeichnen: insbesondere Ratingagenturen, Versicherungs- oder Wertpapiermakler, Wertpapierbörsen, Börsendienste.[24] Sie erbringen Leistungen in den Bereichen der Vermittlung, Informationsabgabe und Risikoübernahme, die denen der Finanzintermediäre im engeren Sinne vergleichbar sind.

23 Vgl. Bitz (2002), Oehler (2004a) und (2005b).
24 Vgl. ebenda.

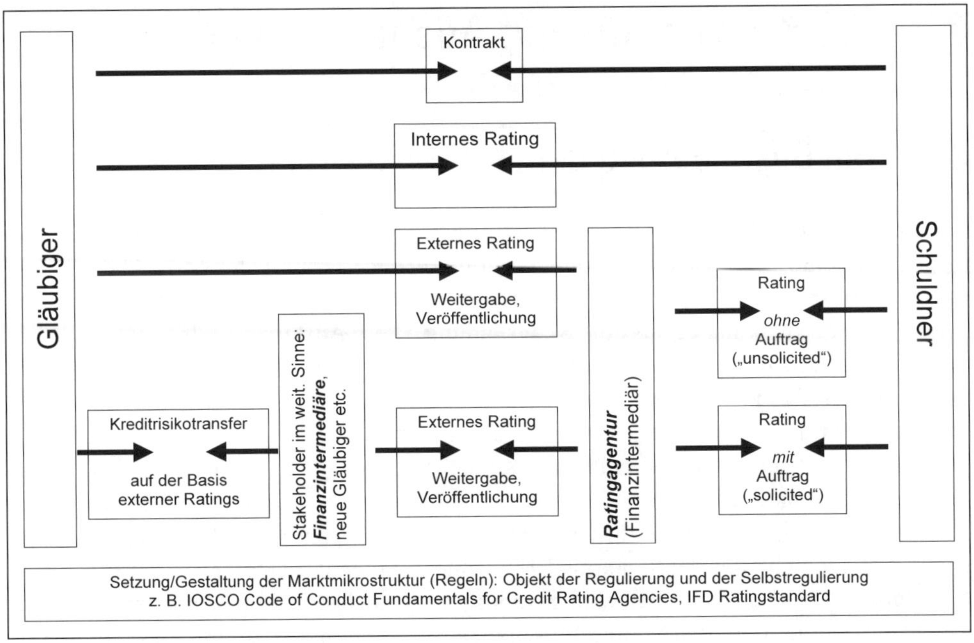

Abbildung 3: Internes bzw. Bankenrating und externes Rating im Kontext der Finanzintermediation
(Quelle: Eigene Darstellung)

Die genannten Leistungen der Finanzintermediäre im engeren Sinne und im weiteren Sinne werden nun nicht nur durch ein einziges Unternehmen oder einen Intermediärtyp erbracht. Vielmehr besteht ein Finanzsystem aus einer Vielzahl interagierender und vertraglich verflochtener Finanzintermediäre. Typischerweise bestehen bzw. entstehen dabei nicht nur Kontrakte zwischen Finanzintermediären und originären Finanzmittelnehmern und/oder originären Finanzmittelgebern, sondern auch zwischen den Finanzintermediären selbst.[25] Abbildung 3 zeigt einen Ausschnitt aus einem solchen Intermediationsgeflecht mit dem Fokus Rating. Zentrale Akteure im Rating sind sowohl die ursprünglichen Finanziers, also unter anderem Finanzintermediäre wie Banken via internes Rating, als auch Finanzintermediäre via Erstellung beauftragter oder unbeauftragter externer Ratings, insbesondere Ratingagenturen.

25 Vgl. Oehler (2005b).

3. Zur Konzeption und Ausgestaltung eines Nachfolgerratings

3.1 Die Besonderheit der Nachfolgesituation

Aus der aktuellen Diskussion um Existenzgründungen könnte geschlossen werden, dass es gegebenenfalls einfacher sein könnte, ein bestehendes Unternehmen zu übernehmen bzw. der Wechsel der Unternehmerposition und die Fortführung eines Unternehmens seien leichter zu handhaben, als eine Neugründung. Diese Auffassung wird unter anderem dadurch genährt, dass im Rahmen des Intellektuellen Kapitals insbesondere nicht erst das Beziehungskapital aufgebaut werden müsse und das Humankapital schon entwickelt sei. Dabei wird verkannt, dass der neue Unternehm*er*, der Übernehmer, zunächst auf zahlreichen Vorgaben aufbauen und sein Können permanent auf allen Tätigkeitsgebieten des bisherigen Unternehm*ers* gleichzeitig zeigen muss. Des weiteren liegt ja gerade die Dominanz des Unternehm*ers* in der Vereinigung von Eigentum und Verfügungsmacht (siehe Abbildung 2), das heißt, der bisherige Unternehm*er*, der Übergeber, hat persönlich das Humankapital und das Beziehungskapital, aber auch das Organisationskapital entscheidend geprägt und gleichzeitig die Finanzierungsseite mitbestimmt. Das damit erarbeitete Reputationskapital und das aufgebaute wertschöpfende, im Humankapital meist nur implizit gebundene Wissen, lässt sich jedoch nicht in einer einzigen Transaktion übergeben. Der Fokus der Unternehm*er*nachfolge liegt also im frühzeitig anzulegenden Transfer des impliziten Wissens und der Reputation (Humankapital und Verbundwirkung auf Beziehungs- und Organisationskapital). Darüber hinaus ist eine Notfallplanung (für Unfall, Krankheit etc.) zu initiieren (kurzfristige Leitungsvertretung, wichtige Vertragsunterlagen, Vollmachten, Testament, Passwörter, wichtige Adressen, Zweitschlüssel etc.).

Die Unternehm*er*nachfolge lässt sich als Prozess des strategischen Managements verstehen:

(1) Klarheit gewinnen über den Status Quo mit einer Analyse des Unternehmenspotenzials (Stärken/Schwächen, Chancen/Risiken), des Nachfolgerpotenzials (Anforderungsprofil, Akquisitionsstrategien), der Eigentums- und Verfügungsmachtsverteilung und der rechtlichen sowie steuerlichen Situation.

(2) Erarbeitung der Ziele des Unternehm*ers* und seines (familiären) Umfeldes sowie der grundsätzlichen Lösungen; gegebenenfalls auch erster grober Plan zur Vorgehensweise. Prinzipiell bestehen vier Möglichkeiten der Übergabe:

- (a) Eigentum und Verfügungsmacht gehen gemeinsam über (patri- bzw. matriarchalisches Prinzip, Sohn bzw. Tochter übernimmt).
- (b) Eigentum bleibt in der Familie, nur die Verfügungsmacht wird extern übergeben.
- (c) Die Verfügungsmacht wird in der Familie fortgeführt, das Eigentum wird (teilweise) extern übernommen.
- (d) Eigentum und Verfügungsmacht werden nach extern übergeben.

(3) Umsetzung mittel- und langfristiger Maßnahmen zur Vorbereitung der zu realisierenden Übergabeform, einschließlich der Nachfolgerakquisition hinsichtlich Eigentum und/oder Verfügungsmacht sowie der Vorbereitung hinsichtlich der Orientierung des Human- und Strukturkapitals.
(4) Konkrete Gestaltung der Nachfolge nach dem beabsichtigten Modell (Übergabe).
(5) Beginn des Übernehmers.

Zu den Phasen (2) bis (5) gehört das Worst-Case-Szenario in Form eines jeweiligen Notfallplans.

3.2 Ratingkriterien mit Fokus Unternehm*er*nachfolge

Die theoretische, vor allem aber die empirische Forschung und Praxis der letzten beiden Dekaden hat inzwischen den Stand erreicht, dass nicht nur quantitative Faktoren, sondern insbesondere auch qualitative Faktoren einen wesentlichen Beitrag zur Güte der Prognose von Ausfallwahrscheinlichkeiten (PD) leisten. Entscheidend ist offensichtlich eine Kombination beider Determinantengruppen.[26] Nachfolgend werden die einzelnen Faktoren entlang der Abbildung 4 kurz erörtert und dabei besonders auf die Wirkung der Unternehm*er*nachfolge eingegangen.

Zu den quantitativen Faktoren werden vor allem Kennzahlen („financial ratios") gerechnet, in denen die Ergebnisse der Investitions- bzw. Geschäftspolitik und der Finanzierungspolitik des Unternehmens ihren Niederschlag finden („financial health"), die also Auskunft über die Vermögens- und Kapitalstruktur sowie zur Liquiditäts-/Cashflow- und Ertragslage, vorwiegend basierend auf dem Jahresabschluss, geben.[27] Grundsätzlich können auch Auswertungen des Konten- und Zahlungsverhaltens hinzugenommen werden, also etwa die Minima und Maxima sowie deren Volatilität, die Anzahl und Größe der Transaktionen, das Einhalten der Kreditlinien oder die Salden (Soll, Haben).

Hinsichtlich der qualitativen Faktoren lassen sich vier Gruppen differenzieren. Die Gruppen zwei bis vier (Finanzierungsbedingungen, Marktposition, Managementqualität) entsprechen dabei weitgehend den heute üblichen Informations- und Analyseblöcken in den so genannten „rating sheets", die auf der subjektiven Einschätzung der „Rater" beruhen,[28] sie werden hier allerdings systematisch aus den Kernkompetenzen und dem Wertschöpfungspotenzial des Unternehmens und des Unternehm*er*s abgeleitet (siehe unten Abbildung 4).

Das Bilanzierungsverhalten berücksichtigt die Nutzung von Ansatz- und Bewertungswahlrechten in Abhängigkeit vom gewählten Rechnungslegungskreis sowie deren Änderungen („accounting policies"). Hinzu tritt das diesbezügliche Informationsverhalten, also insbesondere die mit Anhang, Lagebericht und ähnlichen Instrumenten erzeugte Transparenz.

26 Vgl. insbesondere Lehmann (2003) und Deutsche Bundesbank (2004), vgl. später auch Grunert et al. (2005); einen Überblick über klassische Faktoren und Verfahren sowie neuere Ansätze gibt Oehler/Unser 2002, Kap. III.2.

27 Für einen kritisch-reflektierenden Überblick über solche Kennzahlen vgl. Bitz et al. (2003), Teil IV.

28 Mit allen weiter oben genannten Problemen der „Anfälligkeit" hinsichtlich der Asymmetrien und der Bounded Rationality.

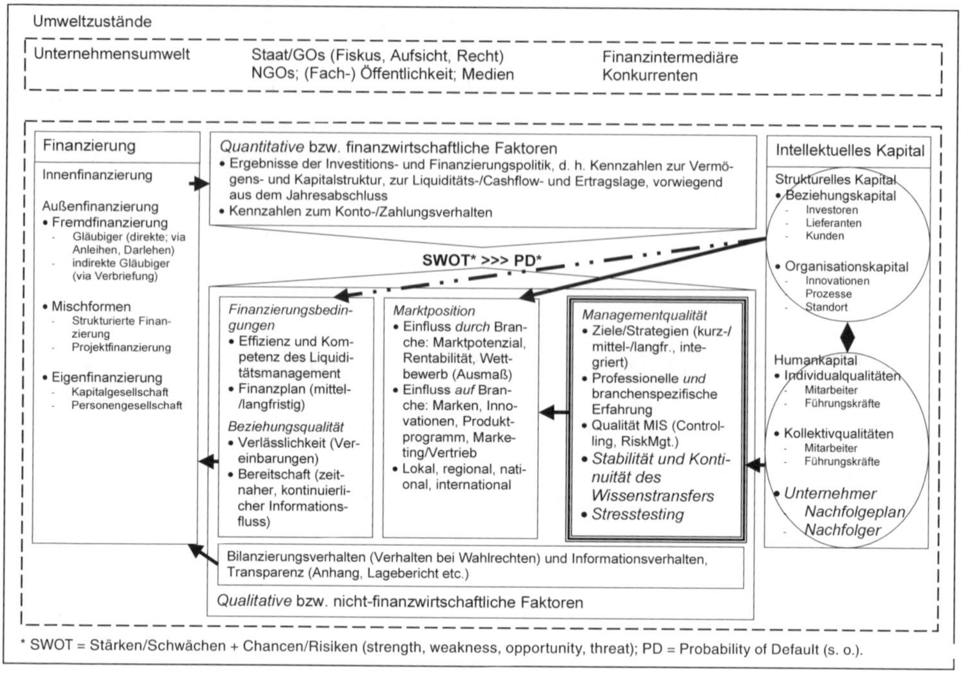

Abbildung 4: Ratingkriterien und Unternehm*er*nachfolge im Kontext der Corporate Governance & Control
(Quelle: Eigene Darstellung)

Die Finanzierungsbedingungen („financial conditions") betreffen die Effizienz und Kompetenz und damit die handelnden Personen (Unternehm*er*, Führungskräfte) des Liquiditätsmanagements und der mittel- und langfristigen Finanzplanung (Cashflow, Rentabilität, Wachstum). Diese Faktoren rekurrieren auf das Investorenkapital als Teil des Beziehungskapitals und deuten die Wechselwirkung bzw. den Verbundeffekt zum Humankapital an. Zusammen mit dem Bilanzierungs- und Informationsverhalten haben diese Faktoren einen wesentlichen Einfluss auf die akquirierten und zu akquirierenden Kapitalgeber bzw. die Finanzierung des Unternehmens. Besonders deutlich wird dies, wenn man darüber hinaus separat die Qualität einzelner Finanzierungsbeziehungen („financial relationships") hinzu nimmt, vor allem die der Gläubiger-Schuldner-Beziehungen. Analog zur Problematik in Bank-Kunde-Beziehungen[29] spielen hier Kriterien wie Verlässlichkeit und die Bereitschaft zu zeitnaher und kontinuierlicher Information eine große Rolle im Aufbau des Reputationskapitals und der spezifischen Investitionen in eine Beziehung. Unverkennbar liegt hier eine wesentliche Schnittstelle im Wirken des Unternehm*ers* bzw. von Führungskräften.

Die Marktposition als eher klassische Gruppe von Faktoren umfasst im Sinne einer Outside-in-Perspektive zunächst die Beurteilung der Optimierung der unternehmensindi-

29 Vgl. Oehler (2004b) und (2005a).

viduellen Wertkette hinsichtlich der Branche. Es wird eher auf relative Intra-Branchendifferenzen Bezug genommen, unter Annahme gegebener Inter-Branchenunterschiede (Marktpotenzial insgesamt und Anteil des Unternehmens, (relative) Rentabilität, Ausmaß des Wettbewerbs inklusive Anzahl und Größe der Wettbewerber sowie Anzahl, Konzentration und Abhängigkeiten bezüglich der Nachfrager).[30] Genauso entscheidend ist jedoch auch die Inside-out-Perspektive, die die unternehmensspezifischen Attraktivitätsvorteile im Fokus hat, die in (neuen) Märkten entsprechend zu erschließen und abzuschöpfen sind. Hier steht mehr die endogene Gestaltung (Umdefinition oder Neuschaffung) der Branche im Zentrum (Marken, Produktprogramm, Prozesse, Marketing/Vertrieb).[31] Beide Blickrichtungen zeigen den dominanten Einfluss des Strukturkapitals (Beziehung zu Lieferanten und Kunden, Organisationskapital) und die Verbundwirkung des federführenden Unternehmers bzw. des Humankapitals via Managementqualität.

Die Managementqualität nimmt eine zentrale Stellung im Rahmen der qualitativen Faktoren ein, da – wie erörtert – nicht nur die Finanzierungsbedingungen und die Qualität der Finanzierungsbedingungen, sondern vor allem auch die (relative) Marktposition determiniert werden. Im Fokus steht dabei die Leistung des Unternehm*er*s bzw. der Führungskräfte. Diese Determinantengruppe umfasst nicht nur die klassischen Kriterien wie den Aufbau, die Erneuerungskraft und die Integration des Ziel- und Strategiesystems oder die professionelle und branchenspezifische Erfahrung der handelnden Personen (inklusive „social skills") oder auch die Qualität, die Integration und die Nachhaltigkeit der Managementinformationssysteme (Controlling, Risikomanagement, gegebenenfalls externes Reporting), sondern insbesondere auch die Stabilität und Kontinuität des Wissenstransfers (Humankapital; „brain drain", „drain of know how") unter Einschluss des Stresstesting (Notfall-Szenarien). Genau hier wird nochmals die zentrale Rolle des Unternehmers und der Nachfolgeplanung und -steuerung deutlich.

Ein Nachfolgerrating stellt damit neben den anderen genannten Faktoren vor allem auf das strategische Management ab, nämlich die Fähigkeit, dass – nach Alternativszenarien sortiert – stets der Transfer des wertschöpfungsrelevanten, impliziten, personengebundenen Wissens ohne Bruch der Kontinuität und Gefährdung der Stabilität gewährleistet ist und gleichzeitig das vorhandene Reputationskapital zumindest nicht gefährdet wird. Es wird offensichtlich, dass im negativen Falle die Ausfallwahrscheinlichkeit (PD) als zu schätzende Zielgröße des Rating steigen würde. Insofern wird im Ratingprozess sorgfältig die Planung bzw. Alternativplanung und Durchführung des in Abschnitt 3.1 skizzierten Übergabeprozesses und seiner Komponenten zu analysieren und zu bewerten sein. Damit gewinnt dieser Fokus auf die Managementqualität herausragende Bedeutung, ein Novum gegenüber einem Standardratingansatz, das es zu beachten gilt. Je nach konkreter Zielsetzung des Rating kann dieses dann nur als Momentaufnahme („point in time") oder aber auch für einen längeren Zeitraum, z.B. für einen gesamten Konjunkturzyklus, erhoben werden („through the cycle").

30 Vgl. Oehler (2005a), S. 673–675.
31 Vgl. ebenda.

Literaturhinweise

BITZ, M. (2002): Finanzdienstleistungen, 5. Aufl, Oldenbourg/München u.a 2002.

BITZ, M./SCHNEELOCH, D./WITTSTOCK, W. (2003): Der Jahresabschluss, Teil IV, 4. Aufl, München u.a., 2003.

DEUTSCHE BUNDESBANK (2003): Validierungsansätze für interne Ratingsysteme, in: Monatsberichte, No. 9, S. 61–74.

DEUTSCHE BUNDESBANK (2004): Die Bonitätsanalyse von Wirtschaftsunternehmen durch die Deutsche Bundesbank, in: Monatsberichte, No. 9, S. 59–73.

DREYER, D./OEHLER, A. (2002): Wertreiber im Dienstleistungsprozess. Eine Analyse anhand der Wertkette nach Porter, in: BAFIFO — Bank- und Finanzwirtschaftliche Forschung, Nr. 21, Diskussionsbeiträge des Lehrstuhl für BWL, insb. Finanzwirtschaft, Universität Bamberg 2002.

ENGELMANN, B./HAYDEN, E./TASCHE, D. (2003): Measuring the Discriminative Power of Rating Systems, in: Deutsche Bundesbank Discussion Paper Series 2: Banking and Financial Supervision, No. 1/2003.

GRUNERT, J./NORDEN, L./WEBER, M. (2005): The Role of Non-Financial Factors in Internal Credit Ratings, in: Journal of Banking & Finance 29, S. 509–531.

KRÄMER, W. (2003): Die Bewertung und der Vergleich von Kreditausfall-Prognosen, in: Kredit und Kapital 36, S. 395–410.

LEHMANN, B. (2003): Is It Worth the While? The Relevance of Qualitative Information in Credit Rating, Working Paper, University of Konstanz 2003.

OEHLER, A. (1995): Die Erklärung des Verhaltens privater Anleger – Theoretischer Ansatz und empirische Analysen, Stuttgart, Poeschel 1995.

OEHLER, A. (2000): Behavioral Finance – Theoretische, empirische und experimentelle Befunde unter Marktrelevanz, in: BankArchiv 48, S. 978–989.

OEHLER, A. (2004a): Anlegerschutz in einem markt- und intermediärbasierten System – Eine Analyse im Lichte der Neuen Institutionenökonomik, der Theorie der Finanzintermediation und der Behavioral Economics & Finance; in: BAFIFO — Bank- und Finanzwirtschaftliche Forschung, Nr. 28, Diskussionsbeiträge des Lehrstuhl für BWL, insb. Finanzwirtschaft, Universität Bamberg 2004,.

OEHLER, A. (2004b): „Only you"? – Marktanteile und Migration im Privatkundengeschäft Erhebliche Unterschiede zwischen den Bankengruppen, in: BankArchiv 52, S. 181–188.

OEHLER, A. (2005a): Zufriedenheit im Retail Banking? – Erfolgsfaktoren des Banking der Zukunft, in: PETZEL, E. (Hrsg.), E-Finance, Technologien, Geschäftsmodelle und Kundenmanagement nach dem Internet-Hype, Wiesbaden 2005, S. 151–193.

OEHLER, A. (2005b): Zur Makrostruktur von Finanzmärkten – Börsen als Finanzintermediäre im Wettbewerb; in: KÜRSTEN, W./NIETERT, B. (Hrsg.), Kapitalmarkt, Unternehmensfinanzierung und rationale Entscheidungen, Springer, Berlin u.a. 2005, S. 267–282.

OEHLER, A./UNSER, M. (2002): Finanzwirtschaftliches Risikomanagement, 2. Aufl., Springer, Berlin u.a 2002.

OEHLER, A./VOIT, M. (1999): Informationsökonomische Aspekte des Bond-Rating, in: BankArchiv 47, S. 968–974.

Die Bedeutung des Unternehmens-controllings im Rahmen des Nachfolgeratings

Wolfgang Berens/Klaus Flacke/Andreas Siemes

1. Einleitung

Im Jahr 2005 steht nach Angaben des Instituts für Mittelstandsforschung in Bonn in ca. 71.000 mittelständischen Unternehmen mit 678.000 Mitarbeitern die Unternehmensnachfolge an.[1] Neben dem scheidenden Unternehmer haben dabei sowohl die mit dem Unternehmen in einer Geschäftsbeziehung stehenden Banken des Unternehmens als auch potenzielle Nachfolger des Unternehmens ein Interesse an der Regelung der Nachfolge. Alle Beteiligten und Interessenten werden ihren Zielen folgend eine Beurteilung des Unternehmens wie auch der Nachfolgeregelung vornehmen. Im Sinne des Wortes Rating (to rate = beurteilen) nehmen damit die Beteiligten ein Rating der Nachfolge vor. Im Folgenden soll der Begriff des Ratings in einer weiteren als der betriebswirtschaftlich häufig verbreiteten Definition verwendet werden.[2] Hierbei werden alle Vorgänge, die sich mit der Beurteilung der Nachfolge oder des von der Nachfolge betroffenen Unternehmens befassen, unter dem Oberbegriff Nachfolgerating zusammengefasst. Dieses Nachfolgerating fließt im Rahmen des Ratingprozesses nach Basel II aus Bankensicht in das Bonitätsrating ein, sodass in den folgenden Ausführungen eine zeitgleiche Betrachtung der beiden Themengebiete erfolgen wird. Ein adäquat ausgestattetes Controllingsystem kann in diesem Zusammenhang helfen, die verschiedenen Beteiligten mit den für den Ratingprozess notwendigen Informationen zu versorgen.

Ziel des Beitrages ist es, auf Basis der in Abschnitt 3 analysierten Anforderungen, die die Beteiligten im Rahmen ihrer jeweiligen Ratings haben, aufzuzeigen, wie sich ein mittelständisches Unternehmen durch ein sachgerechtes Controlling für die Nachfolgethematik rüsten kann. Die daraus resultierenden Anforderungen an das Controlling und Auswirkungen auf die konkrete Ausgestaltung werden schlussfolgernd in Abschnitt 4 dargestellt.

2. Mittelstand und Unternehmensnachfolge

2.1 Der Begriff des Mittelstands

Eine allgemeingültige Definition des Begriffs „Mittelstand" konnte sich weder in der Literatur noch in der Praxis durchsetzen. So finden sich in der Literatur verschiedene Abgrenzungen, die sich grob nach quantitativen und qualitativen Kriterien unterscheiden lassen.

Bei der Abgrenzung nach quantitativen Aspekten werden typischerweise ökonomische Kriterien wie Umsatz, Anzahl der beschäftigten Mitarbeiter und zum Teil auch die

---

1 Vgl. IfM Bonn (2004).

2 Unter Rating wird ansonsten in der Regel die Bestimmung der Fähigkeit zur Erfüllung von Zahlungsverpflichtungen verstanden. Vgl. z.B. Gleißner/Füser (2003), S. 11.

Bilanzsumme herangezogen.[3] Die verbreitetsten Definitionen stammen dabei vom Institut für Mittelstandsforschung in Bonn (IfM) und von der EU-Kommission. Das IfM Bonn unterscheidet zwischen Klein- (Mitarbeiter < 10, Umsatz < 1 Mio. Euro), Mittel- (Mitarbeiter 10 bis 499, Umsatz 1 bis 50 Mio. Euro) und Großunternehmen (Mitarbeiter ab 500, Umsatz ab 50 Mio. Euro). Die neue Definition der EU-Kommission nimmt hingegen eine noch detailliertere Unterteilung vor. Sie unterscheidet zwischen Kleinst- (Mitarbeiter < 10, Umsatz < 2 Mio. Euro, Bilanzsumme < 2 Mio. Euro), Klein- (Mitarbeiter 10 bis 49, Umsatz 2 bis 10 Mio. Euro, Bilanzsumme 2 bis 10 Mio. €), Mittel- (Mitarbeiter 50–249, Umsatz 10–50 Mio. €, Bilanzsumme 10–43 Mio. €) und Großunternehmen (Mitarbeiter ab 250, Umsatz ab 50 Mio. Euro, Bilanzsumme ab 43 Mio. Euro). Zudem wird zum Teil auch die Abgrenzung aus § 267 HGB herangezogen, auf die hier jedoch nicht näher eingegangen werden soll. Die quantitativen Abgrenzungen versuchen anhand objektiver Kriterien eine Unterteilung verschiedener Unternehmen zu ermöglichen und durch diese Kriterien indirekt auf die Charakteristika mittelständischer Unternehmen rückzuschließen.

Die Abgrenzung nach qualitativen Kriterien hingegen versucht eine Abgrenzung mittelständischer von sonstigen Unternehmen direkt durch die eindeutige Beschreibung der Charakteristika des mittelständischen Unternehmens vorzunehmen. So wird für den Mittelstand häufig als Abgrenzungskriterium die Einheit von Leitung, Kontrolle und Eigentum und dadurch auch das Tragen des wirtschaftlichen Risikos herausgestellt.[4] Der zentralen Rolle der Person des Unternehmers, die alle genannten Funktionen auf sich vereint, kommt dadurch eine bedeutende Rolle bei der Charakterisierung des mittelständischen Unternehmens zu. Dies führt zwangsläufig zu einem sehr hohen Anteil des Unternehmers an der Unternehmensführung wodurch dieser einen entsprechend hohen Einfluss auf den Erfolg des Unternehmens hat.[5] Eine weitere Konsequenz, auch in Verbindung mit der in der Regel begrenzten Unternehmensgröße, ist ein geringer Formalisierungsgrad[6] und flache Hierarchien.[7] Aufgrund der zum Teil starken emotionalen Involvierung des Unternehmers in das Unternehmen finden anders als bei Großunternehmen neben rein ökonomischen Zielsetzungen auch weitere Kriterien wie Unabhängigkeit, Selbstverwirklichung oder Ähnliches Berücksichtigung.[8]

2.2 Formen der Nachfolgeregelung

Steht in einem mittelständischen Unternehmen die Unternehmensnachfolge an, so kommen grundsätzlich verschiedene Formen der Nachfolgeregelung in Frage. Die möglichen Nachfolgealternativen lassen sich in drei Kategorien aufteilen. So besteht erstens die

3 Zu den Definitionen vgl. Behringer (2004), S. 8 und Berens/Högemann/Segbers (2005), S. 9.

4 Vgl. dazu z.B. die Definitionen von Hamer (1997) S. 30 f., Kayser (1997), S. 85, Klein (2000), S. 19 ff. oder Wolter/Hauser (2001), S. 29 ff.

5 Vgl. Lück (2000), S. 1474 f.

6 Vgl. z.B. Kayser (1997) S. 84 ff., Pfohl (1997), S. 19 ff.

7 Vgl. Pfohl (1997), S. 20.

8 Vgl. Bamberger/Pleitner (Hrsg.) (1988), S. 61 ff.

Möglichkeit einer familieninternen Nachfolgeregelung. Bei dieser im deutschen Mittelstand von den meisten Unternehmern bevorzugten Nachfolgealternative[9] wird Eigentum und Führung des Unternehmens an andere Familienmitglieder, meist aus der nachfolgenden Generation, weitergegeben. Der Grund für die große Beliebtheit dieser Lösung liegt unter anderem in dem Wunsch des Unternehmers nach Kontinuität und Fortführung der Familientradition des Unternehmens. Darüber hinaus lässt sich ebenfalls der Wunsch nach einem fortdauernden Einfluss auf das Unternehmen identifizieren.[10] Demgegenüber birgt aufgrund der persönlichen Nähe der Beteiligten diese Regelung häufig ein hohes Konfliktpotenzial, was mitunter zu Lasten des betroffenen Unternehmens geht. Der Wunsch nach einer familieninternen Nachfolgeregelung führt zum Teil dazu, dass diese Lösung gewählt wird, obwohl ein für die zukünftige Entwicklung des Unternehmens geeigneter Nachfolgekandidat nicht vorhanden ist.[11] Nach Angaben des IfM Bonn werden in 2005 43,8 Prozent der zu übergebenden Unternehmen eine familieninterne Lösung wählen.[12]

Als Alternative kann daher die Nutzung einer externen Nachfolgeregelung in Frage kommen.[13] Diese wird in 2005 voraussichtlich von 47,8 Prozent der betroffenen Unternehmen gewählt.[14] Dabei gehen Management und in Abhängigkeit von der Ausgestaltung auch das Eigentum an Familienexterne über.

Abhängig von der/ den Personen können verschiedene Varianten unterschieden werden. So übernehmen beim Management-Buy-out (MBO) familienexterne, aber bereits vor der Nachfolge im Unternehmen beschäftigte Mitglieder des Managements zusätzlich zu der vollen Verantwortung für die Führung des Unternehmens auch das Eigentum. Im Gegensatz dazu übernehmen beim Management-Buy-in (MBI) familienexterne und bisher auch nicht im Unternehmen beschäftigte Personen Management und Eigentum. MBO wie auch MBI finden dabei je nach Größe des Unternehmens unter Einschaltung von kapitalgebenden Eigen- und Fremdkapitalinvestoren statt. Mit beiden Varianten kann bei Fehlen eines geeigneten familieninternen Nachfolgers ein Fortbestand des Unternehmens gesichert werden. Allerdings geht dies oft mit dem Verlust des Einflusses des scheidenden Unternehmers bzw. der bisherigen Eigentümerfamilie einher. Daher kann sich als weitere Alternative auch die Einstellung eines Fremdmanagements anbieten. Dabei geht zwar die Unternehmensführung an unternehmensinterne oder -externe Manager über, das Eigentum bleibt jedoch im Familienbesitz. Daneben sind aber auch Mischformen mit teilweiser Beteiligung des neuen Managements denkbar. Als weitere Form der externen Nachfolge kommt zuletzt noch der Verkauf des Unternehmens an ein anderes (Konkurrenz-)Unternehmen in Frage.

---

9 Vgl. Mertens (2003), S. 284. Demnach wünschen sich rund 90 Prozent eine familieninterne Lösung.

10 Zu Motiven, Konflikten und Problemen der familieninternen Nachfolge vgl. auch Freund (2000) und LeMar (2000).

11 Vgl. Mertens (2003), S. 284.

12 Vgl. dazu sowie zu den im Folgenden genannten empirischen Daten IfM Bonn (2004).

13 Zur externen Nachfolgeregelung und Stiftung vgl. Mertens (2003), S. 286 ff.

14 Daneben werden in 2005 8,3 Prozent der übergabereifen Unternehmen die Geschäftstätigkeit ganz einstellen. Vgl. IfM Bonn (2004).

Die dritte Möglichkeit besteht in der Gründung einer Stiftung und Überführung des Unternehmens in die Stiftung. Dadurch besteht das Unternehmen fort. Durch den begrenzten Zugriff der Erben auf das Unternehmen können unternehmensbedrohende Konflikte verhindert werden, jedoch ist eine effektive und effiziente Unternehmensführung durch mögliche Agency-Probleme nicht immer gesichert.

3. Betrachtungsperspektiven der Nachfolge und des Unternehmens im Nachfolgefall

Steht in einem Unternehmen die Nachfolge an, so besteht von verschiedener Seite ein Interesse an der Lage des Unternehmens sowie der Art und Weise, wie die Nachfolge geregelt wird. Der erste Interessent ist naturgemäß der aktuelle Besitzer des Unternehmens, also der Übergeber. Die Entscheidung, in welcher Form die Nachfolge geregelt werden soll, folgt dabei aufgrund der skizzierten Besonderheiten mittelständischer Unternehmen in der Regel einem Geflecht multipler, oft widersprüchlicher Zielsetzungen.[15] Neben ökonomischen Zielen spielen stärker emotional geprägte Zielsetzungen eine wichtige Rolle. Die wirtschaftlichen Ziele beziehen sich dabei auf die Versorgungs- und Vermögenslage des scheidenden Unternehmers und dessen Familie.[16] Hinzu treten nicht-finanzielle Zielsetzungen wie Unternehmenskontinuität und -prosperität oder das Ausmaß weiterer Mitbestimmung.[17] Bei näherer Betrachtung zeigt sich, dass die potenziellen Ziele, die mit der Nachfolgeregelung verbunden werden, zum Teil konfliktär sind. Aus Sicht des scheidenden Unternehmers gilt es nun, die potenziellen Möglichkeiten der Nachfolgeregelung dahingehend zu beurteilen, also einem Rating zu unterziehen, inwieweit sie geeignet sind, sein persönliches Zielgeflecht zu erfüllen. Dazu müssen die einzelnen Ziele umschrieben und in ihrer Bedeutung zueinander ins Verhältnis gesetzt werden. Die Verbindung aus Komplexität, benötigtem Fachwissen und der Emotionalität der Entscheidung lässt eine Entscheidungsvorbereitung und -unterstützung durch Dritte sinnvoll und notwendig erscheinen, da der Unternehmer ansonsten aufgrund mangelnder Rationalität Gefahr läuft, die „falsche", im Endeffekt nicht seinen eigentlichen Zielsetzungen folgende Wahl zu treffen.[18] Neben dem dargestellten Rating von Nachfolgealternativen steht für den Unternehmer im Falle einer familienexternen Nachfolgeregelung auch noch eine Beurteilung seines Unternehmens zur Ermittlung eines Unternehmenswertes an. Dieser stellt die Grundlage der Verhandlungen über einen Verkaufspreis dar.[19]

15 Vgl. Neumaier (1999), S. 12.
16 Vgl. Mertens (2003), S. 284, Neumaier (1999), S. 12.
17 Zu nicht finanziellen Zielen vgl. z.B. Schmeisser/Grothe (2003), S. 3 f. und Rautenstrauch (2002), S. 79 f. und die dort genannten Quellen.
18 Vgl. Mertens (2003), S. 285.
19 Zu einem allgemeinen Überblick über Verfahren der Unternehmensbewertung vgl. Steiner/Bruns (2002), S. 239 ff. Zu weiterführenden Ausführungen zur Unternehmensbewertung von mittelständischen Unternehmen vgl. Meyer (Hrsg.) (2003) und Behringer (2004).

Die Bereitschaft, das Unternehmen aus den Händen des Vaters oder eines anderen Familienmitglieds zu übernehmen, stellt für einen familieninternen Nachfolger eine schwerwiegende Entscheidung dar, die dementsprechend wohlüberlegt getroffen werden muss. Der Nachfolgekandidat wird sich daher vor seiner Entscheidung ein genaues Bild über alle genannten Faktoren machen und diese zu einem Gesamtbild zusammenfügen, denn auch ein familieninterner Nachfolgekandidat wird ohne die Überzeugung von der zukünftigen wirtschaftlichen Leistungsfähigkeit des Unternehmens schwer für die Fortführung des Unternehmens zu gewinnen sein. Daher besitzt auch ein möglicher familieninterner Nachfolger ein hohes Interesse an einer transparenten Darstellung der Unternehmenssituation, um so eine Lagebewertung durchführen zu können. Im Endeffekt führt damit auch ein familieninterner Nachfolgekandidat ein Nachfolgerating – des Unternehmens selbst und seiner eigenen Zukunftsoptionen – durch.

Durch die neuen Regelungen durch Basel II werden kreditgebende Banken in Zukunft in ihren Bonitätseinschätzungen der qualitativen Beurteilung des Unternehmens im dispositiven und Wertschöpfungsbereich eine deutlich höhere Bedeutung beimessen.[20] Aufgrund der exponierten Rolle des Unternehmers für die zukünftige Bestandssicherung und Beibehaltung der Bonität des Unternehmens spielt die Unternehmensführung und Führungsunterstützung im Rating nach Basel II eine wichtige Rolle. Es ist daher folgerichtig, dass auch der Nachfolge eine besondere Stellung zukommt. Aus diesem Grund werden auch Banken eine eigene Bewertung der Nachfolgeregelung durchführen und in ihr Unternehmensrating einfließen lassen.[21] Grundsätzlich kann festgestellt werden, dass Unternehmen, die über keine aus Bankensicht ausreichende Nachfolgeregelung und -planung verfügen, mit einem Abschlag der Bonitätseinschätzung zu rechnen haben.

Demgegenüber gestellt ist die Beurteilung des Unternehmens bzw. der angedachten Nachfolgeregelung durch potenzielle Übernahmeinteressenten. Für den Fall, dass die Unternehmensnachfolge familienextern geregelt werden sollte, stehen potenzielle Übernehmer vor dem Problem einer ungleichen Informationsverteilung zwischen dem scheidenden Unternehmer und sich selbst hinsichtlich der aktuellen Lage, der zukünftigen Entwicklungschancen sowie der Risikosituation des Unternehmens. Während der Unternehmer über alle Detailinformationen seines Unternehmens verfügt, stehen seinem potenziellen Nachfolger diese Möglichkeiten nicht zur Verfügung. Ist diese Feststellung im Falle eines Management-Buy-outs noch deutlich abzuschwächen, da das bestehende Management zumeist ebenfalls eine gewisse Detailkenntnis des Unternehmens hat, trifft dies für familien- und unternehmensexterne Nachfolger umso mehr zu. Eine weitere Steigerung der durchgeführten Analyse und Beurteilung des Unternehmens dürfte – unabhängig ob MBO oder MBI angestrebt werden – mit einer Beteiligung von rein renditeorientierten Investoren einhergehen.[22]

20 Vgl. Wolf (2003), S. 32 ff.

21 Vgl. z.B. Prümer (2003), S. 54 f.

22 Zu Informationsversorgung und Due Diligence von Finanzinvestoren vgl. Berens/Brauner/Högemann (2005).

Ein Instrument, das sich zum Abbau der bestehenden Informationsasymmetrien im Vorfeld einer solchen Unternehmenstransaktion wie auch zur Ermittlung eines Kaufpreises etabliert hat, ist die Due Diligence.[23] Der Due Diligence kommen dabei die Funktionen der Informationsbeschaffung und –verifizierung, der Risikoanalyse und Prüfung, der Preisfindung und Schaffung einer Entscheidungsgrundlage sowie der Exkulpation zu.[24] Auf Basis der Unternehmensinformationen werden die potenziellen Übernehmer versuchen, alle mit dem Unternehmen verbundenen Risiken aufzudecken und einzuschätzen. Auf deren Basis fällt dann die Entscheidung, ob eine Übernahme des Unternehmens erfolgt, wie bestehende Risiken evtl. vertraglich abgeglichen werden und wie sich die Datenanalyse in einem (maximalen) Kaufpreis aus Sicht des Käufers niederschlägt.

Insgesamt lässt sich also feststellen, dass eine Nachfolgeregelung und das zu übergebende Unternehmen somit aus drei oder aber im Falle der familienexternen Nachfolge sogar aus vier Perspektiven einer Beurteilung unterzogen werden. Aus den Anforderungen der verschiedenen Perspektiven soll im folgenden Abschnitt abgeleitet werden, welche Rollen und Aufgaben sich daraus für das Unternehmenscontrolling ergeben. Die beschriebenen Beziehungen sind in Abbildung 1 dargestellt.

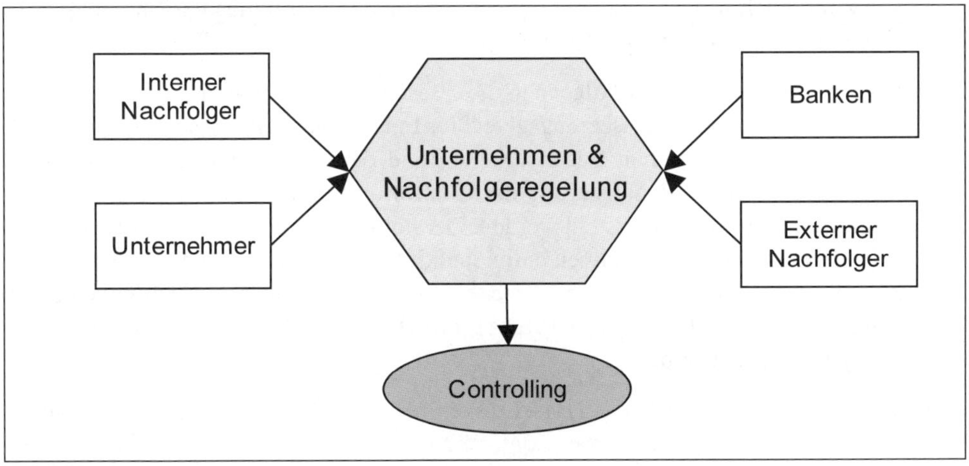

Abbildung 1: Betrachtungsperspektiven und Rolle des Controllings

23 Zur Intention der Due Diligence, Informationsasymmetrien zu überbrücken vgl. Berens/Strauch (2002), S. 13. Die Due Diligence wird tendenziell bei der Übernahme größerer Unternehmen zum Einsatz kommen. Die zu Grunde liegende Systematik der Analyse dürfte jedoch auch dem möglicher weise weniger systematischen Vorgehen der Übernehmer kleinerer Unternehmen entsprechen.

24 Vgl. hierzu und im Folgenden Berens/Schmitting/Strauch (2002), S. 79 ff. und Berens/Brauner/Högemann (2005), S. 54 f.

4. Implikationen für die Aufgaben und die Ausgestaltung des mittelständischen Unternehmenscontrollings

4.1 Aufgaben des Controllings vor dem Hintergrund von Nachfolgerating und Basel II

Wie sich aus den vorausgegangenen Ausführungen ergeben hat, existieren mit dem scheidenden Unternehmer, den Banken sowie dem Nachfolger unterschiedliche Anspruchs- und Interessensgruppen an einer Nachfolgeregelung und dem betroffenen Unternehmen. Aus den Nachfolgeratings der verschiedenen Perspektiven wie auch dem Bankenrating ergibt sich dabei eine Vielzahl verschiedener Aufgaben, die in den Aufgabenbereich des mittelständischen Unternehmenscontrollings fallen. Insgesamt ist bei der Umschreibung der dem Controlling zufallenden Funktionen zu beachten, dass die meisten Funktionen dauerhaft wahrzunehmen sind und nur in wenigen mit der Umsetzung der Nachfolge verbundenen Fällen von kurzfristiger Natur sind.

Unter Controlling soll dabei im Folgenden die „Beschaffung, Aufbereitung und Analyse von Daten zur Vorbereitung zielsetzungsgerechter Entscheidungen“ verstanden werden.[25] Aufgrund der mittelständischen Besonderheiten und der damit einhergehenden häufig wenig ausgeprägten Institutionalisierung der Controllingfunktion soll im Folgenden auf eine funktionale Sichtweise abgestellt werden. Der notwendige Grad der Institutionalisierung ergibt sich für jedes Unternehmen individuell.[26] Die Wahrnehmung der im Folgenden als Controllingaufgaben identifizierten Arbeiten muss daher nicht zwangsläufig von einer Controllingabteilung erfolgen, sondern von Mitarbeitern des Unternehmens, die mit Controllingaufgaben befasst sind.

Im Rahmen des Bankenratings nach Basel II kommen dem Controlling vier verschiedene Funktionen zu. Zunächst besitzt das Controlling im Rahmen des Ratings eine eigene (Prüfungs-)Relevanz. Dementsprechend kommt dem Controlling die Rolle als Gegenstand des Ratings[27] zu. Des Weiteren sollte das Controlling die für das Rating benötigten Informationen und Daten zur Verfügung stellen und aufbereiten.[28] Ohne die Bereitstellung dieser Informationen würde den Banken die Beurteilungsgrundlage fehlen, was von diesen negativ beurteilt wird (fehlende Informationen werden als negative Informationen bewertet). Die dritte Funktion besitzt das Controlling zeitlich indirekt dadurch, dass durch ein gutes und funktionsfähiges Controlling die zahlreichen anderen bewerteten Unternehmensbereiche bei den qualitativen Kriterien und die verschiedenen quantitati-

25 Vgl. Berens/Bertelsmann (2002), Sp. 281.
26 Vgl. Kosmider (1994), S. 132 ff.
27 Vgl. Wambach/Wunderlich (2002), S. 43.
28 Vgl. Wambach/Wunderlich (2002), S. 40.

ven Kriterien positiv beeinflusst werden können. Die vierte Rolle, die dem Controlling zukommt, liegt in der Unterstützung bei der Verfolgung einer nachhaltigen Erreichung der Ratingziele.[29]

Für den Nachfolgefall kommen dem Controlling aus Sicht der Banken im Rahmen dieser Rollen weitere Funktionen zu. Diese liegen zum einen darin, die langfristige Nachfolgeplanung zu begleiten und zu koordinieren. Zum anderen sollten alle nachfolgerelevanten Informationen durch das Controlling aufbereitet und im Rahmen der Unterstützung der Bankenkommunikation regelmäßig und in ansprechender Form übermittelt werden.[30]

Im Rahmen des Nachfolgeratings aus der Perspektive des Nachfolgers ist das Controlling zum einen ähnlich wie beim Bankenrating Gegenstand der Beurteilung. Je nach Nachfolger werden zwar unterschiedlich hohe Ansprüche an die Ausgestaltung des Controllings zum Tragen kommen, grundsätzlich werden potenzielle Nachfolger das Unternehmenscontrolling jedoch hinsichtlich seiner Fähigkeiten zur Schaffung von Transparenz wie auch zur betrieblichen Entscheidungsvorbereitung und damit Steuerungsunterstützung beurteilen. Zum anderen benötigen potenzielle Nachfolger zur Entscheidungs- und wie bei einer externen Übernahme zur Preisfindung umfangreiche Informationen. Wie beim Bankenrating fällt die Aufgabe der Bereitstellung dieser Informationen dabei in den Aufgabenbereich des Controllings. Im Falle der externen Nachfolge kann ein gutes und vorher dauerhaft eingesetztes Controlling zudem mittelbar positiv auf die Lage des Gesamtunternehmens wirken und dadurch zu einer positiveren Bewertung im Rahmen der Beurteilung durch externe Nachfolger führen, was sich explizit in einem höheren an den Alteigentümer zu zahlenden Preis auswirken kann.

Abschließend kommen dem Controlling auch im Rahmen des Nachfolgeratings des Übergebers wichtige Funktionen zu. Zunächst kann das Controlling den Übergeber bei der einmaligen Entscheidung der Wahl der seinem Zielsystem entsprechenden Nachfolgeform unterstützen.[31] Das Controlling kann bei dieser Entscheidung als Sicherer der Rationalität der Entscheidung fungieren. Dies ist insbesondere vor dem angesprochenen Hintergrund der oft mit der Entscheidung einhergehenden hohen Emotionalität von großer Bedeutung für die zukünftige Entwicklung des Unternehmens.

Diese Entscheidungsfindung steht im Grunde am Anfang der langfristigen Nachfolgeplanung. Diese sollte ebenfalls vom Controlling unterstützt und operativ im Sinne eines langfristigen Projektcontrollings begleitet werden. Zudem sollte das Controlling im Falle einer familienexternen Nachfolgeregelung idealerweise in der Lage sein, das methodische Know-how zur Ermittlung eines Unternehmenswertes als Basis für Gespräche mit potenziellen Nachfolgern zur Verfügung zu stellen. Sollte dieses Know-how nicht ausreichend vorhanden sein, muss das Controlling aber in jedem Fall in Zusammenarbeit

29 Vgl. Weber/Müller/Sorg (2004), S. 43.

30 Vgl. Segbers/Siemes (2005 b), S. 311.

31 Diese Aufgabe wird in der Literatur oft externen Beratern zugewiesen. Vgl. dazu z.B. Mertens (2003), S. 285. Bei dieser Aufgabe können aber bei einer entsprechenden Stellung im Unternehmen und Wertschätzung durch den Unternehmer auch unternehmensinterne (Controlling-)Mitarbeiter mitwirken.

mit einem externen Berater einen solchen Unternehmenswert ermitteln und das dann benötigte Datenmaterial zur Verfügung stellen. Abbildung 2 stellt die Ausführungen zu den verschiedenen Rollen des Controllings zusammenfassend dar. Die einzelnen Rollen werden im Folgenden in den in der Abbildung in Klammern benannten Abschnitten näher erläutert.

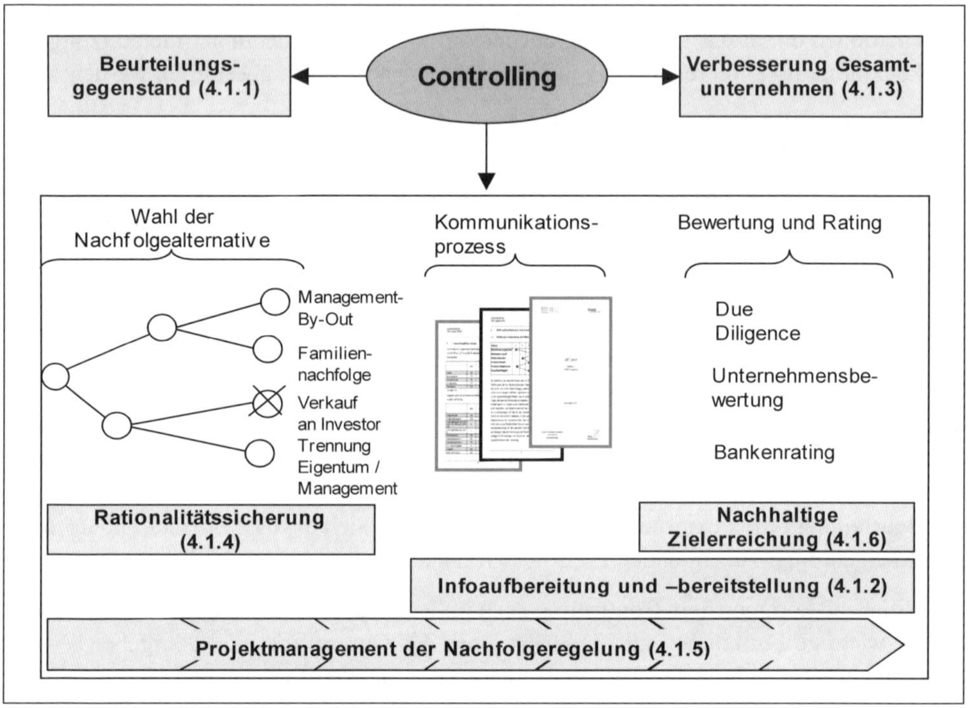

Abbildung 2: Rollen des Controllings

4.1.1 Controlling als Beurteilungsgegenstand

Im Rahmen der qualitativen Ratingfaktoren beurteilen die Banken, ob das Controllingsystem der Unternehmensführung die notwenigen Informationen derart zur Verfügung stellt, dass auf deren Basis Führungsentscheidungen getroffen werden können, welche die zukünftige Bonität und Solvenz des Unternehmens sichern.[32] Es muss der Bank wie auch potenziellen Nachfolgekandidaten ersichtlich sein, dass ein geeigneter Mix aus Instrumenten vorhanden ist, um eine effiziente Planung und Kontrolle durchzuführen, eine Generierung entscheidungsvorbereitender, insbesondere operativer aber auch strategischer Informationen zu ermöglichen, eine Datengrundlage für eine Risikosteuerung und Früherkennung zu schaffen und eine kurzfristige Sicherung der jederzeitigen Zahlungs-

32 Vgl. Wambach/Wunderlich (2002), S. 43.

fähigkeit zu gewährleisten. Aus der Sicht potenzieller Nachfolger besitzt dies besondere Relevanz, da durch ein bereits implementiertes und leistungsfähiges Controlling die spätere Unternehmensführung erleichtert wird. Zudem ist ein derart aufgestelltes Controlling die Voraussetzung für die nötige Transparenz, die insbesondere in der Zeit während und nach der Übernahme von besonderer Bedeutung ist. Da die Basis für all dies, insbesondere auch für die Transparenz, ein leistungsfähiges Rechnungswesen darstellt, wird insbesondere auch der Aufbau der Kostenrechnung betrachtet.[33] Aufbau und Ausgestaltung des Controllings müssen entsprechend dokumentiert und aufbereitet und der Bank sowie einem potenziellen externen Nachfolgekandidaten kommuniziert werden.

4.1.2 Controlling als Informationslieferant

Eine wesentliche Rolle im Prozess des Bankenratings wie aber auch bei einer möglichen Beurteilung durch externe Nachfolger spielt das Informationsverhalten des beurteilten Unternehmens. Die Bereitstellung dieser im Ratingprozess wie auch bei der Due Diligence und Unternehmensbewertung benötigten Informationen gehört zum originären Aufgabenfeld des Controllers.[34] Dabei besteht seitens der Informationsempfänger eine Nachfrage nach Informationen über das Unternehmen.[35] Darunter fallen alle Informationen, die die Bank zur Durchführung des Ratings, der externe Nachfolgekandidat für die Due Diligence oder ein externer Berater für eine Unternehmensbewertung wie zuvor dargestellt benötigen. Dem stehen seitens des Controllings die Informationen, die grundsätzlich im Unternehmen verfügbar sind, gegenüber. Da seitens der Informationsempfänger insbesondere Informationen über die Aufstellung sowie aktuelle und zukünftige wirtschaftliche Situation des Unternehmens erwartet werden, hängt der Umfang der Informationsbasis maßgeblich vom Aufbau von Rechnungswesen und Controlling ab. Die Informationsbasis bestimmt aber noch nicht, welche Informationen den Empfängern tatsächlich zur Verfügung gestellt werden. Vielmehr ist dies vom Informationsverhalten des Unternehmens abhängig. Diese Beziehung lässt sich wie in Abbildung 3 als Informationstriade darstellen.

Das Schema kann grundsätzlich die Situation für alle genannten Informationsempfänger abbilden. Jedoch ist die Informationsnachfrage und somit die Größe des Kreises für die einzelnen Informationsempfänger unterschiedlich groß. So wird ein externer Nachfolgekandidat aufgrund der mutmaßlich höheren Detailliertheit seiner Analyse in einigen Bereichen eine höhere Informationsnachfrage haben als die Bank im Rahmen ihres Ratings. Aus Sicht der Bank und eines externen Nachfolgekandidaten besteht das Ziel ihrer Aktivitäten in der Erstellung eine möglichst vollständigen und zutreffenden Bildes des Unternehmens. Ihnen wird daher daran gelegen sein, dass ihre Informationsnachfrage möglichst umfassend abgedeckt wird. Da fehlende Informationen in der Regel zu einem

33 Vgl. Hanker (2003) 136 ff.

34 Vgl. Barth/Allmendinger (2001), S. 548 zum Bankenrating. Aufgrund der analogen Aufgabenstruktur kann dies auf die anderen genannten Bereiche übertragen werden.

35 Vgl. hierzu und im Folgenden Segbers/Siemes (2005 b), S. 311 f. sowie Mosiek (2002), S. 157 f.

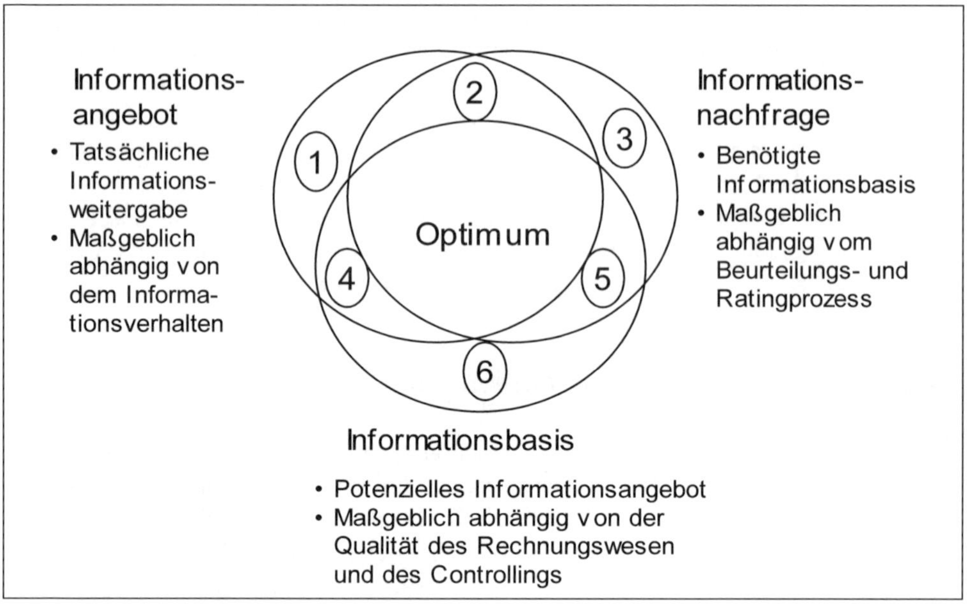

Abbildung 3: Informationstriade

Abschlag in der Beurteilung des Unternehmens führen, sollte auch dem Unternehmen an der Deckung des Informationsbedarfs gelegen sein. Die Informationsbasis sollte sich dabei allerdings nicht vordergründig an der „Abarbeitung" potenzieller Fragestellungen von Banken und/ oder Kaufinteressenten orientieren. Vielmehr sollte eine breite Informationsbasis vorhanden sein, um den Anspruch der externen Informationsempfänger, sich ein eigenes Bild des Unternehmens zu machen, erfüllen zu können.[36] Zudem besitzt eine solche breite Informationsbasis durch die dadurch mögliche Bereitstellung der betriebswirtschaftlich notwendigen Informationen für die Unternehmensteuerung eine besondere Bedeutung für die Qualität der Unternehmenssteuerung und damit des Gesamtunternehmens (siehe Abschnitt 4.1.3).

In seiner unterstützenden Rolle bei der Kommunikation mit Banken und Nachfolgekandidaten ist es nun die Aufgabe des Controllings, alle von den externen Informationsnachfragern erwarteten Informationen zu beschaffen und entsprechend aufzubereiten und wenn nötig zu analysieren. In Bezug auf das Rating dient das Controlling folglich der Beschaffung, Aufbereitung und Analyse von Daten zur Vorbereitung auf den Ratingprozess und zur Unterstützung desselben.[37] Dies trifft sowohl für das Bankenrating als auch für die Beurteilung durch potenzielle Nachfolger zu. Das Controlling muss durch den Einsatz geeigneter Instrumente und einer geeigneten Informationsverarbeitung alle benötigten Informationen zeitnah, flexibel und sachlich richtig zur Verfügung stellen. Es gilt zu vermeiden, dass geforderte Informationen entweder nicht vorhanden sind (Feld 3 der Abbildung 3) oder aber

36 Vgl. Segbers/Siemes (2005 b), S. 312.
37 In Anlehnung an das Controllingverständnis von Berens, vgl. Berens/Bertelsmann (2002) Sp. 281.

nicht kommuniziert werden (Feld 5).[38] Dies kann sowohl zu einem Vertrauensverlust seitens der Informationsempfänger als auch zu einer negativen Einschätzung des Controllings selbst führen. Denn wie in Abschnitt 4.1.1 dargestellt, kommt der Beurteilung des Controllings sowohl seitens der Bank als auch seitens potenzieller Nachfolger eine bedeutende Rolle zu. Ist das Controlling jedoch nicht in der Lage, die gewünschten Informationen bereitzustellen, wirft dies ein entsprechend negatives Bild auf das Controlling und führt mit abnehmender Befriedigung des Informationsbedürfnisses zu einer schlechteren Beurteilung.

Die Erfahrung zeigt dabei, dass ein Mangel an verfügbaren Informationen insbesondere im Bereich von qualitativen, vor allem zukunftsorientierten strategischen und Risikoinformationen besteht.[39] Neben eher operativen Informationen sollte aber gerade auch versucht werden, einen Überblick über stärker zukunftsorientierte Informationen zu ermöglichen. So sollten nach Möglichkeit zukünftige strategische Erfolgsfaktoren und Potenziale ebenso aufgezeigt werden wie potenzielle Risiken und Maßnahmen zu deren Überwindung oder Abschwächung.[40] Diese Darstellungen sollten zudem quantitativ mit entsprechenden langfristigen Planungsrechnungen unterlegt werden.

Die gute Kommunikation zeichnet sich aber ebenso durch die Aufbereitung der Informationen aus. So sollte die Bankenkommunikation idealerweise über übersichtliche und aussagekräftige Berichte erfolgen.[41] Die Kommunikation an Nachfolgekandidaten sollte durch eine entsprechend ausgearbeitete Unternehmensdarstellung unterstützt werden.[42] Dadurch haben Unternehmen auch die Möglichkeit, sich gegenüber externen Informationsempfängern entsprechend positiv darzustellen. Zudem spielt auch die Regelmäßigkeit der Informationsversorgung eine wichtige Rolle. Im Bereich des Bankenratings wird zukünftig die Einreichung von Jahresabschlüssen erst Monate nach Abschluss des Geschäftsjahres bei der Bank nicht mehr ausreichend sein. Vielmehr wird von den Banken in Zukunft eine regelmäßigere, auch unterjährige und eine stärker proaktive Kommunikation erwartet. Unternehmen, die an einer positiven Darstellung interessiert sind, sollten diesen Anforderungen durch ein entsprechendes Informationsverhalten möglichst gerecht werden.[43] Insgesamt kann eine derartige Befriedigung der Informationsnachfrage sowohl zu einer Verbesserung des Bonitätsurteils als auch zu einer positiven Entscheidung von potenziellen Nachfolgern und aufgrund einer mutmaßlich besseren Beurteilung des Gesamtunternehmens bei externen Nachfolgern zu einem höheren Kaufpreis führen.

4.1.3 Controlling zur Verbesserung des Gesamtunternehmens

Der Einsatz eines leistungsfähigen und transparenzschaffenden Controllings dient der Vorbereitung von zu treffenden Entscheidungen. Werden diese Entscheidungen auf Basis

38 Vgl. Segbers/Siemes (2005 b), S. 312.
39 Vgl. hierzu auch Abschnitt 4.3 sowie Flacke/Siemes (2005), S. 184 ff.
40 Vgl. Gleißner/Füser (2002), S. 237 f.
41 Vgl. Verband Deutscher Treasurer (2003), S. 164 f.
42 Vgl. Felden/Klaus (2003), S. 85.
43 Vgl. Bonn/Mosch (2003), S. 24.

einer umfangreichen, gut aufbereiteten und analysierten Datenlage getroffen, ist die Wahrscheinlichkeit einer „guten“ Entscheidung im Sinne der wirtschaftlichen Ziele des Unternehmens höher, als würde – wie im Mittelstand durchaus häufig anzutreffen – „aus dem Bauch heraus“ entschieden.[44] Dadurch kann das Controlling mittelbar auf einige der anderen beurteilten unternehmerischen Teilbereiche und auch auf die betrachteten Bilanzkennzahlen und somit auf die wirtschaftliche Lage des Gesamtunternehmens Einfluss nehmen. Neben dem Gesamtunternehmen können sich die unterschiedlichen Teilbereiche des Unternehmens auch positiv in der Außendarstellung entwickeln.

Langfristig kann ein an den Besonderheiten des jeweiligen Unternehmens ausgerichtetes Controlling, das in die Entscheidungsfindung eingebunden wird, damit zu einer Verbesserung der Beurteilung sowohl im Rahmen des Nachfolgeratings externer Nachfolger als auch des Bankenratings nach Basel II führen. Dadurch kann indirekt ein höherer Unternehmenswert und ein besseres Bonitätsurteil erreicht werden.

4.1.4 Controlling zur Rationalitätssicherung der Nachfolgeentscheidung

Wie in Abschnitt 3 thematisiert, stellt die Regelung der Unternehmensnachfolge insbesondere für den Übergeber eine wichtige und häufig sehr emotionale Entscheidung dar. Um diese Entscheidung im Sinne des Unternehmers zu treffen, sollte sie auf einer möglichst rationalen Basis gemäß der von ihm verfolgten Ziele erfolgen. Neben dem Unternehmer selbst ist aber auch die Bank an einer rationalen Entscheidung zugunsten der für die wirtschaftliche Zukunft des Unternehmens am Besten geeigneten Alternative interessiert. Da das Controlling zur Vorbereitung zielsetzungsgerechter Entscheidungen dient, ist die dadurch eintretende Situation dem Aufgabenbereich des Controllings zuzuordnen.[45] Das Controlling kann dem Unternehmer bei dieser Entscheidung beratend zur Seite stehen. Es sollte versuchen, alle möglichen Nachfolgealternativen auf ihre Vorteilhaftigkeit hinsichtlich der festgelegten Zielsetzung unter Berücksichtigung der aufgestellten Nebenbedingungen rational zu beurteilen. Denkbar wäre hier zum Beispiel der Einsatz eines Scoring- Modells. Das Controlling ist durch diese Funktion gezwungen, sich intensiv mit den möglichen Formen der Nachfolgeregelung zu beschäftigen, sodass dadurch das nötige Fachwissen in das Unternehmen gelangt. Regelmäßig sollte in diesem Zusammenhang auf entsprechendes externes Fachwissen, insbesondere in gesellschafts- und steuerrechtlicher Hinsicht, zurückgegriffen werden.[46]

Fraglich bleibt an dieser Stelle, inwieweit und ob überhaupt der scheidende Unternehmer sich in diese Entscheidung hineinreden lässt bzw. wie stark er sich möglichen der emotionalen oder intuitiven Entscheidung entgegensprechenden rationalen Argumenten öffnet.

44 Vgl. dazu auch Abschnitt 4.3 und die hohe Bedeutung der Erfahrung als Entscheidungskriterium.
45 Zur Betonung der Aufgabe der Rationalitätssicherung des Controlling vgl. auch Weber/Schäffer (1999).
46 Vgl. Niedostadek (2003), S. 240.

4.1.5 Controlling als Projektmanager der Nachfolgeregelung

Wie bereits dargestellt, stellt die Planung und Organisation der Unternehmensnachfolge einen langfristigen Prozess dar. Die einschlägige Literatur weist darauf hin, dass der Unternehmer die Planung der Nachfolgeregelung in einem Alter von etwa 50 Jahren beginnen sollte.[47] Ein solch langfristig angelegtes wie auch komplexes Projekt bedarf jedoch einer entsprechenden Projektorganisation. Dabei sollte das gesamte Projekt zunächst in seine wesentlichen Bestandteile aufgeteilt werden.[48] Zur Unterstützung und Systematisierung bietet es sich dabei an, die einzelnen Schritte mittels eines Projektstrukturplans zu systematisieren. Dieser sollte alle Arbeitspakete und Schritte enthalten, die zur erfolgreichen Realisierung des gesamten Nachfolgeprozesses notwendig sind. Die einzelnen Arbeitspakete sollten dann entsprechend weiter untergliedert werden. Dieses Vorgehen ist insbesondere vor dem Hintergrund der dargestellten Bedeutung der Einbeziehung externer Know-how-Träger, wie Steuerberater, Unternehmensberater und Firmenkundenbetreuer der Bank, unerlässlich. Dabei ist ein strukturiertes Projektcontrolling wichtig, um die verschiedenen Aktivitäten und die Kommunikation sowie die Informationsanforderungen der Beteiligten zu koordinieren.

Dem Projektcontrolling kommt neben der Planung und Koordination der einzelnen Teilaktivitäten im Rahmen der Nachfolgeplanung vor allem eine große Bedeutung hinsichtlich der Zeitplanung des Projektes zu. So sollten alle Aktivitäten des Projektes terminiert werden. Zudem bietet es sich an, innerhalb des Projektplans für kritische Aktivitäten Meilensteine zu setzen. Mittels Soll-Ist-Analysen und/ oder Meilensteintrendanalysen sollte der Projektfortschritt kritisch überwacht und gegebenenfalls auf deutliche zeitliche Abweichungen hingewiesen werden. Es ist jedoch anzumerken, dass aufgrund der extremen Langfristigkeit des Projekts der Unternehmensnachfolge eine Projektplanung und Terminierung der Arbeitsschritte nicht einmalig sondern vielmehr rollierend erfolgen sollte.[49] Während zu Beginn eine Grobplanung und Setzung einiger weniger Meilensteine ausreichend erscheint, sollte der Detaillierungsgrad der Planung vor allem nach der Entscheidung, welche Form der Nachfolge angestrebt werden soll, entsprechend erhöht werden.

4.1.6 Controlling zur nachhaltigen Erreichung der Ratingziele

Im Rahmen des Bankenratings sollten die wesentlichen und ausschlaggebenden Ratinganforderungen und -kriterien in das interne Berichtswesen und auch in das bei der Unternehmenssteuerung betrachtete Kennzahlen- und Wertesystem integriert werden. Dadurch wird verfolgt, wie sich betriebliche Entscheidungen auf die Unternehmensbonität auswirken.[50] Aber auch Teile aus den Nachfolgeratings können in Unternehmenssteuerung und -berichtswesen integriert werden. Dies könnten im Falle einer geplanten externen

47 Vgl. z.B. Kramer (2001), S. 543.
48 Zur Projektplanung der Nachfolge vgl. Felden/Klaus (2003), S. 62 ff.
49 Vgl. Niedostadek (2003), S. 241.
50 Vgl. Weber/Müller/Sorg (2004), S. 43.

Unternehmensnachfolge z.B. für den Unternehmenswert relevante Indikatoren oder aber Informationen über den Fortschritt der Umsetzung der im Nachfolgeplan vorgesehenen Maßnahmen sein.

4.2 Implikationen für die Ausgestaltung des Controllings

4.2.1 Einsatz von Controllinginstrumenten

Ein den Anforderungen von Basel II[51] wie auch einer bevorstehenden Unternehmensnachfolge gerecht werdendes Mittelstandscontrolling sollte alle von externen Betrachtern benötigten Informationen zeitnah und übersichtlich bereitstellen, die Ratingziele berücksichtigen und den Anforderungen der Banken und internen wie externen Nachfolgern genügen. Nach Möglichkeit sollte sich das Mittelstandscontrolling durch eine gute Entscheidungsvorbereitung und -koordination positiv auf das gesamte Unternehmen auswirken, dauerhaft und langfristig das Projektmanagement der Nachfolgeregelung übernehmen und den Unternehmer bei der Wahl der „richtigen" Nachfolgeentscheidung unterstützen.

Daraus ergibt sich, dass neben der Gewinnung eher gegenwarts- und kurzfristig orientierter Informationen eine stärkere Zukunftsorientierung angestrebt werden muss. Demnach sollte ein stärkeres Augenmerk auf den Einsatz des strategischen Controllings und des Risikocontrollings gelegt werden. Aufgrund der oft knappen Personalkapazitäten im Mittelstand ist zudem in allen Bereichen zu prüfen, inwieweit eine Vereinfachung durch den Einsatz entsprechender Software möglich ist.

Im operativen Controlling muss die Grundlage ein aussagekräftiges Rechnungswesen sein. Neben der Finanzbuchhaltung sollte hier auch auf eine Kostenrechnung fokussiert werden, die entscheidungsrelevante Informationen liefern kann. Somit sollten in der Kostenrechung Berechnungen sowohl auf Teilkosten- wie auch auf Plankostenbasis erfolgen. Investitionsentscheidungen sollten weniger nach Erfahrung und Intuition sondern vielmehr nach rationaleren Kriterien wie Kapitalwert oder zumindest Investitionsrendite getroffen werden. Zudem ist es notwendig, sowohl während als auch nach der Investitionslaufzeit Wirtschaftlichkeitsrechnungen durchzuführen, um bedrohliche Fehlentscheidungen frühzeitig zu erkennen bzw. in der Zukunft zu vermeiden.[52] Auch sollte bei der Kapitalwertermittlung idealerweise ein das Risiko der Investition berücksichtigender Diskontierungszinssatz zum Einsatz kommen. Im Sinne einer nachhaltigen Zielerreichung ist dies von besonderer Bedeutung, da eine wertorientierte Investitionsentscheidung systematisch nur auf Basis einer risikoadjustierten Kapitalisierung zukünftiger Zahlungen erreicht werden kann.[53] Durch die Anwendung kapitalwertorientierter Investitionsrechnungen kann zudem auch die Basis für das entsprechende Fachwissen für die Unternehmensbewertung gelegt

51 Zu den Implikationen von Basel II auf das Mittelstandscontrolling vgl. auch Flacke/Siemes (2005), S. 183 f.

52 Vgl. Gleißner/Füser, S. 245 ff. und S. 241 f.

53 Vgl. Schierenbeck/Lister (2001), S. 314 f.

werden. Dadurch kann dann im Nachfolgefall im Zweifel in Zusammenarbeit mit externen Experten ein entsprechender Unternehmenswert ermittelt werden. Zur Unternehmenssteuerung, aber auch zur Verfolgung der Ratingziele sollten steuerungs- und ratingrelevante Kennzahlen regelmäßig berechnet und zeitnah kommuniziert werden. Neben den im Bankenrating relevanten Kennzahlen gilt es zudem zu überlegen, ob im Falle einer möglichen externen Unternehmensnachfolge im Sinne einer nachhaltigen Erreichung der (Nachfolge-) Ratingziele wertorientierte Kennzahlen in die betriebliche Steuerung integriert werden. Zur Bestands- und Erfolgssicherung des Unternehmens sollten, auch aufgrund der hohen Bedeutung aus Banken- wie auch aus Nachfolgersicht, für alle Unternehmensbereiche regelmäßige und längerfristige Pläne aufgestellt werden. Diese sollten durch Soll-Ist-Vergleiche regelmäßig überprüft werden. Eine besondere Bedeutung besitzt an dieser Stelle die Liquiditätsplanung.[54] Die langfristige Planung ist zudem Voraussetzung zur Datenprognose im Rahmen der Durchführung einer eigenen Unternehmensbewertung.

Wie bereits zuvor erwähnt, sollte das Unternehmenscontrolling aufgrund der zunehmenden Bedeutung einer risikobewussten Unternehmensführung ein mittelstandsgerechtes Risikocontrolling beinhalten[55], das in Abhängigkeit von der Unternehmensgröße an Detailliertheit gewinnen sollte. Dies ist insbesondere vor dem Hintergrund der Transparenz der Unternehmenslage für zukünftige Unternehmensführer im externen wie internen Nachfolgefall wie auch für Steuerungszwecke bedeutend. Das strategische Controlling kann zum einen wichtige steuerungsrelevante Informationen für die Unternehmensführung generieren und zudem den Nachweis erbringen, dass das Unternehmen sich systematisch mit der Zukunft auseinandersetzt, zum anderen können die dort generierten Informationen im Zusammenspiel mit dem Risikocontrolling zur Aufdeckung des zukünftigen Gefahrenpotenzials und zur Risikominimierung herangezogen werden.[56] Art und Umfang der sinnvollerweise zu nutzenden Instrumente ist dabei stark branchen- und unternehmensabhängig. Ein Instrument, das häufig aufgrund der Bedeutung eines Vorhandenseins und der Umsetzung einer Unternehmensstrategie, aus Banken- und Nachfolgersicht aber auch wegen der Bedeutung zur Verbesserung des Unternehmenserfolges sinnvoll zum Einsatz kommen kann, ist die Balanced Scorecard.[57] Durch deren Einsatz kann neben der Implementierung der Unternehmensstrategie eine integrierte Risikosteuerung erreicht werden. Zudem können verschiedene für das Bankenrating relevante Faktoren wie auch wertorientierte Kennzahlen überwacht werden, sodass eine Erfüllung der Aufgabe der nachhaltigen Zielerreichung erleichtert wird.

Aufgrund der Bedeutung zur Informationsgewinnung und -bereitstellung des Controlling sollte eine adäquate Kommunikation der Informationen – intern wie extern – schließlich durch schriftliche Dokumentation unterstützt und durch eine möglichst EDV-gestützte Datensammlung und -konsolidierung getragen werden.

Insgesamt muss konstatiert werden, dass es das Controlling für mittelständische Unternehmen nicht gibt. Vielmehr muss sein Aufbau und dessen Beurteilung in Abhängigkeit

54 Zu Kennzahlen und Planung vgl. Keiner (2001) S. 252 ff.
55 Vgl. Henschel, 2003, S. 331.
56 Vgl. Wambach/Wunderlich, 2002, S. 41.
57 Vgl. Wehrmann/Schöneis, 2004, S. 92 ff.

von den besonderen Unternehmensgegebenheiten erfolgen. Dies gilt sowohl für Art und Umfang der verwendeten Instrumente wie auch für die institutionelle Verankerung im Unternehmen. Dennoch kommen dem Controlling unabhängig von diesen Besonderheiten die in Abschnitt 4.1 beschriebenen Rollen zu, sodass im Rahmen der Möglichkeiten, insbesondere der vorhandenen Ressourcen, versucht werden muss, diese Aufgaben möglichst gut zu erfüllen. Neben den eher operativen Controllinginformationen sollte jedes Unternehmen daher ein Mindestmaß an strategischer Informationsgewinnung und Risikobewusstsein anstreben. Ebenso sollte ein ressourcenadäquates Projektmanagement möglich sein. Ein Weg hierzu kann im ergänzenden Einsatz von mittelstandsspezifischen und ressourcensparenden Softwarelösungen liegen.

4.2.2 Unterstützung durch mittelstandsspezifische Software

Der Blick in die Praxis zeigt, dass insbesondere die Bereiche des strategischen wie auch des Risikocontrollings stark vernachlässigt werden.[58] Zudem bestehen auch im Bereich der Bankenkommunikation häufig Defizite; auch sind die für Controllingaufgaben verfügbaren Ressourcen oft sehr knapp. Eine einfache und ressourcenschonende Möglichkeit, diese Defizite zum Teil zu vermindern, kann im Einsatz der vom Lehrstuhl für BWL, insbesondere Controlling der Universität Münster, unter Förderung der Stiftung Industrieforschung und in Zusammenarbeit mit der WGZ Bank und der BMS Consulting GmbH entwickelten Software MinD liegen. Diese unterstützt über eine mit Vergleichsdaten hinterlegte systematische Selbsteinschätzung des Gesamtunternehmens die Aufdeckung von Chancen und Risiken sowie die Ableitung und Durchführung von Gegenmaßnahmen. Zudem kann durch die automatische Erstellung eines standardisierten Bankenberichts für den genossenschaftlichen Bankensektor die Bankenkommunikation entscheidend unterstützt werden. Nähere Informationen über die kostenlos erhältliche Software finden sich unter *www.Min-d.de.*

Um die Besonderheiten und speziellen Anforderungen im Nachfolgefall jedoch besser abdecken zu können, plant der Lehrstuhl für Controlling in Zusammenarbeit mit weiteren Projektpartnern die Erstellung einer weiteren, speziell auf die Nachfolgeplanung zugeschnittene Softwarelösung. Zielsetzung des Vorhabens ist die Entwicklung einer Software, die mittelständische Unternehmen in die Lage versetzt, selbstständig eine strukturierte Lösung für das Nachfolgeproblem vorzubereiten, wobei gleichzeitig auch die Integration von Nachfolgeexperten, wie Steuerberatern und Firmenkundenbetreuern, in den Planungsprozess gefördert werden soll. Darüber hinaus wird die Umsetzung des Lösungswegs, angefangen von der langfristigen Planung, der Projektbegleitung und der Bereitstellung von einzelnen Instrumenten wie der Unternehmensbewertung bis hin zur Dokumentation unterstützt. Die Handreichung durch die Software kann dann mutmaßlich insbesondere durch die resultierende Ressourcenschonung im Bereich des Projektmanagements aber auch in der Instrumenten- und Know-how-Bereitstellung zu einer Entlastung wie auch systematischeren Nachfolgeplanung führen.

58 Vgl. dazu auch Abschnitt 4.3 und Flacke/Siemes (2005), 184 f.

4.3 Empirische Erkenntnisse über den Stand der Umsetzung

Im Rahmen des Forschungsprojektes der Erstellung der Software MinD führte der Lehrstuhl für BWL, insbesondere Controlling der Universität Münster eine Unternehmensbefragung unter mittelständischen Unternehmen durch. Teil dieser Befragung waren zahlreiche Fragen zum Stand des Controllings in diesen Unternehmen. Im Folgenden sollen die Ergebnisse kurz dargestellt werden. Für eine ausführlichere und detailliertere Darstellung der Studienergebnisse sei auf die Artikel von *Flacke/Siemes* und *Segbers/Siemes*, verwiesen.[59] Insgesamt wurden etwa 3.500 Unternehmen angesprochen, wobei insgesamt eine Rücklaufquote von 15 Prozent erreicht werden konnte. Aufgrund eines branchenspezifischen Teilsamples mit zum Teil etwas abweichenden Fragen wurden die Antworten dieses Teilsamples aus der vorliegenden Untersuchung ausgeschlossen. Dadurch konnten insgesamt 213 Fragebögen verwertet werden. Die Befragung hatte keinen Branchenfokus, etwa die Hälfte der ausgefüllten Fragebögen stammt jedoch aus dem verarbeitenden Gewerbe und dem Baugewerbe. Die teilnehmenden Unternehmen hatten eine Größe von einigen wenigen bis zu über 500 Mitarbeitern.

Es zeigte sich, dass die im vorigen Abschnitt dargestellte wünschenswerte Ausgestaltung für ein mittelständisches Controlling sich in der betrieblichen Praxis nur teilweise wiederfindet. So verfügt ein Viertel der befragten Unternehmen nicht über eine Kostenrechnung, die, wenn vorhanden, auch in vielen Fällen nicht die Ausgestaltung im zuvor dargestellten Sinne auf Teilkostenbasis und mit Plankosten hat. Bei den Investitionsentscheidungen dominiert die Erfahrung als wichtigstes Entscheidungskriterium, rationalere Entscheidungskriterien besitzen dagegen einen geringeren Stellenwert. Zudem ist die Verwendung eines projektindividuell kalkulierten Diskontierungssatzes eher unüblich. Die Kennzahlenermittlung wird von eher operativen Kennzahlen bestimmt, wobei die relativ hohe Verbreitung des Cashflows als Kennzahl erfreulich ist. Die Nutzung von wertorientierten Kennzahlen ist hingegen sehr wenig verbreitet. Die Verwendung von Plänen ist mit einer angegebenen Nutzungsverbreitung von im Allgemeinen ca. 80 Prozent relativ hoch. Allerdings muss festgestellt werden, dass in etwa einem Fünftel der Unternehmen keine Liquiditätsplanung durchgeführt wird, und in etwa 30 Prozent der Unternehmen keine Planbilanzen aufgestellt werden. Das größte Nachholpotenzial lässt sich im Bereich des Risikomanagements und des strategischen Controllings feststellen. So verfügen nur 25 Prozent der befragten Unternehmen über ein systematisches Risikomanagement. Der Einsatz von Instrumenten des strategischen Controllings ist ebenso nur gering verbreitet. Insgesamt lässt sich feststellen, dass in den meisten Fällen zwar eine brauchbare Ausstattung mit Instrumenten des eher operativen Controllings besteht, der Einsatz von risiko- und strategieorientierten Instrumenten jedoch weitestgehend fehlt. Da dieser Bereich jedoch wie aufgezeigt an Bedeutung gewonnen hat, besteht hier in vielen Unternehmen Handlungsbedarf.

59 Vgl. Flacke/Siemes (2005), Segbers/Siemes (2005 a und b).

5. Zusammenfassung und Fazit

Die Regelung der Nachfolge in mittelständischen Unternehmen besitzt in Deutschland eine hohe Bedeutung und zieht dabei die Aufmerksamkeit verschiedener Interessensgruppen auf sich. Diese unterziehen die Nachfolgeregelung und das Unternehmen einer eingehenden Beurteilung. Im Rahmen der Ausführungen wurde aufgezeigt, wie das Controlling des Unternehmens durch das Erbringen verschiedener interner Dienstleistungen zu einer erfolgreichen Nachfolge und auch positiven wirtschaftlichen Entwicklung beitragen kann. Es muss jedoch einschränkend konstatiert werden, dass der Umfang der Übernahme der angesprochenen Aufgaben von der Stellung und Ausgestaltung des Controllings in der betrieblichen Praxis abhängen wird. Aufgrund der im Mittelstand häufig (noch) untergeordneten Stellung wird in vielen Fällen eine vollständige Aufgabenübernahme, insbesondere aus dem beratenden Bereich, nicht realisiert werden können. Zudem bleibt anzumerken, dass in einigen Bereichen eine alleinige Übernahme von Aufgaben ohne die Unterstützung von externen Experten weder möglich noch sinnvoll ist. Insgesamt kann das Controlling aber in allen aufgezeigten Bereichen zumindest unterstützend tätig werden und somit zu einem Gelingen der Unternehmensnachfolge und auch der zukünftigen Bonitätssicherung des Unternehmens beitragen.

Literaturhinweise

BAMBERGER, I./PLEITNER, H. J. (HRSG.) (1988): Strategische Ausrichtung kleiner und mittlerer Unternehmen (IGA Sonderheft 2), Berlin 1988.

BARTH, T./ALLMENDINGER, D. (2001): Auswirkungen von Basel II auf das Controlling, in: Controlling, Heft 11, S. 545–552.

BEHRINGER, S. (2004): Unternehmensbewertung der Mittel- und Kleinbetriebe, 3. Aufl., Berlin 2004.

BERENS W./BERTELSMANN R. (2002): Controlling, in: Küpper, H.-U. (Hrsg.): Handwörterbuch Unternehmensrechnung und Controlling, 4. Aufl., Stuttgart 2002, Sp. 280–288.

BERENS, W./BRAUNER, H. U./HÖGEMANN, B. (2005): Due Diligence und Controlling – Instrumente von Finanzinvestoren, in: Berens, W./Brauner, H. U./Frodermann J. (Hrsg.): Unternehmensentwicklung mit Finanzinvestoren, Stuttgart 2005, S. 51–76.

BERENS, W./HÖGEMANN, B./SEGBERS K. (2005): Das mittelständische Unternehmen – Status Quo und Perspektiven in der Finanzierung, in: Berens, W./Brauner, H. U./Frodermann J. (Hrsg.): Unternehmensentwicklung mit Finanzinvestoren, Stuttgart 2005, S. 7–30.

BERENS, W./SCHMITTING, W./STRAUCH, J. (2002): Funktionen, Terminierung und rechtliche Einordnung der Due Diligence, in: Berens, W./Brauner, H. U./Strauch, J. (Hrsg.): Due Diligence bei Unternehmensakquisitionen, Stuttgart 2002, S. 77–119.

BERENS, W./STRAUCH J. (2002): Herkunft und Inhalt des Begriffs Due Diligence, in: Berens, W./Brauner, H. U./Strauch, J. (Hrsg.): Due Diligence bei Unternehmensakquisitionen, Stuttgart 2002, S. 3–23.

BONN, H. P./MOSCH T. (2003): Basel II – neue Anforderungen an das Berichtswesen im Mittelstand, in: Financials, Heft der Zeitschrift „Praxis der Wirtschaftsinformatik", 2003, S. 21–31.

FELDEN, B./KLAUS, A. (2003): Unternehmensnachfolge, Stuttgart 2003.

FLACKE, K./SIEMES, A. (2005): Veränderte Finanzierungsrahmenbedingungen für den Mittelstand und dessen Unternehmenscontrolling, in: Controlling, Heft 4/5, S. 181–189.

FREUND, W. (2000): Familieninterne Unternehmensnachfolge, Wiesbaden, zugl. Diss. WHU Vallendar 1999.

GLEISSNER, W./FÜSER, K. (2003): Leitfaden Rating, 2. Aufl., München 2003.

HAMER, E. (1997): Volkswirtschaftliche Bedeutung von Klein- und Mittelbetrieben, in: Pfohl, H. C. (Hrsg.): Betriebswirtschaftslehre der Klein- und Mittelbetriebe, 3. Aufl., Berlin 1997, S. 27–49.

HANKER, P. (2003): Keine Angst vor Basel II – Chancen nutzen – Zukunft gestalten, Wiesbaden 2003.

HENSCHEL, T. (2003): Risikomanagement im Mittelstand – Eine empirische Untersuchung, in: Controlling & Management, Heft 5, S. 331–337.

IFM BONN (2004): IfM Bonn berechnet die Statistik der Unternehmensnachfolgen neu. http://www.ifm-bonn.org/index.htm?/ergebnis/106nf-3.htm.

KAYSER, G. (1997): Unternehmensführung, in: Pfohl, H. C. (Hrsg.): Betriebswirtschaftslehre der Klein- und Mittelbetriebe, 3. Aufl., Berlin 1997, S. 81–102.

KLEIN, S. (2000): Familienunternehmen, Wiesbaden 2000.

KEINER, T. (2001): Rating für den Mittelstand, Frankfurt a.M 2001.

KOSMIDER, A. (1994): Controlling im Mittelstand – Eine Untersuchung der Gestaltung und Anwendung des Controllings in mittelständischen Industrieunternehmen, 2. Aufl., Stuttgart 1994.

KRAMER, K.-H. (2001): Vorbereitung von Familienunternehmen auf ihr Rating, in: Everling, O. (Hrsg.): Rating – Chance für den Mittelstand nach Basel II, Wiesbaden 2001, S. 529–547.

LEMAR, B. (2000): Wer soll in die Fußstapfen des Unternehmers treten?, in: Riedel, H. (Hrsg.): Unternehmensnachfolgeregeln, 3. Aufl., Wiesbaden 2000, S. 19–56.

LÜCK, W. (2000): Managementrisiken im Risikomangementsystem, in: Der Betrieb, Heft 30, S. 1473–1477.

MERTENS, R. (2003): Varianten der Unternehmensnachfolge im Mittelstand, in: Finanzbetrieb, Heft 5, S. 283–289.

MEYER, J.-A. (HRSG.) (2003): Unternehmensbewertung und Basel II in kleinen und mittleren Unternehmen, Lohmar 2003.

MOSIEK, T. (2002): Interne Controllingorientierung des Controlling, Frankfurt a.M., zugl. Diss. Univ. Münster 2001.

NEUMAIER, R. F. (1999): Geregelte Unternehmensnachfolge, Stuttgart 1999.

NIEDOSTADEK, A. (2003): Nachfolgeregelung als Teil der erfolgreichen Credit Story, in: Achleitner, A.-K./Everling, O. (Hrsg.): Rating Advisory, Wiesbaden 2003, S. 225–248.

PFOHL, H. C. (1997): Abgrenzung der Klein- und Mittelbetriebe von Großbetrieben, in: Pfohl, H. C. (Hrsg.): Betriebswirtschaftslehre der Klein- und Mittelbetriebe, 3. Aufl., Berlin 1997, S. 1–25.

PRÜMER, M. (2003): Ratingleitfaden für die Praxis, Wiesbaden 2003.

RAUTENSTRAUCH, G. (2002): Optimale Gestaltung der Unternehmensnachfolge, Wiesbaden, zugl. Diss. Univ. Bamberg 2002.

SCHIERENBECK, H./LISTER, M. (2001): Value Controlling, München u.a. 2001.

SCHMEISSER, W./GROTHE, J. (2003): Aspekte der Unternehmensnachfolge im Mittelstand: Eine Herausforderung, in: Schmeisser, W./Krimphove, D./Nathusius, K. (Hrsg.): Handbuch Unternehmensnachfolge, Stuttgart 2003, S. 3–8.

SEGBERS, K./SIEMES, A. (2005 a): Mittelständische Unternehmen und ihr Kommunikationsverhalten gegenüber Banken – Ergebnisse einer empirischen Studie (Teil I), in: Finanzbetrieb, Heft 4, S. 229–237.

SEGBERS, K./SIEMES, A. (2005 b): Mittelständische Unternehmen und ihr Kommunikationsverhalten gegenüber Banken – Ergebnisse einer empirischen Studie (Teil II), in: Finanzbetrieb, Heft 5, S. 311–320.

STEINER, M./BRUNS, C. (2002): Wertpapiermanagement, 8. Aufl., Stuttgart 2002.

VERBAND DEUTSCHER TREASURER (2003): Der Rating-Prozess aus Unternehmersicht, in: Deter, H./Diegelmann, M. (Hrsg.): Creditor Relations, Frankfurt a.M. 2003, S. 153–171.

WAMBACH, M./WUNDERLICH, D. (2002): Die Bedeutung des Controlling für das Rating mittelständischer Unternehmen, in: Kostenrechnungspraxis, Sonderheft 1, S. 37–43.

WEBER, J./MÜLLER, R./SORG, M. (2004): Rating & Controlling, Vallendar 2004.

WEBER, J./SCHÄFFER, U. (1999): Sicherstellung der Rationalität von Führung als Aufgabe des Controlling?, in: DBW, 59. Jg., S. 731–747.

WEHRMANN, S./SCHÖNEIS, K. (2004): Auswirkungen von Basel II auf das strategische Controlling, in: Controlling, Heft 2, S. 91–95.

WOLF, J. (2003): Basel II – Kreditrating als Chance, Regensburg 2003.

WOLTER, H. J./HAUSER, H. E. (2001): Die Bedeutung des Eigentümerunternehmens in Deutschland – Eine Auseinandersetzung mit der qualitativen und quantitativen Definition des Mittelstandes, in: IfM Bonn (Hrsg.): Jahrbuch zur Mittelstandsforschung 1/2001, Wiesbaden 2001, S. 25–77.

Governance und Unternehmernachfolge

Karsten Paetzmann

1. Einleitung

Kein Tag vergeht, ohne dass Zeitungen über den Begriff *Corporate Governance* schreiben. Diverse Themen werden inzwischen in den Kontext der Governance eingeordnet. Auch wird schon von einer Corporate Governance für mittelständische Unternehmen gesprochen, es werden sogar eigene Governance-Standards für Mittelständler publiziert. Der Ursprung der Governance-Diskussion liegt in den USA und ist durch das Wesen der dort weit verbreiteten *Kapitalgesellschaft* begründet, in der Eigentümer (Aktionäre) einem handelnden Management Kapital überlassen, mit dem dieses im Sinne der Aktionäre (meist unternehmenswertsteigernd) handeln soll. Dabei verfügen die Aktionäre in der Regel über weniger (oder andere) Informationen als das Management, weshalb in der modernen Betriebswirtschaftslehre von einer asymmetrischen Informationsverteilung gesprochen wird. Mit Blick auf die Kapitalüberlassung und bestehende Informationsasymmetrien ist es das Ziel der Corporate Governance, die Interessen der Aktionäre zu schützen. Corporate Governance bedeutet damit die zielgerichtete Führung und Überwachung von Unternehmen und beinhaltet Mechanismen zur Regelung von Kompetenzen, Schaffung von Anreizen, Installierung von Überwachungsprozessen und Koordinierung von Außenbeziehungen des Unternehmens[1].

Während die Abgrenzung des Governance-Begriffs somit Bezug auf das Verwaltungsmodell der Kapitalgesellschaft sowie die Annahme eines mehr oder weniger breit gestreuten Anteilsbesitzes nimmt, wie sie in Deutschland durch die Publikums-Aktiengesellschaft repräsentiert wird, weist die Mehrzahl der Unternehmen (in Deutschland) einen oder mehrere Hauptgesellschafter auf. Die meisten mittelständischen deutschen Unternehmen dürften sogar, über erfolgte *Unternehmernachfolgen* teilweise seit Generationen, mehrheitlich oder komplett in Familienbesitz sein.

Ziel dieses Beitrags ist es aufzuzeigen, welche Bedeutung die Unternehmernachfolge im Rahmen der Governance mittelständischer, familiendominierter Unternehmen besitzt. Hierfür wird zunächst das deutsche Governance-System diskutiert, soweit es für die in Rede stehenden Unternehmen relevant ist. Darauf aufbauend wird das Problem der Unternehmernachfolge eingeordnet und präzisiert. Weiterhin werden mögliche Lösungen des Nachfolgeproblems angerissen. Eine Zusammenfassung schließt den Beitrag.

1 Vgl. Hachmeister (2002), Sp. 488; Freidank/Paetzmann (2003), S. 304.

2. Beschreibung des relevanten Umfelds: das deutsche Governance-System als Rahmen einer Unternehmernachfolge

2.1 Corporate Governance: Historie und Systematisierung

Die historische Entwicklung der US-amerikanischen Wirtschaft zeigt verschiedene Bilder einer Corporate Governance:[2]

- Unter dem Begriff „*Corporate Feudalism*" werden insbesondere die im 19. Jahrhundert entstehenden Treuhandgesellschaften (Eigentümer transferierten ihre Aktien an einen Trust im Austausch für Zertifikate) und die späteren Holdinggesellschaften zusammengefasst. Die daraus entstehenden (mächtigen) Eigentümer wurden auch Industriekapitäne („Captains of Industry") genannt.
- Später zeigte die „*Managerial Corporation*" das Idealbild eines durch das Management kontrollierten Unternehmens. Das Management repräsentierte nicht mehr die Eigentümer, sondern das Unternehmen an sich. Aufgrund der zunehmenden Anzahl an Aktionären fielen Eigentum und Verfügungsmacht auseinander. Hieraus entsprang die US-amerikanische Diskussion über das „Corporate Problem".
- Schließlich können die seit den 1960er Jahren unter dem Stichwort „*Shareholder Activism*" zusammengefassten Bemühungen der Herstellung einer „Shareholder Democracy" und einer Repräsentation von Minderheitsaktionären als Reformansätze interpretiert werden, die auf eine Verbesserung der Corporate Governance ausgerichtet sind.

Vor diesem Hintergrund haben sich US-amerikanische Wirtschaftswissenschaftler in den 60err und 70er Jahren mit der Frage beschäftigt, wie das Management im Sinne der Ziele der Eigentümer zu disziplinieren ist.

Seit Mitte der 1990er Jahre führten nun zahlreiche Skandale und Pleiten dazu, dass das Thema Corporate Governance in den USA wieder ganz oben auf der Agenda stand. Kernfrage erneut: Wie ist das Management durch den Markt oder Methoden der Überwachung zu „disziplinieren"? Hieraus folgt, dass Corporate Governance die Führung und Überwachung von Unternehmen im Interesse der Aktionäre bedeutet, wobei zwei Ausprägungen einer Governance weltweit zu beobachten sind:

- *Market Governance*: In den USA spielt der Kapitalmarkt selbst eine traditionell große Rolle bei der „Disziplinierung": Wirtschaftet das Management einer börsennotierten Gesellschaft nicht streng wertsteigernd im Sinne der Eigentümer und entwickelt sich der Börsenkurs nicht (wie erwartet) stetig nach oben, droht eine feindliche Übernahme („Hostile Takeover") oder zumindest eine Absetzung des Managements. Hieraus resul-

2 Vgl. im Folgenden Freidank/Paetzmann (2004), S. 896 f.

tiert der in angelsächsischen Ländern rege Markt der feindlichen Übernahmen. Hierfür gilt eine hohe Aktivität an *Mergers & Acquisitions (M&A)* als wichtiger Indikator.[3] Seit Mitte der 90er Jahre war ein starker Anstieg auch in kontinental-europäischen Ländern zu verzeichnen[4]. Auch nach Ende der „New Economy“ bleibt der M&A-Markt mit Blick auf Transaktionsanzahl und -volumen rege, was auch für das so genannte *Mid-Market-Segment* (Transaktionen bis 150 Millionen US-Dollar) gilt (siehe Abbildung 1).

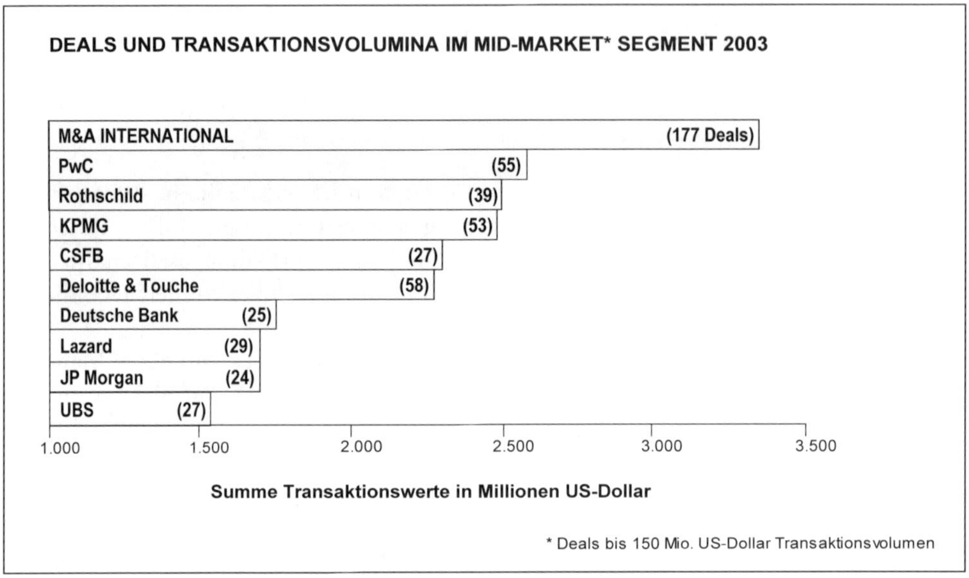

Abbildung 1: Weltweite M&A-Aktivität 2003 im Mid-Market-Segment nach Beratern
Quelle: Vgl. Angermann M&A International (2005), S. 10

- *Managed Governance*: Anders als in angelsächsischen Ländern besitzt der Kapitalmarkt in Deutschland bislang noch keine große Bedeutung bei der „Disziplinierung“ des Managements. Vielmehr soll durch die zweistufige Struktur der Aktiengesellschaft mit einem unabhängigen, den Vorstand überwachenden Aufsichtsrat ein angemessenes Governance-System garantiert werden. Hierbei spielen im Aufsichtsrat vertretene Großaktionäre (Stichwort „Deutschland AG“) häufig eine große Rolle. Zusätzlich trägt ein Netz aus Prüfungen – die interne Revision wie auch der externe Abschlussprüfer – zur Überwachung der Geschicke des Managements bei. Schließlich spielen die Banken in diesem Zusammenhang auch eine Rolle, was gerade mit Blick auf nicht kapitalmarktorientierte Unternehmen noch zu diskutieren sein wird.

3 Vgl. O’Sullivan (2001), S. 43; Baum/Coenenberg/Günther (2004), S. 260.
4 Vgl. Jürgens/Rupp (2002), S. 36 f.

DISZIPLINIERUNG DES MANAGEMENTS IN DEN GOVERNANCE-TYPEN

	Managed Governance	Market Governance
Stakeholder vs. Shareholder model	Disziplinierung erfolgt durch Anteilseigner und durch langfristig mit dem Unternehmen verbundene Stakeholders wie Banken, Mitarbeiter (deutsche Mitbestimmung), Kunden → Stakeholder model → Long-term large investor model	Disziplinierung erfolgt durch Anteilseigner, insbesondere Institutionelle Investoren und Kapitalmarkt-Analysten → Shareholder model
Insider vs. Outsider model	Disziplinierung erfolgt durch „interne" Kräfte, nämlich durch Manager von Großaktionären im Aufsichtsrat und durch verbundene Netzwerk-Partner (japanisches Keiretsu) → Insider model → Blockholder-based model → Network-based model	Disziplinierung erfolgt durch „externe" Kräfte des Marktes, insbesondere durch den „Market for corporate control" einschließlich feindlicher Übernahmen → Outsider model → Market-based model

Abbildung 2: Gegenüberstellung der Disziplinierungsmechanismen in den Governance- Typen

Es gibt noch diverse andere Systematisierungen der weltweiten Governance-Typen (siehe Abbildung 2). Hier soll in Anlehnung an *Kim/Hoskisson*[5] von „Managed Governance" versus „Market Governance" gesprochen werden. Damit bezieht sich der vorliegende Untersuchungsrahmen auf das in Deutschland (idealtypisch) vorherrschende System einer Managed Governance.

2.2 Aktuelle Governance-Modernisierungen in Deutschland

Im Lichte spektakulärer Unternehmenskrisen sind zwischenzeitlich nicht nur in den USA, wo im Jahre 2002 der *Sarbanes-Oxley Act* in Kraft trat, sondern auch in anderen Ländern Reformbemühungen mit Blick auf die Governance zu erkennen. In Deutschland liegt seit 2003 ein *Deutscher Corporate Governance Kodex (DCGK)* vor und wurden zahlreiche Gesetze erlassen, die den deutschen Kapitalmarkt attraktiver machen und die Führung und Überwachung deutscher (kapitalmarktorientierter) Unternehmen verbessern sollen.

5 Vgl. Kim/Hoskisson (1997), S. 174.

Die Bundesregierung veröffentlichte hierzu eigens ein *Zehn-Punkte-Programm*. Während einige Inhalte des DCGK von einigen betroffenen Unternehmen (noch) nicht befolgt werden, verabschiedete der Deutsche Bundestag 2004 ein *Bilanzrechtsreformgesetz (BilReG)* sowie ein *Bilanzkontrollgesetz (BilKoG)*. Allein diese beiden Gesetze bringen erhebliche Veränderungen mit sich, denn unter anderem

- erlaubt das BilReG nunmehr allen Unternehmen, den Konzernabschluss nicht mehr nach HGB, sondern nach internationalen Rechnungslegungsstandards (IFRS) aufzustellen (für börsennotierte Gesellschaften wurde bereits 2002 durch Verordnung der Europäischen Union festgelegt, dass diese ihre Konzernabschlüsse ab 2005 nach IFRS zu erstellen haben),
- werden durch das BilReG nunmehr Wirtschaftsprüfer von der Abschlussprüfung eines Unternehmens ausgeschlossen, wenn die Besorgnis der Befangenheit des Prüfers besteht (etwa mit Blick auf zuvor erbrachte Dienstleistungen beim zu prüfenden Unternehmen) und
- wurde durch das BilKoG eine zusätzliche privatrechtlich organisierte Überwachungsinstanz (Deutsche Prüfstelle für Rechnungslegung) eingeführt, die seit Mitte 2005 die Abschlüsse börsennotierter Unternehmen überprüft und neue Bilanzskandale (à la Enron oder Parmalat) vermeiden soll.

In Deutschland wird das Thema Corporate Governance von vielen Experten inzwischen stärker mit *Überwachungsfragen* verbunden.[6] Vor dem Hintergrund des hierzulande vorherrschenden Systems einer Managed Governance, das weniger auf dem Markt und mehr auf internen Überwachungsmaßnahmen beruht, erscheint dies angebracht: Organisatorische Sicherungsmaßnahmen, etwa das Vier-Augen-Prinzip in sensiblen Bereichen, nehmen hier traditionell eine wichtige Stellung ein. Das Vordringen des Controllings – anders als die Kontrolle auch die zukunftsgerichtete Steuerung einschließlich Planung beinhaltend – ist hier ebenfalls als Maßnahme der Überwachung anzusehen.[7] Daneben spielen interne und externe Prüfungen, letztere insbesondere bei Bestehen einer Prüfungspflicht nach HGB, eine Rolle. Ergänzt werden diese Überwachungsmaßnahmen durch Bonitätsprüfungen insbesondere der Banken wie auch die Aufsicht in Form eines Aufsichtsrats, der freilich in Deutschland nur für einige Unternehmen gesetzlich vorgeschrieben ist. Zusammen formen diese Maßnahmen das unternehmerische Überwachungssystem.

Diese Gedanken trug auch bereits das 1998 in Kraft getretene *Gesetz zur Kontrolle und Transparenz im Unternehmensbereich (KonTraG)* in sich, das insbesondere für die Aktiengesellschaft ein Überwachungssystem nebst Risikomanagementsystem vorschreibt. In diesem Zusammenhang wird in der Literatur argumentiert, dass aus der Gesetzesbegründung heraus eine Ausstrahlungswirkung auch auf andere Gesellschaftsformen abzuleiten sei[8]. Dies beträfe dann weite Teile des deutschen Mittelstands.

6 Vgl. Langenbucher (2003), S. 56.
7 Vgl. Paetzmann (2005), S. 304–308.
8 Vgl. Freidank/Paetzmann (2003), S. 312.

2.3 Bedeutung für den deutschen Mittelstand

Für den deutschen Mittelstand haben die primär kapitalmarktbezogenen Reformansätze der vergangenen Jahre grundsätzlich nur eine geringe Bedeutung. Hier kann jedoch das heute wieder stärker diskutierte Schema des unternehmerischen Überwachungssystems einige sinnvolle Ansätze bieten, Governance, also Führung und Überwachung, im mittelständischen Unternehmen zu verbessern. Einige heute vorliegende Ansätze versuchen, den kapitalmarktbezogenen Kodex-Gedanken auf nichtkapitalmarktorientierte Mittelständler zu übertragen:

- Ein 2002 gegründeter „*Bremer Initiativkreis*" versucht Handlungsempfehlungen für Corporate Governance im deutschen Mittelstand zu entwickeln.
- Eine „*Kommission Governance Kodex für Familienunternehmen*" stellte 2004 einen entsprechenden Verhaltenskodex, angelehnt an den DCGK, vor.
- Mittels eines *Corporate Governance Scoring®* benotet Christian Strenger, Governance-Experte und Aufsichtsrat u.a. der DWS Investment, die Tauglichkeit mittelständischer Unternehmen mit Blick auf Führung und Überwachung.

Die Übertragung des Kodex-Gedankens auf den Mittelstand wird durchaus auch als kritisch betrachtet[9], auch weil traditionell nicht der Kapitalmarkt den Mittelstand finanziert, sondern – gerade in Deutschland – die Banken.[10] In jedem Fall sollte jede zusätzliche Regulierung bei mittelständischen Unternehmen vermieden werden.

2.4 Deutschland als „bank-based economy"

Mit Blick auf die im Vergleich zu angelsächsischen Ländern besondere Bedeutung der Banken in Deutschland (es wird gar von einer „*bank-based economy*" gesprochen[11]) ist vielmehr zu fragen, ob nicht auch die Banken eine Rolle bei der Überwachung mittelständischer, nichtkapitalmarktorientierter Unternehmen spielen. Diese Rolle wird zuallererst aufgrund ihrer Funktion als Kreditgeber (Stichwort: „Monitoring") erwartet werden können.

In der Tat kommt den kreditfinanzierenden Banken eine große Rolle und Bedeutung zu. Vieles, was die *Mindestanforderungen an das Kreditgeschäft (MaK)* sowie *Basel II* beschreiben, kann als Instrument des Monitoring der Unternehmenskreditkunden interpretiert werden. Die Verantwortung der Bank und jedes Einzelnen in der Bank nimmt hierdurch sicher im Vergleich zu früher zu. Gemeinsames Interesse von Bank und Firmenkunde sollte es dabei in jedem Fall sein, die Zukunftsfähigkeit des mittelständischen Unternehmens aufrecht zu erhalten.[12]

---

9 Vgl. beispielsweise Hennerkes (2004); Winkeljohann/Kellersmann (2005).
10 Vgl. Paetzmann (2003), S. 592 f.
11 Vgl. OECD (1995), S. 13–35.
12 Vgl. Paetzmann (2001), S. 493–497.

Hierbei ist die *Transparenz* des Kreditkunden zunächst von großer Bedeutung, was gerade vor dem Hintergrund von Basel II heute auch in Unternehmerkreisen gesicherte Erkenntnis ist, auch weil in den letzten Jahren eine Vortragsveranstaltung hierzu die andere jagte. Gleichwohl verbleibt aus Bankensicht die Schwierigkeit, dies in der Praxis des Firmenkundengeschäfts entsprechend umzusetzen.

Bei den bankinternen Ratingverfahren treten neben die quantitative Analyse der *Finanzsituation* (Vermögens-, Finanz- und Ertragslage), die weiterhin das Kernelement einer Bonitätsprüfung darstellt,[13] qualitative Bonitätsbeurteilungskriterien, etwa zu den Potenzialen oder zum Markt. Zu den betrachteten *Potenzialen* eines Unternehmens zählen explizit auch das Potenzial des Managements sowie die Qualität der Unternehmensplanung (siehe Abbildung 3). Zusätzlich gehen die *Branchenaussichten* mit in das Bonitätsrating eines Firmenkunden ein. Unter Berücksichtigung der Besicherung, der Kreditstruktur und weiterer Aussagen zur *Kundenbeziehung* kann ein Kreditrating errechnet werden.

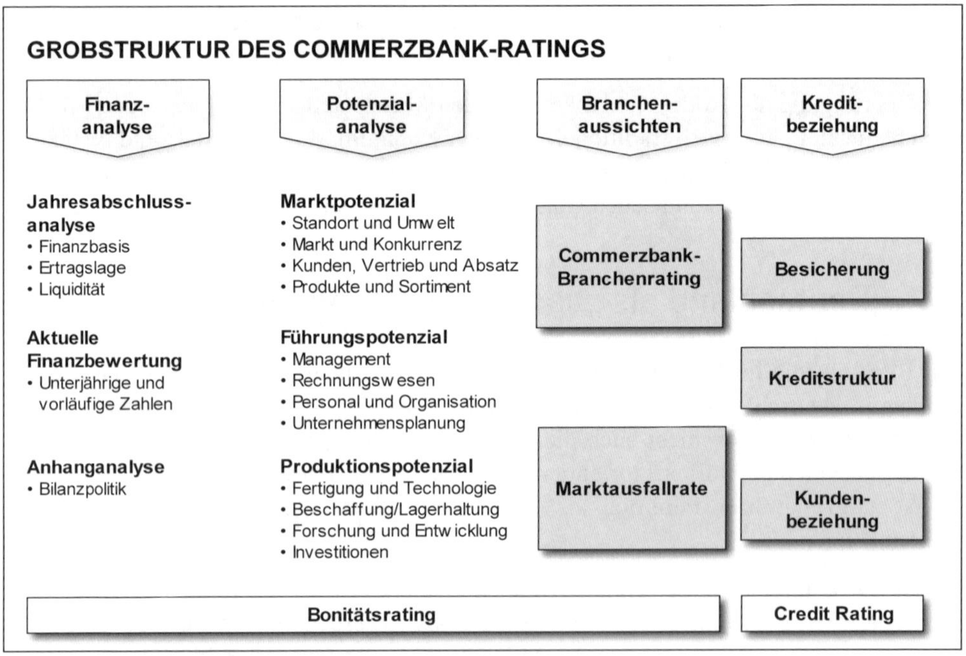

Abbildung 3: Grobstruktur der Bonitätsprüfung der Commerzbank im Unternehmens-Kreditgeschäft
Quelle: in Anlehnung an Commerzbank (2001), S. 12 f

Es ist zu konstatieren, dass die *Nachfolgeplanung* bereits seit Jahren explizit Bestandteil der Bonitätsprüfung bankinterner Ratingverfahren ist[14], schon

13 Vgl. Böcker/Eckelmann (2002), S. 168 f.
14 Vgl. Paetzmann (2001), S. 495 f.; Mackenthun (2002), S. 768; Rösler/Pohl (2002), S. 675 f.

- weil der Mangel an einer überzeugenden Nachfolgeregelung eine strategische Unternehmenskrise indizieren kann und
- weil damit einhergehende erbrechtliche Regelungen für die Bank von Interesse sein müssen.

Die differenzierte Auswertung der Ergebnisse einer 2002 durchgeführten Befragung von Kreditentscheidern deutscher Banken[15] ergibt, dass die Großbanken, anders als die Institute des Sparkassensektors, den Unternehmensplanungen bereits die gleiche (sehr hohe) Bedeutung zuordnen wie den HGB-Jahresabschlüssen (siehe Abbildung 4).

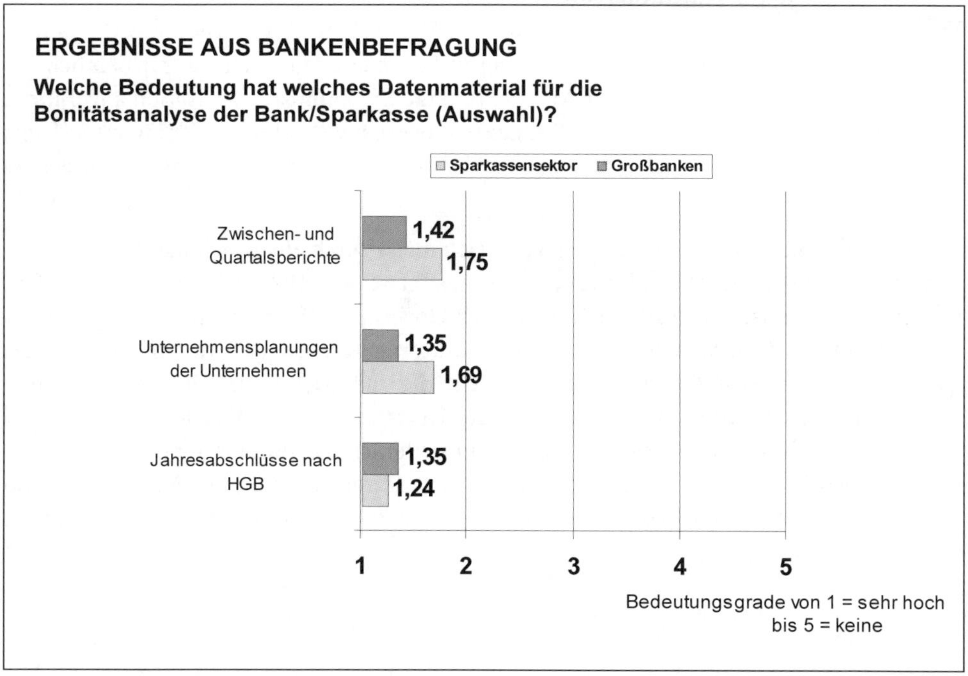

Abbildung 4: Differenzierte Auswertung der Bankenerhebung nach befragten Institutsgruppen
Quelle: Vgl. Paetzmann (2003), S. 599

Die geordnete und erfolgreiche Nachfolgeplanung als Teil der Unternehmensplanung ist *gestern wie heute im Blickfeld der finanzierenden Banken*. Die Banken drängen ihre Firmenkunden vor diesem Hintergrund auf eine rechtzeitige Lösung eines möglichen Nachfolgeproblems. Damit ist – auch im Sinne des Titels „Nachfolgerating" dieses Sammelbandes – die mittelständische Unternehmernachfolge im Governance-Umfeld der deutschen „bank-based economy" auch ein wichtiger Gegenstand bankinterner Ratings.[16]

15 Vgl. Freidank/Paetzmann (2002), S. 1785–1789.
16 Vgl. etwa Sparkassenverband Bayern (2004), S. 34.

3. Präzisierung des Problems: die Nachfolge in Familienunternehmen

3.1 Bedeutung der familiendominierten Unternehmen in Deutschland

Anders als in angelsächsischen Ländern, wo institutionelle Investoren eine große Rolle spielen, ist in Kontinentaleuropa, insbesondere auch in Deutschland, die Bedeutung von Familien als unternehmerische Eigentümer hervorzuheben. Als Gründe hierfür werden von der empirischen Governance-Forschung insbesondere Unterschiede hinsichtlich des Grades an Aktionärsschutz und der Anreize für eine Eigentumskonzentration angeführt[17], wobei etwa das deutsche System der „Managed Governance“ aufgrund der anzutreffenden Eigentumskonzentration auch als „blockholder-based governance regime“[18] bezeichnet wird.

Familiendominierte Unternehmen zeichnen sich meist durch einen sichtbaren Einsatz der Familie im Tagesgeschäft des Unternehmens aus.[19] Daher stellt bei inhabergeführten Unternehmen der Inhaber selbst den Nukleus des Governance-Systems dar. Dies gilt umso mehr, wenn das Unternehmen nichtkapitalmarktorientiert ist. Bei diesem Typus eines *mittelständischen Familienunternehmens* steht die Inhaberfamilie für die Kontinuität der Unternehmensführung. Die Weitergabe des Unternehmens an die nächste Generation wie im Buddenbrookschen Hause ist nicht etwa literarische Fiktion der Vergangenheit, sondern auch heute weiterhin gelebte Realität in zahlreichen Familienunternehmen. So blicken die ältesten Familienunternehmen auf eine Jahrhunderte alte Tradition zurück (siehe Abbildung 5).

17 Vgl. La Porta et al. (1998), S. 1113–1155; Goergen/Renneboog (2003), S. 1.
18 Köke/Renneboog (2003), S. 2. Siehe auch Abbildung 2.
19 Vgl. Daily/Dollinger (1992), S. 117–136; Aronoff/Ward (1995), S. 121–30.

DIE ÄLTESTEN FAMILIENUNTERNEHMEN DER WELT

Unternehmen	Land	Gründung	Branche
Kongo Gumi	Japan	578	Bau
Hoshi Ryokan	Japan	718	Hotellerie
Château de Goulaine	Frankreich	1000	Weinbau
Fonderia Pontificia Marinelli	Italien	1000	Glockengießerei
Barone Ricasoli	Italien	1141	Weinbau
Barovier & Toso	Italien	1295	Glas
Hotel Pilgrim Haus	Deutschland	1304	Hotellerie
Richard de Bas	Frankreich	1326	Papier
Torrini Firenze	Italien	1369	Goldschmiede
Antinori	Italien	1385	Weinbau
Camuffo	Italien	1438	Schiffbau
Baronnie de Cousserques	Frankreich	1495	Weinbau
Grazia Deruta	Italien	1500	Keramik
Fabbrica D'Armi Pietro Beretta	Italien	1526	Waffen
William Prym	Deutschland	1530	Verschlüsse/Kurzwaren
John Brooke & Sons	England	1541	Wolle, heute Makler
Codurníu	Spanien	1551	Weinbau
Fonjallaz-Spicher	Schweiz	1552	Weinbau
Frhr. von Poschinger Glasmanufaktur	Deutschland	1568	Glas
Wachsindustrie Fulda Adam Gies	Deutschland	1589	Kerzen, Wachs
Berenberg Bank	Deutschland	1590	Finanzdienstleister

Abbildung 5: Die ältesten Familienunternehmen der Welt
Quelle: in Anlehnung an Family Business Magazine (2005)

3.2 Nachfolgeplanung als Teil der Family Business Governance

Vor diesem Hintergrund muss die Nachfolgeplanung ein wesentlicher Bestandteil der Corporate Governance in einem Familienunternehmen sein.[20] In einem Modell einer „Family Business Governance“ müssen die Interessen der Familie und des Unternehmens ausbalanciert werden. Abbildung 6 verdeutlicht, wie die Überbetonung einer der beiden Sphären „Family“ und „Business“ die Balance in einem Familienunternehmen stören kann. Als mögliche Lösung bietet das Modell von Carlock[21] parallel durchgeführte Planungsprozesse an, bei denen unter anderem die zu planende *Kontinuität des Familienunternehmens* („Family enterprise continuity plan“) mit der *strategischen Unternehmensplanung* („Business strategy plan“) abzugleichen ist. Damit bedingen sich Nachfolgeplanung und Strategieplanung im Familienunternehmen gegenseitig; das eine ist ohne das andere nicht machbar. Hieraus resultiert, dass Familienunternehmen nicht in Quartalen oder Jahren, sondern oft in Jahrzehnten oder Generationen denken.[22]

20 Vgl. Winkeljohann/Kellersmann (2005).
21 Vgl. Carlock (2001), S. 6–12.
22 Vgl. May/Weissman (2005).

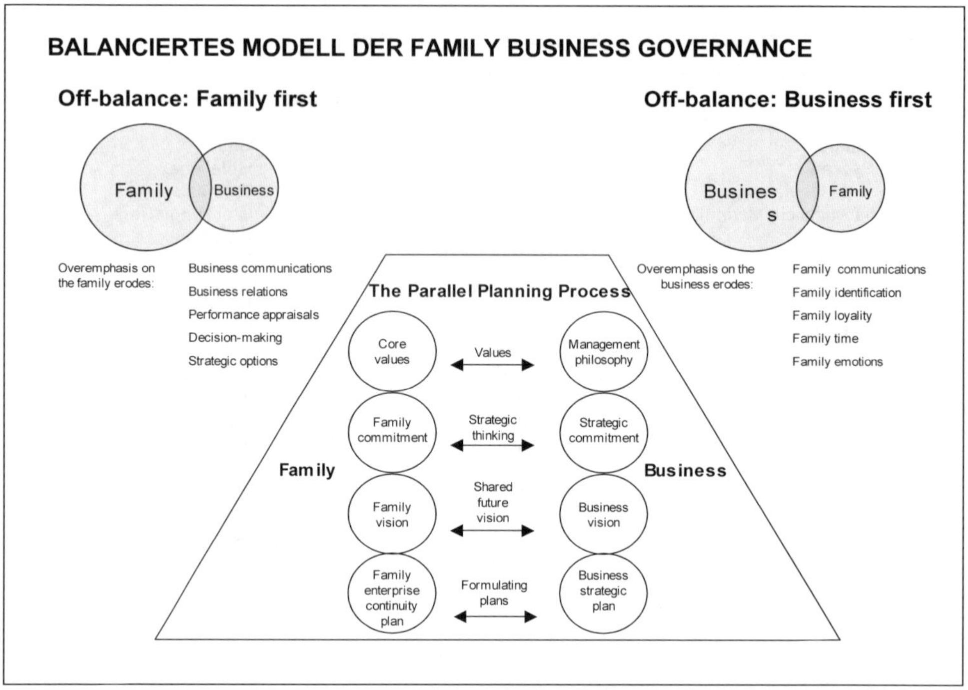

Abbildung 6: Die Nachfolgeplanung als Bestandteil einer balancierten Family Business Governance
Quelle: in Anlehnung an Carlock (2001), S. 6–12

Das Nachfolgeproblem entsteht durch nicht rechtzeitige Vorbereitung der Unternehmernachfolge. Diese Situation führt im deutschen Governance-Umfeld praktisch nicht selten zu Diskussionen im Verhältnis von Bank und mittelständischem Firmenkunde, auch weil

- nach Expertenschätzungen bei deutschen mittelständischen Unternehmen in weniger als der Hälfte der Fälle die Kinder interessiert oder geeignet sind, den Betrieb der Eltern zu übernehmen,[23] und
- Inhaber sich oft – allzu menschlich – schwer tun loszulassen und an einen Dritten zu veräußern, sodass sie am Unternehmen festhalten.

Tatsächlich zeigt eine aktuelle empirische Erhebung unter mittelständischen Unternehmern, dass in der Altersklasse 60 bis 65 Jahre in jedem zweiten Fall die Nachfolgefrage noch offen ist. Von den Unternehmern wird als Hauptgrund hierfür angegeben, das Thema sei noch nicht aktuell. Dies äußern 51 Prozent aller Unternehmer im Alter von 55 bis 65 Jahre, während selbst in der Altersklasse 64 und 65 Jahre ein knappes Drittel dies als Hauptgrund für die ungelöste Nachfolgefrage angeben.[24]

23 Vgl. v. Alten (1998). Dies wird durch eine aktuelle empirische Erhebung gestützt. Vgl. Nagl (2005), S. 7.
24 Vgl. Nagl (2005), S. 4.

Steht kein „natürlicher" Nachfolger aus der Familie zur Verfügung, so können zunächst Mitarbeiter des Unternehmens erwägen, die Geschäftsanteile über einen „*Management-Buy-out*", gegebenenfalls mit Hilfe eines Finanziers, zu erwerben. Ebenfalls hat sich die Nachfolgeregelung über Verkauf an einen externen Manager via „*Management-Buy-in*" als gängige Alternative etabliert – ein schwieriges und langwieriges Geschäft, das jedoch im Erfolg münden kann, wie Praxisbeispiele zeigen.[25]

Weitere Facetten eines Nachfolgeproblems können insbesondere auch in erbschaftsteuerlichen Themen liegen, wenn beispielsweise – wie etwa im Hause Gerling geschehen – Nachfolger auch zur Finanzierung der Erbschaftsteuerlast Unternehmensteile veräußern müssen. In jedem Fall ist jedoch die *rechtzeitige Erkennung* einer Nachfolgesituation und die entsprechende *strukturierte Vorbereitung und Umsetzung* der Schlüssel zum Erfolg – gleich, ob dieser in einer nachhaltigen Wahrung der Kontinuität des Familienunternehmens oder in einem bestmöglichen Verkauf liegt.

4. Lösungsansätze

4.1 Früherkennung und strukturierte Vorgehensweise: der Nachfolge-Check

Der folgende *Nachfolge-Check* zielt auf die Früherkennung und strukturierte Vorgehensweise im Rahmen von potentiellen Nachfolgesituationen und ist als Instrument der Praxis durch Unternehmer, Banken und Unternehmensberater erfolgreich erprobt:

„Als Unternehmer besitzen Sie ein hohes Maß an Erfahrung in der erfolgreichen Führung Ihres Unternehmens. Um Ihr Unternehmen langfristig zu erhalten, sollten Sie sich frühzeitig auch Gedanken über eine mögliche Übergabe an einen Nachfolger machen. Das ‚Wann' und ‚Wie' der Nachfolge ist nicht einfach. Vor allem fällt die frühzeitige Auswahl eines geeigneten Nachfolgers oft nicht leicht. Hier lässt sich anhand eines einfachen Frageschemas das Nachfolgeproblem in seinen Kernthemen einkreisen:

Können Sie diese Fragen schon beantworten:

- Auf welchen Zeitpunkt haben Sie Ihre Altersversorgung (Einmalzahlung, wiederkehrende Leistungen) ausgerichtet?
- Wann wollen Sie sich aus der aktiven Führung des Unternehmens zurückziehen?

Wenn ja:

- Haben Sie einen Nachfolger mit geeigneten fachlichen *und* menschlichen Qualifikationen bereits ausgewählt?

25 Vgl. v. Alten/Becker (1999).

- Ist der Zeitpunkt der Übergabe bestimmt oder planen Sie eine schrittweise Übertragung?
- Haben Sie bereits vertragliche Regelungen vorgenommen/vorbereitet?

Wenn nein:

- Wissen Sie, was Sie bei der Auswahl eines geeigneten Nachfolgers beachten sollten?
- Wissen Sie, wie der Kaufpreis bei einer Übergabe üblicherweise festgelegt wird?
- Wissen Sie, dass Ihr Unternehmen für eine erfolgreiche Übergabe wirtschaftlich nachhaltig rentabel und strategisch wettbewerbsfähig sein muss?
- Wissen Sie, dass die Weichen für eine erfolgreiche Nachfolge mindestens fünf Jahre vor der Übergabe zu stellen sind?
- Haben Sie bereits eine Bestandsaufnahme durch einen unabhängigen Externen durchführen lassen?

Die Vorteile einer rechtzeitigen Vorbereitung der Nachfolge liegen auf der Hand:

- Kenntnis gängiger Unternehmensbewertungsverfahren,
- Kenntnis eines denkbaren Kaufpreises,
- Identifikation der „Werttreiber" Ihres Unternehmens,
- Einleitung wertoptimierender Maßnahmen bis zum Verkauf,
- Erzielung eines optimalen „Verkaufspreises."

4.2 Optimaler Verkaufspreis: die Wertfindung

In einem knappen Drittel der Unternehmernachfolgen kommt es statistisch zu einem Verkauf des Unternehmens.[26] Bei der Wertfindung über die Unternehmensbewertung gilt weiterhin das geflügelte Wort: *„Für das Gewesene gibt der Kaufmann nichts"*, so dass *Zukunftserfolgswerte* im Mittelpunkt der Betrachtung stehen (siehe Abbildung 7). Nach herrschender Meinung wird dabei der Unternehmenswert als prinzipiell subjektbezogene, zu bestimmten Zwecken nach Konventionen zu ermittelnde Größe betrachtet (so genannte Kölner Funktionenlehre nach *Sieben*).[27] In den letzten Jahren drängen vermehrt kapitalmarktorientierte Bewertungskonzepte (etwa das Discounted Cashflow-Verfahren) vor, daneben auch die Vergleichsverfahren über so genannte „Multiples". Ausführliche Darstellungen und Diskussionen der Bewertungsmethodiken und des Vorgehens bei der Verhandlung liegen in der Literatur vor.[28]

Ist ein Wert gefunden, so scheitern in der Praxis viele Übergaben an potenzielle Nachfolger weiterhin am Kaufpreis bzw. – trotz diverser staatlicher Fördermittel und einer hohen

26 Vgl. Nagl (2005), S. 5.
27 Vgl. Sieben (1993), Sp. 4315–4331.
28 Vgl. etwa Jung (1993); Ballwieser (2004).

Sensibilität der Banken hierfür – an der Finanzierung des Kaufpreises.[29] Auch hierzu will seit 2002 die Internet-Plattform *nexxt.org*, eine Initiative des Bundesministeriums für Wirtschaft und Arbeit in Zusammenarbeit mit Partnern von Verbänden und Institutionen der Wirtschaft, des Kreditwesens und der Freien Berufe, mögliche Lösungen aufzeigen. Wenn die Aufnahme von Fremdkapital zur Finanzierung eines Kaufpreises (Auszahlung des Gesellschafters) sich als nicht möglich erweist – und dies ist in der Praxis häufig der Fall –, kann auch die Aufnahme von Mezzaninkapital in Form eines privat platzierten Genussscheines („*Genussschein Buy-out*") geprüft werden. Hierfür gibt es heute bereits Angebote im Markt.[30]

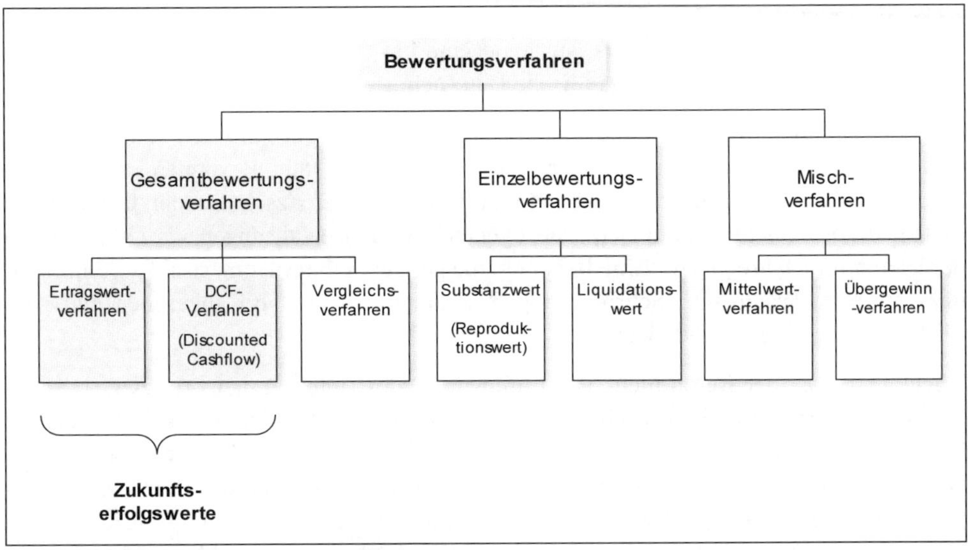

Abbildung 7: Gängige Bewertungsverfahren

4.3 Governance und Erfahrungswissen: der mittelständische Beirat

Die Modernisierungsbemühungen um eine Verbesserung der Governance (Fokus: börsennotierte Unternehmen) könnten eine Idee fördern, die schon seit Jahrzehnten fester Bestandteil der Arbeit des deutschen Mittelstands ist, die jedoch nie über ein Mindestmaß hinaus wachsen konnte: Die (freiwillige) Einrichtung eines Beiratsorgans, das den Unternehmer unterstützt, ihm als Sparringspartner Ideen gibt, ihn kritisch gerade in Umbruchphasen begleitet, und so ein professionelles Niveau an Führung und Überwachung im mittelständischen Unternehmen herstellt, das auch den Maßstäben der „Global

29 Vgl. Nagl (2005), S. 6.
30 Vgl. etwa Golland/Gehlharr (2005).

Players" gerecht wird. Heute weisen nach Schätzungen nur rund 40 Prozent der größeren deutschen Mittelständler einen derartigen Beirat auf, im kleineren Segment ist dieser kaum verbreitet.[31]

Die möglichen „Governance-Schwächen" zeigen sich vor allem in dem Fehlen eines Kontroll- und Auseinandersetzungsinteresses. Denn oft besitzt der Unternehmer ein eindimensionales Know-how, etwa bezogen auf seine spezifische Branche, seine spezifische Fertigungstechnologie oder seinen kaufmännischen Hintergrund.

Hier weist die „*Initiative Mittelstand Plus*" in die richtige Richtung. Diese Pro-bono-Initiative wurde 2003 von McKinsey, dem Deutschen Industrie- und Handelskammertag, der KfW-Bankengruppe und der Wirtschaftswoche unter der Schirmherrschaft des Bundeswirtschafts- und -arbeitsministers gegründet und hat bereits erfolgreich erfahrene Aufsichtsräte und Beiräte an mittelständische Unternehmer vermittelt.[32]

Ähnlich erfolgreich ist der „*Management Assistent*" von *Angermann & Partner*, der mittelständischen Unternehmern als „Beirat auf Zeit" zur Seite steht. Besonderes Augenmerk wird hierbei auf die nachhaltige Entwicklung eines transparenzschaffenden Controllings und die Einbringung von mittelstandsbezogenen Beratungserfahrungen aus 250 Projekten der letzten fünf Jahre gelegt: Eine Leistung, die gerade in unternehmerischen „Umbruchphasen" (etwa Wachstum, Schrumpfung, Nachfolge) als sinnvoll angesehen und vom Mittelständler angenommen wird.

Wichtig ist, dass der Beirat nicht als „Ehrengarde" des Unternehmens fungiert, sondern dass dort externe, erfahrene Fachleute – vom branchenerfahrenen ehemaligen Manager über den Unternehmensberater bis hin zum Bankenvertreter – das Unternehmen kritisch-konstruktiv beraten und unterstützen[33]. Gerade mit Blick auf die Herausforderung, die eine Unternehmernachfolge bedeutet, kann der „Beirat auf Zeit" eine wichtige Rolle spielen und rechtzeitig beim Führungswechsel oder Verkauf unterstützen und beraten.[34]

5. Zusammenfassung

Während *Toshitaka Kongo*, President der in Osaka ansässigen Kongo Guni Co., Ltd. (siehe Abbildung 5), demnächst das Bauunternehmen an seinen Sohn *Masakazu Kongo* übergibt, womit auch in der 40. Generation die Unternehmernachfolge in dieser Familie gelingen wird, tun sich andere Familienunternehmen schwerer mit diesem Thema. Schätzungen zufolge werden in Deutschland jährlich über 5.000 Unternehmen stillgelegt, weil die Nachfolge nicht geregelt ist.[35] Hiervon wären Tausende Arbeitsplätze betroffen.

31 Vgl. Augter/v. Haacke (2004), S. 78.
32 Vgl. Augter/v. Haacke (2004), S. 76–79.
33 Vgl. May/Weissman (2005).
34 Vgl. v. Alten (1998).
35 Vgl. BMWA (2002).

Innerhalb des deutschen Systems einer Managed Governance wird eine „Disziplinierung" des Managements weniger durch den Kapitalmarkt, sondern – ähnlich wie in Japan – vor allem durch Überwachungsmechanismen wie Aufsichtsräte, Wirtschaftsprüfer, Netzwerke und Banken erreicht. Letztere spielen traditionell eine große Rolle, gerade für mittelständische Unternehmen. Auch vor dem Hintergrund aktueller Regulierungen wie MaK oder Basel II wollen Banken aus einem Eigeninteresse heraus auf die rechtzeitige Einleitung einer Nachfolgeplanung achten und drängen.

Dies scheint, betrachtet man empirische Erhebungen zu diesem Thema, auch sinnvoll, wenn in jedem zweiten Fall die Nachfolgefrage noch nicht gelöst ist, obwohl der Inhaber das 60. Lebensjahr überschritten hat. Die frühe Erkennung eines Nachfolgeproblems und eine strukturierte Vorgehensweise bei der Lösung sind wichtige Erfolgsfaktoren. Hier stellen erfahrene Beiräte und Berater eine wichtige Flankierung dar, auf die in einer für den abgebenden und nachfolgenden Inhaber einmaligen Situation nicht verzichtet werden sollte. Diese können schließlich angehenden Nachfolgern, die meist Existenzgründer sind, auf Basis ihres Erfahrungswissens und ihres Kontaktnetzes auch bei möglichen Finanzierungsproblemen hilfreich zur Seite stehen.

Mit Blick auf eine Veräußerung von Unternehmen erweist sich eine Käufersuche im Ausland immer mehr als erfolgreich. Dies zeigt auch der Fall des erst 43-jährigen *Heiner Tamsen*, der seinen Betrieb, innerhalb von 20 Jahren zum weltgrößten Ferrari-Händler gewachsen, über einen professionellen, international vernetzten M&A-Berater kürzlich an einen US-amerikanischen Investor veräußerte.[36]

Literaturhinweise

ALTEN, F. V. (1998): Verantwortung in neuen Händen, in: Handelsblatt vom 27.04.1998.

ALTEN, F. V./BECKER, L. (1999): Kandidatensuche ist ein schwieriges Geschäft, in: Handelsblatt vom 29.04.1999.

ANGERMANN M&A INTERNATIONAL (HRSG.) (2005): Portrait Angermann M&A International und M&A International, Inc., Hamburg 2005, S. 1–10.

ARONOFF, C./WARD, J. L. (1995): Family-owned businesses: A thing of the past or a model to the future?, in: Family Business Review, Vol. 8, 1995, S. 121–130.

AUGTER, S./HAACKE, B. V. (2004): Hilfe aus der Bundesliga, in: Wirtschaftswoche, Nr. 45 v. 28.10.2004, S. 76–79.

BALLWIESER, W. (2004): Unternehmensbewertung – Prozess, Methoden und Probleme, Stuttgart 2004.

BAUM H.-G./COENENBERG, A.G./GÜNTHER, TH. (2004): Strategisches Controlling, 3. Aufl., Stuttgart 2004.

BÖCKER, M./ECKELMANN, H. (2002): Das einheitliche Rating der Sparkassen – Finanzgruppe, in: Betriebswirtschaftliche Blätter, 51. Jg., H. 4, 2002, S. 168–172.

36 Vgl. Externbrink (2005), S. 22–24.

BUNDESMINISTERIUM FÜR WIRTSCHAFT UND ARBEIT (BMWA) (HRSG.) (2002): Neues Unternehmensnachfolgeportal, Pressemitteilung v. 21.11.2002.

CARLOCK, R. S. (2001): Strategic Planning for the Family Business: Parallel Planning to Unify the Family and Business, New York 2001.

COMMERZBANK (HRSG.) (2001): „Basel II" – Herausforderungen als Chance nutzen, Frankfurt am Main 2001.

DAILY, C./DOLLINGER, M. J. (1992): An Empirical Examination of Ownership Structure in Family and Professionally Managed Firms, in: Family Business Review, Vol. 5, 1992, S. 117–136.

EXTERNBRINK, H. (2005): Firma verkaufen – mit Gewinn, in: Impulse, März 2005, S. 13–24.

FAMILY BUSINESS MAGAZINE (HRSG.) (2005): The world's oldest family companies, http://www.familybusinessmagazine.com/oldworld.html (Zugriff: 21.03.2005).

FREIDANK, C.-CHR./PAETZMANN, K. (2002): Auswahl und Einsatz von Datenmaterial, Analysemethoden sowie externen Beratern zur Vorbereitung von Kreditentscheidungen – Ergebnisse einer empirischen Untersuchung vor dem Hintergrund von Basel II, in: Der Betrieb, 55. Jg., 2002, S. 1785–1789.

FREIDANK, C.-CHR./PAETZMANN, K. (2003): Bedeutung des Controlling im Rahmen der Reformbestrebungen zur Verbesserung der Corporate Governance, in: Zeitschrift für Planung, 14. Jg., 2003, S. 1–24.

FREIDANK, C.-CHR./PAETZMANN, K. (2004): Die Wirkung von Rechtsnormen im Controlling – ein Analysedefizit konzeptioneller Forschung?, in: Scherm, E./Pietsch, G. (Hrsg.): Controlling – Theorien und Konzeptionen, München 2004, S. 893–919.

GOERGEN, M./RENNEBOOG, L. (2003): Why are the levels of control (so) different in German and UK companies? Evidence from initial public offerings, Finance Working Paper No. 07, in: European Corporate Governance Institute, Brussels 2003.

GOLLAND, F./GEHLHARR, L. (2005): Genussschein-Buy-out zur Nachfolgeregelung, in: Handelsblatt v. 20.04.2005.

HACHMEISTER, D. (2002): Corporate Governance, in: Ballwieser, W./Coenenberg, A. G./Wysocki, K. v. (Hrsg.): Handwörterbuch der Rechnungslegung und Prüfung, 3. Aufl., Stuttgart 2002, Sp. 487–504.

HENNERKES, B.-H. (2004): Bitte keinen Kodex, in: FTD vom 29.09.2004.

JÜRGENS, U./RUPP, J. (2002): The German System of Corporate Governance – Characteristics and Changes, Veröffentlichungsreihe der Abteilung Regulierung von Arbeit des Forschungsschwerpunkts Technik-Arbeit-Umwelt des Wissenschaftszentrum Berlin für Sozialforschung, Berlin 2002.

JUNG, W. (1993): Praxis des Unternehmenskaufs, 2. Aufl., Stuttgart 1993.

KÖKE, J./RENNEBOOG, L. (2003): Do corporate control and product market competition lead to stronger productivity growth?, Finance Working Paper No. 14/2003, European Corporate Governance Institute, Brussels 2003.

LA PORTA, R./LOPEZ-DE-SILANES, F./SHLEIFER, A./VISHNY, R. (1998): Law and Finance, in: Journal of Political Economy, 106. Jg., 1998, S. 1113–1155.

LANGENBUCHER, G. (2003): Good Corporate Governance – oder „des Pudels“ Kern, in: Wollmert, P. et al. (Hrsg.): Wirtschaftsprüfung und Unternehmensüberwachung, Festschrift für W. Lück, Düsseldorf 2003, S. 53–75.

MACKENTHUN, TH. (2002): Bank-, Kredit- und Insolvenzrecht, in: Rösler, P./ Mackenthun, Th./Pohl, R. (Hrsg.): Handbuch Kreditgeschäft, 6. Aufl., Wiesbaden 2002, S. 697–1053.

MAY, P./WEISSMAN, A. (2005): Lieber ein großer Fisch in einem kleinen Teich, in: FAZ vom 28.02.2005.

NAGL, A. (2005): Statement zur Studie „Was ist, wenn ich aufhöre?“, IHK – Pressekonferenz, München, 24.01.2005.

OECD (HRSG.) (1995): Financial markets and corporate governance. Financial Market Trends, Vol. 62, 1995, S. 13–35.

O'SULLIVAN, M. (2001): A Revolution in European Corporate Governance? The Extent and Implications of Recent Developments in the Role of the Stock Market in Five European Economies, synthesis report, The European Institute of Business Administration (INSEAD), 2001.

PAETZMANN, K. (2001): Finanzierung mittelständischer Unternehmen nach „Basel II“ – Neue „Spielregeln“ durch bankinterne Ratings, in: DB, 54. Jg., 2001, S. 493–497.

PAETZMANN, K. (2003): Grundsätze eines transparenzschaffenden Controlling mit Blick auf bankinterne Ratings, in: Freidank, C.-Chr./Mayer, E. (Hrsg.): Controlling-Konzepte, 6. Aufl., Wiesbaden 2003, S. 589–620.

PAETZMANN, K. (2005): Zur Internationalisierung des Controlling, in: Weber, J./Meyer, M. (Hrsg.): Internationalisierung des Controllings – Standortbestimmung und Optionen, Wiesbaden 2005, S. 291–313.

RÖSLER, P./POHL, R. (2002): Kreditgeschäft, in: Rösler, P./Mackenthun, Th./Pohl, R. (Hrsg.): Handbuch Kreditgeschäft, 6. Aufl., Wiesbaden 2002, S. 3–694.

SIEBEN, G. (1993): Unternehmensbewertung, in: Wittmann, E. et al. (Hrsg.): Handwörterbuch der Betriebswirtschaftslehre, Teilband 3, 5. Aufl., Stuttgart 1993, Sp. 4315–4331.

SPARKASSENVERBAND BAYERN (HRSG.) (2004): Jahresbericht 2003, München 2004.

WINKELJOHANN, N./KELLERSMANN, D. (2005): Sicherung des langfristigen Erfolgs – Brauchen Familienunternehmen ihren eigenen Corporate Governance-Kodex?, in: Handelsblatt v. 23.05.2005.

Herausgeber

Achleitner, Ann-Kristin, Professor Dr. Dr.

Frau Professor Dr. Dr. Ann-Kristin Achleitner ist Inhaberin des KfW-Stiftungslehrstuhls für Entrepreneurial Finance und Wissenschaftliche Direktorin des Center for Entrepreneurial and Financial Studies (CEFS), beide an der TU München, Honorarprofessorin an der European Business School und Privatdozentin für Finanz- und Rechnungswesen an der Universität St. Gallen. Professor Achleitner, die Mitherausgeberin der „Zeitschrift für Betriebswirtschaft" ist, hat zahlreiche Fachbeiträge zum kapitalmarktorientierten Finanzmanagement, zu Entrepreneurial Finance und zur internationalen Rechnungslegung veröffentlicht. Ihre fundierten Kenntnisse gehen auf umfangreiche Tätigkeiten in der Beratungspraxis und die Mitwirkung in Gremien der Wirtschaft und Kommissionen zurück. Sie ist heute u. a. stv. Vorsitzende des Fachbeirates der Bundesanstalt für Finanzdienstleistungsaufsicht (BaFin) und Mitglied im Mittelstandsbeirat des Ministeriums für Wirtschaft und Arbeit.

Everling, Oliver, Dr.

Als Geschäftsinhaber der 1998 gegründeten Everling Advisory Services und CEO der RATING EVIDENCE GmbH in Frankfurt am Main berät und publiziert Dr. Oliver Everling zu Ratingfragen und organisiert Veranstaltungen zu diesen Themen. Seine Unternehmensmission ist es, den Nutzen von Ratings zu erschließen. Als Vorsitzender des FFF Frankfurter Finanz Forum e.V., Mitglied des Vorstandes des Bundesverbandes der Ratinganalysten und Ratingadvisor e.V., Mitglied verschiedener Rating-Kommissionen wie etwa in der DVFA Deutsche Vereinigung für Finanzanalyse und Asset Management e.V. oder auch als Gastprofessor an der Fakultät für Rating an der Capital University of Economics and Business in Peking; ist er aus verschiedenen Perspektiven mit Ratings befasst. Ferner nimmt er Aufsichtsratsmandate in Aktiengesellschaften wie auch in der Rating-Analystenausbildung an der Universität Augsburg wahr und ist Mitherausgeber der Zeitschrift „Kredit & Rating Praxis".

Klemm, Stefan

Herr Stefan Klemm ist Mitgründer und -inhaber der Fuchs & Klemm Unternehmensberatung in München, die sich mit Vermittlung von Führungs- und Führungsnachwuchskräften sowie Beratung speziell über die Zielgruppe der High-Potentials beschäftigt. 2004 gründete er den Entrepreneurs-Club als ersten zielgerichteten Zusammenschluss von Familiennachfolgern, MBI- und MBO-Kandidaten. Neben der Organisation von Plattformen zum persönlichen Austausch und der einschlägigen Wissensvermittlung, werden den Mitgliedern Kontakte zu Kapitalinvestoren und Target-Unternehmen bereitgestellt. Wissenschaftlich beschäftigt sich Herr Klemm mit der Verbindung von Unternehmensnachfolge und Rating, frühere Projekte befassten sich mit der systematischen Wissensweitergabe im Zuge der Nachfolge. Herr Klemm absolvierte ein Studium im Fach Maschinenbau an der TU München.

Autorenverzeichnis

Adams, Patrick
Herr Patrick Adams ist Berater der TMS Unternehmensberatung AG mit den Schwerpunkten Unternehmensgründung, Wachstum und Nachfolge. Seinen Abschluss als „Licencié en sciences commerciales" an der HEC – Lüttich (Belgien) ergänzte er durch ein Zusatzstudium „Internationales Marketing und e-business" (D.E.S.S) sowie eine Ausbildung in Steuerrecht (C.E.S.S.). Nach Beendigung des Studiums war Herr Adams zunächst als Existenzgründungsberater bei der WFG Ostbelgien VoG tätig. Er ist erreichbar über adams@tms.de.

Berens, Wolfgang, Prof. Dr.
Herr Professor Dr. Wolfgang Berens ist Inhaber des Lehrstuhls für Betriebswirtschaftslehre, insbesondere Controlling, der Westfälischen Wilhelms-Universität Münster. Zuvor lehrte er in unterschiedlichen Funktionen an den Universitäten Münster, Kaiserslautern, Osnabrück, Köln und Düsseldorf. Er ist Mitbegründer und Gesellschafter der BMS Consulting GmbH Düsseldorf, eines Beratungsunternehmens, das schwerpunktmäßig Problemlösungskonzepte rund um das Aufgabenfeld Controlling anbietet. Darüber hinaus ist er Mitherausgeber der Zeitschrift für Planung und Unternehmenssteuerung. Er ist erreichbar über controlling@wiwi.uni-muenster.de.

Brockhaus, Miriam
Frau Miriam Brockhaus ist derzeit bei der E.ON Ruhrgas AG tätig. Zuvor war sie Analyst bei der ConPAIR Corporate Finance GmbH, einer auf den Bereich „Corporate Finance im Mittelstand" fokussierten Unternehmensberatung. Sie absolvierte den Studiengang „Internationale Betriebswirtschaft" an der International School of Management (ISM) in Dortmund. Ihre Diplomarbeit zum Thema „Credit Rating im Mittelstand" ist im VDM Verlag Dr. Müller erschienen. Sie ist erreichbar über miriam.brockhaus@web.de.

Burger-Calderon, Max
Herr Max Burger-Calderon ist bei Apax Partners verantwortlich für Business Development, insbesondere in den Bereichen Informationstechnologie, Leveraged Transactions, Management Buy-outs und Management Buy-ins. Er ist Mitbegründer der Corporate Finance Partners AG, aus dieser die heutigen Apax-Gesellschaften in Zürich, München und Madrid hervorgegangen sind. Herr Burger-Calderon studierte Wirtschaftswissenschaften an der Universität St. Gallen und hält einen MBA von der Harvard Business School. Er ist Mitglied des Executive Committees und war Vorsitzender der European Venture Capital Association (2002–2003). Er ist erreichbar über max.burger@apax.com.

Christians, Uwe, Prof. Dr. rer. oec.
Herr Professor Dr. Uwe Christians ist Professor an der Fachhochschule für Technik und Wirtschaft (FHTW) Berlin mit dem Schwerpunkt Bankbetriebswirtschaftslehre. Zuvor war er Professor für Betriebswirtschaftslehre, insbesondere Banken und Finanzdienstleistungen, an der Fachhochschule Lausitz (Senftenberg). Bei der Berliner Bank AG und der Bankgesellschaft Berlin AG war er als Referent, Abteilungsleiter in der Strategischen Planung und der Konzernplanung sowie als Bereichsleiter Finanzen/Rechnungswesen beschäftigt. Studium und Promotion absolvierte er an der Technischen Universität Berlin. Er ist Vorstandsmitglied des Berliner Instituts für Bankunternehmensführung e.V. (www.bifu.de). Er ist erreichbar über christi@fhtw-berlin.de.

Felden, Birgit, Dr.
Frau Dr. Birgit Felden ist Gründerin und heutige Vorstandssprecherin der TMS Unternehmensberatung AG mit Sitz in Köln, Hamburg und München. Nach einem betriebswirtschaftlichen und juristischen Studium an der Universität zu Köln und einem Masterstudiengang in Barcelona hat sie ihre universitäre Ausbildung mit einer juristischen Promotion in Bonn abgeschlossen. Sie ist international zertifizierte Unternehmensberaterin CMC/BDU unter anderem mit den Beratungsschwerpunkten Unternehmensnachfolge und -bewertung sowie der strukturierten Vorbereitung auf Finanzierungsgespräche. Erreichbar ist sie über felden@tms.de.

Flacke, Klaus
Herr Flacke begann nach dem Abschluss seines Studiums der Betriebswirtschaftslehre in Münster eine Tätigkeit als wissenschaftlicher Mitarbeiter am Lehrstuhl für BWL, insbesondere Controlling an der Westfälischen Wilhelms-Universität Münster. Seine Forschungsschwerpunkte liegen insbesondere in der theoretischen und empirischen Betrachtung der Konsequenzen von Basel II für das Controlling mittelständischer Unternehmen. Im Rahmen dieser Forschungstätigkeit war er an der Entwicklung der Mittelstandssoftware MinD beteiligt.

Frien, Bastian
Herr Bastian Frien ist stellvertretender Chefredakteur der Fachzeitschrift FINANCE. Er gründete die Hülsbömer & Kollegen GmbH & Co. KG, die sich als Redaktionsbüro und Veranstalter mit den Schwerpunkten Unternehmensfinanzierung, M&A und Investor Relations befasst. Er studierte Wirtschaftsgeschichte und Politikwissenschaft in Frankfurt am Main und Porto/Portugal. Bastian Frien hat eine Geschichte der Unternehmensfinanzierung in Deutschland verfasst und ist Mitherausgeber eines Buchs über Strategisches Aktienmarketing. Erreichbar ist er über bastian.frien@finance-magazin.de.

Heinke, Eberhard, Dr. rer. oec. h.c.
Herr Dr. Heinke ist Vorstandsvorsitzender des Rheinisch-Westfälischen Genossenschaftsverbandes e.V. Nach leitenden Tätigkeiten bei verschiedenen Kreditinstituten war er zuvor Vorstandsmitglied bei der WGZ-Bank eG., wo er als Vorstandsvorsitzender und Präsident

der Landeszentralbank in Nordrhein-Westfalen und Mitglied des Zentralbankrates der Deutschen Bundesbank agierte. Die Ehrendoktorwürde wurde ihm durch die Gerhard-Mercator-Universität Duisburg verliehen. Er ist Vizepräsident des ecfs european center for financial studies an der Gerhard-Mercator-Universität Duisburg.

Kappler, Ekkehard, o. Univ.-Prof. Dipl.-Kfm. Dr. rer. soc. oec. Dr. rer. pol. h. c.
Herr Professor Dr. Kappler leitet im Institut für Organisation und Lernen der Universität Innsbruck die Abteilung Controlling und Organisationskultur. Er verfügt über jeweils mehrjährige Universitätserfahrung in Deutschland, Österreich, Japan, Portugal. Er ist Gründer und langjähriger Dekan der Fakultät für Wirtschaftswissenschaften der Universität Witten/Herdecke. Zwei Jahre war er Geschäftsführer einer Beratungsfirma. Seine Hauptarbeitsgebiete in Forschung und Beratung sind: Controlling, Unternehmensführung, Strategisches Management, Organisationsentwicklung, Organisationskultur, organisationales Lernen, Management von Non-Profit-Organisationen, Universitätsentwicklung sowie Methodologie. Erreichbar ist er über ekkehard.kappler@uibk.ac.at.

Klemm, Stefan
Herr Klemm ist Mitgründer und Gesellschafter der Fuchs & Klemm Unternehmensberatung in München, wo er sich um mittelständische Unternehmensnachfolge und Vermittlung von Führungskräften kümmert. Zusammen mit seinem Partner Thomas Fuchs gründete er den Entrepreneurs-Club als „Kaderschmiede“ für externe und Familiennachfolger. Wissenschaftlich beschäftigt er sich mit dem Potenzial von Rating in Verbindung mit Unternehmensnachfolge. Er absolvierte ein Studium im Fach Maschinenbau an der TU München. Erreichbar ist er über stefan.klemm@fuchsklemm.de.

Kley, Christoph, Dr.
Herr Dr. Kley ist als Unternehmensberater im Bereich Kreditrisikomanagement bei BearingPoint Consulting tätig. Zuvor war er Projektleiter und Hochschulassistent am Institut ACA der Universität St.Gallen. Er ist Autor zahlreicher Veröffentlichungen. Seine Dissertation über Rating ist im DUV-Verlag in der Gabler Edition Wissenschaft erschienen. Er ist erreichbar über christoph.kley@kleynet.de.

Kolbeck, Christoph, Dr.
Herr Dr. Kolbeck hat ab dem Wintersemetser 2005/2006 eine Gastprofessor zum Thema Familienunternehmen an der Hochschule für angwandte Wissenschaft und Kunst in Hildesheim/Göttingen inne. Er ist außerdem tätig als Berater und Projektmanager an der Management Zentrum Witten GmbH, seine Beratungsprojekte sind in den Feldern Familienunternehmen, Nachfolge, Strategie und Finanzierung angesiedelt. Studien führte er zu dem Thema Mittelstand und Basel II durch. Er ist Herausgeber des Buches „Finanzierung für den Mittelstand“ und Autor zahlreicher Artikel im Bereich Familienunternehmen. Erreichbar ist er über christoph.kolbeck@gmx.de.

Kramer, Jost W., Prof. Dr. rer. pol.
Herr Professor Dr. Kramer hält eine Professur für Allgemeine Betriebswirtschaftslehre an der Hochschule Wismar und ist Mitglied des Instituts für Genossenschaftswesen an der Humboldt-Universität zu Berlin. Er erfüllt einen Lehrauftrag für Co-operative Studies am SPRING-Zentrum der Universität Dortmund. Als Dozent ist Herr Professor Dr. Kramer für die Bankakademie tätig. Langjährige Tätigkeiten in Forschung und Praxis absolvierte er u. a. bei den Instituten für Genossenschaftswesen in Berlin und Münster sowie dem Bundesverband der Deutschen Volksbanken und Raiffeisenbanken. Erreichbar ist er über j.kramer@wi.hs-wismar.de.

Krämer, Clemens
Herr Krämer ist Risikomanager für Firmenkunden bei der Nassauischen Sparkasse, Wiesbaden sowie selbstständiger Coach und Trainer. Zuvor absolvierte er verantwortliche Tätigkeiten bei G. L. Kayser – Spediteur seit 1787 GmbH & Co KG und der Mainzer Volksbank eG. Er ist Referent des Existenzgründer-Programms „Expro" der Johannes-Gutenberg-Universität Mainz sowie beim Genossenschaftsverband Hessen/Rheinland-Pfalz/Saarland/Sachsen/Thüringen in Frankfurt. Ehrenamtlich engagiert er sich als Bundesvorstandsmitglied der Wirtschaftsjunioren Deutschland im Ressort Existenzgründung/-sicherung. Erreichbar ist er über clemens.kraemer@wjd.de.

Nicolai, Alexander, Univ.-Prof. Dr.
Herr Professor Dr. Nicolai ist Inhaber des Lehrstuhls für Entrepreneurship an der Universität Oldenburg; zuvor war er als Juniorprofessor für Strategisches Management und digitale Ökonomie an der Bauhaus-Universität Weimar, als Gastforscher am Massachusetts Institute of Technology (MIT), als Mitarbeiter am Deutsche Bank Institut für Familienunternehmen der Privaten Universität Witten/Herdecke sowie als Berater beim Management Zentrum Witten (MZW) tätig.

Oehler, Andreas, Univ.-Prof. Dr.
Herr Professor Dr. Oehler hat den Lehrstuhl für Betriebswirtschaftslehre, insbesondere Finanzwirtschaft, an der Universität Bamberg inne. Zuvor leitete er ein von der Deutschen Forschungsgemeinschaft (DFG) finanziertes Forschungsprojekt im Rahmen des Schwerpunktprogramms „Empirische Kapitalmarktforschung" und wurde an der FernUniversität Hagen im Fach Betriebswirtschaftslehre habilitiert. Er promovierte an der Universität Mannheim. Seine Arbeitsgebiete sind Finanzwirtschaft, Finanzmarktforschung, Kreditrisikomanagement, Marktmikrostrukturtheorie, Altersvorsorge, Behavioral Finance und Bankbetriebslehre. Erreichbar ist er über andreas.oehler@sowi.uni-bamberg.de.

Paetzmann, Karsten, Dr.
Herr Dr. Paetzmann ist Partner der Beratungsgesellschaft Angermann & Partner in Hamburg sowie Lehrbeauftragter an der Universität Hamburg. Zuvor ging er Tätigkeiten in der Beteiligungsberatung bei der Deutschen Bank in Frankfurt am Main und im Risiko-Management beim Gerling-Konzern in Köln nach. Er war Wissenschaftlicher Mitarbeiter

am Treuhandseminar der Universität zu Köln. Erreichbar ist er über karsten.paetzmann@angermann.de.

Potthast, Dirk
Herr Potthast ist als Doktorand am Institut für Wirtschaftstheorie und Operations Research an der Universität Karlsruhe (TH) tätig. Er befasst sich mit Simulationsverfahren zur Kreditrisikomessung und Bonitätsbeurteilung mittelständischer Unternehmen. Studiert hat er dort mit Schwerpunkt Finanzwirtschaft und stochastische Modelle. In seiner Diplomarbeit befasste er sich mit Basel II und operationellen Risiken. Erreichbar ist er über potthast@wior.uni-karlsruhe.de.

Schindler, Falko
Herr Falko Schindler ist Forschungsassistent an der FHTW Berlin im Fachbereich Betriebswirtschaftslehre, Forschungsschwerpunkte: Finanzierung und Investition.

Schmeisser, Wilhelm, Dipl.-Kfm, Dr. rer. Oec. Dr. habil.
Herr Professor Dr. Schmeisser ist Professor für Betriebswirtschaftslehre an der FHTW-Berlin und an der Universität Duisburg-Essen. Er ist Direktor des Kompetenzzentrums „Internationale Innovations- und Mittelstandsforschung" in Berlin, Mitherausgeber der Schriftenreihe „Finanzwirtschaft, Finanzdienstleistungen und Empirische Wirtschaftsforschung" und Beiratsmitglied im Deutschen Krankenversicherten Verband e.V. in Duisburg. Seine Forschungsschwerpunkte liegen in der Internationalen Unternehmensführung, Finanzwirtschaft, Unternehmensnachfolge. Erreichbar ist er über prof.schmeisser@fhtw-berlin.de.

Schneck, Ottmar, Prof. Dr.
Herr Professor Dr. Schneck lehrt an der European School of Business ESB an der Hochschule Reutlingen mit dem Schwerpunkt Banking, Finance & Rating. Er ist aktiv in Aufsichts- und Beiräten von Hochschulen und Unternehmen, Mitbegründer der Prof. Dr. Schneck Rating GmbH, die Ratingsoftware und -dienstleistungen anbietet. Er ist zudem Vorstand des Bundesverbandes der Ratinganalysten und -advisor Deutschland (BdRA). Seine Lehrbücher sind zum Teil Bestseller und Standardwerke. Erreichbar ist er über ottmar.schneck@fh-reutlingen.de.

Sieger, Gert, Dr.
Herr Dr. Sieger ist geschäftsführender Gesellschafter bei der auf Familiengesellschaften spezailisierten Beratungsgesellschaft Boehm-Bezing, Sieger & Cie. GmbH in Stuttgart und Dozent an der European Business School in Oestrich-Winkel. Zuvor war er in verantwortlichen Positionen tätig bei der Felix Schoeller KG in Osnabrück, Hettlage KG in Münster, Dr. August Oetker Nahrungsmittel KG in Bielefeld und Kaufring AG in Düsseldorf, bei der er den Börsengang organisierte. Studium und Promotion im Fach Volkswirtschaftslehre absolvierte er in Bonn, wo er auch für das Institut für Mittelstandsforschung tätig war. Erreichbar ist er über sieger@bbsc.de.

Siemes, Andreas, Dr.
Herr Dr. Siemes ist Geschäftsführer der BMS Consulting GmbH. Nach seiner Ausbildung zum Bankkaufmann absolvierte er das Studium der Wirtschaftswissenschaften an der Universität zu Düsseldorf und der Michigan State University (USA). Anschließend arbeitete er als Consultant bei der Unternehmensberatung zeb/rolfes.schierenbeck.associates im Bereich Bankenberatung und als Dozent an der zeb-Akademie. Von 1999–2001 war er Mitarbeiter am Lehrstuhl von Prof. Dr. Berens und promovierte dort über marktorientierte Kreditrisikobewertung.

Stämpfli, Paul
Herr Stämpfli ist selbstständig als Berater und Unternehmer tätig und begleitet unter anderem mittelständische Unternehmen bei Nachfolgeregelungen. Er hatte zuvor verschiedene Führungsaufgaben in internationalen Unternehmen inne, zuletzt als Finanzchef eines größeren Maschinenbauers. Im Auftrag von Banken ist er als Interimsmanager beschäftigt und baute eine Repräsentanz einer Ratingagentur in der Schweiz auf. Erreichbar ist er über paul.staempfli@nachfolgepool.ch.

Wagner, Rainer Maria, Dr.
Herr Dr. Wagner ist geschäftsführender Gesellschafter des elterlichen Unternehmens, einem international agierenden Möbelhersteller mit aktuell ca. 450 Mitarbeitern und ca. 100 Mio. Euro Jahresumsatz. Vor der Übernahme dieser Funktion kümmerte er sich mehr als zehn Jahre um den Aufbau des deutschen und internationalen Vertriebs. Er absolvierte ein Studium der Wirtschafts- und Sozialwissenschaften in Augsburg und promovierte an der Universität Dortmund mit dem Thema „Unternehmensnachfolge in mittelständischen Familienunternehmen". Erreichbar ist er über rainer.wagner@topstar.de.

Waldmann, Karl-Heinz, Prof. Dr.
Herr Professor Dr. Waldmann hat den Lehrstuhl für Informationswirtschaft an der Fakultät für Wirtschaftswissenschaften der Universität Karlsruhe (TH) inne, wo er das Fach Operations Research in Forschung und Lehre vertritt. Zuvor war er an der FU Berlin, FH Darmstadt und Ruhr Universität Bochum tätig. Studiert und sich dort promoviert und habilitiert hat er an der TH Darmstadt. Zu seinen Forschungsschwerpunkten gehört die Modellierung und Optimierung dynamischer Systeme, die stochastischen Einflüssen unterliegen. Erreichbar ist er über waldmann@wior.uni-karlsruhe.de.

Stichwortverzeichnis

G

H

I

K

M

N

O

P

Q

R

S

T

U

V

W

Z